Heinrich Hannover
Terroristenprozesse

Heinrich Hannover, geboren 1925 in Anklam/Vorpommern. Mit 17 zum Kriegsdienst einberufen, Rückkehr als Pazifist. Studium der Rechtswissenschaften in Göttingen. Seit 1954 Rechtsanwalt in Bremen. Berufstätigkeit vorwiegend als Strafverteidiger und Rechtsvertreter von Kriegsdienstverweigerern. Politische Aktivität in der Ostermarschbewegung, Kampagne für Abrüstung, Kriegsdienstverweigererverbände, Außerparlamentarische Opposition (APO), Kampf gegen die Notstandsgesetze, Vereinigung Demokratischer Juristen (VDJ) und Republikanischer Anwaltsverein. Verteidigung auch in politischen Strafsachen gegen Kommunisten, Demonstranten (von der Studentenbewegung bis zu Sitzblockaden gegen Waffenlager und Raketenstationierungen) und sogenannte Terroristen.

Buchveröffentlichungen: »Politische Diffamierung der Opposition im freiheitlich-demokratischen Rechtsstaat« (1962), »Politische Justiz 1918-1933« (1966/1987), »Der Mord an Rosa Luxemburg und Karl Liebknecht« (1967/1989), »Lebenslänglich – Protokolle aus der Haft« (1972), »Klassenherrschaft und Politische Justiz« (1978), »Die unheimliche Republik« (1982/1984), »Der Mord an Ernst Thälmann« (1989) und zahlreiche Kinderbücher.

Heinrich Hannover

Terroristenprozesse

Erfahrungen und Erkenntnisse eines Strafverteidigers

Terroristen & Richter 1

VSA-Verlag, Hamburg 1991

Dieses Buch ist aus einem Forschungsprojekt hervorgegangen, das unter dem Arbeitstitel »Politische Justiz am Beispiel der sogenannten Terroristenprozesse« vom Hamburger Institut für Sozialforschung gefördert wurde. Es wird ergänzt durch die Arbeiten von Rolf Gössner und Margot Overath, die als Band 2 und 3 des Gesamtwerkes erscheinen.

Mein Dank gilt allen, die diese Arbeit durch Rat und Tat unterstützt haben, vor allem denen, die meine jahrelange Inanspruchnahme durch dieses nur einen Teil meiner eigentlichen Berufsarbeit bildende Thema geduldig ertragen und mich ermutigt haben, alle Schwierigkeiten durchzustehen. Dazu gehören frühere Mandanten, Kollegen und Freunde, Paul Klein, der an unserer gemeinsamen Projektarbeit anfangs mitgewirkt hat, Thomas Becker, der das Gesamtwerk sachkundig lektoriert hat, besonders aber Doris Wegner, deren teilnehmende Unterstützung meine Arbeit von Anfang bis Ende begleitet hat. Nicht zuletzt ist dem Hamburger Institut für Sozialforschung und Jan Philipp Reemtsma zu danken, der dieses Projekt angeregt und ermöglicht hat.

Bremen, im Juli 1991 *Heinrich Hannover*

Lektorat: Thomas Becker

Fordern Sie bitte unsere Verlagsverzeichnisse an!

Dieses Buch ist Bestandteil des dreibändigen Gesamtwerkes »Terroristen & Richter«
Druck und Buchbindearbeiten: Fuldaer Verlagsanstalt
ISBN 3-87975-575-2 (für diesen Einzeltitel)
ISBN 3-87975-587-6 (für das Gesamtwerk)

Inhalt

Vorwort

Zwei Jahrzehnte intensiver staatlicher Anti-Terror-Kampf liegen hinter uns – ein Ende ist nicht abzusehen. Nach dem Anschluß der DDR an das Staats- und Rechtsgebiet der Bundesrepublik Deutschland, mit der Festnahme der ausgestiegenen, ehemaligen RAF-Mitglieder in der EX-DDR und ihrer Aburteilung zu Beginn der neunziger Jahre scheint auch in dieser Hinsicht eine gewisse Zäsur eingetreten zu sein. Dieser historische Einschnitt könnte die Chance bieten, auch in der Bundesrepublik eine kritische Rückbesinnung in die Wege zu leiten und dabei auch den Staatsschutz und die Politische Justiz in ihrem Anti-Terror-Kampf nicht zu verschonen.

Die Bundesrepublik hat sich im Zeichen der Terrorismusbekämpfung der vergangenen zwanzig Jahre grundlegend verändert. Die Auswirkungen dieser verhängnisvollen Entwicklung haben den Rechtsstaat und die politische Kultur in diesem Land nachhaltig beeinflußt. Nach den DDR-Stasi-Enthüllungen der letzten Zeit scheint diese bundesdeutsche Staatssicherheits-Geschichte (und -Realität) jedoch vollends der kollektiven Verdrängung anheimzufallen. Diesen Verdrängungsprozeß zu stören, haben sich die Autoren der vorliegenden dreibändigen Publikation mit dem Titel »Terroristen und Richter« zum Ziel gesetzt. Denn auch der Westteil Deutschlands wird – parallel zur Stasi- und Justiz-Bewältigung der ehemaligen DDR-Bevölkerung – nicht umhinkommen, sich intensiv der Aufarbeitung seiner Vergangenheit und Gegenwart zu widmen und für die Zukunft geeignete Konsequenzen zu ziehen.

Heinrich Hannover (Strafverteidiger), Rolf Gössner (Rechtsanwalt und Publizist) und Margot Overath (Journalistin) haben sich deshalb gefragt: Wie ging die alte Bundesrepublik, der »freiheitlichste Staat, den es je auf deutschem Boden gab«, mit jenen um, die die Legitimität seiner Herrschaft radikal bestreiten, sein Gewaltmonopol mißachten und ihrerseits gewaltsam bekämpfen – mit sogenannten Terroristen also? Wie ging sie andererseits mit denen um, die zu anderer Zeit ihre staatsterroristischen Ambitionen mehr oder weniger legal hatten ausleben dürfen? Welche Antworten hatte und hat der Staat für die breitgefächerte widerständige Szene parat, die sich militant gegen lebensfeindliche und/oder industrielle Projekte (Atom- und Gentechnologie, Startbahn West, Raketenstationierung, Kriegswaffenproduktion) zur Wehr setzt? Welches Instrumentarium hält er bereit, um radikale politische Gegner zu verfolgen und zu bestrafen, zu überwachen, abzuschrecken und einzuschüchtern? Wie funktioniert die »Innere Sicherheit« in der »wehrhaften Demokratie«? Wen oder was schützen die Sicherheitsgesetze – und wen bedrohen sie? Welches Verhalten wird in der Bundesrepublik als terroristisch oder staatsfeindlich verfolgt, aufgrund welcher Gesetze und mit welchen Methoden? Wie wird man vor der bundesdeutschen Justiz zum »politisch motivierten Straftäter«, und wie spricht diese Justiz Recht in Prozessen gegen die mutmaßlichen kriminellen Feinde des Staates? Auf welches Selbstverständnis beruft sie sich dabei, und an welche Tradition knüpft sie an? Schließlich: Welche Auswirkungen hat die Praxis der Politischen Justiz in der Bundesrepublik für die politische Kultur in diesem Land? Wie ist es um eine Demokratie bestellt, in der die vermeintliche Sicherheit des Staates allemal vor der Freiheit seiner Bürger rangiert? Welche politische Funktion hat die gebetsmühlenartige Beschwörung einer vorgeblichen Bedrohung des Staates durch »linke Gewalttäter«, mit der Politiker unterschiedlicher Couleur staatliche Strafverfolgungsinstanzen und (nicht nur) die Sensations-Presse die Bevölkerung immer aufs neue in Atem halten? Fragen, auf die in den vorliegenden drei Büchern geantwortet wird. Sie sind das Ergebnis einer vom Hamburger Institut für Sozialforschung geförderten Untersuchung der Politischen Justiz am Beispiel der sogenannten Terroristenprozesse. Leserinnen und Leser erwartet jedoch keine schwer verdauliche Abhandlung im Stil komplizierter Fachlektüre, sondern ein engagierter, zuweilen bissiger, und – wie wir hoffen – spannender Lesestoff.

Im ersten Band (»Terroristenprozesse. Erfahrungen und Erkenntnisse eines Strafverteidigers«) rechnet Heinrich Hannover mit der Politischen Justiz der Bundesrepublik ab, der er als Strafverteidiger seit mehr als drei Jahrzehnten Gerechtigkeit abzutrotzen versucht. Die zentrale These seiner Arbeit, nach der es im politischen Prozeß nicht um Wahrheitsfindung, sondern um die Bekämpfung von Feinden und die Rehabilitierung von Freunden geht, entwickelt Hannover aus der Perspektive des teilnehmenden Beobachters. Rolf Gössner nimmt sich im zweiten Band (»Das Anti-Terror-System. Politische Justiz im präventiven Sicherheitsstaat«) der Entwicklung des polizeilich-geheimdienstlich-justiziellen Sonderrechtssystems und seiner gesellschaftlichen Funktionen an. Er beschreibt die Auswirkungen des immer weiter ausgebauten Anti-Terror-Instrumentariums für die gesamte linksorientierte Opposition und die demokratische Verfaßtheit der Bundesrepublik. Im dritten Band der Reihe (»Drachenzähne. Gespräche, Dokumente und Recherchen aus der Wirklichkeit der Hochsicherheitsjustiz«) geht es um Fallbeispiele aus dem Bereich der Terroristenjustiz. Margot Overath hat mit Unterstützung durch Angeklagte, Verurteilte und deren Verteidiger die Geschichten einzelner Terroristenprozesse rekonstruiert. Es sind die Geschichten der Prozesse und ihrer Begleitumstände, und es ist die aktuelle Rückschau der Beteiligten auf ein ideologisch überholtes Lebensthema.

Heinrich Hannover *Rolf Gössner* *Margot Overath*

Einleitung

Unser Thema heißt »Terroristenprozesse«. Gemeint sind Prozesse gegen Personen und Gruppen, denen von den Betreibern innerstaatlicher Feindbekämpfung die Bezeichnung »Terroristen« beigelegt worden ist. Unsere Absicht, den von den Inhabern der Definitionsmacht gewählten Begriff durchgängig in Anführungszeichen zu setzen, schon um eine Abgrenzung von anderen Formen des »Terrorismus« zu signalisieren, die für die Allgemeinheit viel bedrohlicher sind, ließ sich nicht in allen Teilen der dreibändigen Arbeit durchhalten. Uns interessierten gerade auch die von den Definitoren des »terroristischen« Feindbildes ausgeblendeten staatstragenden Terroristen des Nazi-Reichs und deren ideologische Nachfolger, auch sie mitunter Objekte der Politischen Justiz, aber mit anderem Vorzeichen. Ihr prozessuales Schicksal erschien uns als aufschlußreiches Kontrastmaterial zu jenen Verfahren, die von den Betreibern Politischer Justiz unter dem Namen »Terroristenprozesse« geführt worden sind. Verfahren also gegen Angehörige der RAF und anderer Organisationen, die ein Konzept des bewaffneten Kampfes gegen den kapitalistischen Staat erprobt haben.

Ein Buch über »Terroristenprozesse« zu schreiben ist eine Aufgabe, die mit Widerständen und feindseligen Reaktionen von allen Seiten zu rechnen hat. Daß die Autoren als Sympathisanten der einen oder der anderen Seite verdächtigt und entsprechend behandelt werden, ist noch das geringste Übel. Größere Schwierigkeiten für das Projekt erwuchsen daraus, daß mögliche Quellen unzugänglich blieben oder nachträglich verstopft wurden. Mißtrauen und Angst auf der einen, amtliche Geheimhaltung der Wahrheit zum Wohle des Staates auf der anderen Seite zwangen uns zu einer Vielzahl von Einschränkungen bei der Auswahl des Materials und bei dessen Verwendung. So bleibt unsere Arbeit hinter dem zurück, was mitteilenswert wäre. Auch hatten wir Rücksicht auf legitime Interessen von Menschen zu nehmen, die uns ihr Wissen anvertraut haben in der Gewißheit, daß wir es nicht gegen ihren Willen publizieren werden. Ein Anwalt darf über Verteidigerwissen nicht beliebig verfügen und muß, selbst über den Tod oder persönliche Entfremdung von Mandanten hinaus, manches verschweigen, was er in seiner Eigenschaft als Rechtshistoriker gern veröffentlicht hätte. Dennoch hat das, was wir aus langjährigen Studien der Quellen und des veröffentlichten Materials, vor allem aber aus dem unmittelbaren Kontakt mit Politischer Justiz und den von ihr Betroffenen wissen, auch dort, wo wir es nicht aussprechen oder zitieren können, Eingang in unsere Arbeit gefunden und unsere Wertungen fundiert.

Unsere Beschreibungen und Analysen von »Terroristenprozessen« und deren politischem Bezugssystem basieren auf unterschiedlichen Erfahrungen und Vorarbeiten. Während Rolf Gössner an eigene Veröffentlichungen zur Entwicklung des präventiven Sicherheitsstaates anknüpfen konnte und in diesem Zusammenhang die politische Funktion der »Terroristen-Gefahr« und ihrer vorgeblichen Bekämpfung darstellt, war Ausgangspunkt für Margot Overaths Berichte der Kontakt zu Betroffenen sowohl auf Seiten der Opfer wie der Handelnden. Der von mir bearbeitete Teil des Gesamtwerks ist aus der langjährigen Verteidigerarbeit in sogenannten »Terroristen-Verfahren« erwachsen. Dies ist einer der wenigen Zugänge zum Thema, bei denen Quellen zur Verfügung stehen, die sonst, wenn überhaupt, nur sehr schwer zu erschließen sind. Hindernisse gab es gleichwohl genug zu überwinden.

Der Generalbundesanwalt sah es offenbar nicht gern, daß ich im Besitz von Akten war, die für die Arbeit an einem Buch über »Terroristenprozesse« gebraucht wurden. Mit Schreiben vom 29. Februar 1988 forderte er mich zur Rückgabe der in Sachen Peter-Jürgen Boock entstandenen Ermittlungsakten auf und kündigte deren Abholung in meiner Kanzlei an. Da mein Pflichtverteidigermandat beendet sei, bestehe für mich »weder ein Anlaß noch ein Recht«, der Bundesanwaltschaft die mir »nur vorübergehend überlassenen Duplikatakten vorzuenthalten«. Ich erwiderte, daß ich für Herrn Boock weiterhin als Wahlverteidiger tätig sei. Die Antwort aus Karlsruhe – mit Postzustellungsurkunde – lautete, ein Wahlmandat berechtige mich nicht, »der Bundesanwaltschaft die ihr gehörenden Duplikatakten vorzuenthalten«. Man müsse auf Rückgabe »auch aus datenschutzrechtlichen Gründen« bestehen. Es folgten Fristsetzung und Androhung der Abholung. Ich wies darauf hin, daß die Akten Bearbeitungsvermerke enthielten, die der anwaltlichen Verschwiegenheitspflicht unterliegen. Antwort aus Karlsruhe:

Sie wußten, daß die Ihnen überlassenen Duplikatakten Eigentum der Bundesanwaltschaft blieben und zurückzugeben waren. Sie hätten es daher vermeiden müssen, in diesen Akten Bearbeitungsvermerke anzubringen.

Erneute Fristsetzung und Androhung von »Folgerungen«. Meine Antwort:

Ich erlebe es zum ersten Mal, daß eine Rückgabe von Duplikatakten verlangt wird. Hätte ich mit einer Rückgabeverpflichtung rechnen müssen, hätte ich darauf bestanden, daß mir die Gerichtsakten zur Anfertigung von Fotokopien zur Verfügung gestellt werden. Ich bin davon ausgegangen, daß die in die Tausende gehenden Kosten, die hierdurch entstanden wären und von der Staatskasse an mich hätten erstattet werden müssen, vermieden werden sollten. Mit Akten, in denen keine Bearbeitungsvermerke angebracht werden dürfen, kann kein Verteidiger etwas anfangen. Das Ansinnen, die Bearbeitungsvermerke nachträglich unkenntlich zu machen oder zu entfernen, weise ich im Hinblick auf den Umfang der Akten als unzumutbar zurück.

Am 9.Mai 1988 tauchte in meiner Kanzlei ein Beamter aus Karlsruhe auf, der, mit einer entsprechenden schriftlichen Vollmacht des Generalbundesanwalts ausgestattet, die Akten abholen wollte. Da ich nicht anwesend war, kam er zwei Tage später wieder und teilte mir mit, er sei beauftragt, die Akten spätestens am Freitag dieser Woche in Empfang zu nehmen und, wenn ich die Herausgabe weiterhin verweigern sollte, mit Hilfe eines Gerichtsvollziehers zu holen. Auf meine Frage nach der Rechtsgrundlage erklärte der Beauftragte des Generalbundesanwalts, der Gerichtsvollzieher werde im Wege der Amtshilfe tätig. Ich entgegnete, daß ich eine rechtliche Klärung der Frage herbeiführen wolle, ob ich verpflichtet sei, meine Verschwiegenheitspflicht zu verletzen und Akten herauszugeben, die Verteidigermaterial geworden sind. Dadurch erlangte ich zunächst einmal Aufschub. Mit Hilfe zweier Kollegen (Sebastian Cobler und Günter Bandisch), die in meinem Auftrag mit der Bundesanwaltschaft verhandelten, gelang es schließlich, die Akten vor dem Zugriff der Anklagebehörde zu retten und das Anwaltsgeheimnis zu schützen.

Über Politische Justiz die Wahrheit zu sagen und zu schreiben hat auch in einem Staat, dessen Freiheitlichkeit von den Teilhabern der Staatsgewalt gerühmt wird, seine Schwierigkeiten. Die Berufung auf das Eigentum an Akten war nicht der einzige Knüppel, den die Betreiber von »Terroristenprozessen« mir zwischen die Beine zu werfen versuchten.

Bleiben wir beim Verfahren gegen Peter-Jürgen Boock. Schon zu Beginn des Boock-Mandats im Jahre 1981 hatte es Versuche gegeben, diesen unbequemen Verteidiger loszuwerden, der seinen Mandanten vor einem Kronzeugen-Schicksal zu bewahren bemüht war. Dreimal versuchte man, Peter-Jürgen Boock ohne Beisein des Anwalts zu vernehmen. Gegen alle Evidenz wurde dies später mit einem angeblichen Wunsch des Mandanten begründet. Bei der Anklageerhebung in Stuttgart stellte der Generalbundesanwalt den Antrag, einen Verteidiger aus dem dortigen Bezirk zu bestellen. Durch zermürbende äußere Bedingungen wurde die Arbeit der in Bremen und Hamburg wohnhaften Rechtsanwälte erschwert. Es wurde an zwei durch einen verhandlungsfreien Tag unterbrochenen Wochentagen verhandelt. Hinzu kamen entwürdigende Durchsuchungen, Verdächtigungen, Beschimpfungen, Beleidigungen. Am unerträglichsten aber war es, traditionelle Verteidigeraufgaben in einem Klima der Vorverurteilung wahrnehmen zu müssen. Mitzuerleben, wie mit zynischer Unwahrhaftigkeit ein Lebenslänglich gegen einen Angeklagten durchgesetzt wird, der sich der Kollaboration mit der Staatsgewalt verweigert hat, das übersteigt jede Frustrationstoleranz (Vgl. dazu das Kapitel »Verteidigung in Stammheim – Begegnung mit der Angst«). Schon die »Recherche« eines »Terroristenprozesses« im Wege der teilnehmenden Beobachtung bringt also ein solches Maß an persönlichen Belastungen mit sich, daß nur wenige Verteidiger bereit sein werden, dies mehr als einmal auf sich zu nehmen.

Selbstverständlich wurde auch versucht, mich durch Ehrengerichtsverfahren, diese merkwürdige Sondergerichtsbarkeit gegen Anwälte, einzuschüchtern und außer Gefecht zu setzen.

Schon Mitte der 70er Jahre hatte es ein Verfahren dieser Art gegeben, bei dem es um die Kritik an den Haftbedingungen der RAF-Gefangenen ging. In einer am 26. Februar 1973 ausgestrahlten Fernsehsendung (»Panorama«) war ich neben dem damaligen Justizminister von Nordrhein-Westfalen, Dr. Diether Posser, dem Bundesrichter Dr. Mösl, dem Generalstaatsanwalt Theodor Kleinknecht und Prof. Schüler-Springorum zu Wort gekommen und hatte zu den Haftbedingungen meiner damaligen Mandanten Ulrike Meinhof und Werner Hoppe folgendes gesagt:

Sicher sind diese Maßnahmen formal gedeckt durch die Untersuchungshaftvollzugsordnung, aber sie sind nicht notwendig und auch nicht geeignet, um den Zwecken der Untersuchungshaft zu dienen, also eine Flucht zu verhindern und eine Verdunkelung zu erschweren, sondern sie haben hier offensichtlich die Funktion, die Persönlichkeit unserer Mandanten zu zermürben, und stellen sich damit als verfassungswidrige Folter dar.

Ehrengericht und Ehrengerichtshof sahen darin eine Beleidigung und Diffamierung der für die Haftbedingungen meiner Mandanten verantwortlichen Richter und Beamten und verurteilten mich zu einer Geldbuße, weil ich meine Pflichten als Anwalt in schuldhafter Weise verletzt hätte.[1] Ich weigerte mich, die Geldbuße freiwillig zu zahlen, und stellte es der Hanseatischen Rechtsanwaltskammer Bremen frei, den Betrag im Wege der Zwangsvollstreckung einzuziehen, wenn sie sich nicht schäme, dieses Urteil zu vollstrecken. Sie schämte sich nicht.

Als im Laufe des Boock-Verfahrens erneut versucht wurde, mich mit Ehrengerichtsverfahren zu überziehen, fand ich erfreulicherweise Schutz bei der Rechtsanwaltskammer.

Anlaß zur Beschwerde über den unbotmäßigen Verteidiger fand der Generalbundesanwalt in einem Schriftsatz, mit dem ich gegenüber dem 2. Strafsenat des OLG Stuttgart zur Aussage des als Zeugen vernommenen BKA-Beamten Wolfgang Walter Stellung genommen hatte. Mit blauem Stift hatte man die Stellen angestrichen, die als standeswidrig beanstandet wurden. Zum Beispiel:

...daß Herr Boock mit Versprechungen und Drohungen unter Druck gesetzt worden ist...

...Herr Walter befindet sich in seinem Bemühen, Herrn Boock als Verräter zu diskreditieren, in guter Gesellschaft; sie reicht vom Generalbundesanwalt bis zur RAF-Sympathisantenszene...

...Dieses Verfahren, Aussteiger aus der Terroristenszene – denen man lebenslänglich, aber auch »fairen Prozeß« in Aussicht stellen kann, je nachdem, wie sie ihr Aussageverhalten einrichten – hinter dem Rücken des Vertrauensverteidigers zu bearbeiten und ihnen die Vor- und Nachteile des Redens einerseits, des Schweigens andererseits vorzuhalten, ist zu oft praktiziert worden, als daß die Herren Walter und Zeis uns Verteidigern weismachen können, hier im Falle Boocks ausgerechnet sei es anders gewesen...

...Nachdem es Herrn Zeis entgegen einem Antrag der Verteidigung ermöglicht worden ist, die Aussage des Herrn Walter von Anfang bis Ende mitzuhören, ist Herr Zeis hinsichtlich des Vernehmungsversuchs vom 6.2.1981 zu einem völlig ungeeigneten Beweismittel geworden...Es ist nunmehr nicht mehr zu erwarten, daß es Herrn Zeis nicht gelingen wird, sich auf diese Widersprüche einzustellen und seine Aussage mit der des Herrn Walter zu harmonisieren...

...Es gibt aber durchaus Motive für Belastungszeugen, ihn wahrheitswidrig zu beschuldigen, er habe irgendwann einmal Angaben gemacht, die, wenn sie wirklich erfolgt wären, wesentliche Lücken in den Ermittlungen ausfüllen würden...

...Die Methode, mit aussageverweigernden Gefangenen zwanglose Gespräche zu führen, bei denen deren Situation in hinterhältiger Weise ausgenutzt und die Rechtsgarantien einer ordnungsgemäßen Vernehmung umgangen werden, haben wir bereits in anderem Zusammenhang kennengelernt...

In Karlsruhe war man ungehalten. Der Generalbundesanwalt an den Generalstaatsanwalt in Bremen:

Sehr geehrter Herr Kollege!
Die anliegende Blattsammlung übersende ich mit der Bitte, sie in die mit dem Bezugsschreiben angeregte Prüfung ehrengerichtlicher Maßnahmen gegen Rechtsanwalt Hannover einzubeziehen...

Die als Erklärung gemäß § 257 StPO deklarierte Schrift enthält...erneut gezielt unwahre Angriffe gegen die Ermittlungsbehörden und einzelne namentlich benannte Beamte. Sie gipfeln darin, es sei von den Ermittlungsbehörden versucht worden, Peter Jürgen Boock mit Drohungen und Lockungen zu veranlassen, sich als Kronzeuge zur Verfügung zu stellen und ihn damit zum Verräter zu machen...

Vier Jahre später, im Juni 1987, stellte der Bremer Generalstaatsanwalt »in Übereinstimmung mit dem Vorstand der Hanseatischen Rechtsanwaltskammer und mit Zustimmung des Ehrengerichts für Rechtsanwälte« das Verfahren ein.

Der Vorstand der Hanseatischen Rechtsanwaltskammer hatte sich schon am 1.4.1985 durch seinen Präsidenten, den Kollegen Dr. Haas, u.a. wie folgt geäußert:

In dem auch für den Verteidiger psychisch und physisch äußerst belastenden Verfahren können Äußerungen des Verteidigers nicht mit dem sonst üblichen Maßstab gemessen werden.

Auch der Vorstand teilt die Auffassung, daß Herr Hannover selbst durch die Vertreter der Bundesanwaltschaft »nicht mit Samthandschuhen angefaßt« worden ist.

Beispielsweise muß einem Verteidiger das Recht zuerkannt werden, den Versuch der Vernehmung seines Mandanten über die Bundesanwaltschaft ohne seine Benachrichtigung in aller Schärfe zu kritisieren. Die Bescheidung der Dienstaufsichtsbeschwerde mit der Begründung, es stelle sich die Frage einer Verletzung der Benachrichtigungspflicht erst gar nicht, weil, nach dem eigenen Sachvortrag des Verteidigers, keine Vernehmung durchgeführt worden sei, muß einen Verteidiger ebenso befremden wie die Erklärung in der dienstlichen Äußerung vom 23.3.1981, die Bundesanwaltschaft habe mit dem Beschuldigten Stillschweigen nach außenhin, »insbesondere dem Verteidiger Hannover gegenüber« vereinbart.

Ehrengerichtsverfahren oder entwürdigende Schikanen und Behinderungen bei der Wahrnehmung von Verteidigeraufgaben sind bei weitem nicht alles. Mehrfach mußte ich in meiner Laufbahn als Anwalt auch erfahren, daß man als Verteidiger in »Terroristenprozessen« auch selbst zum Objekt polizeilicher Beobachtung und Überwachung wird.

Als ich am 27. Oktober 1977 auf dem Münchener Flughafen die Paßkontrolle passierte, wurde ich an einen Sonderschalter gebeten, wo ein Grenzschutzbeamter an Hand meines Passes einen Vordruck ausfüllte, der den Aufdruck »Ausschreibung zur BeFa« trug. Ich schrieb an den Bundesinnenminister, Prof. Dr. Maihofer, mit dem ich übrigens in besseren Zeiten gemeinsam oppositionelle Veranstaltungen bestritten hatte, und fragte an, worauf diese Maßnahme beruhe. Ich forderte den Innenminister auf, das Notwendige zu veranlassen, damit die beobachtende Fahndung eingestellt wird. Erste Reaktion: Schweigen. Nach Mahnung: »...teile ich Ihnen mit, daß Sie nicht zur Überwachung im Rahmen der Beobachtenden Fahndung entsprechend der Polizeidienstvorschrift ›Polizeiliche Fahndung‹ ausgeschrieben sind«.

Die amtliche Verschleierung der Lüge nötigte dazu, zwischen den Zeilen zu lesen. Der Ton lag auf »entsprechend der Polizeidienstvorschrift«. Daß ich die

Überschrift des Formulars hatte mitlesen können, war sicher nicht im Sinne staatlicher Konspiration. Also nochmalige Rückfrage. Antwort aus dem Bundesinnenministerium (Schreiben vom 21.12.1977):

Auf Ihr Schreiben vom 28. November 1977 bestätige ich meine Mitteilung, daß Sie nicht zur beobachtenden Fahndung ausgeschrieben sind.

Ihre Annahme mag darauf zurückzuführen sein, daß im Zusammenhang mit der Fahndung nach den Entführern und Mördern von Hanns-Martin Schleyer vorübergehend die Reisebewegungen von Personen beobachtet worden waren, die Kontakte zu Terroristen oder terroristischer Straftaten Verdächtigen hatten. Hierfür haben die zuständigen Dienststellen verschiedentlich auch den Vordruck »Beobachtende Fahndung« verwandt.

Die Beobachtung Ihrer Reisebewegungen erfolgte, weil Sie Briefkontakte zu den Inhaftierten Peter Paul Zahl, Ilse Jandt und Siegfried Haag hatten.

Also nur eine Frage begrifflicher Kosmetik, ob man das als »Beobachtende Fahndung« bezeichnen will. Nur der Ungeschicklichkeit eines Grenzschutzbeamten verdankte ich die Information, daß meine Reisebewegungen beobachtet wurden.

Dies war nicht der einzige Geheim-Eingriff in meine berufliche und private Sphäre, dem ich als »Terroristenverteidiger« ausgesetzt war. Im Jahre 1972 wurden auf Anordnung des Bundesinnenministers sechs Wochen lang meine Telefonanschlüsse abgehört und die für mich bestimmte Post geöffnet und eingesehen. Erst zehn Jahre später setzte man mich über diese Lauschaktion in Kenntnis. Zur Begründung hieß es, ich hätte im Verdacht gestanden, ein »hochverräterisches Unternehmen« zu unterstützen. Allerdings habe das Ergebnis der Ermittlungen diesen Verdacht nicht bestätigt. Der Eingriff in die grundrechtlich geschützte Vertrauenssphäre eines Strafverteidigers war indes nicht ungeschehen zu machen (Vgl. dazu das Kapitel »Strafverteidiger als Objekte Politischer Justiz«).

Was mag mir in dieser Zeit noch an staatlichen Geheimaktionen widerfahren sein, von denen ich nichts erfahren habe?

Daß man in diesem Lande schließlich auch Objekt einer von den Betreibern Politischer Justiz inszenierten Diffamierungskampagne werden kann, ohne dagegen strafrechtlichen Rechtsschutz zu finden, bekam ich zu spüren, als Anfang der 70er Jahre die Verleumdung unters Volk gebracht wurde, »Terroristen-Anwälte« hätten die Verbindung zwischen gefangenen und schießenden »Terroristen« hergestellt und sich auch sonst als Komplicen ihrer Mandanten betätigt. Auch dazu wird in diesem Buch einiges gesagt werden.

In was für einem Land leben wir eigentlich? Ist das wirklich der freiheitlichste Staat, den es je auf deutschem Boden gegeben hat? Oder ist nicht vielmehr die zu phantastischen Dimensionen aufgebauschte »Terroristen-Gefahr« Bezugspunkt und Vorwand für eine Aufrüstung der Staatsgewalt gegen innere Feinde, eine Aufrüstung, die den Widerspruch zwischen geschriebener Verfassung (»freiheitlich-demokratische Grundordnung«, Vorrang von Menschenwürde und Grundrechten) und Verfassungswirklichkeit immer größer werden läßt?

Immerhin hatten die Mütter und Väter des Grundgesetzes den Ehrgeiz, einen

Staat aus der Taufe zu heben, dem man das fürchterliche Erbe, das er anzutreten hatte, nicht ansehen sollte. Aber er mußte mit den gleichen Menschen ins Werk gesetzt werden, die ihrem Mehrheitswillen dadurch Ausdruck gegeben hatten, daß sie einem Hitler zugejubelt, aber im übrigen geschwiegen hatten. Da hatte eine Gesinnung des Nicht-Hinschauens geherrscht, die es möglich machte, daß die Staatsgehilfen einen Teil der Bevölkerung, der durch oppositionelle Haltung oder »Fremdrassigkeit« auffiel, einsperrte oder tötete und die anderen später sagen konnten: Wir haben von nichts gewußt. Die schweigende Mehrheit entsann sich, daß es ihr – von der Kriegszeit mal abgesehen – unter Hitler gutgegangen war. Man hatte zu den Mitläufern und Nutznießern des Systems gehört und ersparte es sich auch später, die Zeit aus der Opferperspektive zu betrachten. Das waren ja nur die Nicht-Deutschen, die Juden, die Kommunisten, »Moskowiter«, die »Fremdvölkischen« (heute sagt man schlicht: Ausländer), mit einem Wort: Feinde des als Einheit und Interessengemeinschaft verstandenen deutschen Volkes.

Die Deutschen aber hatten mehrheitlich nichts davon bemerkt, daß die Konjunktur, von der sie profitierten, eine Rüstungskonjunktur war. Für sie kam der »Kriegsausbruch« mit der Schicksalhaftigkeit einer antiken Tragödie. Daß die Götter, denen sie gehuldigt hatten, Verbrecher waren, begriffen sie erst nachträglich. Ihre eigene Kollektivschuld haben sie auch später nie wahrhaben wollen. Und so »bewältigten« oder richtiger: verleugneten sie ihre Vergangenheit durch Errichtung eines falschen primitiven Geschichtsbildes, in dem es nur Führer und Verführte gab. Ein Geschichtsbild, mit dem sich Trauer und Lernfähigkeit verhindern ließen. Und mit diesem gleichwohl wahlberechtigten Volk sollte diesseits der Ost-West-Zonengrenze eine »freiheitlich-demokratische-Grundordnung«, jenseits ein sozialistischer Staat aufgebaut werden. Was konnte daraus werden? Über die DDR wissen wir nun alles. Aber was ist aus der BRD geworden?

Das in diesem Land herrschende politische Bewußtsein machte es möglich, daß Richter und Staatsanwälte im Amt blieben, die im faschistischen Staat gesetzliches Unrecht justizförmig durchgesetzt hatten. Eine kollektivschuldige Generation und deren geistige Nachläufer duldeten es, daß den überlebenden Opfern des Nazi-Terrors neues Unrecht widerfuhr[2] und die Terroristen von gestern zu Tausenden gerechter Strafe entzogen und unter neuer Etikettierung zur Bekämpfung des alten Feindes reaktiviert wurden.[3] Die Illegalisierung der Kommunisten und die Rückkehr von über 90% der nach 1945 entlassenen Nazi-Beamten in den Staatsdienst gingen Hand in Hand, ohne daß die Mehrheit der westdeutschen Bevölkerung sich der damit verbundenen internationalen Blamage bewußt wurde.[4]

In einem solchen Land sind alle Voraussetzungen gegeben, um die Bevölkerung mehrheitlich glauben zu machen, daß eine »terroristische Gefahr« nicht von einer mit militärischen und technologischen Restrisiken spielenden Staatsgewalt und dem mit ihr verbundenen profitorientierten Wirtschaftssystem ausgeht, sondern von kleinen Gruppen, die das Gewaltmonopol des Staates ignorieren. Auch den Zusammenhang zwischen diesen »Terroristen« und dem alten kommunistischen Feind wußte man flink herzustellen und im öffentlichen Bewußtsein zu verankern.

Daß einige seit vielen Jahren auf Fahndungsplakaten präsentierte »Terroristen« beim Stasi »Unterschlupf gefunden« hätten und Erich Honecker und andere ehemals führende Persönlichkeiten des Staatsapparats der DDR der »Unterstützung einer terroristischen Vereinigung« schuldig seien, schallte bald als Volkes Stimme aus den Leserbriefspalten populistischer Blätter auf entsprechende Vorgaben offizieller Meinungsmacher zurück.

Wie gering werden kritische Intelligenz und Informationsniveau einer Öffentlichkeit eingeschätzt, der man diese Bewertung der Fakten anbieten kann? Wenn es richtig ist, daß die in der DDR festgenommenen »Terroristen« seit vielen Jahren den bewaffneten Kampf aufgegeben haben, dann war ihre »Resozialisierung«, ja selbst ihre Instrumentalisierung für staatliche Zwecke letztlich nichts anderes, als was auch hierzulande praktiziert und mit gesetzlichem Heiligenschein (»Kronzeugenregelung«) geschmückt wird. Daß jedenfalls die in der DDR festgenommene ehemalige RAF-Angehörige Susanne Albrecht in den Genuß der für Kronzeugen vorgesehenen Suspension des Strafrechts kommen sollte, wurde frühzeitig verkündet.[5] Im Fall Werner Lotze, der am 31.1.1991 vom Bayerischen Obersten Landgericht zu zwölf Jahren Freiheitsstrafe verurteilt wurde, zeigte sich allerdings, daß die Bundesanwaltschaft, die ihren Kronzeugen milder bestraft sehen wollte, an Richter geraten kann, die den Unterschied zwischen Recht und Gnade nicht verwischen wollen. Man wird die weitere Entwicklung der Fälle, in denen Ankläger und Angeklagte in bemerkenswerter Eintracht auf Kronzeugenrabatte spekulieren, immer im Kontext mit der gnadenlosen Praxis in anderen »Terroristen-Prozessen« beobachten müssen, um sich vor Augen zu führen, wie auswechselbar die Maßstäbe sind, nach denen diese Justiz ein nur dem Schein nach allgemeingültiges Recht anwendet, je nachdem, ob man es mit Freund oder Feind zu tun hat. Besonders der Kontrast zum Fall Peter-Jürgen Boock, der nach nunmehr über zehnjähriger Haft noch immer dafür büßt, daß er den auch ihm angebotenen Kronzeugen-Deal zurückgewiesen hat, wird die Relativität eines unter Gesichtspunkten staatlicher Zweckmäßigkeit manipulierbaren Rechts anschaulich machen.

Wer nach langer Berufserfahrung als Strafverteidiger – ich bin seit 1954 in diesem Metier tätig – sogenannte »Terroristenprozesse« und auch deren Gegenstück, Verfahren gegen Nazi-Verbrecher, kennengelernt hat, kann nur mit großem Nachdruck vor der Illusion warnen, daß in diesem Land wirklich die nötigen Lehren aus den Erfahrungen der Hitler-Zeit gezogen worden seien. Eine Justiz im Ausnahmezustand entspricht den verkündeten Idealen einer freiheitlichen Demokratie ebensowenig wie die an Zwecken einer angeblichen Staatsräson ausgerichtete Verteilung von Gunstbezeigungen und kalten Amnestien für Staatsfreunde von gestern und heute. Die Politische Justiz dieses Landes bleibt nicht nur weit hinter dem zurück, was durch das inzwischen zur Verfassung aufgewertete Grundgesetz von 1949 versprochen worden ist, sondern signalisiert eine Entwicklung zu einem Sicherheits- und Überwachungsstaat, die nur aufzuhalten ist, wenn die Deutschen endlich aus ihrem Wohlstandstaumel erwachen. Ein paar dazu nötige Informationen hoffen wir mit diesem Buch zu geben.

1. »Terroristenprozesse«
Zwei gegensätzliche Modelle politischer Justiz für und gegen Freund und Feind

Im politischen Strafprozeß geht es nicht um Wahrheitsfindung, sondern um die Vernichtung von Feinden und die Rehabilitierung von Freunden. Zwei durchaus gegensätzliche Verfahrensziele, die mit ein und derselben Strafprozeßordnung erreicht werden sollen. Das setzt ein biegsames Recht und flexible Rechtsanwender voraus. Wir haben beides.

Wer den Gerichtssaal als Feind betritt, hat in der Regel nichts zu hoffen, wer als Freund kommt, hat nichts zu fürchten. Die Unterscheidung von Freund und Feind ist schon außerhalb des Gerichtssaals getroffen. Entweder entspricht sie einem herrschenden kollektiven Bewußtsein, oder sie ist durch gezielte Öffentlichkeitsarbeit interessierter Instanzen vorbereitet.

Wer als Feind und wer als Freund behandelt wird, ist durchaus unabhängig von der Schwere des Verbrechens, das zur Anklage steht. Die größten Verbrechen bleiben bekanntlich straflos, da diejenigen, die sie begehen, auch für ihre Definition zuständig sind. So wurde der Begriff »Terroristen« erst popularisiert, als viele der furchtbarsten Terroristen aller Zeiten erfolgreich durch die Maschen des Gesetzes geschlüpft waren. Und auch die Vorbereitung weiterer Massenmorde staatlicher Provenienz spielt sich straflos vor den Augen der Weltöffentlichkeit ab.

Es ist schon seltsam, daß der Begriff des Terrorismus – außer für den Hausgebrauch deutscher Rechtsanwender – nicht allgemeinverbindlich definiert werden konnte. Hinter dem vergeblichen Bemühen, eine Definition zu finden, versteckt sich das Eingeständnis, daß der strafrechtliche Zugriff eine merkwürdige Auswahl trifft. Nicht die großen Verbrechen und ihre Täter, die massenhaften Menschentötungen im Kriege, nicht einmal der Verwaltungsmassenmord der Nazis an Juden und anderen »Fremdvölkischen«, sofern er nur befehls- und ordnungsgemäß durchgeführt wurde, rufen das Strafbedürfnis der Öffentlichkeit und das Normbewußtsein des Gesetzgebers und der Richter auf den Plan, sondern die kleinen kriminellen Quantitäten abweichenden Verhaltens. Solange Verbrechen im Dienste des Staates begangen werden, entschwinden sie der »Kriminalitätswahrnehmung« (Herbert Jäger).[1] Nicht daß er tötet, sondern daß er es auf eigene Faust tut, nimmt die Gesellschaft dem einzelnen übel (Arno Plack). Eine Erkenntnis, die Sigmund Freud schon 1915, also während des 1. Weltkrieges, so formulierte:

Der einzelne Volkszugehörige kann in diesem Kriege mit Schrecken feststellen, was sich ihm eigentlich schon in Friedenszeiten aufdrängen wollte, daß der Staat dem Einzelnen den Gebrauch des Unrechts untersagt hat, nicht weil er es abschaffen, sondern weil er es monopolisieren will wie Salz und Tabak.[2]

Verbrechen sind eine Sache der Definition. Bei Fritz Bauer lesen wir:

Verbrechen ist nach einer zutreffenden soziologischen Definition ein Verhalten, das von einer Gruppe, welche die erforderliche Macht besitzt, ihre Anschauungen durchzusetzen, für besonders sozialschädlich gehalten wird.[3]

Jerome Michael und Mortimer J. Adler definierten in einem Bericht über den Wissensstand der Kriminologie aus dem Jahre 1933 das Verbrechen als einen »Fall der Verwirklichung eines gesetzlichen Straftatbestandes«, so daß also »erst das Strafrecht einem Verhalten das Merkmal ›kriminell‹ zuschreibt«.[4] Kein Fortschritt also seit den Zeiten des Thomas Hobbes, der in seinem »Leviathan« 1651 schrieb:

Ein Verbrechen ist eine Sünde, die begeht, wer durch Taten oder Worte tut, was das Gesetz verbietet, oder unterläßt, was es befiehlt.[5]

Ein Satz, den Hans Magnus Enzensberger in moderner Knappheit auf die Formel gebracht hat:

Was bestraft wird, ist ein Verbrechen, was ein Verbrechen ist, wird bestraft.[6]

Die Formel läßt sich umkehren: Was nicht als Verbrechen definiert ist, wird nicht bestraft. Und so kommt es, daß die »Makrokriminalität« (Herbert Jäger), die »Kriminalität der Mächtigen« (Sebastian Scheerer), die mehr als alles, was sonst als Verbrechen definiert ist, eine Gefahr für alle darstellt, keiner Bestrafung unterliegt. Straflosigkeit für sozialschädliches Verhalten ist ein Privileg der herrschenden Klasse, an dem sie nach Belieben teilhaben läßt, wer ihren Interessen dient (z. B. den Kronzeugen). Wer die Definitionsmacht hat, definiert nicht nur das Verbrechen, sondern auch den Verbrecher.

Auch Terrorismus und Terroristen sind eine Sache der Definition. Der Versuch, Terrorismus allgemeingültig zu definieren, ist gescheitert. Er mußte scheitern, weil die Inhaber der Definitionsmacht ihren eigenen Terrorismus selbstverständlich ausklammern wollen. Und so mußte selbst Generalbundesanwalt Rebmann als Berichterstatter für die Arbeitsgruppe »Terrorismus» auf der »Berlin Conference on the Law of the World« (21. bis 26.7.1985) eingestehen:

International konnte bisher keine Einigung erzielt werden, was unter dem Begriff ›Terrorismus‹ zu verstehen ist. Bis heute ist strittig geblieben, wo die Grenzen zwischen Terrorismus und kriegerischen Auseinandersetzungen, Aggressionen, Aufständen oder gerechtfertigtem Widerstand von Völkern und Volksgruppen zu ziehen sind.[7]

Was international nicht gelingen konnte, war jedoch im nationalen Machtbereich kein Problem. Die Definition von Terrorismus war gleichbedeutend mit der Aufgabe, den politischen Feind zu definieren. Und so finden wir in den Verfassungsschutzberichten der letzten Jahre die hauseigene Definition für Terrorismus, die zwar das Problem der Allgemeingültigkeit keineswegs löst, aber mit Richtern rechnen kann, die wissen, wer gemeint ist und wer nicht:

Terrorismus ist der nachhaltig geführte Kampf für politische Ziele, die mit Hilfe von

Anschlägen auf Leib, Leben und Eigentum anderer Menschen durchgesetzt werden sollen, insbesondere durch schwere Straftaten, wie sie in § 129a Abs. 1 des Strafgesetzbuches genannt sind (vor allem: Mord, Totschlag, erpresserischer Menschenraub, Brandstiftung, Herbeiführung einer Explosion durch Sprengstoff) oder durch andere Gewalttaten, die der Vorbereitung solcher Straftaten dienen.«[8]

Terrorismus – vom lateinischen terror = Schrecken, terrere = in Schrecken versetzen – ist ursprünglich ein auf die Schreckensherrschaft, also auf den Mißbrauch von Staatsgewalt gemünzter Begriff. Alte Konversationslexika verbinden ihn mit der französischen Revolution (la terreur), der Zeit vom Mai 1793 bis zum 27. Juli 1794, in der die Köpfe von Reaktionären und Revolutionären unter der Guillotine fielen. Meyers Konversationslexikon von 1897:

Die damaligen Gewalthaber hießen Terroristen, Schreckensmänner.

Heute, nach 1945, liegt ein anderer Bezug näher: die faschistische Schreckensherrschaft. Aber ausgerechnet die nach-faschistische Periode ließ einen Sprachgebrauch aufkommen, der Terrorismus nicht als Ausdruck für diese größte Verbrechenslawine der Menschheitsgeschichte kennt, sondern ihn für die zahlenmäßig dagegen verschwindenden Taten kleiner und kleinster Gruppen verwendet. Die Sprache verrät ein öffentliches Bewußtsein, das die kollektive Mitschuld an furchtbaren Verbrechen durch kollektive Abwehrmechanismen verdrängen und verleugnen mußte. Für die Ableitung und Projektion des eigenen Terrorismus (der Vergangenheit und der Gegenwart) auf Sündenböcke war und ist keine Partei oder Gruppe zu klein. Man thematisiert die Gewaltfrage gegen Grüne, Kommunisten und »Terroristen« aus der Position dessen, der über das unbegrenzte Gewaltpotential des Staates verfügt. Die »staatstragenden Kräfte« reden über die Gewalt der anderen und sitzen selbst auf den Raketen, die das Inferno auslösen und Europa in eine von Menschen gesäuberte Wüste verwandeln können. Aber sie definieren, was Gewalt ist, weil sie im Besitz der Macht sind. Und so sind nicht ihre Raketen Gewalt, sondern die symbolischen Behinderungen des Raketentransports durch sitzende Demonstranten. Kein Wunder also, daß sie auch Terrorismus so definieren und als Gefahr für alle propagieren, daß der mit staatlicher Gewalt verbundene Makro-Terrorismus unberührt bleibt.

Wenn es je eine legitime Aufgabe des Strafrechts gegeben haben sollte, Verbrecher für einige Jahre hinter Gefängnismauern über ihre Untaten nachdenken zu lassen und den Opfern und deren Angehörigen die Genugtuung einer Sühne zu geben, dann nach dem Zusammenbruch des Hitler-Reichs. Eine perfekte bürokratische Organisation des massenhaften Tötens und Quälens von Menschen war 1945 zum Stillstand gebracht worden, Tausende von Tätern, die den Terrorapparat betrieben hatten, harrten der Aburteilung. Aber noch nie hat es eine Suspendierung des Strafrechts in solchem Ausmaß gegeben, wie nach dem Ende dieses größten Staatsterrors aller Zeiten.

Die bundesdeutsche Rechtsprechung fand unter Führung des Bundesgerichtshofes heraus, daß Hitler entweder allein oder in Gemeinschaft mit ein paar Führungskräften wie Himmler und Heydrich alle Massenmorde als Täter zu verantworten habe, während die Zigtausende, die das Funktionieren des Mordapparats gewährleisteten und die Befehle der Staatsführung ausführten, lediglich deren Gehilfen waren und ohne eigene böse Absichten nur der Stimme ihres Herrn folgen wollten. Ihre Taten konnten daher nach den Regeln über Beihilfe milder bestraft werden, wenn sie nicht gar unter Verjährung fielen. Das Gehilfenmodell der bundesdeutschen Justiz ist die Widerspiegelung eines falschen Geschichtsbildes, das die exkulpationsbedürftige Generation der Mittäter sich selbst und einer denkfaulen Öffentlichkeit einzureden wußte. Und so fanden sie sich vor und hinter dem Richtertisch wieder, die Gehilfen Adolf Hitlers und die rechtsgläubigen Gesetzesanwender, und verstanden sich als gemeinsame Opfer des großen Verführers.

Die Kameraderie der Gewaltmonopolisten hat die juristische Aufarbeitung des Holocaust der Nazis zur Farce werden lassen. Sie saßen alle in einem Boot, die uniformierten Mörder an den Erschießungsgruben und Gaskammern und Schreibtischen, die Hitlers Befehle, und die Mörder in Robe, die Hitlers Gesetze für verbindlich gehalten hatten. Eine Justiz, die diese Tradition ungebrochen fortsetzte, war nicht in der Lage, Freund und Feind auszutauschen, als sich mit einem Donnerschlag von historischer Dimension erwiesen hatte, daß die bisherigen Bewertungen von Recht und Unrecht ein fatal falsches kollektives Bewußtsein widerspiegelten. Da waren wieder die alten Rechtfertigungs- und Entschuldigungsmuster, wenn es galt, Terroristen freizusprechen, die Juden und Kommunisten umgebracht hatten. Da wurden Widerstandskämpfer ein zweites Mal verurteilt, um die Taten ihrer Richter und Mörder für gerechtfertigt zu erklären. Da war wieder diese widerliche Höflichkeit gegenüber Angeklagten, die mit ihren Richtern den gleichen Stallgeruch des gebildeten, aber faschismusanfälligen Bürgertums teilten. Alles verstehen heißt alles verzeihen – diese vor Gericht sonst allenfalls spöttisch verwendete Spruchweisheit stand und steht über dieser Art Terroristenverfahren, deren Freundlichkeit sich aus der Sicht der Opfer und Mitleidenden jedem Verständnis entzieht.

Die Richter standen mit ihren Entschuldigungen und Rechtfertigungen nicht allein, sie konnten sich eins wissen mit dem vorherrschenden öffentlichen Bewußtsein. Fritz Bauer, einst Generalstaatsanwalt in Hessen und engagierter Ankläger von Nazi-Verbrechern, hat diese Parteinahme des herrschenden kollektiven Bewußtseins der Deutschen für ihre Massenmörder schon 1964 mit bitterer Ironie angeprangert:

Es ist eine der großen Paradoxien der Gegenwart, daß nicht die sogenannte Strafrechtsreform, sondern die Diskussion über NS-Prozesse Anstoß zu einer Änderung der gesellschaftlichen Haltung gegenüber Verbrechern geben kann. Plötzlich wird gefragt: Welchen Sinn haben Strafprozesse? Welches Ziel? Gar mancher ist ›betroffen‹, als wärs ein Stück von ihm. Der soziale und individuelle Hintergrund dieser Strafsachen soll aufgeklärt werden, um den sich sonst kaum einer wirklich schert. Die Pluralität sozialer und menschlicher Welt- und Wertbilder wird gespürt; man denkt an die Überwältigung einer humanistischen Ethik durch einen rassischen Darwinismus. Sozialer Zwang, die Suggestivwirkung der

Propaganda, die Massenpsychose, der Konformismus eines cosi fan tutte wird festgestellt...- Man redet von Notstand, der sonst, mag soziale, wirtschaftliche oder seelische Not auch zum Himmel schreien und der einzelne keinen Ausweg sehen, ein Schattendasein führt. Man beruft sich auf den Selbsterhaltungstrieb des einzelnen, auf den berechtigten Willen zu eigenem und familiärem Fortkommen, auf ein ›Recht‹ zur Schwäche und Feigheit, das ›Menschlich-Allzumenschliche‹. Mitverantwortung, Mitschuld der Gesellschaft wird nicht länger geleugnet. Man ist Zeuge der Zufälligkeiten geworden, die das Leben des einzelnen bestimmen, des Glücks oder des Pechs, das der einzelne hat, je nachdem ihn soziale Gewalten hier- oder dorthin plazieren.[9]

Wenn man sich schon gehindert sah, die Taten der Staatsterroristen des Dritten Reiches an den Normen zu messen, die für alle zivilisierten Völker auch damals verbindlich waren und deshalb in den Nürnberger Kriegsverbrecherprozessen zur Grundlage eines neuen Völkerrechts erhoben worden sind, so hätte man doch mindestens die auch zu Nazizeiten als gültig anerkannten Straftatbestände mit der einem Bürgerstrafrecht angemessenen Intensität anwenden können. Auch damals waren Mord und Totschlag strafbar. Auch damals lernten Jurastudenten die Rechtsfigur der Mittäterschaft am Beispiel des Komplicen, der bei einem Einbruchdiebstahl nur Schmiere gestanden hat und trotzdem als Mittäter der gemeinschaftlich begangenen Tat bestraft wird. Was hinderte also bundesdeutsche Richter, den bürokratisch organisierten und arbeitsteilig durchgeführten Massenmord der SS- und Wehrmachtsverbände nach den auch damals gültigen Vorschriften und Regeln abzuurteilen und die Täter als Täter zu bestrafen, statt sie als Gehilfen zu begünstigen?

Die Unterscheidung von Tätern und Gehilfen ist eine Sache der freien richterlichen Beweiswürdigung, der auch die Feststellung obliegt, was sich im Kopf eines Verbrechers abgespielt hat, als er die Tat beging. Der subjektive Tatbestand, wie der Jurist diesen Bereich des unsichtbaren Innenlebens von Angeklagten nennt, ist das Betätigungsfeld für beliebige Urteilsfeststellungen, die unüberprüfbar je nach Sympathie oder Feindseligkeit so oder so vergeben werden.

»Das Gericht ist überzeugt, daß der Angeklagte die Tat als eigene wollte«, lautet die Formel, mit der man das Lebenslänglich gegen den Feind austeilt. »Der Angeklagte hat nach Überzeugung des Gerichts nicht mit eigenem Täterwillen gehandelt, sondern wollte nur in Erfüllung einer Pflicht tätig werden«, lautet die Gegenformel für Gesinnungsfreunde.

Mit solchen und ähnlichen »Feststellungen« zum subjektiven Tatbestand unterscheiden die Gerichte zwischen Tätern und Gehilfen und verfügen damit über einen beträchtlichen Spielraum bei der Zumessung von Strafen. Gehilfe ist – nach der Legaldefinition des §27 Abs. 1 StGB –, »wer vorsätzlich einem anderen zu dessen vorsätzlich begangener Tat Hilfe geleistet hat«. Die Strafe für den Gehilfen richtet sich nach der Strafdrohung für den Täter, sie ist jedoch nach §49 Abs. 1 StGB zu mildern (§27 Abs. 2 StGB). Das heißt: An die Stelle von lebenslanger Freiheitsstrafe tritt Freiheitsstrafe von drei bis fünfzehn Jahren. Anwendungsfall: Beihilfe zum Mord. Und bei zeitiger Freiheitsstrafe darf höchstens auf drei Viertel des angedrohten Höchstmaßes erkannt werden, zugleich ermäßigt sich das gesetzliche Mindestmaß von fünf Jahren Freiheitsstrafe auf zwei Jahre. Anwendungsfall: Beihilfe zum Totschlag.

Die Freund-Feind-Differenzierung auf dem Wege einer Selektion in Gehilfen und Täter ist also furchtbar einfach. Um die lebenslängliche Inhaftierung von linken Terroristen zu gewährleisten, braucht man nur die Gehilfeneigenschaft zu verneinen, indem man einen Täterwillen »feststellt« und dem Angeklagten die denkbar übelsten Gesinnungen bescheinigt. Bei Terroristen von rechts, Nazi-Gewaltverbrechern und anderen Staatsfreunden, bietet sich die ebenso leicht zu treffende Feststellung an, sie hätten nur die Tat der Haupttäter Hitler, Himmler, Heydrich unterstützen wollen, die Tat also ohne eigenen Täterwillen nur »als fremde gewollt«. Für die millionenfachen Morde der Einsatzgruppen und in den Vernichtungslagern gab es also nach dieser »Rechtsprechung« keine noch lebenden Täter, sondern nur Gehilfen, die sich dem Täterwillen der inzwischen Abgeschiedenen unterworfen hatten.

Um aus den faschistischen Mordorganisationen höchsrichterlich ein Heer von Gehilfen zu machen, galt es juristisch nur ein kleines Hindernis zu beseitigen: Der Bundesgerichtshof (BGH) hatte in einem Urteil aus dem Jahre 1956, das einen Ehegattenmord betraf, verkündet:

Wer mit eigener Hand einen Menschen tötet, ist grundsätzlich auch dann Täter, wenn er es unter dem Einfluß und in Gegenwart eines anderen nur in dessen Interesse tut.[10]

Damit hatte der BGH sich von einer Rechtsprechung des Reichsgerichts aus dem Jahre 1940 distanziert, die unter Juristen als »Badewannen-Fall« kolportiert wird, in Wirklichkeit allerdings schon damals zur Exkulpation rechter Terroristen entwickelt worden war. Im Badewannenfall hatte das Reichsgericht eine Frau, die auf Ersuchen und im Interesse ihrer Schwester deren neugeborenes Kind ertränkt hatte, nur wegen Beihilfe zur Kindstötung verurteilt – eine extrem subjektivistische Unterscheidung von Täterschaft und Beihilfe, bei der es nur noch auf die willkürlich und unüberprüfbar festzustellende innere Einstellung des Angeklagten ankam.[11]

Die Schwurgerichte kehrten schon bald zu dieser bequemen Konstruktion zurück, um Nazi-Verbrecher glimpflich, wenn nicht straflos davonkommen zu lassen, und im Widerspruch zu seiner eigenen Rechtsprechung bestätigte der BGH regelmäßig die Urteile, ohne allerdings diese Entscheidungen in der amtlichen Sammlung seiner Entscheidungen zu veröffentlichen. Eines Tages hätte es jedoch auffallen müssen, daß der BGH bei Nazi-Gewaltverbrechern einen anderen Gehilfenbegriff gelten ließ als in nicht-politischen Strafsachen. Und so kehrte der BGH 1962, als der Fall des übergelaufenen sowjetischen Geheimagenten Stachynskij sich anbot, schließlich wieder zu der mit dem Badewannenfall getarnten subjektivistischen Rechtsprechung des Reichsgerichts zurück. Stachynskij fand beim BGH Glauben für seine Story, er habe bei zwei von ihm mit einer Giftpistole ausgeführten Morden auf Befehl von sowjetischer »höchster Stelle« gehandelt. Dieser Fall bot eine phantastische Gelegenheit, das antikommunistische Credo, dem der Vorsitzende des BGH-Senats sich schon seit Nazi-Zeiten verbunden wußte, mit einem Freispruchsprogramm für Nazi-Mörder zu verbinden, das sich nicht gleich als solches zu erkennen gab. Stachynskij wurde, obwohl er eigenhändig zwei Menschen erschossen hatte, nicht als Täter, sondern als Gehilfe seiner Auftraggeber verurteilt, die für den BGH nicht, wie es der bis dahin gültigen Strafrechtsdogmatik entsprochen hätte, als Anstifter sondern als Täter figurierten.[12] Der unerreichbare Befehlsgeber als Täter, der mordende Befehlsempfänger als Gehilfe, das war fortan das Modell, das dem Heer der Nazi-Terroristen milde Strafen sicherte.

Ausgerechnet die größte Terrororganisation aller Zeiten wird also nicht nach den Regeln der Mittäterschaft beurteilt, sondern gilt als eine Ansammlung von Gehilfen, die den Willen einer kleinen Führungsclique ausführen wollten.

Gehilfe war zum Beispiel der Führer eines Einsatzkommandos, das 15.000 Juden und sowjetische Kriegsgefangene umgebracht hat. Der Angeklagte, Dr.rer. pol. Otto Bradfisch, Jurist mit zwei Staatsexamen, NSDAP-Mitglied seit 1931, hatte das Einsatzkommando 8 von Juni 1941 bis April 1942 geführt. Das Gericht sah Hitler, Himmler und Heydrich als Täter an; sie hätten als die nationalsozialistischen Gewalthaber die Tötungshandlungen bis in die Einzelheiten ihrer Durchführung geplant und vorbereitet und die volle Tatherrschaft besessen.

Zur Durchführung ihres gemeinsam entwickelten Mordplans bedienten sie sich einer eigens hierfür geschaffenen Organisation, deren Angehörige in einem militärähnlichen Gehorsamsverhältnis standen und befehlsgemäß in der gewünschten Richtung tätig wurden, ohne jedoch selbst mit Täterwillen zu handeln.[13]

Täterschaft wurde verneint, obwohl er auf einige Opfer eigenhändig geschossen hatte. Auch hierbei war nach Meinung des Gerichts »der Wille bestimmend, den Vernichtungsbefehl Hitlers auszuführen«. Strafmildernd wurde berücksichtigt, daß der Angeklagte »den damaligen Staat aus voller Überzeugung bejahte«. Fazit: 10 Jahre Zuchthaus für 15.000 Morde.

Gehilfe war auch der SS-General Karl Friedrich Wolff, die rechte Hand Heinrich Himmlers. Ihm fehlte es am Täterwillen, als er den Transport von 300.000 Warschauer Juden nach Treblinka organisierte. Er habe nur Himmler helfen wollen, hieß es in einem vom BGH bestätigten Urteil.[14]

Auch Wolfgang Otto, der Spieß von Buchenwald, wurde nur als Gehilfe des Thälmann-Mords angeklagt und entsprechend milde vom Landgericht Krefeld verurteilt, später gar freigesprochen (vgl. das Kapitel »Das Thälmann-Mord-Verfahren«). Auch die Thälmann-Mörder heißen Hitler und Himmler und müßten sicher mit strenger Bestrafung rechnen, wenn sie nicht schon im Genuß der Unschuldsvermutung im Grabe ruhten.

Die Herabstufung von Nazi-Gewaltverbrechern zu bloßen Gehilfen ihres Führers hatte schon wenige Jahre nach dem Stachynskij-Urteil juristische Konsequenzen, die noch weit über die in § 49 StGB vorgesehene Strafmilderung hinausgingen. Ein merkwürdiger Irrtum des Gesetzgebers sorgte nämlich 1968 dafür, daß Mordgehilfen, denen persönlich keine niedrigen Beweggründe nachgewiesen wurden, überhaupt nicht mehr bestraft werden konnten. Ihre Taten galten infolge einer komplizierten juristischen Kettenreaktion, die Ministerialbeamte mit brauner Vergangenheit ausgetüftelt und einem ahnungslosen Parlament untergejubelt hatten, als verjährt. An unauffälliger Stelle, nämlich im Einführungsgesetz zum Ordnungswidrigkeitengesetz, hatte die Ministerialbürokratie eine Änderung des Strafgesetzbuchs untergebracht, die vom Bundestag ohne längere Debatte einstimmig verabschiedet wurde. Die Bestimmung lautete:

Fehlen besondere Eigenschaften, Verhältnisse oder Umstände (besondere persönliche Merkmale), welche die Strafbarkeit des Täters begründen, beim Teilnehmer, so ist dessen Strafe nach den Vorschriften über die Bestrafung des Versuchs zu mildern.

Nach der bisherigen Gesetzesfassung war die Strafe des Tatgehilfen

nach demjenigen Gesetz festzusetzen, welches auf die Handlung Anwendung findet, zu welcher er wissentlich Hilfe geleistet hat.

Eine für Nichtjuristen schwer verstehbare Änderung, deren Konsequenzen weder die Parlamentarier, die dem Gesetz zustimmten, noch der Bundespräsident, Dr. Gustav Heinemann, der es unterzeichnete, übersehen haben dürften. Sie bestanden darin, daß Beihilfe zum Mord, wenn keine niederen Motive (»persönliche Merkmale«), die die Tat zum Mord machten, vorlagen, zwingend mit höchstens 15 Jahren Freiheitsstrafe geahndet werden konnte; und Straftaten mit einer Höchststrafe von 15 Jahren hatte man bereits am 8. Mai 1960 verjähren lassen, so daß mit einem Schlag für das Heer der Nazi-Mordgehilfen Verjährung eintrat, wenn nicht im Einzelfall die Verjährung durch richterliche Handlungen unterbrochen worden war. Vor allem die Schreibtischtäter profitierten von dieser Fehlleistung des Gesetzgebers, weil sie weder »heimtückisch« noch »grausam« oder aus »niederen Beweggründen« gemordet hatten, sondern sich auf saubere Hände und das ehrbare Motiv der Pflichterfüllung beriefen. Die Karlsruher Bundesrichter komplettierten die Fehlleistung des Gesetzgebers sehenden Auges.

So hob der Bundesgerichtshof in einem Urteil aus dem Jahre 1969[15] die Verurteilung eines Beamten des Judenreferats beim Kommandeur der Polizei in Krakau mit folgender Begründung auf:

Wie das Schwurgericht feststellt... wußte (der Angeklagte), daß die Opfer allein aus Rassenhaß umgebracht wurden. Er hatte jedoch selbst nicht diesen niedrigen Beweggrund, sondern gehorchte als Polizeibeamter und SS-Angehöriger nur den Befehlen, obwohl er sie als verbrecherisch erkannt hatte.

Das Verfahren wurde eingestellt.

Deutschen Richtern machte es keine Mühe, bei Terroristen, die im Dienste ihres Führers Tausende von Juden und andere »Feinde« getötet hatten, die niederen Beweggründe zu verneinen. Die Ausführung verbrecherischer Befehle bleibt Pflichterfüllung – ein hoher Beweggrund.

Und so blieben auch Hitlers Mordgehilfen im Reichssicherheitshauptamt unbestraft, von deren Schreibtischen die Befehle zu den Massenmorden an den europäischen Juden und sowjetischen Kriegsgefangenen ausgegangen waren. Auch ihnen wurde geglaubt, daß sie ohne eigenen Täterwillen gehandelt hatten.[16] »Ein Mörder hatte sich in der ungeheuren Mordzentrale nicht befunden«, schreibt Jörg Friedrich mit bitterer Ironie.[17]

An dem unglaublichen »Versehen« des Gesetzgebers, das zur vorzeitigen Verjährung ungezählter von faschistischen Staatsterroristen begangener Morde geführt hat, waren viele Gehilfen beteiligt. Der damalige Bundesjustizminister Richard Jaeger zählte sie in einer späteren Verjährungsdebatte auf:

Das hier Erstaunliche ist, daß die sonst so vorzügliche Strafrechtsabteilung des Bundesministeriums der Justiz, daß elf Landesministerien, die doch auch nicht die schlechtesten Fachleute haben, daß der Generalbundesanwalt mit seinen Mitarbeitern und sogar die Richter des Bundesgerichtshofes, die alle um Stellungnahme gebeten wurden, auf das Problem der Auswirkung auf die Verjährung nicht hingewiesen haben.[18]

Was Herr Jaeger erstaunlich fand, haben andere kritischer auf den Punkt gebracht. So Helmut Kramer, Richter am Oberlandesgericht Braunschweig und Lehrbeauftragter an der Bremer Universität:

Angesichts der intensiven Prüfungen, denen Gesetzesvorschläge bereits im Vorfeld von den beteiligten Gerichten, Behörden und anderen Gremien mit zahlreichen Spitzenjuristen unterzogen werden, fällt es indessen schwer, hier an ein bloßes Versehen zu glauben. Viel näher liegt die Annahme, daß die Verjährungsfolge bewußt in das Gesetz lanciert wurde...[19]

Bundesdeutsche Richter taten das ihre, um der »versehentlichen« Verjährung einen möglichst großen Anwendungsbereich zu sichern. Es kam nur darauf an, angeklagten Nazi-Verbrechern den fehlenden Täterwillen zu bescheinigen und ihnen niedrige Beweggründe abzusprechen, schon waren sie vor Strafe sicher.

Bei Gewalttaten von links aber blieb es dabei, im Wege der freien Beweiswürdigung Gesinnungen festzuschreiben, die das politisch erwünschte Urteil und das entsprechende Strafmaß zu rechtfertigen schienen. Für Angeklagte aus der RAF erfand man das Gesinnungskonstrukt der Kollektivität, mit dem sich selbst dort, wo allenfalls Beihilfe vorlag, Täterschaft und Lebenslänglich begründen ließ (vgl. das Kapitel »Die gerichtsbekannte Kollektivität der RAF«).

Mit dem Prinzip kollektiver Verantwortlichkeit hatte man einen Verurteilungsmechanismus entdeckt, der sich zur strafrechtlichen Aufarbeitung der faschistischen Kollektivschuld angeboten hätte. Was in Bezug auf die RAF eine wissenschaftlich unhaltbare juristische Kopfgeburt bleiben mußte, hätte den hohen Organisations- und Perfektionsgrad des nationalsozialistischen Mordapparats präzise getroffen. Aber dort, wo man nicht verurteilen will, bedient man sich des Gehilfenmodells und der Einzeltäterthese.

Politische Strafjustiz ist dadurch gekennzeichnet, daß ihre Ergebnisse von politischen Bewußtseinshaltungen bestimmt werden. Diese Bewußtseinshaltungen entsprechen in der Regel auch der Einstellung des Richters und ersparen ihm durch die Wohltat der Rechtsblindheit jede Gewissensbelastung wegen ungerechter Urteile. Ziel des Prozesses ist nicht die Findung einer materiellen Wahrheit, sondern die formale Bestätigung der vorgegebenen Freund-Feind-Unterscheidung. Also muß die zu dieser Freund-Feind-Unterscheidung passende Wahrheit hergestellt werden. Die Mittel dazu bietet der Grundsatz der freien Beweiswürdigung, dem bei Bedarf durch gezielte Umgehungen der Strafprozeßordnung nachgeholfen wird.

Schon am Beginn eines politischen Feindprozesses steht nicht die auch für das deutsche Strafprozeßrecht festgeschriebene Vermutung, daß der Angeklagte unschuldig sei, sondern umgekehrt eine Schuldvermutung, die durch öffentliche Feinderklärungen oder autarke Vorurteile des Richters begründet ist. Für politische Freunde hingegen erinnert man sich gern der gesetzlichen Unschuldsvermutung und verstärkt sie, wenn irgend möglich, durch wohlwollende Interpretation des Sachverhalts und der Gesetze zu einem unüberwindlichen Verurteilungshindernis. Alles das ist im Wege der freien richterlichen Beweiswürdigung leichthin zu bewerkstelligen, die – eine raffinierte Spezialität des deutschen Strafrechts – grundsätzlich keiner Nachprüfung durch ein Revisionsgericht unterliegt. Eine Regel übrigens, die selbstverständlich ihre Ausnahmen hat, wenn einmal Freund und Feind verwechselt wurden.

Die im öffentlichen Bewußtsein tief verwurzelte Relativität von Recht und Unrecht macht es möglich, daß staatliche Machtträger die im autoritären Massencharakter bereitliegenden Strafbedürfnisse auf Minderheiten lenken, die als Quelle allen Übels und Gefahr für alle dargestellt werden. Je unerbittlicher das »Töten auf eigene Faust« bestraft wird, desto selbstverständlicher können Produktion und Export von Waffen weitergehen und die Völker von Zeit zu Zeit zum Töten im großen Stil aufgerufen werden. Je dramatischer die Verfolgung des quantitativ im Verhältnis zur Gesamtkriminalität unerheblichen Terrors kleiner Gruppen inszeniert wird, desto gefälliger läßt sich der große Staatsterror als Sicherheit verkaufen. Und dafür braucht man die Bühne des politischen Strafprozesses, auf der die Feinde gezeigt und unschädlich gemacht werden.

Die Übertragung des Ausdrucks »Terroristen« auf kleine Gruppen, die den bewaffneten Widerstand als politisches Kampfmittel gegen den kapitalistischen Staat erprobt haben, ihre Verteufelung als Gefahr für alle und die rigorose Strafrechtspraxis gegen diesen Feind gehören zu den Mechanismen, mit denen die großen Terroristen von gestern und ihre Straflosigkeit aus dem kollektivem Gedächtnis einer mitschuldigen Generation verdrängt worden sind.

Die Verwandlung von Tätern in Gehilfen und umgekehrt ist nicht der einzige juristische Kunstgriff, um Gunst und Strafe nach den Maßstäben des eigenen politischen Bewußtseins auf Freund und Feind zu verteilen. Schon die Frage, ob überhaupt Anklage erhoben wird, ist weitgehend eine Ermessensentscheidung der Staatsanwaltschaft. Gegenüber Staatsfreunden kann die Anklageerhebung so lange verzögert werden, bis alle Zeugen verstorben sind und der angeklagte Gewalttäter die mitleiderheischende Milde des Alters ausstrahlt (Fall Wolfgang Otto; vgl. das Kapitel »Das Thälmann-Mord-Verfahren«). Es können Akten verschwinden oder sekretiert werden, selbst wenn sie Tötungsdelikte zum Gegenstand haben (Fälle Gerhard Müller und Jürgen Bodeux; vgl. das Kapitel »Kollaboration mit der

Staatsgewalt als Kriterium der Freund-Feind-Unterscheidung«). Auch durch die Versagung oder Erteilung von Aussagegenehmigungen für Zeugen im öffentlichen Dienst kann das Prozeßergebnis so oder so manipuliert werden (Fall Astrid Proll; vgl. das Kapitel »Durchbrechung und Aufhebung der Feinderklärung«). Belastungszeugen werden der Befragung durch die Verteidigung entzogen, indem ihr Aufenthaltsort verheimlicht wird, so daß ihre früheren Vernehmungsprotokolle verlesbar werden. Verteidigungschancen werden durch Verlesung früherer Urteile abgeschnitten, deren Erkenntnisse als gerichtsbekannt verwertet werden.

Auch die dem Gericht obliegende Auswahl von Sachverständigen kann das erwünschte Ergebnis programmieren. Bei NS-Gewaltverbrechern sind Sachverständige, die Verhandlungs- und Haftunfähigkeit bescheinigen, zur Genüge bekannt geworden. Man fand auch einen Sachverständigen, der dem Tod in der Gaskammer die Grausamkeit absprach, so daß ein Mordmerkmal entfiel.[20] Es gab sogar ein Verfahren, in dem das Gericht die lebenslängliche Freiheitsstrafe gegen einen Nazi-Verbrecher deshalb nicht verkündete, weil er nach dem Gutachten des Sachverständigen vor Aufregung geschützt werden mußte.[21] Andererseits wußte man, wenn es um die Aburteilung von RAF-Angeklagten ging, an wen man sich zu halten hatte, um den medizinischen Segen für Schuldsprüche zu bekommen, und hielt verbissen an dem kooperativen Experten fest, selbst wenn eine Aufdeckung seiner Vergangenheit ihn in den Verdacht einer Komplicenschaft mit Staatsterroristen brachte (Fall Rauch; vgl. das Kapitel »Verteidigung in Stammheim – Begegnung mit der Angst«).

Ein weiterer Ansatzpunkt für gegensätzliche Wertungen im Rahmen der freien Beweiswürdigung ist die Einlassung des Angeklagten. Ob sie als glaubwürdig und unwiderlegt behandelt wird oder ob man sie als unglaubwürdige Schutzbehauptung, als Lüge, als »Abgrund von Lüge«, als »wertlose Lusche« (so die Ankläger im Prozeß gegen P.-J. Boock) abtut, kann über Freispruch oder Lebenslänglich entscheiden.

Lügen im Freundprozeß finden seit jeher verständnisvolle Richter. Er habe sich »geradezu darüber gefreut«, bekannte der berühmt-berüchtigte Herr Jorns, Untersuchungsführer in der Mordsache Liebknecht/Luxemburg, später Reichsanwalt am Volksgerichtshof, »wie kameradschaftlich die Leute (nämlich die von ihm zu vernehmenden mordverdächtigen Offiziere; H.H.) zusammenhielten«, und das heißt: Lügen über die von ihnen gemeinschaftlich begangenen Mordtaten auftischten. Die als Richter tätigen Kameraden glaubten diesen Lügen nur allzu gern.[22] Eine Tradition, bei der man geblieben ist, wenn Terroristen rechter Couleur vor Gericht stehen.

Als die Justiz sich mit den NS-Taten des früheren Kölner Landgerichtspräsidenten Walter Müller befassen mußte, der seine Sonderrichter zu härtesten Strafen angetrieben hatte (»Die Rübe muß herunter, der Gauleiter erwartet es«), charakterisierte man den Kollegen als »gerade, aufrechte, soldatische und kameradschaftliche Natur« und ließ seiner lügenhaften Einlassung folgende Würdigung angedeihen:

Die Kammer wird in ihrer Überzeugung von dem an sich anständigen und aufrechten Charakter des Angeklagten auch nicht dadurch irre, daß er in seiner Einlassung sein Verhalten in einigen Punkten zu beschönigen versucht hat. Bei dem Druck des seit Jahren auf dem Angeklagten lastenden Verfahrens und der Bedeutung seines Ausgangs für das weitere Leben des Angeklagten sind solche Unwahrheiten menschlich verständlich.[23]

Ähnlich verständnisvoll gingen bundesdeutsche Richter mit einem anderen Kollegen von gestern um, der an einem Standgerichtsverfahren mit tödlichem Ausgang mitgewirkt hatte, das er bei seiner ersten kriminalpolizeilichen Vernehmung selbst als »marionettenhaft« bezeichnete. Als er dieses Eingeständnis in der Hauptverhandlung widerrief, hielt man ihm zugute, daß sich »dem mittlerweile mit einem Verteidiger versehenen Angeklagten die Augen darüber geöffnet« hätten, »wie außerordentlich belastend für ihn als Juristen seine erste Einlassung sei und daß er nur deshalb in der Hauptverhandlung die geschicktere ›Fassung‹ gewählt« habe. Dem Schwurgericht sei »keine andere Wahl« geblieben, als die dem Angeklagten günstigere Darstellung in der Hauptverhandlung zugrundezulegen.[24] Da kennen wir aber, nicht nur aus Terroristenprozessen, durchaus andere Wahlmöglichkeiten.

Auch der Richter Dr. Edmund Kessler, der im Jahre 1943 den jüdischen Ingenieur Werner Holländer wegen »Rassenschande« zum Tode (!) verurteilt hatte, durfte in eigener Sache lügen:

Daß Kessler im Laufe der Spruchkammerverhandlung und Hauptverhandlung wiederholt die Unwahrheit gesagt hat..., kann ihm als eines schweren Verbrechens Angeklagten nicht nachteilig angerechnet werden.[25]

Als Terroristen angeklagte Linke hingegen haben nur sehr selten die Chance, mit einer Verteidigung gehört zu werden, die, wenn sie ernstgenommen würde, zum Freispruch oder zu einer geringeren Strafe als Lebenslänglich führen müßte. Die Gewißheit, daß »tatsächliche Feststellungen« in der Revisionsinstanz grundsätzlich nicht mehr überprüft werden können, gibt den Richtern die Macht, alles, was sie nicht wissen, aber dem Staatsfeind zutrauen, in den Urteilsgründen festzuschreiben, auch wenn die Beweise noch so dürftig sind. Vor allem die Gesinnung des Angeklagten können sie – nachdem sie das, was dieser selbst darüber gesagt hat, als unglaubwürdig zurückgewiesen haben – so farbig nach ihrem eigenen Bild gestalten, daß nur noch das Messer in den gefletschten Zähnen fehlt. Und von dieser Gottähnlichkeit machen sie gelegentlich mit einer Skrupellosigkeit Gebrauch, die dem Justizbeobachter, der an eine Wahrheitspflicht auch des Gerichts glauben möchte, die Sprache verschlagen kann. Die einzige Wahrheit, die im politischen Prozeß mit Sicherheit gefunden wird, ist die Summe der Vorurteile, die im Kopf des Richters Platz haben. Der in diesem Buch ausführlich behandelte Fall des RAF-Aussteigers Peter-Jürgen Boock bietet dafür ein Beispiel par excellence.

Die Unterschiede zwischen Freund- und Feindprozeß werden auch bei der Beweiswürdigung von Zeugenaussagen überdeutlich. Sowohl im Thälmann-Mord-Verfahren gegen den ehemaligen SS-Funktionär Wolfgang Otto, in dem ich die Nebenklägerin als Anwalt vertrat, als auch im Boock-Prozeß spielten Zeugen eine Rolle, von denen nur Protokolle über frühere Vernehmungen in das Verfahren eingeführt werden konnten, weil sie verstorben oder unerreichbar waren. Im Thälmann-Mord-Verfahren beruhte dies auf der jahrzehntelangen Verzögerung der Anklage, die erst 39 Jahre nach der Tat durch ein Klageerzwingungsverfahren herbeigeführt werden konnte. Die meisten Zeugen, vor allem der einzige, in seiner Glaubwürdigkeit umstrittene Augenzeuge, Marian Zgoda, waren inzwischen verstorben. Im Fall Boock kam die Unerreichbarkeit von Zeugen dadurch zustande, daß die Kronzeugen Volker Speitel und Hans-Joachim Dellwo sich weigerten, vor Gericht auszusagen, und Generalbundesanwalt und Bundeskriminalamt behaupteten, ihren Aufenthaltsort nicht ermitteln zu können. Was die obersten Ermittler dieses Staates nicht schafften, gelang Pressereporten ohne Schwierigkeiten. Noch während des Boock-Prozesses erschien im »Stern« ein Interview mit Volker Speitel. Es fiel uns schwer, die Unfähigkeit der Ermittlungsbehörden nicht für vorsätzlich zu halten.

Im Boock-Verfahren erleichterte die Unerreichbarkeit der Zeugen die Verurteilung, im Thälmann-Mord-Verfahren den Freispruch.

Man vernahm in Stammheim die Beamten, die Speitel und Dellwo vernommen hatten, und ließ sich von diesen bestätigen, daß die beiden Kronzeugen nicht unzulässig beeinflußt worden seien. Auch gebe es keine Anhaltspunkte dafür, daß die Kronzeugen andere wahrheitswidrig belastet hätten. Woher sollten die Vernehmungsbeamten auch solche Anhaltspunkte haben? Schließlich war bei den Vernehmungen der Kronzeugen niemand dabei, der kritische Fragen hätte stellen können. Für das Stammheimer Gericht jedoch genügte die Aussage der Vernehmungsbeamten. Im Urteil liest sich das so (UA S. 169):

Die Angaben Speitels und Dellwos sind glaubhaft. Speitel und Dellwo sind bei ihren richterlichen, konsularischen, staatsanwaltschaftlichen und polizeilichen Vernehmungen zu keiner Zeit in unzulässiger Weise beeinflußt worden. Dies ergibt sich aus ihren eigenen Angaben sowie aus den glaubhaften Angaben der gehörten Vernehmungszeugen.«

Wie anders sah das alles doch im Thälmann-Mord-Verfahren aus. Dort wird ein Mann freigesprochen, der als Spieß des KZ Buchenwald fünf Jahre lang – während der ganzen Dauer des Krieges – an dieser Mordstätte der SS gewirkt hat, in der 50.000 Menschen auf elende Weise gestorben sind. Der freigesprochene SS-Funktionär hat nach eigenem Eingeständnis an der Exekution von mindestens 200 Menschen als Protokollführer oder Schütze mitgewirkt, er stand, wie es im ersten, vom BGH aufgehobenen, Urteil des Landgerichts Krefeld hieß, »im Zentrum der Macht«, war Vertrauter des Kommandanten und rechte Hand des Adjutanten. Aber – so die endgültige Beweiswürdigung des Landgerichts Düsseldorf – es kann nicht ausgeschlossen werden, daß er ausgerechnet von Thälmanns Hinrichtung nichts mitgekriegt hat und erst vier Wochen später aus der Zeitung davon erfuhr, daß er gerade diesmal nichts vom Eingang des Mordbefehls gewußt hat, gerade diesmal nicht an der Zusammenstellung des Mordkommandos beteiligt war, gerade diesmal nicht die Rückmeldung an das Reichssicherheitshauptamt vorgenommen hat. Man löste Herrn Otto, wie dies den Empfehlungen des Revisionsgerichts entsprach, aus dem organisatorischen Zusammenhang, in den ihn die Krefelder Richter zutreffend gestellt hatten, und man glaubte ihm ungeachtet aller nachgewiesenen Lügen, daß er vielleicht diesmal nichts mit alledem zu tun hatte, was sonst sein tägliches Geschäft war. Und so durfte man denn auch den Zeugen nicht glauben, die den Tatzeitpunkt – 17. August 1944 – mit Sicherheit erinnerten, für den die Anwesenheit des Angeklagten im Lager urkundlich belegt werden konnte. Und man fand Gründe, auch die Glaubwürdigkeit eines Zeugen aus dem Kameradenkreis des Angeklagten zu bezweifeln, dem gegenüber Wolfgang Otto seine Tatbeteiligung eingestanden hatte.

Der politische Strafprozeß gegen erklärte Feinde steht unter hohem Erfolgszwang. Wenn das kollektive Strafbedürfnis geweckt ist, fordert Volkes Stimme ihre Opfer. Die öffentliche Feinderklärung durch Exponenten des Staates, transportiert und ergänzt durch Berichte und anheizende Kommentare der Massenmedien, eilt dem persönlichen Erscheinen des Angeklagten voraus. Auch die Richter und Staatsanwälte hat die Botschaft längst erreicht, und ebenso die Zeugen und Sachverständigen. Sie alle wissen, welches Prozeßergebnis erwartet wird, wenn sie tagtäglich gelesen und gehört haben, daß es um die Aburteilung von Mördern, Kriminellen, Terroristen geht. Und sie wissen andererseits auch, welche Sorte von Terroristen ihrem einfühlenden Verständnis empfohlen ist.

Die Fälle, in denen Richter und Staatsanwälte – namentlich der unvergeßliche Fritz Bauer – durch ein von der herrschenden Meinung abweichendes politisches Bewußtsein und persönlichen Mut befähigt wurden, die Erwartungshaltung der politischen Machthaber und der Massenmedien zu enttäuschen, sind selten und rühmenswert. Ich werde nicht versäumen, auch dafür Beispiele zu nennen. Das Gesamtbild aber wird von der konservativen Mehrheit geprägt, die in der deutschen Justiz seit Bismarck überrepräsentiert ist. Ihre Mitwirkung an politischen Strafverfahren ist Dienst an einer guten, nämlich staatsfreundlichen Sache, die zur Sichtbarmachung und Vernichtung des Staatsfeindes beiträgt und dem Staatsfreund die verdiente Rehabilitierung verschafft. Wobei das Staatsbild der Richter und Staatsanwälte durchaus nicht immer mit der verfassungsmäßigen Staatsform übereinstimmte (Weimarer Republik!).

Das am Ende eines politischen Prozesses gesprochene Urteil überrascht niemanden, es befriedigt viele, es verkündet, was die Vielen schon vorher wußten, und es auferlegt in feierlicher Form Strafen, die eine schon längst vollzogene Ausgrenzung des angeklagten Feindes verewigen, den Staatsfreund dagegen auch rechtsförmlich willkommen heißen. Viele hätten auf die legitimierende Form des Verfahrens ganz verzichten können, denn was hätte schon anderes herauskommen sollen.

Die dem Terroristenprozeß vorauseilende Schuldvermutung weitet sich nach den altbewährten Diffamierungsmustern[26] der Kontakt- und Konsensschuld auf alle aus, die für den Angeklagten Partei ergreifen oder mit ihm umgehen, ohne ihn als Feind zu behandeln. Selbst die Möglichkeit, daß jedenfalls der Verteidiger, dessen Parteinahme für den Angeklagten Berufspflicht ist, von der Unschuld seines Mandanten überzeugt ist, wird als anstößig empfunden. Auch von ihm wird erwartet, daß er seinen Mandanten als Feind betrachtet und die danach gebotene Distanz wahrt. Ein Verteidiger, der seinen Mandanten duzt, ihn gar umarmt, zeigt dadurch seine persönliche Unschuldsvermutung in einer Weise an, die von anderen Prozeßbeteiligten, für die längst feststeht, daß der Mann auf der Anklagebank ein Mörder ist, nur als Provokation verstanden werden kann. Ein Rechtsanwalt, der, als Zeuge vernommen, sich dazu bekannte, daß der Angeklagte von ihm und Angehörigen seiner Familie als Freund angesehen werde (Fall Boock/Sternsdorff), konnte bei Richtern, die sich der rechtlichen Problematik ihrer eigenen Schuldvermutung gar nicht bewußt waren, nur Befremden auslösen. Ein Pastor, dem nach dem Inhalt seiner Korrespondenz mit und öffentlichen Äußerungen zu einem als Terroristen angeklagten RAF-Abtrünnigen unterstellt wurde, er sei dessen Freund (Fall Boock/Albertz), mußte sich mit dieser Begründung Einschränkungen seiner Besuchserlaubnis gefallen lassen. Auch ein Journalist, dem zunächst großzügig Besuchserlaubnis erteilt worden war, sah sich diskriminierenden Beschränkungen seines Rechts ausgesetzt, nachdem er über den Prozeß kritisch berichtet und dadurch offenbart hatte, daß er das Feindbild des Richters nicht teilte (Fall Boock/Schwelien). Die Schuldvermutung des Feindstrafrechts wird so unverblümt gehandhabt, daß sie auch für Personen, die zu einem von den Vorurteilen der Justiz unabhängigen Urteil berechtigt (Pastor, Journalist) oder verpflichtet (Verteidiger) sind, zum Postulat erhoben wird, nach dem sich ihr Verhalten gegenüber dem Angeklagten zu richten hat. Wer das Feindbild vom gefährlichen terroristischen Angeklagten nicht teilt, wer mit traditionellen Verteidigungsmitteln für die prozessuale Anerkennung seiner Unschuld kämpft, wer seine seelsorgerische Aufgabe auch gegenüber dem zum Feind erklärten Angeklagten ernst nimmt, wer die Meinung zu äußern wagt, daß der justizielle Aufwand eines Terroristenprozesses einem Unschuldigen gelte, wird selbst zum Feind. Soweit der Machtbereich dieser Feindjustiz reicht, werden alle, die sich weigern, an ihrem Strange mitzuziehen, in ihren Rechten beschnitten und als Sympathisanten des Terrorismus verdächtigt. Nichtsdestotrotz möchte diese Justiz als unvoreingenommen und unparteilich ernst genommen werden, wie ihre verletzten Reaktionen auf Kritik und Ablehnungsanträge zeigen. Feindjustiz hat jede kritische Distanz zu ihrer eigenen Unwahrhaftigkeit verloren.

Gnadenlose Härte gegen den Staatsfeind, milde Handhabung, wenn nicht Suspendierung des Strafrechts bei Staatsfreunden, das ist die von den Mächtigen in diesem Lande vorgegebene, über die Medien verbreitete und von der Justiz exekutierte Opportunität. Nicht jene Tausende von Mittätern an den Massenverbrechen der Nazizeit sind gemeint, wenn heute von Terroristen die Rede ist. Sie sind in alte Machtpositionen zurückgekehrt, als ob nichts geschehen wäre, die meisten unbehelligt, einige gewaschen durch Kameradenurteile einer gesinnungsverwandten Justiz. Sie blieben in dieser traditionell antikommunistischen Gesellschaft unauffällig und paßten sich mühelos in einen kollektiven Konsens ein, der auf einen äußeren und inneren Feind gerichtet ist, dem schon immer ihre Feindschaft galt. Sie haben das Feindbild mitgestaltet, an dem sich die Staatsgewalt abreagiert.

Die Aufrüstung gegen den inneren Feind, den »Terrorismus«, der wo irgend möglich mit dem überlieferten Feindbild »Kommunismus« assoziativ verknüpft wird, nimmt in dem Maße an Bedeutung zu, wie der einstige äußere Feind die Waffen streckt und selbst in den kapitalistischen Machtbereich integriert wird. Die Terroristenprozesse, denen diese Untersuchung gewidmet ist, sind ein guter Seismograph für die Erschütterungen und Verwüstungen eines Systems, das im herrschenden Bewußtsein der Bürger noch immer als freiheitlich und demokratisch gilt.

2. Das Thälmann-Mord-Verfahren

Ein exemplarischer Justizfall

Wie bundesdeutsche Gerichte mit Naziverbrechern umgehen, habe ich aus der Nähe kennengelernt, als ich die Tochter des im KZ Buchenwald ermordeten früheren KPD-Vorsitzenden Ernst Thälmann als Nebenklägerin in dem Verfahren gegen den ehemaligen SS-Stabsscharführer Wolfgang Otto vertreten habe.[1]

Ernst Thälmann war in der Nacht vom 17. zum 18. August 1944 aus dem Zuchthaus Bautzen ins Konzentrationslager Buchenwald verbracht und dort von einem Mordkommando der SS im Eingang des Krematoriums erschossen worden. Die Erschießung ging auf einen ausdrücklichen Befehl Hitlers zurück, der in einer Aktennotiz des Reichsführers SS Himmler vom 14. August 1944 festgehalten ist. Schon wenige Tage nach dem Mord wurde im Lager bekannt, um wen es sich bei dem Opfer der nächtlichen »Sonderaktion« gehandelt hatte und daß es trotz aller Geheimhaltungsmaßnahmen der SS einen Zeugen des Vorgangs gab. Es handelte sich um einen Häftling polnischer Abstammung, Marian Zgoda, der sich nach seinen Angaben hinter einem Schlackehaufen auf dem Hof des Krematoriums versteckt hatte. Nach Zgodas Darstellung wurde kurz nach Mitternacht ein großer Personenwagen durch das geöffnete Tor in den Hof des Krematoriums eingelasssen, dem drei Zivilisten entstiegen. Einer von ihnen, ein großer, breitschultriger Mann mit Glatze, wurde von den beiden anderen in die Mitte genommen und zur Tür des Krematoriumsgebäudes geführt. Dort bildeten einige SS-Leute, die Zgoda namentlich benannte – darunter Wolfgang Otto –, ein Spalier, das der Gefangene passieren mußte. Als er den Gang des Krematoriums betrat, fielen hinter ihm vom Hof her drei Schüsse. Hierauf begaben sich die SS-Leute und die beiden Zivilbegleiter ins Krematorium und schlossen die Tür hinter sich. Etwa drei Minuten später fiel im Krematorium ein vierter Schuß.

Nach 20 bis 25 Minuten verließen Hofschulte und Otto das Krematorium, während die anderen wenige Augenblicke später folgten. Ich hörte, wie Hofschulte zu Otto sagte: »Weißt du, wer das war?« Otto antwortete darauf: »Das war der Kommunistenführer Thälmann.«

So die am 6.11.1948 von einem Münchener Amtsrichter protokollierte Aussage des Zeugen.

Zgoda wurde bis zu seinem Tode – er starb 1967 – noch mehrmals zu diesen Vorgängen vernommen. Dabei schilderte er das Kernereignis gleichbleibend, Umstände des Randgeschehens (vor allem den Weg, auf dem er in das Versteck gelangt sei) jedoch abweichend. Letzteres gab bei der Bewertung seiner Glaubwürdigkeit durch Staatsanwälte und Richter den Ausschlag, obwohl seine visuellen Beobachtungen sich mit dem deckten, was andere Mitglieder des aus polnischen

Häftlingen bestehenden Leichenträgerkommandos akustisch wahrgenommen hatten, während sie in ihrer Unterkunft eingeschlossen waren. Zgodas Angaben wurden ferner bestätigt durch Aussagen eines SS-Angehörigen namens Fricke, der im KZ Buchenwald die Funktion eines Standesbeamten ausgeübt und mehrere Begegnungen mit dem Angeklagten Wolfgang Otto gehabt hatte. Danach hatte Otto vergeblich versucht, ihn zu einer Falschbeurkundung zu veranlassen, die Thälmann als Opfer eines Luftangriffs erscheinen lassen sollte. Bei einer späteren Begegnung im amerikanischen Gefangenenlager hatte Otto dem Fricke gegenüber eingeräumt, an der Ermordung Thälmanns teilgenommen zu haben. Allerdings mit der Einschränkung, daß nicht er, sondern ein SS-Angehöriger mit Namen Barnewald geschossen habe; man könne ihm deshalb nichts anhaben.

Die Beweislage war also durchaus günstig. Es gab überlebende Zeugen, darunter sogar einen SS-Angehörigen, der die sonst übliche Kameraderie des Schweigens durchbrochen hatte. Und es gab einen Beschuldigten, der nach seiner unbestrittenen Funktion im Lager (er nahm Fernschreiben des Reichssicherheitshauptamtes entgegen, stellte die Hinrichtungskommandos zusammen und gab die Vollzugsmeldungen ab, wirkte in vielen Fällen auch selbst an den Exekutionen mit) von Thälmanns Erschießung gewußt haben muß, selbst wenn er – entgegen den Zeugenaussagen – nicht daran teilgenommen haben sollte. Gleichwohl behauptete er, von Thälmanns Tod erst vier Wochen später aus der Zeitung erfahren zu haben, und wurde damit durch offensichtliche Unglaubwürdigkeit zum Zeugen gegen sich selbst.

Trotzdem vergingen mehr als vier Jahrzehnte, bis es zu einer Hauptverhandlung gegen Otto kam, ein Zeitraum, in dem sich die Beweislage durch den Tod vieler Zeugen natürlich verschlechtert hatte.

Es hatte eines Klageerzwingungsverfahrens bedurft, um die zuständige Staatsanwaltschaft zu nötigen, im August 1983, 39 Jahre nach der Tat, Anklage wegen Beihilfe zum Mord gegen Otto zu erheben – obwohl die Täter spätestens seit der richterlichen Vernehmung des Zeugen Marian Zgoda im Jahre 1948 namentlich benannt waren, eine von Friedrich Karl Kaul vertretene Strafanzeige der Witwe Thälmanns aus dem Jahre 1962 vorlag und die Anklageerhebung in mehreren Beschwerden angemahnt worden war. Erst am 5. November 1985 konnte die Hauptverhandlung vor der 2. Großen Strafkammer des Landgerichts Krefeld beginnen, nachdem weitere juristische Hindernisse aus dem Weg geräumt waren. Die Öffentlichkeit nahm denn auch mit Überraschung zur Kenntnis, daß es am 15. Mai 1986 in Krefeld tatsächlich zu einer – wenn auch milden – Verurteilung des Angeklagten wegen Beihilfe zum Mord kam, obwohl die Staatsanwaltschaft Freispruch beantragt hatte. Ein Zwischenergebnis, das die freilich vergebliche Hoffnung nährte, auch in bundesdeutschen Gerichtssälen sei mit einer jüngeren Richtergeneration ein neuer Geist eingezogen, der sich gegen die Betonköpfe des Karlsruher Bundesgerichtshofes durchsetzen könne. Aber der BGH verpaßte die Gelegenheit, sich durch eine Bestätigung des Urteils kurz vor Toresschluß noch einen guten Abgang von der NS-Judikatur zu verschaffen. Unbekümmert um die allmählich wachsende Kritik an seinem Freispruchsprogramm für Naziverbrecher griff er mit fadenscheiniger Begründung in die grundsätzlich der alleinigen Kompetenz der Tatsacheninstanz vorbehaltene Beweiswürdigung ein und sicherte auch in diesem Fall die Straflosigkeit faschistischen Terrors.

Die Krefelder Strafkammer sah als erwiesen an, daß der Angeklagte Wolfgang Otto zu dem aus mehreren Personen gebildeten Kommando gehörte, das Thälmann im Krematoriumsbereich befehls- und absprachegemäß tötete. Seine Mordbeihilfe habe darin bestanden, daß er

in der Erschießungsmannschaft in irgendeiner Form die ihm zugewiesene Aufgabe erfüllt hat, und sei es auch durch bloße Anwesenheit am Tatort, eingebunden in die gemeinsame Absprache des Kommandos, und daß er damit die übrigen Teilnehmer mindestens psychisch unterstützt hat, nachdem er zuvor schon durch Weiterleitung des Tötungsbefehls und Benachrichtigung der weiteren Kommandoteilnehmer die Tat gefördert hatte.

Das Gericht ging zugunsten des Angeklagten davon aus, daß er selbst nicht Täter, sondern nur Gehilfe war.

Er verrichtete »nur« die ihm anbefohlene Tätigkeit und beteiligte sich nicht aus eigener Initiative an der Tatausführung, sondern in Erfüllung einer vermeintlichen Pflicht, ohne allerdings innerlich zu widerstreben.

Dabei hatte sich das Krefelder Urteil durchaus im Rahmen der vom BGH abgesegneten Konstruktion bewegt, wonach nur Hitler und Himmler als »Täter« der faschistischen Mordmaschinerie gelten, während alle anderen Mitwirkenden bloße »Gehilfen« waren und mithin milder zu bestrafen sind. Aber selbst das war zuviel. Karlsruhe wehrte sich gegen die Erkenntnis, daß der Thälmann-Mord ein blutiger Verwaltungsakt war, an dem jeder mitschuldig wurde, der auf irgendeiner Stufe der Hierarchie mitgewirkt hatte. Auch der Mann auf der Schreibstube, der den Mordbefehl weitergab, das Hinrichtungskommando bestellte und den Vollzug nach oben meldete, der am Tatort dabei war und die übrigen Teilnehmer mindestens psychisch unterstützte, war ein notwendiges Glied in der Kausalkette, die von dem Befehlsgeber Hitler bis zu den SS-Schergen reichte, die die tödlichen Schüsse abgaben.

Nicht so der BGH, für den es in der Regel nur Täter gab (und gibt), die der irdischen Gerichtsbarkeit schon durch den Tod entzogen sind, sowie Gehilfen, die befehlsgemäß – und selbstverständlich ohne eigenen Täterwillen – schossen, aufhängten, erschlugen und vergasten. Und dazwischen, zwischen den »Tätern« Hitler und Himmler und den Pflichterfüllern an den Exekutionsstätten, gähnt das große juristische Loch, durch das sie alle entschlüpft sind, die Terroristen des Mittelbaus, ohne die das Terror-System nicht funktioniert hätte. Ein juristisches Kunststück, das nichts weniger als die Verleugnung des perfekt durchorganisierten Mordapparates voraussetzte – womit der BGH seit jeher keine Probleme hatte. Der BGH meinte, das Landgericht hätte prüfen müssen, ob und unter welchen Umständen der Angeklagte zur Tatzeit im Dienst gewesen sein könne, »*ohne* in das Tatgeschehen verstrickt zu sein« (die Hervorhebung stammt vom BGH). Der BGH sagte auch, was da alles zugunsten des Angeklagten eine Rolle spielen könnte, eine Fürsorglichkeit, die in Revisionsverfahren von RAF-Mitgliedern undenkbar wäre:

Für die Prüfung wäre möglicherweise von Bedeutung, daß die Tatzeit, soweit es sich um den Tattag handelt, nicht genau feststeht, sondern alle Tage in der Zeit vom 14. bis 24. August 1944 in Betracht kommen; daß die Tat nachts ausgeführt wurde, daß zwischen dem Eingang der Vorankündigung im Lager und der Tatausführung nach den Feststellungen (UA S. 39f) möglicherweise nur Stunden lagen und ***daß der Angeklagte nach allgemeinem Sprachgebrauch im August 1944 durchaus »im Dienst gewesen sein« kann, auch wenn er sich während der in Betracht kommenden Zeit (aus dienstlichen oder privaten Gründen) nicht im Lager aufgehalten haben und von einem anderen SS-Angehörigen vertreten worden sein sollte.*** *(Hervorhebung von mir, H.H.)*

Ein Wink für die Verteidigung, der prompt befolgt wurde. Bei der erneuten Verhandlung, die der BGH einer Strafkammer beim Landgericht Düsseldorf übertragen hatte, behauptete der Angeklagte, in dem Zeitraum, der nach dem Krefelder Urteil als Tatzeit in Frage kam, Besuch von seiner Ehefrau gehabt zu haben; er habe sie in einem Hotel in Weimar untergebracht und sie jeweils vom Dienstschluß bis zum Wecken besucht. Da der Thälmann-Mord zur Nachtzeit stattgefunden hatte, konnte den Angeklagten dieses Alibi, wenn es nicht widerlegbar war, durchaus retten. Aber es war widerlegbar. Die Nebenklagevertretung konnte für alle Beteiligten überraschend Urkunden vorlegen, aus denen sich ergab, daß der Angeklagte in der fraglichen Zeit niemals mehrere Tage hintereinander nachts abwesend gewesen war, und daß er in der von den Zeugen Fuchs und Zgoda angegebenen Tatnacht (17./18. August 1944) zu drei verschiedenen Zeiten Eingänge von Fernschreiben abgezeichnet hatte. Es handelte sich um die Fernschreibbücher des KZ Buchenwald, die lange im Bundesarchiv Koblenz geruht hatten und im Rahmen eines Kulturabkommens von der DDR übernommen worden waren. Binnen kurzem hatte die Generalstaatsanwaltschaft der DDR in diesem Archivmaterial gefunden, was der Kölner Staatsanwaltschaft in jahrzehntelanger Ermittlungstätigkeit verborgen geblieben war.

Aber die Düsseldorfer Strafkammer rechtfertigte den mangelnden Aufklärungseifer der bundesdeutschen Staatsanwälte vollauf. Sie fand den Zeugen Zbigniew Fuchs – ehemals Mitglied des Leichenträgerkommandos, einer der wenigen noch lebenden Zeugen, dessen abgewogene und präzise Aussage sowohl in Krefeld als auch in Düsseldorf großen Eindruck machte – ausgerechnet in dem einen entscheidungserheblichen Punkt der Tatzeit unglaubwürdig. Der Zeuge hatte seine genaue Erinnerung an den 17. August 1944 daran festgemacht, daß die Mordtat drei Tage nach seinem Geburtstag geschehen sei. Die Düsseldorfer Richter hielten es gleichwohl für möglich, daß der Zeuge insoweit Erklärungen Dritter »mit dem eigenen Erleben zu einem Ganzen verwoben« habe. Wörtlich:

Der Hinweis auf den Geburtstag wäre nach der Überzeugung der Kammer nur dann eine zuverlässige Gedächtnisstütze, wenn die Tat an diesem Tage selbst geschehen wäre. Liegen mehrere Tage zwischen dem Geburtstag und dem weiteren Ereignis, so kann sich die Anzahl der dazwischenliegenden Tage im Laufe der Zeit in der Erinnerung verschieben.

Auf diese Weise hatte die Düsseldorfer Strafkammer den lästigen urkundlichen Beweis für die Anwesenheit des Angeklagten am 17./18. August unterlaufen. Daß es bei der Widerlegung der Einlassung des Angeklagten blieb, er sei eine Woche lang Nacht für Nacht bei seiner Frau im Hotel gewesen, gab dem Gericht keinen Anlaß, über die Gründe dieser Schutzbehauptung nachzudenken. Wäre der Angeklagte an der Erschießung Thälmanns wirklich nicht beteiligt gewesen, hätte er die Leute namhaft machen können, die dabei waren und ihn in dieser Nacht vertreten haben. Diesem Gericht durfte er die dreiste Lüge zumuten, er habe vom Tode Thälmanns, einem Ereignis, das nachweislich schon kurz danach in der Kommandantur und im Lager bekannt war, erst vier Wochen später aus der Nazipresse erfahren.

Auch mit den Angaben des Zeugen Fricke wurde das Landgericht Düsseldorf fertig. Schon zum Zeitpunkt der Krefelder Hauptverhandlung war Fricke infolge Altersdemenz nicht mehr vernehmungsfähig gewesen, so daß es hier wie dort auf eine Interpretation der früheren, schriftlich fixierten Aussagen ankam. Während das Krefelder Gericht dem Zeugen, der 1963 durch einen Staatsanwalt vernommen worden war, volle Glaubwürdigkeit attestierte, fand die Düsseldorfer Strafkammer in den Protokollen Haare, die sich spalten ließen. So heiße es in dem einen Protokoll, Otto habe Fricke gegenüber die grundsätzliche Richtigkeit der Darstellung Zgodas »nicht bestritten«, im anderen Protokoll aber: Otto habe ihm erklärt, dabei gewesen zu sein. Auch sei die zunächst allein geschilderte Erklärung des Angeklagten, Barnewald habe geschossen, in dem anderen Protokoll um den Zusatz erweitert, man könne ihm, dem Angeklagten, deshalb nichts anhaben. Diese Abweichungen könnten zwar auf ungenauer Ausdrucksweise oder ungenauer Protokollierung beruhen, dies sei jedoch nicht sicher und eine Aufklärung nicht mehr möglich. Ja, auch so kann man Wahrheitsfindung betreiben. Oder hintertreiben.

So war es also in bewußtem und gewolltem Zusammenwirken von Bundesrichtern und den Mitgliedern der Düsseldorfer Strafkammer gelungen, die im Falle des Thälmann-Mordes vorliegenden Beweismittel eines nach dem anderen zu annullieren, ohne in ihrer wechselseitigen Bestätigung ein wichtiges Indiz für ihre Richtigkeit zu sehen.

Auch die Düsseldorfer Richter und Schöffen und die den Freispruch programmierenden Bundesrichter würden sicher die Unterstellung zurückweisen, daß ihre Entscheidung von unterschwelligen Sympathien für den Angeklagten und dessen als Pflichterfüllung aufgefaßte bürokratische Erledigung von Tötungsbefehlen beeinflußt sei. Richter pflegen sich nur ausnahmsweise öffentlichen Diskussionen zu stellen, und wenn sie es tun, ihr politisches Bewußtsein hinter rechtsstaatlichen Formeln zu verbergen, die ihnen allemal recht geben, wenn sie lieber freisprechen als möglicherweise einen Unschuldigen zu verurteilen. Aber die Statistik, die zahlenmäßige Abhängigkeit ihrer Freisprüche und ihrer Verurteilungen von der politischen Gesinnung der Angeklagten, streitet vehement gegen ihr unpolitisches Selbstverständnis.

Daß Juristen jede Entscheidung, die sie treffen wollen, jede Entscheidung, die ihnen von ihrem politischen Bewußtsein als wünschenswert vorgezeichnet ist, logisch begründen können, gehört zu ihrem Handwerk. Wer einen Beteiligten des faschistischen Massenmordes freisprechen will, weil ihm der alte Mann auf der Anklagebank leid tut oder die jahrzehntelange Befassung mit Naziverbrechen ihm überhaupt ein Greuel ist, kann sich im Lichte der Rechtsstaatlichkeit sonnen und den Grundsatz in dubio pro reo für sein Urteil reklamieren. Ja, er wird in der Regel sogar glauben, daß dies der wahre Grund seiner Entscheidung sei. Wer hingegen verurteilen will, weil er den Angeklagten für schuldig und eine Schuldfeststellung für einen auch politisch notwendigen Akt der Gerechtigkeit hält, wird die tatsächlichen Lücken des Beweismaterials, die insbesondere im subjektiven Bereich fast immer und notwendig gegeben sind, wenn wir nicht zur mittelalterlichen Geständniserzwingung zurückkehren wollen, durch Grundsätze der Lebenserfahrung schließen und das Ergebnis als persönliche Gewißheit formulieren.

So bürgerten sich, insbesondere was den subjektiven Tatbestand betrifft, seltsam unterschiedliche Maßstäbe der richterlichen Überzeugungsbildung ein, je nachdem, ob rechte oder linke Gewalttätigkeit abgestraft werden sollte. Während bei Angehörigen der RAF allein aus ihrer Mitgliedschaft in der Gruppe auf eine ideologische Übereinstimmung mit ihren Zielen geschlossen wird, die eine Verurteilung als Mittäter ermöglicht und zur Regel macht, wird den Angehörigen faschistischer Terrororganisationen regelmäßig der Täterwille abgesprochen, so daß sie als dienstfertige Gehilfen eines verbrecherischen Führers davonkommen.[2]

In dieses von der Rechtsprechung des Bundesgerichtshofes geschnürte Korsett hatte auch die Krefelder Strafkammer ihr Urteil pressen müssen. Dem Angeklagten Otto wurde bescheinigt, daß er, im katholischen Glauben aufgewachsen, zu keiner Zeit überzeugter Nationalsozialist gewesen sei. Sein Eintritt in die SS diente nur seiner beruflichen Karriere. Und seine jahrelange Tätigkeit im KZ Buchenwald, seine Mitwirkung an der bürokratischen und fabrikmäßigen Massentötung von Menschen wurde auf das Motiv reduziert, in Erfüllung einer vermeintlichen Pflicht Befehle auszuführen.

Wenn wir nach dem politischen Bewußtsein fragen, das diesem Gehilfenmodell und der ihm entsprechenden Mühsal der Beweisführung zugrundeliegt, dann finden wir Ralph Giordanos These von der Unfähigkeit bundesdeutscher Juristen, »vom Opfer her« zu denken, bestätigt, und wohl auch die von ihrer »tiefen inneren Bindung an die Welt der NS-Täter«.[3] Bei Jörg Friedrich und Ingo Müller[4] finden sich Beispiele geradezu schamloser Einfühlung in die Gedankenwelt der NS-Täter, die nach dem Prinzip »Alles verstehen heißt alles verzeihen« das Strafrecht zu einer stumpfen Waffe werden ließ. Indem sie die »damalige Sicht« für das maßgebliche Kriterium der Beurteilung von Recht und Unrecht erklärten,[5] verpflichteten die Richter des Karlsruher Bundesgerichtshofes eine jüngere Juristengeneration, das politische Bewußtsein ihrer Väter nochmals zu reproduzieren. Sie mußten noch einmal die politischen Wahnideen der Elterngeneration nachvollziehen, ihr perverses Rechtsverständnis und ihre Mißachtung elementarer Menschenrechte. Was einmal Recht war, sollte Recht bleiben – Herr Filbinger hat es formuliert, bundesdeutsche Richter haben danach judiziert. Die »damalige Sicht« setzte sich fort in dem falschen Geschichtsverständnis der Konservativen, wonach das an sich völlig gutartige und unwissende deutsche Volk von einer kleinen Verbrecherclique unterworfen und für deren Ziele eingespannt worden sei. In der Rechtskonstruktion des von Millionen Gehilfen unterstützten Alleintäters Hitler findet dieses Geschichtsbild seine getreue Widerspiegelung: Eine Minimalisierung kollektiver Schuld und Mitverantwortung, die aus der Sicht der Opfer nur mit Bitterkeit und Unverständnis registriert werden kann und der Fortsetzung des Strafrechts gegen nichtstaatliche Kleinkriminalität jede ethische Rechtfertigung entzieht.

Wie anders weiß die vom BGH angeführte Rechtsprechung zuzupacken, wenn es nicht um die Staatsterroristen von gestern, sondern um das Häuflein antistaatlicher Terroristen von heute geht. Da wird die vergleichbare Schwierigkeit bei der Beweisführung spielend bewältigt; da wird auch bei einem Angeklagten, der außer Fingerspuren nichts Beweiskräftiges hinterlassen hat, nicht nur eine Tatbeteiligung, sondern auch ein Täterwille ohne Skrupel festgestellt (so geschehen im Prozeß gegen Peter-Jürgen Boock). Da weiß man sich mit einer aus martialischen Äußerungen einzelner Gruppenmitglieder abgeleiteten These kollektiver Verantwortung zu helfen, wo konkrete Beweismittel fehlen. Hier wird vom Opfer her gedacht, dessen trauriges und empörendes Schicksal die Atmosphäre der Verhandlung, die Zielsicherheit der Beweisführung und die Härte des Urteils bestimmt. Die Gedankenwelt der Täter bleibt den Richtern fremd und feindlich, eine vergleichbare Einfühlung wie bei NS-Tätern ist undenkbar.

Die Ungleichheit der Rechtspraxis wird besonders deutlich bei der unterschiedlichen Einschätzung der kollektiven Verantwortung für gemeinschaftlich begangene Straftaten. Wenn irgendwo, dann bei den bürokratisch organisierten und arbeitsteilig durchgeführten Massentötungen der faschistischen Terrororganisationen hätte sich die Entwicklung von Rechtsgrundsätzen angeboten, die eine Aburteilung jedes Mittäters für jede unter seiner Mitverantwortung begangene Tat ermöglicht hätte. Fritz Bauer hatte vorgeschlagen, bestimmte faschistische »Gesamtaktionen« wie die »Endlösung der Judenfrage« zu einer Handlungseinheit zusammenzufassen, so daß z.B. dem Angehörigen der Mannschaft eines Vernichtungslagers alle Opfer während seiner Lagertätigkeit zuzurechnen wären.[6] Auch wenn man diese Problemlösung nicht wollte – und der BGH wollte sie nicht[7] – so hätten sich durchaus andere Wege finden lassen. Vorausgesetzt, man suchte nach ihnen.

In Verfahren gegen Terroristen von links hat man gesucht und gefunden. Da haben sich Beweiserleichterungsregeln eingebürgert, die in den Verfahren gegen NS-Täter gute Dienste geleistet hätten. Gemeint ist der Grundsatz der Kollektivität, mit dem es möglich geworden ist, auch solche Mitglieder der RAF wegen Beteiligung an Mordtaten – und zwar als Mittäter, nicht als Gehilfen – zu bestrafen, bei denen der konkrete Tatnachweis auf Schwierigkeiten stoßen würde. Kollektivität, das bedeutet: die gemeinsame Planung und Durchführung aller Aktionen. Und das heißt: volle strafrechtliche Verantwortung jedes einzelnen für alle während seiner Gruppenmitgliedschaft begangenen Taten, zu denen ihm irgendeine Handreichung nachgewiesen werden kann, ohne daß es auf Anwesenheit am Tatort ankommt.

Derselbe 3. Strafsenat des BGH, der in der Thälmann-Sache tief in die Nachprüfung der Beweiswürdigung des Krefelder Landgerichts einstieg und bezweifelte, daß dem Angeklagten eine Anwesenheit am Tatort wirklich nachgewiesen sei, sah keinen Anlaß, die zu Lasten des RAF-Aussteigers und Kronzeugnisverweigerers Peter-Jürgen Boock getroffenen Feststellungen zu bemängeln, die ihn auf Grund kollektiver Verantwortung als Gruppenmitglied zum Mittäter an drei Kommandounternehmen des Jahres 1977 erklärten. Die Beteiligung an einem dieser Unternehmen, dem nicht ausgeführten (nach Ansicht des Oberlandesgerichts Stuttgart: mißlungenen) Raketenwerferanschlag auf das Gebäude der Bundesanwaltschaft in Karlsruhe, hat Boock nicht bestritten. Außerdem soll er aber, so das Gericht, an den Aktionen täterschaftlich beteiligt gewesen sein, die zum Tode Jürgen Pontos, Dr. Hanns-Martin Schleyers und seiner Begleiter geführt haben. Feststellungen, die sowohl zum objektiven als auch zum subjektiven Tatbestand erheblichen Bedenken begegnen.

Objektiv: Der hochgradig drogenabhängige Boock müßte an drei gleichzeitig vorbereiteten Kommandounternehmen beteiligt gewesen sein, was nicht nur wegen seines Zustandes, sondern auch wegen der konspirativen Abschottung der verschiedenen Kommandos unwahrscheinlich ist. Subjektiv: Boock hat sich Anfang 1980 unter eigener Lebensgefahr von der RAF getrennt und hat diesen Schritt nach seiner Festnahme mit einer klaren Distanzierung vom Konzept der Gruppe begründet.

Die Kollektivitätsthese, die Boocks Verurteilung möglich machte, geht, wie gesagt, davon aus, daß alle Kommandounternehmen innerhalb der Tätergruppe kollektiv geplant und durchgeführt werden, so daß jeder für den eingetretenen kriminellen Erfolg verantwortlich ist. Eine These, die für das zielgerichtete, planmäßige, aufeinander abgestimmte und arbeitsteilige Zusammenwirken etwa der SS-Mannschaft des KZ Buchenwald zugetroffen und deren angemessene Aburteilung für die in bürokratischer Ordnung durchgeführten Tötungen ermöglicht hätte. Für die RAF hingegen, eine unter erheblichem Verfolgungsdruck stehende Untergrundorganisation, ist das Kollektivitätskonstrukt mit wissenschaftlicher Kompetenz bestritten worden.[8] Es werde die gefällige Außendarstellung der RAF als basisdemokratische Organisation mit den realen Möglichkeiten einer konspirativen Gruppe verwechselt. Die These scheitert im Falle Boock bei unvoreingenommener Betrachtung zudem an dessen subjektiver Einstellung zur RAF.

Löst man die Kollektivitätsthese aus ihrem bisherigen Anwendundsbereich der Terroristenprozesse, wo sie in mehrfacher Hinsicht unhaltbar ist, so bleibt ein praktikables Moment der Beweisführung bei Organisationsdelikten, das dort, wo es angebracht wäre, noch der Anwendung harrt. Die arbeitsteilige Durchführung eines Befehls zur Tötung eines Menschen läßt sich als gemeinschaftliche Begehung einer Straftat definieren und mithin den Regeln über Mittäterschaft unterwerfen. Genau dies ist der Sachverhalt, der uns im Thälmann-Verfahren begegnet ist. Man muß diese arbeitsteilige Durchführung von Tötungen allerdings von einer politischen Bewußtseinslage her sehen, die den faschistischen Massenmorden nicht einen geringeren Organisationsgrad beilegt als den häufig durchaus planwidrig verlaufenen oder gescheiterten Aktionen der RAF. Die geschichtliche Wahrheit ist, daß der bürokratisch organisierte und fabrikmäßig durchgeführte Massenmord der Nazis von unerreichter krimineller Perfektion war. Die Gerichte der DDR haben diesen historischen Sachverhalt bei weitem präziser und treffender formuliert, als dies je einem bundesdeutschen Gericht gelungen ist, das an die Täterperspektive des Bundesgerichtshofes gebunden war.

So heißt es im Juristen-Urteil des Stadtgerichts Berlin – Hauptstadt der DDR – vom 19.10.1981:

Die Organisationsverbrechen auf der Grundlage der faschistischen Gesetze, der Terror- und Morddirektiven, und das drakonische, korrupte und menschenfeindliche Rechtssystem waren ihrem Wesen nach staatlich gelenkt und wurden entsprechend dem Mechanismus der faschistischen Diktatur durch ein Heer von Einzelpersonen verwirklicht, deren zielgerichtetes, planmäßiges, aufeinander abgestimmtes und arbeitsteiliges Zusammenwirken erst den verbrecherischen Gesamterfolg herbeiführen konnte.

Und im Urteil des Obersten Gerichts der DDR vom 25.6.1966 gegen den KZ-Arzt Fischer lesen wir:[10]

Die Handlungen des Angeklagten waren ein entscheidender Teil der massenweisen Tötung Deportierter oder anderer Häftlinge des KZ Auschwitz. Die Ausführung der Tötungsverbrechen konnte in diesem Ausmaß unmöglich durchgeführt werden, ohne daß auch hier jeweils größere, nach einem bestimmten Plan handelnde Gruppen von SS-Leuten zu dessen Durchführung eng zusammenwirkten und so gemeinschaftlich den verbrecherischen Erfolg herbeiführten.

Auch in diesen Urteilen offenbart sich ein bestimmtes politisches Bewußtsein. Hier wird nicht vom Täter, sondern vom Opfer her gedacht, das sich einer übermächtigen, anonymen Tötungsmaschinerie unentrinnbar gegenübersah, in der ein Heer von Tätern sowohl am Gesamterfolg als auch an jeder Einzeltat mitwirkte. Gleichwohl wird die subjektive Einstellung des Täters zu seinem Tatbeitrag keinesfalls vernachlässigt.

Aus dem schon erwähnten Urteil gegen den KZ-Arzt Fischer:

Der Angeklagte hat in dem Bestreben gehandelt, dem faschistischen Regime dienstbar zu sein und dessen Ziele durchzusetzen...

Das hätte in der Bundesrepublik nur zum Gehilfenvorsatz gereicht, Fischer wurde in der DDR als Täter verurteilt.

Und ein Zitat aus dem Urteil des Stadtgerichts Berlin – Hauptstadt der DDR – vom 7.6.1983 gegen den früheren SS-Untersturmführer Barth, der an Erschießungen in der Tschechoslowakei und an dem Massaker von Oradour beteiligt war und sich auf seine Prägung durch die damaligen gesellschaftspolitischen Umstände berufen hatte:[11]

Das Gericht verschließt sich nicht von vornherein dieser Argumentation. So geht der Senat davon aus, daß der Angeklagte durchaus in seiner Haltung das Ergebnis seiner konkreten Erziehung war. Dabei ist aber zugleich festzustellen, daß der Angeklagte fraglos selbst intensiv bemüht war, im faschistischen System auch ideologisch seinen Platz zu finden. So selbstverständlich wie niemand wegen seiner faschistischen Überzeugung zu bestrafen wäre, so widersinnig wäre es, einen Täter deshalb von der strafrechtlichen Verantwortung zu befreien, wenn sich dessen Ideologie als das auslösende Moment für seine kriminellen Handlungen erweist...

Der eigentliche Beweggrund seiner Entscheidung zur Tötung war der in dieser Gesellschaftsordnung für ihn realisierbar gewordene Wunsch, eine Karriere als beamteter Polizeioffizier beschreiten zu können.

Und schließlich ein Auszug aus dem Urteil des Bezirksgerichts Dresden vom 28.9.1987, das den ehemaligen SS-Obersturmführer und Gestapo-Kommissar Henry Schmidt zu lebenslänglicher Freiheitsstrafe verurteilte:[12]

Er war in seinem Verantwortungsbereich notwendiges Glied im System der staatlich organisierten Massenverbrechen und leistete durch die korrekte Ausführung der gegebenen Befehle und durch die Organisation von Verfolgungsmaßnahmen, deren Zusammenhänge und mögliche tatsächliche Ergebnisse er kannte, in dem in diesem Verfahren festgestellten Umfang einen notwendigen Beitrag zu diesen Verbrechen.

Die massenhaften faschistischen Verbrechen waren nur dadurch realisierbar, daß, von der Planung und theoretischen Begründung ausgehend, vielfältige Methoden der Ausführung ersonnen und praktiziert und von willfährigen Beamten, Helfern und Henkersknechten in ihren jeweiligen abgegrenzten Aufgabenbereichen durchgeführt wurden.

Sätze, die auch in ein Urteil gegen den SS-Stabsscharführer Wolfgang Otto gepaßt hätten. Sie hätten der Justiz eines nach seiner Verfassung freiheitlich-demokratischen Staates besser angestanden als der schmähliche Ausgang dieses langwierigen Verfahrens gegen einen an faschistischen Massenverbrechen beteiligten Henkersknecht.

Herr Otto, der – aus der Täterperspektive gesehen – das Glück hatte, in der Bundesrepublik, wenn auch reichlich verspätet, vor Gericht gestellt zu werden, ist freigesprochen worden. Eine Begnadigung nach erfolgter Schuldfeststellung wäre die gerechtere Lösung dieses verschleppten Verfahrens gewesen. Sie hätte der bundesdeutschen Strafjustiz ein Stück des Ansehens zurückgeben können, das sie bei der Nichtbewältigung der verbrecherischen NS-Vergangenheit verspielt hat.

3. Die Tradition der Freundjustiz

Justiz unter Freunden tut nicht weh. Man distanziert sich von deren Verbrechen, versteht sich. Aber man hat Verständnis für schicksalhafte Verstrickungen, für lobenswerte vaterländische Motive, für politische Verführung und Verblendung, für Rechtsblindheit und Karrierebedürfnisse. Man hat der Form zu genügen und – schließlich hat man ja sein juristisches Handwerk gelernt – mehr oder weniger plausible Gründe zu finden, um den Gesinnungsgenossen auf der Anklagebank freizusprechen oder sonstwie zu verschonen.

Hochverrat und Terror von rechts fanden schon in den Anfangsjahren der Weimarer Republik freundlich, ja geradezu liebevoll gesonnene Richter. Durch die nachsichtige Behandlung rechter Mordgesellen und Republikfeinde half die Justiz kräftig dabei mit, die erste deutsche Demokratie zugrunde zu richten.

Als der Kapp-Putsch, der erste Umsturzversuch von rechts, im März 1920 die Republik erschütterte, wurde ein einziger der Hochverräter, ein Herr von Jagow, verurteilt, und zwar zur gesetzlichen Mindeststrafe von fünf Jahren Festungshaft. Die Urteilsgründe verrieten, wie leid er den Richtern tat:[1]

Bei der Strafzumessung sind dem Angeklagten, der unter dem Banne selbstloser Vaterlandsliebe und eines verführerischen Augenblicks dem Rufe Kapps gefolgt ist, mildernde Umstände zugebilligt worden.

Wenige Jahre später hatte die Justiz abermals Gelegenheit, sich mit rechten Putschisten zu befassen: Vom 24. Februar bis zum 1. April wurde vor dem Volksgericht in München die Strafsache gegen Adolf Hitler und andere verhandelt.[2] Mit ihm auf der Anklagebank: General Ludendorff, Oberstlandesgerichtsrat Pöhner, Oberamtmann Dr. Wilhelm Frick und sechs Führer des sogenannten Kampfbundes, darunter Ernst Röhm und Robert Wagner. Vorwurf der Anklage: Hochverrat.

Die Beschuldigten haben, gestützt auf die bewaffneten Machtmittel des Kampfbundes und die bewaffnete Macht der Infanterieschule, es unternommen, die bayerische Regierung und die Reichsregierung gewaltsam zu beseitigen, die Reichsverfassung und die des Freistaates Bayern gewaltsam zu ändern und verfassungswidrige Regierungsgewalten aufzurichten.[3]

Zuständig wäre an sich der Staatsgerichtshof zum Schutze der Republik in Leipzig gewesen. Aber die bayerische Regierung hatte eine Verhandlung in München durchgesetzt, ein juristisches Heimspiel, mit dem alle Beteiligten zufrieden waren. Hier hatte Generalstaatskommissar von Kahr, der in hochverräterische Pläne gegen die Reichsregierung verwickelt war, das Weisungsrecht gegenüber der Staatsanwaltschaft. Hier sonnten sich die Angeklagten im Wohlwollen einer republikfeindlichen Volksstimmung, die München später den faschistischen Ehrentitel »Hauptstadt der Bewegung« einbrachte. Nirgendwo sonst hätten sich die Angeklagten, die hinsichtlich des Prozeßausgangs offenbar bestimmte Zusagen hatten, ein solches Trommelfeuer von Beschimpfungen der Republik und ihrer fern in Preußen amtierenden Regierung leisten können.

Angeklagte und Verteidiger sprachen vom »Berliner System der Feigheit und Korruption«, von »Novemberverbrechern«, von der Berliner »Judenregierung« und wurden vom Vorsitzenden, wenn überhaupt, nur milde gerügt. Die Beweisaufnahme wurde eingegrenzt auf die Ereignisse vom 8. und 9. November 1923, die Arthur Rosenberg so zusammenfaßt:

Am Abend des 8. November hielt Kahr einen Vortrag im Bürgerbräu-Saal in München. Da drangen nationalsozialistische Scharen unter Führung Hitlers in die Versammlung ein, proklamierten die »nationale Revolution« und forderten die Anwesenden Kahr und Lossow auf, mitzuwirken. Nach einer dramatischen Szene kam es zur Einigung. Es wurde proklamiert, daß in der neuen nationalen Reichsregierung Hitler die politische Führung haben werde. General Lossow würde Reichswehrminister sein, der zum Kreise Kahr gehörende Chef der bayerischen Polizei, Oberst Seisser, würde Reichsinnenminister werden. General Ludendorff werde das Oberkommando über die gegen Berlin marschierenden Truppen übernehmen, während Kahr sich auch weiter mit der Regierung Bayerns begnügen wollte.(...)

Die Münchener Gegenrevolution ist indessen in der Nacht vom 8. zum 9. November völlig zusammengebrochen. Als Kahr jene Versammlung in München abhielt, war er bereits zusammen mit seinem engsten Freundeskreis entschlossen, mit Berlin Frieden zu machen. Kahr und Lossow hielten die bestehenden Differenzen nicht mehr für groß genug, um deshalb den Marsch nach Berlin anzutreten. Die völkischen Führer wußten jedoch von dieser Schwenkung noch nichts, und so unternahmen sie das Experiment vom 8.November.

Kahr und Lossow hielten sich persönlich für gefährdet, wenn sie nicht wenigstens scheinbar auf die Vorschläge der in den Saal eindringenden bewaffneten Gruppen eingingen. Als sie jedoch den Saal verlassen hatten, widerriefen sie ihre Erklärung und mobilisierten noch in der Nacht die Reichswehr und die Polizei gegen die Völkischen. Am Morgen des 9. November erkannten Hitler und Ludendorff, daß die bayerischen Konservativen von ihnen abgefallen waren. (...)

Sie unternahmen eine große Straßendemonstration ihrer Anhänger in München, wohl in der Hoffnung, daß Kahr und Lossow ihren Entschluß noch einmal revidieren könnten, wenn sie die für die nationale Revolution begeisterten Massen in München sehen würden. Das war freilich eine Illusion. Die Polizei schoß auf die demonstrierenden Nationalsozialisten und sprengte sie auseinander.[4]

Das freundschaftliche Ritual des Hochverratsprozesses gegen die Münchener Putschisten hat Emil Julius Gumbel noch im selben Jahr (1924) so beschrieben:

Dem Prozeß gingen Verhandlungen voraus, in denen die Angeklagten versprachen, bei ihrer Verteidigung die »vaterländischen Belange« der bayerischen Regierung zu schonen, falls ihnen von vornherein Straflosigkeit zugesichert werde. Hierauf ging das Gericht zwar offiziell nicht ein, aber tatsächlich wurde der Prozeß Kahr gegen Ludendorff zum großen Teil in den Formen geführt, in denen sich gut aufgezogene Ehescheidungsprozesse abzuspielen pflegen; von vorneherein wird stillschweigend oder ausgesprochen vereinbart, was jede Partei zugeben und was sie sagen darf. Damit niemand aus der Rolle fiel, wurde bei allen wichtigen Sitzungen, welche die militärische Vorbereitung der Geheimbünde betrafen, die Oeffentlichkeit ausgeschlossen. (...)

Sehr mit Recht behaupteten Hitler und seine Freunde, daß sie nur das fortgesetzt hätten, was Kahr und Lossow begonnen. Ein Hochverrat sei in Bayern unmöglich gewesen, da die Weimarer Verfassung durch Lossows Verhalten bereits außer Kraft getreten war und der von ihnen geplante Marsch nach Berlin war in allen vaterländischen Verbänden eine Selbstverständlichkeit. So wurden die Angeklagten zu Anklägern. Der öffentliche Ankläger aber wurde zum Verteidiger. Hitler ist für ihn »hochbegabt« und die Erweckung des völkischen Gedankens sein großes Verdienst, »er ist kein Demagoge im schlechten Sinne des Wortes«. Ludendorff hat sich bei dem Unternehmen »als ganzer Mann, als tapferer Soldat gezeigt. Sein Feldherrnruf ist unberührt geblieben«. (...) Pöhner endlich »hat sich im Krieg und Frieden bewährt«.

Ludendorff führte seine Verteidigung, wie er den Weltkrieg geführt hatte: Viel Feind, viel Ehr. (...) Zuletzt griff er allerdings zu den gewöhnlichen Mitteln der Angeklagten und wollte sich an nichts erinnern. »Der Marsch nach Berlin war kein feststehendes Programm, sondern nur eine Unterhaltung.« In der Versammlung habe er nicht so genau aufgepaßt. Selbst von der Absetzung des Reichspräsidenten habe er nichts gewußt. Er habe unter demselben moralischen Druck gehandelt wie Kahr. Durch liebenswürdige Suggestivfragen erleichterte der Vorsitzende ihm diesen Rückzug.

Ueberhaupt war der Vorsitzende die Güte selbst, wenn der Herr Oberstleutnant, der Herr Landesgerichtsrat, Se. Exzellenz der Herr General oder gar Herr Hitler Aussagen machten. Denn die Angeklagten waren ja beinahe alle hohe Beamte oder Militärs. Ein angebliches ironisches Lächeln des Staatsanwaltes aber fand lebhafte Rüge.[5]

Kahr, Lossow und Seisser, die im Prozeß als Zeugen auftraten und sich drehten und wanden, um ihre eigenen hochverräterischen Pläne zu bemänteln, wurden von den Angeklagten und ihren Verteidigern der Lächerlichkeit preisgegeben.

Arthur Rosenberg:

Der Prozeß war eine juristische Kuriosität, da ja die Hauptschuldigen Kahr und Lossow ohne Anklage und in Amt und Würden herumgingen.[6]

Und so konnte auch der Angeklagte Oberstlandesgerichtsrat Pöhner sich belustigen:

Wenn das, was Sie mir da vorwerfen, Hochverrat ist – das Geschäft betreibe ich schon seit 5 Jahren.[7]

Im April 1924 verkündete das »Volksgericht« in München sein lächerliches Urteil: fünf Jahre Festungshaft für Hitler, Pöhner, Kriebel und Weber mit der Ankündigung, daß nach Verbüßung eines Strafteils von sechs Monaten (!) Entlassung zur Bewährung erfolgen werde; Freispruch für Ludendorff und ein Jahr drei Monate Festungshaft mit Bewährung für die übrigen Angeklagten. Eine Ausweisung Hitlers, die bei wegen Hochverrats verurteilten Ausländern zwingend vorgeschrieben war, unterblieb, weil das Gericht erkannte:

Auf einen Mann, der so deutsch denkt und fühlt wie Hitler, ...kann nach Auffassung des Gerichts die Vorschrift...des Republikschutzgesetzes...keine Anwendung finden.[8]

Gumbel in seinem 1924 erschienen Buch »Verschwörer«:

Die Führer der Nationalsozialisten erhalten also durch dieses Urteil die feierliche Zusage, daß sie ihre Tätigkeit ungestört fortsetzen können.[9]

Beispiel eines Prozesses unter politischen Freunden. Das forensische Ritual wird nur der Form halber abgewickelt. Man fließt über vor Höflichkeit beim Umgang mit den Angeklagten, behandelt sie als Respektspersonen, die nur das Beste fürs

Vaterland gewollt haben, und läßt keinen Zweifel daran, daß man ihre Motive voll nachfühlen kann. Es fehlt nicht die für unsere politische Strafjustiz typische deutsche Gründlichkeit im Nebensächlichen, die eine besonders gewissenhafte Sachaufklärung vortäuschen soll. Gumbel berichtet:

Eingehend wurden Zeugen darüber vernommen, ob Kahr dem Hitler oder Hitler dem Kahr bei der Versammlung eine oder beide Hände gegeben habe, und ob und wie sie sich dabei in die treudeutschen Augen geblickt hätten.[10]

Kurt Tucholsky verdanken wir ein Stimmungsbild aus einem anderen politischen Prozeß der Weimarer Zeit.[11] Es ging um den Mordanschlag gegen Maximilian Harden, den Herausgeber der Zeitschrift »Zukunft«. Harden hatte öffentlich den Terrorismus der Rechten verurteilt und wurde daraufhin selbst zum Opfer rechter Gewalttäter. Am 3. Juli 1922 wurde er im Berliner Grunewald von dem früheren Oberleutnant Ankermann und dem Landwirtschaftsbeamten Weichardt überfallen und mit einer Eisenstange achtmal auf den Kopf geschlagen. Harden, der noch laut um Hilfe rufen konnte, überlebte schwerverletzt und hat sich nie wieder erholt. Ankermann gelang zunächst die Flucht ins Ausland (er wurde erst 1924 nach erfolgter Auslieferung zu sechs Jahren Zuchthaus verurteilt und 1928 amnestiert). Sein Mittäter Weichardt und der Anstifter, ein Mann namens Grenz, der den Tötungsbefehl einer nationalsozialistischen Terrororganisation – es dürfte sich um die Organisation Consul (OC) gehandelt haben – übermittelt hatte, standen im Dezember 1922 vor dem Schwurgericht des Landgerichts Berlin. Tucholsky saß im Zuhörerraum.

Das muß man gesehen haben. Da muß man hineingetreten sein. Diese Schmach muß man drei Tage an sich haben vorüberziehen lassen: dieses Land, diese Mörder, diese Justiz. (...)

Die Atmosphäre im Saal war die eines freundlichen Fünf-Uhr-Tees. Die Angeklagten machten auch nach den fünfzehn Stunden des dritten Tages keineswegs einen ermüdeten Eindruck – sie hatten auch gar keine Veranlassung dazu. Man hatte mit ihnen geplaudert; und nett geplaudert. Keine Vorhaltungen, keine Bedrängungen, kein böses Wort – nichts. In den ersten drei Stunden war nur von Geld die Rede. Später ging man zu anderen fesselnden Dingen über: ob die La-Plata-Zeitung nationalistisch sei oder nicht; wie Herr Thimme zu Herrn Harden stehe; ob nicht Herr Harden ein Schädling des deutschen Volkes sei...Von Mord wurde weniger gesprochen. Der Vorsitzende hatte in seinen heftigsten Momenten etwas von einem Oberlehrer, der einem Jungen nachweisen will, daß er eine Fensterscheibe kaputtgeschlagen habe. Ich weiß nicht, ob Herr Rippner eine Tochter hat. Wenn er aber eine hat, dann gönne ich ihm nicht, daß er als Nebenkläger einer Verhandlung beiwohnen muß, in der gegen den Vergewaltiger seiner Tochter verhandelt wird, und in der ein solcher Vorsitzender, wie er einer ist, paradiert. Am Ende des zweiten Verhandlungstages sagte Herr Rippner: »Wie ich höre, ist der Gesundheitszustand des Herrn Weichardt nicht ganz zufriedenstellend – wir wollen doch vertagen!« Auf dem Korridor stand das Opfer des Mordanfalls, ein einundsechzigjähriger Mann, der Stunden um Stunden im Gerichtsgebäude zugebracht hatte. [...]

In diesem juristischen Tohuwabohu stand Harden am dritten Tag auf. In diesem Wirbel einer Justiz, die vor lauter Paragraphen das Recht nicht sieht; in diesem Verfahren, in dem ein Opfer nicht genügend Mitleid erweckte, weil es nicht – wie bei den Kriegsmusterungen – mit dem Kopf unter dem Arm ankam; in diesem Prozeß, der bewies, wie nötig (und wie schimpflich) das Gesetz zum Schutz der Republik gewesen ist, jenes klarste Mißtrauensvotum gegen die deutschen Richter; in diesem Irrgarten des Rechts, in dem vom ersten ermittelnden Landgendarmen bis herunter zum Staatsanwalt alle, alle mit dem Herzen auf der Seite solcher Mörder stehen – in diesem Gewirr von Unrechtsfragen stand Harden auf. Und hielt die stärkste Rede, die wohl jemals in Moabit gehalten worden ist. (...)

Harden sprach. Wer ein Herz im Leibe hatte, war aufs tiefste erschüttert.

Aber wenn du mit Engelszungen redetest...An den Brillengläsern dieser Geschworenen prallte alles ab: Geschichte, Europäertum, Vernunft und Suggestion, Verstand und die Stimme des Herzens. Eindruck im Ausland? »Wat heißt hier Ausland!« Das muß man gesehen haben.

Da saßen sie. Da saßen jene Zwölf, die das deutsche Volk in einer solchen Sache repräsentierten. Da saßen die erkürten Zwölf, die bei den drei Siebungen – von denen die wenigsten Laien etwas wissen – unten herausgefallen waren: der muffigste Mittelstand, die Untertanen, die kleinen Gewerbetreibenden, die Besitzer, die Steuerzahler. Ich kenne keinen Geistigen, der jemals Geschworener war. Wie die Zuchthäusler sind wir ausgeschaltet. Unbarmherzig wird alles ferngehalten, was einigermaßen nach eignem freiem Urteil schmeckt. Das ist kein Volksgericht.

Man muß diesen Mittelstand kennen, der zur Polizei läuft und flennt, wenn ihm nur eine Spiegelscheibe eingehauen wird. Ein Mordversuch? Der Kerl lebt ja. Bezahlte Mordgesellen? Der Mensch hat ja Artikel geschrieben. Schwere Kopfverletzungen? Isidor! Isidor! (...)

Die Angeklagten haben das letzte Wort. Ich hebe die Feder, um Weichardts Aussagen zu notieren. Ich lasse sie mutlos wieder sinken: es ist entwaffnend. Der Hütejunge stammelte einiges: er habe nicht gewußt, wer Harden eigentlich sei, und dann: »Ich nehme die Tat mit dem Ausdruck des Bedauerns zurück!« Das kann man nicht erfinden.

Grenz »steht zu seiner Sache«. Dieser Provinzhorizont! Diese dürftige Phraseologie! Es geht um einen Mordversuch, und Grenz sagt aus, er habe noch nie ein deutsches Mädchen verführt. Es geht um einen Mordversuch gegen einen politisch Andersdenkenden, und Grenz sagt: »Fünfzig Prozent des deutschen Volkes stehen hinter mir!« Das ist richtig. So verlumpt, so amoralisch, so verkommen ist ein Teil dieser Nation. Er kennt sie. Reue? Noch zuletzt, noch nach diesen Tagen, sagt er »Harden-Witkowski«. Und spricht: »Die Geschworenen werden wissen, was sie dem deutschen Volke schuldig sind!«

Sie wußten es. Sie verneinten alle gefährlichen Schuldfragen, sprachen Weichardt mildernde Umstände zu und verknackten den andern nur wegen Anstiftung zu einer gefährlichen Körperverletzung. Es lagen vor: mündliche und schriftliche Geständnisse beider, in denen die Worte »Erledigen«, »Beseitigen« und »Töten« klar und deutlich enthalten sind. Zusammen: ein paar Jahr Gefängnis. Der Angeklagte Harden kann gehen.

Harden selbst hat ein bitteres Resümee gezogen:

Anstifter und Gehilfe wurden, trotzdem...die bewußte Absicht auf Mord und Gewinnsucht durch schriftliches und mündliches Zeugnis bestätigt war, vor Gericht wie edle Gentlemen behandelt...von der Anklage versuchten Mordes freigesprochen, durch die Zubilligung mildernder Umstände geehrt und nur wegen »Körperverletzung« zu Bagatellstrafen verurteilt...Nach dem Abschluß des Verfahrens...habe ich beschlossen, vor völligem Wandel des kriminalpolitischen Ethos in Deutschland niemals wieder vor ein deutsches Gericht zu treten...[12]

Den organisatorischen Hintergrund des Mordkomplotts ließ man wohlweislich unberührt, obwohl sich nicht verschweigen ließ, daß eine Geheimorganisation den Mordauftrag erteilt, Geld geschickt und den Tätern Anstellung im bayerischen Staatsdienst versprochen hatte.

Die Politische Justiz der Weimarer Republik spiegelte das kollektive Bewußtsein jener Bevölkerungsschichten zutreffend wieder, die schließlich den Flötentönen der Hitler und Goebbels folgten und den Unterbau für den Holocaust bildeten. Es war eine Mördergesinnung. Da in der Justiz schon damals das konservative Element überrepräsentiert war, hielt sie ihre schützende Hand über rechten Terror bereits zu einer Zeit, als noch die historische Chance bestand, daß Sozialisten und Demokraten sich politisch durchsetzen und Deutschland vor einem Rückfall in die Barbarei bewahren könnten. Aber die Justiz nahm Partei für den Terrorismus. Für den Terrorismus von rechts, wohlgemerkt. Freilich gab es auch damals eine demokratisch gesinnte Minderheit innerhalb der Justiz, eine sehr kleine allerdings, deren Ohnmacht und Ende nur mit Trauer zu gedenken ist. Sie vermochte es nicht, das Recht gegen den Terror der Rechten durchzusetzen.

Als im Herbst 1922 ein tatkräftiger Staatsanwalt in Offenburg eine Anklageschrift gegen die Mörderzentrale der Organisation Consul (OC)[13] fertiggestellt hatte, zog der Oberreichsanwalt die Sache an sich, begann die Ermittlungen von neuem und stellte das Verfahren gegen 14 der ursprünglich 40 Beschuldigten ein. Als im Oktober 1924 endlich die Verhandlung vor dem Staatsgerichtshof begann, fehlten Kapitän Ehrhardt, der Chef der OC, und die in vorangegangenen Mordprozessen verurteilten OC-Mitglieder auf der Anklagebank. Die Öffentlichkeit wurde auf übereinstimmenden Antrag von Verteidigung und Reichsanwaltschaft ausgeschlossen. Die widersprüchliche und ungesetzliche Begründung des Anklagevertreters ging dahin, daß ein Ausschluß der Öffentlichkeit im vaterländischen Interesse und auch im Interesse der Angeklagten notwendig sei, damit endlich die volle Wahrheit über die Tätigkeit der Organisation bekannt werde.

Ganze drei Tage waren für die Verhandlung vorgesehen. Sie genügten auch vollauf, da man sich auf eine merkwürdige Vereinfachung der Wahrheitsfindung geeinigt hatte. Das Gericht beabsichtigte, den Untersuchungsrichter, der die Mehrzahl der Angeklagten vernommen und 124 Aktenbände mit Vernehmungsniederschriften gefüllt hatte, als Zeugen darüber zu vernehmen, »inwieweit die gegen die Organisation Consul gerichteten Angriffe durch die Ergebnisse der Voruntersuchung gerechtfertigt seien«. Schon diese Formulierung ist bezeichnend für die Mentalität des Gerichts, das weniger geneigt schien, ein Urteil über die OC, als vielmehr eines über die gegen sie gerichteten Angriffe zu fällen. Dementsprechend genügte dem – nach dem Gesetz zur umfassenden Aufklärung der Wahrheit verpflichteten – Gericht ein Untersuchungsrichter, der mit einer beschränkten Aussagegenehmigung auftrat, als Ersatzzeuge. Ihm war – bitte genau lesen! – Aussagegenehmigung nur insoweit erteilt, als er die in der Hauptverhandlung vor dem Staatsgerichtshof gemachten Aussagen der Angeklagten *bestätigen* könne. Auf einen solchen Zeugen konnte man logischerweise auch verzichten. Und so geschah es im allseitigen Einvernehmen.

Der Vorsitzende des Staatsgerichtshofs tat noch ein übriges, um die Beliebigkeit der Wahrheitsfindung und die Ungültigkeit der Strafprozeßordnung im politischen Prozeß zu demonstrieren: Er verlas Teile der Anklageschrift zum Beweise dafür, daß die zahlreichen Angriffe gegen die OC, sie habe sich des Hochverrats schuldig gemacht und sei eine Mörderzentrale, vollständig unbegründet seien. Der Reichsanwalt als Kronzeuge. Und was für ein Reichsanwalt! Sein Plädoyer gab dem »Berliner Tageblatt« Anlaß zu der Bemerkung:

Bei der Rede des Reichsanwalts Niethammer fragte man sich manchmal, ob denn da wirklich der Vertreter der Republik spricht.[14]

Sieben Freisprüche und Gefängnisstrafen bis zu acht Monaten wegen Geheimbündelei waren das lächerliche Ergebnis dieses Prozesses gegen eine rechte Terrororganisation, deren Mordtaten mehrere Repräsentanten des anderen, des demokratisch gesinnten Deutschland zum Opfer gefallen waren (Gareis, Erzberger, Rathenau).

Als 1927 vor einem Schwurgericht in Gießen ein versuchter Fememord der OC aus dem Jahr 1922 verhandelt wurde,[15] war das politische Klima schon so vergiftet, daß im Gerichtssaal und in der antirepublikanischen Öffentlichkeit über die Anklage laut gelacht wurde. Der sozialdemokratische »Vorwärts« klagte, daß die Verhandlung eine Justizkomödie gewesen sei, daß die Zeugenbeeinflussung alles Dagewesene überstiegen habe, daß der Anklagevertreter zu einer Schießbudenfigur gemacht worden sei, deren Anschuldigungen oft wahre Lachsalven im Zuhörerraum hervorgerufen hätten; der völkisch-antirepublikanische Terror sei bis in den Gerichtssaal zu spüren gewesen, so daß sich der Staatsanwalt mehrfach geradezu entschuldigt habe, seines Amtes walten zu müssen. Einer der Angeklagten, der auch am Rathenau-Mord beteiligte Schriftsteller Ernst von Salomon, der nach dem Ende der Hitler-Zeit sein bundesdeutsches Leserpublikum mit launig geschriebenen Memoiren erfreute, erinnerte sich später:

Der Staatsanwalt hatte mit tragischer Gebärde die schauerlichsten Hintergründe aufgerollt, er hatte die OC beschworen, und alles hatte gelacht, wie über den Butzemann, der einmal ging im Reich herumdibum.[16]

Terrorismus von rechts – eine Sache zum Lachen.

Die mit den Tätern symphatisierende Justiz hatte die Organisation Consul, eine der RAF unserer Tage an finanzkräftigen Unterstützern, personellen und logistischen Mitteln bei weitem überlegene terroristische Vereinigung, buchstäblich verschwinden lassen. Angeklagt wurden, wo es sich nicht ganz vermeiden ließ, Einzeltäter und Kleingruppen, deren Verbindungen zu einer größeren Organisation im »vaterländischen Interesse« unter den Deckmantel des Staatsgeheimnisses genommen wurden. Ihnen allen waren milde Strafen oder Freisprüche sicher.

Über Terror von rechts mußte in Deutschland schon immer »zum Wohle des Staates« geschwiegen werden. Wer sich daran nicht hielt, lief Gefahr – wie der bayerische USP-Abgeordnete Gareis – ermordet oder von der Justiz zum Schweigen gebracht zu werden (der Landesverratsprozeß gegen Carl von Ossietzky – er ist Gegenstand eines Wiederaufnahmeverfahrens beim Kammergericht Berlin – war der bekannteste Fall). Die mit Hilfe der Justiz durchgesetzte Bagatellisierung und Verleugnung des Terrors von rechts, der schließlich ein ganzes Volk zu

Mittätern machte, bietet das komplementäre Gegenbild zur Dramatisierung eines quantitativ unvergleichlich geringeren Terrors von links. Eine Tradition, die noch nicht abgeschlossen ist.

4. Ein rechter Terrorist vor Gericht

Die Atmosphäre eines freundlichen Fünf-Uhr-Tees, die Kurt Tucholsky 1922 im Harden-Prozeß erlebt hatte, kann es auch in Stammheim geben. Einen »moderaten, fast väterlichen Umgangston« konstatierte der Berichterstatter der »taz« am 22. Juni 1982, als der frühere Rechtsanwalt Manfred Roeder, der Hals-Nasen-Ohren-Facharzt Dr. Heinz Colditz, der Werkmeister Raymund Hörnle und die medizinisch-technische Assistentin Sibylle Vorderbrügge auf der Anklagebank saßen. Ihnen wurde die Beteiligung an fünf Sprengstoff- und zwei Brandanschlägen vorgeworfen, bei denen zwei Menschen getötet, mehrere Menschenleben gefährdet und erhebliche Sachschäden angerichtet worden waren. Juristisch: vollendeter Mord in zwei, Mordversuch in acht Fällen in Tateinheit mit anderen Delikten.

Roeder, einstiger Christdemokrat, der sich in rechtsextremistischen Kreisen als »Reichsverweser« und künftiger »Führer« des Deutschen Reiches feiern ließ, hatte seinen Gefolgsleuten eingehämmert: »Wir müssen wieder ja sagen zum Kampf mit der Waffe in der Hand« – »Terror ist die einzige Hoffnung für Deutschland« – »Terror muß selbstverständlich sein, damit es endlich anders wird« – »Terrorismus hilft klären, wer dienen und wer Opfer bringen will«.[1] Roeders Terror-Parolen feuerten seine Leute an, Bomben und Brandsätze zu werfen, die Deutschland von der »Auschwitz-Lüge« und von Asyl-Bewerbern »befreien« sollten. So detonierten im Laufe des Jahres 1980 Metallrohrbomben bzw. Brandsätze in einer Auschwitz-Ausstellung im Esslinger Landratsamt, am Wohnhaus des Esslinger Landrats, in einem Ausländerwohnheim in Hamburg, im Bundessammellager Zirndorf und in einer Äthiopier-Unterkunft in Lörrach.

Um Roeder wegen Mordes anzuklagen, bedurfte es erst einer »Nachbesserung« der Anklage des Generalbundesanwalts, der den rechtsradikalen »Führer« nur wegen Rädelsführerschaft in einer terroristischen Vereinigung vor Gericht bringen wollte, durch das Gericht. Allzu offensichtlich schien dem Stuttgarter OLG-Senat der Zusammenhang zwischen Roeders Mordaufrufen und deren Ausführung, als daß man ihm den Vorwurf ersparen konnte, der Mittäterschaft an zwei Morden »hinreichend verdächtig« zu sein. Entsprechend lautete denn auch der Eröffnungsbeschluß des Gerichts. Aber keine Sorge, die »ungleiche Sehschärfe der Justiz auf dem rechten Auge« (Peter Henkel, FR v. 25.6.1982) schützte gerade ihn vor dem Lebenslänglich, das den Mitangeklagten Vorderbrügge und Hörnle beim besten Willen nicht erspart werden konnte. Und so konnte der Angeklagte Roeder sich am Ende der Hauptverhandlung bei der Bundesanwaltschaft für »faires und entgegenkommendes Verhalten« bedanken und dem Gericht bescheinigen: »Ich kann mich über die Verhandlungsführung in keiner Weise beklagen«.[2]

Der Vorwurf des zweifachen Mordes beruhte auf einem am 22. August 1980 verübten Terrorakt, bei dem die Angeklagten Hörnle und Vorderbrügge Molotow-

Cocktails in das Zimmer eines Übergangswohnheimes für Ausländer in Hamburg geworfen hatten, wobei zwei Vietnamesen so schwere Brandverletzungen erlitten, daß sie an deren Folgen starben. Dazu Günther Schwarberg im »stern« vom 21.1.1982:

Die Attentäter informierten Manfred Roeder telefonisch über den Anschlag. Und der notierte in seinem Tagebuch: »Befreiung beginnt.«

Am nächsten Tag fuhren die Bombenwerfer in Roeders konspirative Wohnung nach Hann. Münden. Zusammen mit ihrem »Führer« feierten sie den tödlichen Anschlag mit einem »Festessen« (Hörnle). Roeder über den Tod der beiden Vietnamesen: »Das sind keine Menschen, das sind Halbaffen«.

Wie sich Manfred Roeder in Stammheim erfolgreich gegen den Vorwurf verteidigte, Anstifter oder Mittäter dieser Mordtat gewesen zu sein, war im »Spiegel« Nr. 26/1982 nachzulesen:

Roeder ließ während des Prozesses seine Kumpane im Stich. In die Aktionen, behauptet er, sei er nie vorab eingeweiht gewesen, geschweige denn, daß er die Bombenwerfer dazu inspiriert hätte. Wenn die Mitangeklagten anderes erklärten, sei dies »haarsträubender Unfug«.

Vor allem mit dem folgenschwersten Anschlag will Roeder nichts zu schaffen haben: Weder habe er dazu angestiftet, am 22. August 1980 benzingefüllte Saftflaschen in einen Schlafsaal der Hamburger Asylanten-Bleibe zu schleudern, noch habe er sich »durch Unterlassen« strafbar gemacht, indem er von dem Attentatsplan zwar gewußt, aber seine Freundin Vorderbrügge nicht davon abgebracht habe.

Auf den Vorhalt, daß just unter dem 22. August 1980 eine frohlockende Eintragung in seinem Tagebuch zu finden sei, (»Heute hat Deutschlands Befreiung angefangen«), rettete sich Roeder in fadenscheinige Ausflüchte. Damit, beteuerte er, sei der Gründungstermin seiner »Deutschen Bürgerinitiative« zehn Jahre zuvor gemeint, den er mit einem ersten Farbbeutel-Protest gegen eine Sexmesse in Offenbach ansetzt.

Bei dem angeblichen Jubiläum hätte sich Roeder freilich um zwei Tage vertan: Sein erster Anti-Porno-Auftritt war am 24. August 1970. Und im Kontext läßt sich die vor Gericht nur verstümmelt zitierte Tagebuchnotiz schon gar nicht als Gedenkspruch für Roeders Premiere als Sex-Saubermann deuten.

Der volle Wortlaut des Vermerks gibt preis, daß Roeder im August 1980 sein neues Reich heraufdämmern sah: »Heute, wo ich am tiefsten, mutlos und mit Halsschmerzen krank bin, hat Deutschlands Befreiung angefangen. Der Funke ist übergesprungen.«

Die Bundesanwaltschaft, die Roeder von vornherein nicht wegen Mordes hatte anklagen wollen, ließ den Rechtsterroristen auch in der Hauptverhandlung nicht im Stich. In der »Frankfurter Rundschau« vom 25. Juni 1982 resümierte Peter Henkel:

Nach Meinung der Karlsruher Bundesanwälte ist nur bei zweien der sieben Anschläge erwiesen, daß Roeder vorher informiert war. Sie wollen ihn bestraft dafür sehen, daß er die beiden Amateurterroristen nicht von ihren Plänen abbrachte.(...)

Bei den Plädoyers der letzten Woche zeigte es sich, daß die Vertreter der Bundesanwaltschaft durch die Beweisaufnahme nicht bekehrt worden waren. Geistiger Mittäterschaft habe Roeder sich zwar schuldig gemacht, denn »feinere Mittel können Befehle und Anweisungen ersetzen«. Gefordert wurde aber statt lebenslang nur eine Strafe von zwölf Jahren wegen Rädelsführerschaft und Anstiftung zu Mord und Brandstiftung.

Dieser wohlwollenden Interpretation schloß sich schließlich in seinem Urteil auch das Gericht an.

Das von der Verteidigung mit Recht gelobte »Entgegenkommen« der Bundesanwaltschaft hatte sich schon bei der Ausblendung organisatorischer Zusammenhänge im rechtsterroristischen Umfeld gezeigt, der aus deutscher Justiztradition bekannten Eingrenzung auf angeblich unabhängige Einzeltäter, von der Herr Roeder sogar noch durch Auflösung des Kleingruppenzusammenhangs profitierte. Günther Schwarberg im »stern« vom 21.1.1982:

Die Kommandos verfügten über Waffen, große Mengen Sprengstoff, Depots, Fahrzeuge und Werkstätten. Ein Teil der Gruppen existiert noch heute – verharmlost durch Verfolgungsbehörden, die häufig nur von »Einzeltätern« sprechen...

Außer den vier von Generalbundesanwalt Kurt Rebmann vor Gericht gebrachten Tätern ist bisher keiner der vielen aktiven Unterstützer, Gehilfen und Mitglieder der Roeder-Bande angeklagt, keiner sitzt in Untersuchungshaft...

Schwarberg zählt die Versäumnisse der Ermittler auf, Zusammenhänge zwischen den verschiedenen »Freundeskreisen« festzustellen, in deren Schutz Roeder umherpendeln konnte, und kommt schließlich auf das skandalöse Desinteresse des Generalbundesanwalts an den seit 1980 bekannten Munitionsdepots der Terroristen zu sprechen:

Am 26. September 1980 tötete die Bombe auf dem Münchner Oktoberfest 13 Menschen und verletzte über zweihundert. Raymund Hörnle konnte den Vernehmungsbeamten sofort sagen, wessen Handschrift das möglicherweise war: die seines Kameraden, des Forstwirtschaftsmeisters Heinz Lembke aus Oechtringen bei Uelzen. Hörnle berichtete bereits im September 1980, daß Lembke in der Lüneburger Heide rund um Oechtringen depotweise Sprengmittel, Sprengschnüre, mehrere Zentner Plastiksprengstoff, Panzergranaten und Panzerfäuste, zumeist noch in Originalverpackungen der Bundeswehr, versteckt hatte. Hörnle erzählte den BKA-Beamten von der Terroristenwerkstatt in Lembkes Keller und davon, daß Lembke Sprengkommandos ausbildete, die ab Herbst 1980 einsatzbereit sein sollten. Außerdem sagte er aus, daß Lembke dem Roeder jede Menge Sprengstoff angeboten hatte und über Kontakte zu zahlreichen rechten Terrorgruppen verfüge. Auch über Lembkes Pläne war Hörnle informiert. Er wollte Brücken hochjagen (etwa die Fehmarnsund-Brücke), Polizeischulen sprengen und vor allem »Atomeinrichtungen« bombardieren.

Trotz dieser detaillierten Aussagen fand bei Lembke nur eine Haussuchung statt, bei der ein Gewehrmagazin und Zündschnüre gefunden wurden. Lembke konnte bis April 1980 seine Sprengtruppe weiter ausbilden. Dann wurde er für sechs Monate in Beugehaft genommen, weil er im Fall Roeder die Aussage verweigerte.

Im Oktober 1981 wurde Lembke wieder verhaftet, nachdem ein Waldarbeiter auf eines der 33 Munitionsdepots gestoßen war. Hannovers Ministerpräsident Albrecht war über die riesigen Waffenlager »erstaunt«, und der Sprecher des niedersächsischen Innenministeriums erklärte: »Es hat einfach keiner gewußt, daß der Mann der Arsenal-Verwalter der Neonazis war.« Wenig später erhängte sich Lembke in seiner Zelle.

Selbst 1981 mochte Generalbundesanwalt Rebmann noch immer nicht ausschließen, daß Lembke die Waffenverstecke »im Alleingang« angelegt habe, also ein Einzeltäter sei.

In einem Telex an den »stern« hatte Rebmann so getan, als habe er erst durch den besagten Zufallsfund eines Waldarbeiters vom 26.10.1981 von den 33 Waffenlagern erfahren:[3]

Erkenntnisse über ein von Lembke angelegtes Waffenlager lagen bis zu den Waffenfunden in der Lüneburger Heide bei Uelzen Ende Oktober 1981 weder dem Generalbundesanwalt noch dem Bundeskriminalamt vor.

Die Wahrheit mußte wohl zum Wohle des Staates verleugnet werden. Nicht nur Raymund Hörnle, auch Sibylle Vorderbrügge hatte den vernehmenden BKA-Beamten bereits am 27.9.1980, einen Tag nach dem Oktoberfestattentat, von Lembkes Munitionsdepots berichtet. Am 3. Oktober 1980 hatte Manfred Roeder, der Anführer der Bande, den Kontakt mit Lembke eingeräumt. Lembke habe seinem »Freundeskreis« angehört. Sie hätten sich oft getroffen. Dabei sei detailliert über »Anschläge auf Richter, Landräte und eine im Bau befindliche Polizeischule in Gorleben« gesprochen worden.

Alle Vernehmungsprotokolle gingen an die Bundesanwaltschaft in Karlruhe. Weitere Informationen gleichsinnigen Inhalts erhielt die Bundesanwaltschaft aus einer Vernehmung des Neonazi-Bombenlegers Dr. Heinz Colditz vom 17.2.1981 durch Bundesanwalt Kube. Dennoch behauptete Rebmann noch Ende 1982, nichts von Kontakten und Zusammenarbeit zwischen dem Munitionsbesitzer Lembke und der Roeder-Bande zu wissen. Dazu nochmals Günther Schwarberg (»stern« v. 20.1.1983):

Rebmann klassifizierte den in den Naziterror verstrickten Lembke als »Einzeltäter«. Ob Generalbundesanwalt Rebmann wirklich der richtige Mann ist, schweren Schaden von der Bundesrepublik Deutschland abzuwenden?

Solche Ankläger, von denen man seit Paul Levis berühmtem Ausspruch zu sagen pflegt, daß sie wie Hunde seien, die man zur Jagd tragen müsse, kennt man aus der deutschen Rechtsgeschichte zur Genüge. Den Reichsanwalt Jorns zum Beispiel, dessen Karriere damit begann, daß er den Mördern von Rosa Luxemburg und Karl Liebknecht Vorschub leistete und deren Spuren verwischte. Den Reichsanwalt Niethammer, der im Prozeß gegen die Organisation Consul seinem Verständnis für die Angeklagten in schamloser Weise Ausdruck gab. Und eben den Generalbundesanwalt Rebmann und seine Gehilfen, deren Milde gegenüber rechten Terroristen selbst den Stammheimer Richtern ein bißchen zu weit ging.

Aber nur ein bißchen. Das Gericht »verzichtete weitgehend darauf, politische Zusammenhänge zu hinterfragen«. Man entpolitisierte den Prozeß und machte das Liebesverhältnis Roeders zur Mitangeklagten Vorderbrügge zum »Schlüsselpunkt des ganzen Verfahrens«. Das Gericht habe »nicht die Aufgabe gehabt, die Ursachen des Neonazismus zu erforschen«,[4] hieß es in der mündlichen Urteilsbegründung. Am 9.7.1982 kommentierte »Die Neue«:

Niemals während des Prozesses wurde der Rückhalt Roeders in der braunen Szene untersucht, personell wie ideologisch. Es sollte ganz augenscheinlich der Eindruck erweckt werden, daß es sich bei den »Deutschen Aktionsgruppen« um einen isolierten Zirkel von Einzeltätern handelte. Daß Roeder in Kontakt zu allen wesentlichen neofaschistischen Führern stand, ob sie nun Hoffmann oder Kühnen, Busse oder Schönborn heißen, blieb im Dunkeln. Daß Anschläge auf Asylantenheime ihre Wurzeln in der ausländerfeindlichen Politik der BRD haben, blieb unbenannt.

Ebensowenig wurde hinterfragt, wie und warum Roeder sich fast zwei Jahre lang ungehindert im Untergrund hatte aufhalten können, obwohl seine Aufenthaltsorte durchaus bekannt waren...

Die »taz« vom 22.6.1982 nannte einige der organisatorischen und personellen Verbindungen zu einer Vielzahl weiterer Rechtsextremisten:

Bisher sind diese Helfer und Unterstützer, die Objekte ausspähten, Bomben transportierten, Geld sammelten, Flugblätter druckten, Schwarzpulver besorgten und Autos zur Verfügung stellten, nicht angeklagt und befinden sich auf freiem Fuß. So konnte auch der Eindruck entstehen, bei der Gruppe handele es sich um einen isolierten Zirkel, der bei wechselnder Beteiligung, von Roeder angestiftet, die Attentate begangen habe...

Roeder selbst konnte sich und seine siebenköpfige Familie jahrelang von den Spenden seiner Gesinnungsgenossen ernähren, 1979/80 allein 84.000 Mark. Er mußte sich mehr als zwei Jahre im Untergrund (seit 1978) weder im In- noch Ausland um sein Unterkommen sorgen. Seit über zehn Jahren hat seine »Deutsche Bürgerinitiative e.V.« dauerhafte Kontakte geknüpft, die den »Deutschen Aktionsgruppen« zugute kamen. Noch heute werden Roeders »Rundbriefe«, die er im Stammheimer Knast verfaßt, an Hunderte von Adressaten verschickt.

Was hätte man bei linken »Terroristen« aus alledem gemacht! Hier aber zog man »Einzeltäter« aus dem braunen Sumpf und verschloß die Augen vor Zusammenhängen, vor denen die Deutschen seit den Anfängen der Weimarer Republik vergeblich gewarnt worden sind (»Der Feind steht rechts!«).

Dreizehn Jahre Freiheitsstrafe statt der zwölf von der Bundesanwaltschaft beantragten für Roeder fand das Gericht angemessen für den Initiator der Verbrechen, bei denen zwei Menschenleben ausgelöscht und mehrere gefährdet worden waren. Lebenslänglich für die beiden Ausführenden, Sibylle Vorderbrügge und Raymund Hörnle, sowie sechs Jahre für den Mittäter Heinz Colditz.

Die Urteilsbegründung ließ deutlich genug erkennen, daß es hier um Terroristen bürgerlicher Herkunft mit radikal-konservativer Gesinnung ging, deren schicksalhafte Verstrickung in Verbrechen den Richtern ans Herz griff. Wie sagte der Vorsitzende bei der mehrstündigen Verlesung der Urteilsbegründung? Das Geschehen habe »mit der furchtbaren Unerbittlichkeit einer antiken Tragödie« seinen Lauf genommen.[5]

Abschließend lasse sich resümieren, so Jürgen Strohmaier in »Die Neue« vom 9.7.1982,

daß bei der Bekämpfung des Neonazismus kaum Verlaß auf die Gerichte ist, daß wir uns vor den »griechischen Tragödien« selber schützen müssen.

Aber wie, bitte? Doch nicht im Wege des bewaffneten Widerstands? Und gegen wen hätte sich Widerstand zu richten, wenn die Justiz versagt und damit das Recht zum Widerstand freigibt? Herr Roeder mit seinen »Deutschen Aktionsgruppen« und die mit ihm verbundenen Rechtsextremisten bilden ja nur die Spitze des Eisbergs. Ihre Terrorakte waren nur die Tat zu dem bösen Wort »Ausländer raus!«, mit dessen Umschreibungen hierzulande Politik gemacht wird, um Wählerstimmen aus dem konservativen Lager zu gewinnen. Auch der Judenhaß hat mit Worten angefangen. Was daraus wurde, war alles andere als eine »antike Tragödie«. Aber in diesem Land ist wenig aus den verheerenden Folgen des Minderheitenhasses gelernt worden. Und so könnte das faschistische Potential jederzeit wieder zur Mehrheit werden. Eine Justiz, die wie eh und je auf der Linken kriminelle Kollektive ausmacht, auf der Rechten aber nach Einzeltätern fahndet, wird uns davor nicht schützen.

5. Politische Justiz gegen Feinde

Politische Justiz im Klima öffentlicher Vorverurteilung
Zwei historische Beispiele

Jesus aber stand vor dem Landpfleger; und der Landpfleger fragte ihn und sprach: Bist du der Juden König? Jesus aber sprach zu ihm: Du sagst es. Und da er verklagt ward von den Hohepriestern und Ältesten, antwortete er nichts. Da sprach Pilatus zu ihm: Hörst du nicht, wie hart sie dich verklagen? Und er antwortete ihm nicht auf ein Wort, also daß sich auch der Landpfleger sehr verwunderte.

Auf das Fest aber hatte der Landpfleger die Gewohnheit, dem Volk einen Gefangenen loszugeben, welchen sie wollten. Er hatte aber zu der Zeit einen Gefangenen, einen sonderlichen vor andern, der hieß Barabbas. Und da sie versammelt waren, sprach Pilatus zu ihnen: Welchen wollt ihr, daß ich euch losgebe? Barabbas oder Jesus, von dem gesagt wird, er sei Christus? Denn er wußte wohl, daß sie ihn aus Neid überantwortet hatten. Und da er auf dem Richtstuhl saß, schickte sein Weib zu ihm und ließ ihm sagen: Habe du nichts zu schaffen mit diesem Gerechten; ich habe heute viel erlitten im Traum seinetwegen.

Aber die Hohenpriester und die Ältesten überredeten das Volk, daß sie um Barabbas bitten sollten und Jesum umbrächten. Da antwortete nun der Landpfleger und sprach zu ihnen: Welchen wollt ihr unter diesen zweien, den ich euch soll losgeben? Sie sprachen: Barabbas. Pilatus sprach zu ihnen: Was soll ich denn machen mit Jesu, von dem gesagt wird, er sei Christus? Sie sprachen alle: Laß ihn kreuzigen! Der Landpfleger sagte: Was hat er denn Übles getan? Sie schrien aber noch mehr und sprachen: Laß ihn kreuzigen!

Da aber Pilatus sah, daß er nichts schaffte, sondern daß ein viel größer Getümmel ward, nahm er Wasser und wusch die Hände vor dem Volk und sprach: Ich bin unschuldig an dem Blut dieses Gerechten; sehet ihr zu! Da antwortete das ganze Volk und sprach: Sein Blut komme über uns und unsre Kinder! Da gab er ihnen Barabbas los; aber Jesum ließ er geißeln und überantwortete ihn, daß er gekreuzigt würde. (Matthäus 27, 11-26)

Die Kreuzigungsgeschichte des Matthäus hat viele Millionen von Lesern und Hörern (Bachs Matthäus-Passion) gehabt, doch die wenigsten werden begriffen haben, daß dieses großartige Stück Weltliteratur ein historisches Beispiel Politischer Justiz bietet, dessen Grundzüge noch heute gültig sind. Vor allem ein wesentliches Merkmal Politischer Justiz hat sich seit den Tagen des Jesus von Nazareth erhalten: Nicht das Recht, sondern eine aufgewiegelte Volksstimmung entscheidet über Wohl und Wehe des Angeklagten. Da wird im gleichen Atemzug der Tod des einen, des Revolutionärs Jesus, und die Freilassung des anderen, des Barabbas, gefordert. Wir erfahren auch, daß und von wem die Volkswut geschürt wurde (»...die Hohepriester und die Ältesten überredeten das Volk...«), und wir brauchen nicht lange zu raten, welches die Motive der Volksverhetzer waren. Die Macht des Establishments wurde nicht nur im alten Palästina mit Hilfe staatlicher Gewalt gegen gewaltlose Revolutionäre, Ketzer, Aufklärer und Feinde verteidigt. Und schon immer wurde Volkes Stimme mobilisiert, wenn es um die Durchsetzung der Interessen der Herrschenden ging. Die Urteile der Politischen Justiz werden nicht im gerichtlichen Verfahren, sondern bereits im Vorfeld der öffentlichen Meinungsbildung getroffen. Und die Richter waschen ihre Hände in Unschuld, wenn sie Volkes Stimme vollstrecken. Entweder ergreift der Massenwahn auch sie, wenn das kollektive »Kreuzige ihn!«, »Aufhängen!«, »Kopf ab!« ertönt, oder sie sind trotz besserer Einsicht – wie Pontius Pilatus – machtlos gegenüber einer organisierten Volkswut, die ihre Opfer fordert.

Im Klima einer herrschenden Pogrommentalität wird Politische Justiz zu einem schmählichen Ersatz für Lynchjustiz. Ein Beispiel aus dem Amerika der 30er Jahre, das ich dem Buch »Das Fehlurteil im Strafprozeß« von Max Hirschberg entnehme:[1]

Am 25. März 1931 kam es auf einem offenen Wagen eines Frachtzuges, der von Chattanooga, Tennessee, nach Huntsville, Alabama, fuhr, zu einer Auseinandersetzung zwischen weißen und schwarzen Männern, die, ebenso wie zwei weiße Mädchen, unterwegs hinaufgeklettert waren. Der Streit begann, als in Stevenson, Alabama, 20 bis 30 Neger (so der sicher vorurteilsfreie Sprachgebrauch Hirschbergs) auf den Wagen stiegen, auf dem sich bereits fünf weiße und einige schwarze Männer befanden.

Da nach der dortigen Sitte einem Weißen nicht zugemutet werden kann, mit Negern zusammen zu fahren, schrie ein Weißer den Negern zu, sie sollten sich entfernen. Es kam zu einem Wortwechsel und zu Gewalttätigkeiten. Die Neger, die in der Mehrzahl waren, warfen die weißen Männer aus dem Wagen. Einer von ihnen telefonierte dem Sheriff in Point Rock, der nächsten Haltestelle. Als der Zug dort hielt, verhaftete der Sheriff die neun Neger, die sich noch auf dem Zuge befanden, während die anderen unterwegs abgesprungen waren.

Die beiden weißen Mädchen, die 21jährige Victoria Price und die 17jährige Ruby Bates, wurden vernommen und behaupteten, von allen neun Negern vergewaltigt worden zu sein.

Das Gerücht hiervon verbreitete sich sofort in der Ortschaft und rief hysterische Erregung hervor. In Alabama stand Todesstrafe auf Notzucht, begangen durch einen Neger an einer weißen Frau. Meist ist das Schicksal des Negers bei einer solchen Anklage sofort besiegelt, da die Glaubwürdigkeit der Belastungszeugen gar nicht erst nachgeprüft wird.

Die beiden Mädchen wurden zur Untersuchung zum Amtsarzt geschickt. Zwei Ärzte nahmen sofort eine Untersuchung vor. Sie bezeugten, daß bei beiden Mädchen keinerlei körperliche oder seelische Spuren einer Notzucht zu finden seien. Aber die aufgepeitschte Masse kümmerte sich darum nicht. Eine rasende Volksmenge umringte das Gefängnis und versuchte, die Neger zu lynchen. Der Sheriff brachte die Neger bei Nacht in ein festeres Gefängnis in Gadsen, um sie der Lynchjustiz zu entziehen.

Die neun schwarzen Männer – der jüngste 13, der älteste 21, die meisten 16 oder 17 Jahre alt, alle bettelarm und in Lumpen gekleidet, einer war fast blind, ein anderer verkrüppelt und konnte nicht aufrecht stehen – wurden schon zwei Wochen später in Scottsboro vor Gericht gestellt, und zwar vor eine ausschließlich aus Weißen bestehende Jury. Der Vorsitzende des Schwurgerichts hatte den Angeklagten sieben Anwälte als Offizialverteidiger bestellt, sechs lehnten ab, die Verteidigung zu führen.

Während Victoria Price als Zeugin ihre Geschichte erzählte, erschütterte das Gebrüll der Zuhörer und der Tausende, die draußen warteten, das Gerichtsgebäude.

Alle neun Angeklagten wurden verurteilt, acht zum Tode, einer – der fast Blinde – zu lebenslänglichem Gefängnis.

In diesem Zeitpunkt wurde der berühmte Verteidiger Samuel Leibowitz von New York als Verteidiger bestellt. Er stellte sich unter Lebensgefahr der rasenden Menge entgegen.

Leibowitz erreichte, mit der Begründung, daß keine schwarzen Bürger auf den Geschworenenlisten gestanden und deshalb sein Mandant kein »fair trial« gehabt habe, für einen der Angeklagten eine neue Verhandlung.

In dieser gab nunmehr Ruby Bates unter Eid zu, daß die ganze Anschuldigung erfunden gewesen sei. Victoria Price habe sie überredet, ihre unwahre Aussage zu bestätigen, mit der Drohung, daß beide sonst ins Gefängnis kämen. Ihr Pastor habe sie ermahnt, jetzt die Wahrheit zu sagen. Bei der Nachricht von dieser neuen Wendung nahm der Mob abermals eine so drohende Haltung an, daß Leibowitz in seinem Hotel von bewaffneten Wachen beschützt werden mußte. Er plädierte dreieinhalb Stunden. Die Geschworenen hörten mit steinernen Gesichtern zu. Sie kamen lachend aus dem Beratungszimmer und sprachen abermals ihr »schuldig« aus.

Der Vorsitzende Richter erklärte das Todesurteil für nichtig und begründete in einer 25seitigen Entscheidung die Unglaubwürdigkeit der Victoria Price, die bei ihrer Beschuldigung geblieben war.

Alabama suchte für die neue Schwurgerichtsverhandlung nach einem anderen Richter, der den Wünschen der Masse willfährig sein sollte. Man fand ihn in Richter Callahan. Er lehnte die meisten Anträge der Verteidigung ab. Der Verteidiger durfte Victoria Price nicht einmal ihre Vorstrafen vorhalten. Der Staatsanwalt rief den Geschworenen zu: »Wenn Sie diese Nigger freisprechen, werden Ihre Mutter, Ihre Frau, Ihre Geliebte nicht mehr ungefährdet auf den Straßen des Südens gehen können«. Die Geschworenen erklärten abermals die Angeklagten für schuldig, und das Gericht verurteilte sie zum Tode.

Leibowitz appellierte an den Supreme Court und wies nach, daß nach wie vor auf den Geschworenenlisten kein einziger Neger gestanden hatte, daß aber hinterher, nach den Verhandlungen, die Namen einiger Neger eingetragen worden waren, daß die Listen also zur Irreführung des Supreme Court gefälscht worden waren.

Das führte zur erneuten Aufhebung des Urteils. Der Supreme Court erkannte, daß die Angeklagten kein »fair trial« gehabt hatten.

Am 19. Januar 1936 fand die erneute Schwurgerichtsverhandlung gegen den von Leibowitz verteidigten zur »Tatzeit« 17jährigen Angeklagten Haywood Patterson statt. Er wurde erneut verurteilt, doch begnügten sich die Geschworenen diesmal mit 75 Jahren Gefängnis. Nach 17 Jahren Haft gelang es ihm, aus dem Gefängnis zu fliehen.

Für die anderen Angeklagten hatte sich Leibowitz' Erfolg beim Supreme Court besser ausgezahlt. Bald nachdem die Geschworenen in Scottsboro den Angeklagten Patterson zum dritten Mal schuldig gesprochen hatten, ließ der Staatsanwalt die Anklage gegen fünf der beschuldigten Schwarzen fallen und setzte sie in Freiheit.

Zur Begründung gab der Staatsanwalt an, der Staat sei nunmehr überzeugt, daß sie nicht schuldig seien. Sinnloserweise wurde aber an der Schuld der anderen vier festgehalten. Wenn fünf unschuldig waren, mußten logischerweise die übrigen vier auch unschuldig sein. Denn Victoria Price hatte ja beschworen, daß sie von allen neun nacheinander vergewaltigt worden sei. Um das Gesicht zu wahren, hielt man die übrigen vier zunächst im Gefängnis, entließ aber drei davon mit Bewährungsfrist.

Nur an Patterson, dem wohl am besten verteidigten Angeklagten, wurde das Fehlurteil von Scottsboro 17 Jahre lang vollstreckt. Max Hirschberg:

Nicht überall tritt Massenhysterie und Massenterror so kraß in Erscheinung wie im Scottsboro-Fall. Aber das politische Vorurteil gefährdet überall die Wahrheitsfindung.

Ein Fall von Politischer Justiz?

Jawohl, der Fall ist exemplarisch. An ihm lassen sich eine ganze Reihe typischer Merkmale politischer Strafjustiz erläutern.

Wesentliches Kriterium Politischer Justiz: Das politische Bewußtsein der Richter. Hier: Geschworene, deren rassistische Einstellung ihnen jeden Zugang zu einer gelassenen, um Objektivität bemühten Würdigung der vorliegenden Beweise versperrte. Sie ignorierten die eindeutigen Befunde, die von den medizinischen Sachverständigen festgestellt worden waren, wonach bei beiden Belastungszeuginnen Spuren einer Vergewaltigung fehlten. Sie gaben nichts auf die Einlassung der Angeklagten, obwohl schon äußere Umstände für die Glaubwürdigkeit ihres Bestreitens sprachen (der körperliche Zustand einiger Angeklagter und die Tatsache, daß ausgerechnet diese neun den Zug nicht vor der Verhaftung verlassen hatten, waren nur einige davon). Sie glaubten auch nicht dem detailliert begründeten Widerruf der Zeugin Ruby Bates, dafür aber der gehässigen Anschuldigung der Zeugin Victoria Price, die mit vielen Unwahrscheinlichkeiten belastet war.

Da gab es einen Berufsrichter, der die Fähigkeit und den Mut hatte, der Jury zu widersprechen und das Urteil für nichtig zu erklären. Hirschberg sagt von ihm, daß er »die Haltlosigkeit der Beschuldigung erkannt hatte und einen Justizmord verhindern wollte«. Aber sein rechtliches Votum blieb die Ausnahme und machtlos gegenüber der Kreuzigungsmentalität der Meute. Da wurde ein anderer, ein »willfähriger« Richter gesucht und gefunden. Da wurde die Auswahl der Geschworenen manipuliert. Da wurden Akten gefälscht.

Da wurden Anträge der Verteidigung abgelehnt, die das erwünschte Urteil gefährdet hätten. Da wurde an rassistische Emotionen appelliert. Da wurden die Angeklagten beleidigt (»Nigger«). Da versteinerte man, wenn der Verteidiger plädierte, und entspannte sich, wenn das Schuldig gesprochen wurde.

Da gab es einen Verteidiger, der sich nicht scheute, für die Sache dieser unglücklichen Angeklagten, die keinen klingenden Lohn versprach, berufliche Existenz und Leben zu wagen, der aber letztlich für seinen eigenen Mandanten weniger erreichte als für die anderen Angeklagten, die mehr oder weniger stillschweigend entlassen wurden, als die Sache für die Staatsanwaltschaft blamabel zu werden drohte. Ich könnte Beispiele für ähnliche Entwicklungen erzählen. Nichts können autoritäre Typen, die es im Gewande des Richters und Staatsanwalts nicht nur in Alabama gibt, schwerer ertragen als eine gute Verteidigung. Und sie nutzen ihre Macht, um ein Unrecht, dessen sie überführt sind, bis ins Gnadenverfahren hinein aufrechtzuerhalten und durch Ungleichbehandlung zu vertiefen.

Da gab es aber vor allem einen nach Lynchjustiz dürstenden Mob, für dessen Gesinnung der Ausdruck »öffentliche Meinung« zu schade ist – Hirschberg spricht von einer »blutgierigen Menge« –, ein Hintergrundphänomen, das nicht immer so drastisch präsent ist wie in Scottsboro, aber als Ouvertüre und Begleitmusik zu Politischer Justiz auch dann mitwirkt, wenn es sich nur in den Medien abspielt. In Scottsboro war es sozusagen naturwüchsiger Rassenhaß, der sich im Umfeld dieses Prozesses gegen neun unschuldige Schwarze austobte und dem schließlich, als selbst die Staatsanwaltschaft an die Gerechtigkeit ihrer Sache nicht mehr glaubte, ein Mensch geopfert wurde, der für das Bedürfnis des Pöbels, ein erfundenes Verbrechen zu rächen, 17 Jahre im Gefängnis sitzen mußte.

Anderswo sind es politische Emotionen, deren Urheber man kennt. In jahrelanger Öffentlichkeitsarbeit erzeugen sie politische Haßgefühle und führen jenes gerechtigkeitsfeindliche Klima, das den Prozeß von Scottsboro zu einem schändlichen Justizfiasko machte, künstlich und gekonnt herbei. Um von dieser Art politischer Strafjustiz zu reden, müssen wir uns jetzt von Alabama verabschieden und wohl oder übel vor der eigenen Türe kehren.

Das antikommunistische Feindbild

Die deutschen Neger waren Juden und Kommunisten. Die Massenmorde der Nazi-Zeit waren vorbereitet durch eine jahrzehntelange Vergiftung des kollektiven Bewußtseins, die moralische und rechtliche Tötungshemmungen abgebaut hatte. Und die Justiz – schon die der Weimarer Republik, von der NS-Justiz ganz zu schweigen – trug ein gerüttelt Maß Schuld daran, daß sich das antisemitische und das antikommunistische Feindbild, die bei den Nazis zu einer Einheit verschmolzen, in den Köpfen der großen Masse befestigen konnten. Armselig war die juristische Abrechnung mit Terroristen, wenn die Opfer Juden oder Kommunisten waren. Schamlos die Ungleichheit der Rechtsanwendung gegen rechte und linke Täter, die Emil Julius Gumbel schon in den 20er Jahren statistisch aufgelistet hat (siehe seine berühmte Gegenüberstellung für die Anfangsjahre der Weimarer Republik[2] auf der folgenden Seite).

Emil Julius Gumbel war auch einer der ersten, die unter eigener Lebensgefahr Analysen der terroristischen Aktivitäten in der Weimarer Republik und der mit ihnen verbundenen Justizwillkür veröffentlichten. Er sprach aus, was die Justiz in Anpassung an die herrschende öffentliche Meinung verdunkelte, daß die Morde von rechts nicht das Werk von Einzeltätern, sondern von terroristischen Organisationen waren.

Die Sühne der politischen Morde 1919-1922

Politische Morde, *begangen von*	Rechtsstehenden	Linksstehenden
Ungesühnte Morde	*326*	*4*
Teilweise gesühnte Morde	*27*	*1*
Gesühnte Morde	*1*	*17*
Gesamtzahl der Morde	354	22
Zahl der Verurteilungen	*24*	*38*
Geständige Täter freigesprochen	*23*	-
Geständige Täter befördert	*3*	-
Dauer der Einsperrung pro Mord	*4 Monate*	*15 Jahre*
Zahl der Hinrichtungen	-	*10*
Geldstrafe pro Mord	*2 Papiermark*	-

Gumbel scheute sich nicht, auch die Methoden und das politische Bewußtsein zu analysieren, mit denen die Justiz, im Einklang mit einer auf dem Wege zum Hitler-Faschismus rüstig voranschreitenden öffentlichen Meinung, Terroristen von rechts mit Milde und Freisprüchen bediente:

Die relativ wenigen Attentate gegen Reaktionäre sind so gut wie sämtlich durch schwere Strafe gesühnt, von den sehr zahlreichen Attentaten gegen Männer der Linken ist dagegen kein einziges gesühnt. Gutgläubigkeit, falsch verstandene Befehle, tatsächliche oder angebliche Verrücktheit waren hier immer Entschuldigungsgründe, soweit überhaupt ein Verfahren stattfand. Die meisten Verfahren werden von der Staatsanwaltschaft, die andern von der Strafkammer eingestellt. (...)

Die öffentliche Meinung billigt im allgemeinen dies Verfahren. Denn eine geschickte Propaganda hat ihr beigebracht, jeder Feind des Militarismus sei ein Spartakist, also ein Feind der Menschheit, also vogelfrei.

Wird ein Anhänger der linken Parteien von Rechts ermordet, so kann sich eben der Richter unwillkürlich nicht von der Vorstellung loslösen, daß der Ermordete sein Feind war und schon durch seine Gesinnung eine schwere Strafe verdient hätte. Daß der Mörder eigentlich doch nur der strafenden Gerechtigkeit zuvorgekommen ist. Und schon deswegen mild zu behandeln ist. So kommt es häufig vor, daß bei der Gerichtsverhandlung nicht der Mörder, sondern der Ermordete moralisch vor dem Richter steht. Der Mörder aber gehört derselben sozialen Schicht, demselben Leben an wie der Richter. Unzählige soziale Bande verknüpfen den Mörder-Offizier mit dem Richter, der ihn freisprechen wird, dem Staatsanwalt, der das Verfahren einstellen wird, dem Zeugen, der den »Fluchtversuch« eingehend schildert. Sie sind Fleisch von einem Fleisch, Blut von einem Blut. Der Richter versteht ihre Sprache, ihr Fühlen, ihr Denken. Zart schwingt seine Seele unter der schweren Maske des Formalismus mit den Mördern mit. Der Mörder geht frei aus.

Wehe aber, wenn der Mörder links steht.[3]

Die Ängste und Aggressionen der Deutschen sind von den Kräften, die an einer Erhaltung kapitalistischer und militärischer Strukturen in den Grenzen von 1871 bzw. 1914 bzw. 1937 interessiert waren, in generationenlanger und systemüberdauernder Kontinuität auf Kommunisten und Sozialdemokraten gerichtet worden.

Auf Sozialdemokraten nur so lange, wie diese noch eine Gefahr für den kapitalistischen Staat bildeten (Bismarcks Sozialistengesetze) und sich noch nicht durch Identifikation mit dem Aggressor in Sicherheit zu bringen versuchten. Nachdem führende Sozialdemokraten – Friedrich Ebert (»Ich hasse die Revolution«), Gustav Noske (»Einer muß der Bluthund sein«) – sich mit den Stützen des alten Systems, mit Militär, Verwaltung und Justiz, verbündet und die Niederschlagung der sozialistischen Revolution in Deutschland besorgt hatten, war die Jagd auf Kommunisten eröffnet.

Mit den Morden an Rosa Luxemburg und Karl Liebknecht begann die Blutlinie der Gewalt, die in den staatlich verwalteten Massenmord des Nazi-Regimes mündete. Und es begann zugleich jenes permanente Zusammenspiel eines mit Instrumenten der Staatsgewalt ausgestatteten Terroristen-Zirkels: Medien-Zaren und Schreiber, die zum Mord hetzten, Terroristen in Uniform, die sich zum Mord hetzen ließen, und Terroristen in Robe, die Mörder freisprachen und Widerstand bestraften.

Die sozialistische Linke hatte schon 1919 ihre besten Köpfe verloren. Außer Rosa Luxemburg und Karl Liebknecht waren Männer wie Kurt Eisner, Leo Jogiches, Gustav Landauer, Hugo Haase und Heinrich Dorrenbach – um nur einige zu nennen – durch Mörderhand gefallen: Die Täter saßen in den aus den Freikorps und den Wehrverbänden hervorgegangenen »vaterländischen« Geheimbünden, die von ihren Gesinnungsfreunden in der Justiz schamlos gedeckt wurden.

Die Mörder der beiden führenden Köpfe der neugegründeten Kommunistischen Partei, Rosa Luxemburg und Karl Liebknecht, – sie waren am 15.Januar 1919 von Offizieren der Gardekavallerie-Schützen-Division erschossen worden – wurden von einem aus Offizierskameraden bestehenden Gericht vom Mordvorwurf freigesprochen.

Das absurde Theater dieser Militärgerichtsverhandlung, deren Protokoll an anderer Stelle nachgelesen werden kann,[4] war eingebettet in eine parteienübergreifende Pogromstimmung gegen Kommunisten, die Mord zum Kavaliersdelikt machte. Im »Vorwärts«, der führenden SPD-Zeitung, hatte am 13.Januar, zwei Tage vor der Mordtat, ein Gedicht von Arthur Zickler gestanden, dessen letzte Zeilen lauteten:

Viel hundert Tote in einer Reih –
Proletarier!
Karl, Rosa, Radek und Kumpanei, –
es ist keiner dabei, es ist keiner dabei!
Proletarier!

Einer solchen Ermunterung zum Mord bedurfte es nicht mehr. Karl und Rosa waren zu der Zeit, als das mörderische Gedicht erschien, schon auf der Flucht von einem illegalen Quartier zum anderen. (Karl Radek, das dritte in jenem »Vorwärts«-Gedicht zum Abschuß freigegebene Mordopfer, wurde erst von Stalins Terror-Justiz zur Strecke gebracht.) Polizei und Spitzel-Organisationen hatten schon ein paarmal versucht, sie festzunehmen. Von einer Kopf-Prämie von

100.000 Mark war die Rede, und Fritz Henck, Philipp Scheidemanns Schwiegersohn, verkündete am 14. Januar, daß die »Häupter der Bewegung« nicht ungeschoren davonkommen würden; schon in wenigen Tagen werde sich zeigen, »daß auch mit ihnen Ernst gemacht wird«. Öl ins Feuer eines Lynchjustiz-Klimas, in dem viele Mörder auf die Chance warteten, die beiden verhaßten Kommunisten zu liquidieren.

Am 15.Januar 1919 war es soweit. Rosa Luxemburg und Karl Liebknecht, von Mannschaften der Wilmersdorfer Bürgerwehr festgenommen und ins Hauptquartier der Garde-Kavallerie-Schützen-Division verbracht, wurden auf dem Transport ermordet. Ein späterer Reichsanwalt, Herr Jorns, führte die Ermittlungen und vertrat die Anklage. Er tat es so, daß später ein Beleidigungsprozeß bis zum Reichsgericht geführt werden konnte, bei dem es um die Frage ging, ob er absichtlich oder nur bewußt die Spuren der Mörder verwischt und ihnen Vorschub geleistet habe. Hitler ließ dem verdienten Mann bei seiner Pensionierung 1937 durch Staatssekretär Freisler eine Dankesurkunde überreichen, in der die hervorragenden Verdienste des scheidenden Beamten gewürdigt wurden.

Der Mord an Rosa Luxemburg und Karl Liebknecht, diesen beiden großen Führern der Arbeiterbewegung, die sicher keinen stalinistischen Irrweg gegangen wären, hat nie eine Sühne gefunden. Noch im Jahr 1962 konnte das Bulletin des Presse- und Informationsamtes der deutschen Bundesregierung es sich leisten, einen der nie verurteilten Mörder, den Major a.D. Pabst zu zitieren, er bestreite nicht seine Verantwortung für die »standrechtlichen Erschießungen« (es war Meuchelmord!), aber er versichere, es in höchster Not und in der Überzeugung getan zu haben, nur so den Bürgerkrieg beenden und Deutschland vor dem Kommunismus retten zu könnnen.[5] Diese Selbstrechtfertigung eines Terroristen blieb im Zeichen eines kontinuierlichen Antikommunismus konsensfähig.

Die alberne Kameradenjustiz gegen die Mörder Rosa Luxemburgs und Karl Liebknechts, die Freisprüche für Fememorde der Schwarzen Reichswehr und die unzähligen ungesühnten Mordtaten reaktionärer Soldateska und nationalistischer Geheimorganisationen – all dies waren Meilensteine auf dem Weg in Hitlers Terror-Staat, in dem der Anti-Kommunismus zum Massenmord-Programm wurde. Das Nazi-Regime zerschlug die Arbeiterbewegung und ihre Organisationen. Ihre Führer, vor allem Tausende von Kommunisten, wurden umgebracht.

Seitdem ist es auf dem Boden der Bundesrepublik Deutschland nicht wieder zur Entstehung einer kommunistischen Partei gekommen, die das kapitalistisch-militärische System hätte gefährden können. Aber das hat die Herrschenden nicht gehindert, den Kommunismus weiterhin als Gefahr für alle hinzustellen und mit administrativen und strafrechtlichen Mitteln zu bekämpfen.

Der Antikommunismus war eines der zentralen Legitimationsmuster für das politische System der Bundesrepublik in den 50er und 60er Jahren... Der Antikommunismus dieser Zeit schlug sich in einer Reihe von Stereotypen nieder, die die Sowjetunion, die DDR und den »Kommunismus« allgemein zum Aggressor stilisierten. Ihnen wurde die Absicht einer militärischen Expansion »bis zum Atlantik« und der Plan zugeschrieben, die Bundesrepublik von innen zu »untergraben«, um sie für eine »kommunistische Machtergreifung« reif zu machen.[6]

So hat Alexander von Brünneck das herrschende kollektive Bewußtsein jener Jahre zutreffend zusammengefaßt, in denen die politische Justiz an einem antikommunistischen Feindbild mitwirkte, das im politischen Gegner die eigene Aggressivität widerspiegelte.

Die Vertreter der These von der akuten kommunistischen Gefahr konnten schon damals keine Beispiele für Handlungen der Kommunisten benennen, deren praktische Auswirkungen tatsächlich eine meßbare Gefahr für die Verfassungsordnung der Bundesrepublik Deutschland heraufbeschworen hätten. Rechtsanwalt Diether Posser stellte 1956 unwidersprochen fest, daß es von seiten der Kommunisten »keine politischen Morde, keine Attentate, keine Aufstandsversuche, keinerlei Gewalttaten, keine geheimen Waffenlager, keine Liquidationslisten gegeben« habe. »Wohl wurden umgekehrt Kommunisten verfolgt, ihre Parteibüros demoliert, ihre Schaukästen zertrümmert, ihre Redner mißhandelt, ihre Funktionäre verleumdet und verunglimpft, ja sogar mit Mord bedroht durch organisierte Banden wie den BDJ« (Bund Deutscher Jugend). Konkret gefährliche Handlungen sind auch seitdem nicht bekannt geworden. Unter diesen Umständen konnte die von den Kommunisten angeblich ausgehende Gefahr immer nur aus den von ihnen verfolgten Intentionen, nicht aber aus irgendwelchen realen Folgen ihrer politischen Aktivität abgeleitet werden.[7]

Schon in der Weimarer Republik hatte eine mit konservativen Richtern besetzte Justiz es fertiggebracht, die organisierte terroristische Gewalt von rechts zu übersehen oder zu bagatellisieren, auf der Linken aber Gewalttätigkeit, wo sie tatsächlich fehlte, als Gesinnungsdelikt zu konstruieren. Dem Kapp-Putsch von 1920 und dem Hitler-Putsch von 1923, hochverräterischen Unternehmen mit handfester Gewalttätigkeit, war keine ernstzunehmende Justizabrechnung gefolgt. Gegen Kommunisten hingegen liefen Jahr für Jahr Hochverratsprozesse mit einer hohen Zahl von Verurteilungen zu horrenden Strafen, obwohl es, abgesehen von dem lokalen Ereignis des Hamburger Aufstands von 1923, keine Aktion gegeben hat, die man kühlen Verstandes als hochverräterisches Unternehmen oder als Vorbereitung eines solchen hätte qualifizieren können. Die Dürftigkeit der tatbestandlichen Substanz wurde ersetzt durch eine Abstrafung der bei Kommunisten vorausgesetzten politischen Gesinnung, in die man, ohne daß es individueller Anhaltspunkte bedurfte, die gewalttätigen Absichten hineininterpretierte, die zum subjektiven Tatbestand des Hochverrats gehören. Deren Vorhandensein wurde als »offenkundig« postuliert, ein Verfahren, von dem noch die Rede sein wird (vgl. das Kapitel »Die Tradition der beweislosen Wahrheitsfindung im politischen Strafprozeß«). Als Tathandlung aber genügte die bloße Zugehörigkeit zum Funktionärskörper der KPD, einer damals nicht verbotenen, im Reichstag vertretenen Partei. Und es genügte jede Unterstützung der Parteiarbeit, mochte sie im Verteilen von Flugblättern, im Verkaufen von Büchern, im Vortragen von Gedichten oder in sonstigen Gewaltlosigkeiten bestehen, es kam nicht einmal darauf an, ob dies im Auftrag der KPD geschah. Jede Einwirkung auf die öffentliche Meinung, die eine Bereitschaft zur Revolution – zur sozialistischen, wohlgemerkt – fördern konnte, wurde, unter höchst willkürlicher Abgrenzung, zum Verbrechen erklärt. Eine

Kriminalisierung von Handlungen also, die, um es in moderner Terminologie zu sagen, schlechthin konstituierend für eine freiheitliche Demokratie sind.

Den Verstehenszusammenhang, in den die als strafbare Handlungen qualifizierten Betätigungen eingebettet wurden, bildete regelmäßig eine Darstellung der hochverräterischen Zielsetzung der Kommunistischen Partei, die als angeblich »gerichtskundig« jeder Beweisaufnahme entzogen wurde. Die ganze Kunst der Beweiserhebung reduzierte sich deshalb auf die Feststellung, daß der Angeklagte irgendetwas getan hatte, das der Partei »irgendwie vorteilhaft war und die Mitglieder in ihrem Entschluß stärkte, die von der Vereinigung in Aussicht genommenen Straftaten zu begehen«. Das Zitat des letzten Satzes stammt übrigens nicht aus einem Reichsgerichtsurteil von damals, obwohl es als Leitsatz jener Rechtsprechung gelten könnte, sondern aus einem BGH-Urteil über die Unterstützung der RAF[8]. Ein Dokument konservativer Kontinuität.

Wie Gewalt entstehen und wohin sie führen kann[9]
Über die Propagierung und Unterdrückung von Feindbildern

Politische Strafjustiz hat es mit Feinden zu tun, auf die das Gesetz mit aller Härte anzuwenden ist, ohne daß es auf die Schlüssigkeit der Beweisführung ankommt, aber auch mit Freunden, die man glimpflich davonkommen läßt oder freispricht, mag die Beweislage auch noch so dicht sein. Bevor ein Angeklagter in den Justizapparat eingegeben werden kann, muß seine Charakterisierung als Freund oder Feind geklärt sein. Das kann naturwüchsig geschehen, wenn schon die Hautfarbe traditionelle kollektive Vorurteile auslöst. Das kann aber auch durch eine gezielte Strategie der Steuerung des kollektiven Bewußtseins bewerkstelligt werden.

Die Herstellung herrschaftsstabilisierenden Konsenses durch Ausrichtung aller politischen Energien des Volkes auf einen für alle bedrohlichen Feind ist ein altes Geschäft der Herrschenden, das vor Zeiten, als es noch eine respekteinflößende Arbeiterbewegung gab, sogar von der Sozialdemokratischen Partei durchschaut wurde. Attentate von Einzelgängern, nur von wenigen zu fürchten und mit Gesetzen kaum zu verhindern, waren schon immer ein willkommener Anlaß, mißliebige Minderheiten vernichtend zu treffen. Attentate auf Kaiser Wilhelm I. boten den Vorwand, die Sozialdemokraten unter Ausnahmerecht zu stellen (Sozialistengesetz). Die Reichstagsbrandstiftung – nach einhelliger Auffassung der historischen Forschung jedenfalls nicht von der Kommunistischen Partei Deutschlands unternommen – wurde von den Nazis benutzt, um ihre konsequentesten Gegner, vor allem die Kommunisten, zu illegalisieren, zu ermorden oder in Zuchthäusern und Konzentrationslagern verschwinden zu lassen. Das Attentat eines jüdischen Widerstandskämpfers auf einen deutschen Diplomaten diente als Auslöser für eine künstlich erzeugte Massenhysterie, die sich an Synagogen und jüdischen Geschäften austobte (sogenannte »Reichskristallnacht«).

Wo sich beim besten Willen keine Gewalt finden ließ, wurde sie böswillig erfunden, wie bei Streiks und Sitzprotesten, deren Gewaltlosigkeit von bundesdeutschen Richtern, die sich ihre Sporen und ihre Pensionen im Terrorstaat verdient haben, zur Gewalt uminterpretiert wurde. Und da entsteht aus Gründen, an denen die Staatsgewalt nicht ganz unschuldig ist, eine Gruppe, die nach ihrer Selbsteinschätzung zur außerparlamentarischen Linken gehört, und erhebt Attentate zum Prinzip ihres politischen Kampfes. Für Zyniker der Macht geradezu ein Göttergeschenk. Der Versuch, den bewaffneten Widerstand als politisches Kampfmittel gegen den kapitalistischen Staat zu erproben, hat der Strategie der präventiven Konterrevolution (Peter Brückner) neue Vorwände für die innerstaatliche Aufrüstung geliefert, die uns auf dem Wege zum Polizei- und Überwachungsstaat ein gutes Stück weitergebracht hat.

Wie man Feindbilder erzeugt, wo sie nicht naturwüchsig oder kraft systemüberdauernder politischer Kollektiv-Vorurteile (Antikommunismus) vorhanden sind, und welche Folgen sie zeitigen, läßt sich leichter am Beispiel des Anti-Terrorismus als an dem des Terrorismus erläutern. Daß die Studentenbewegung der 60er Jahre mit ihrem Engagement gegen den Krieg der USA in Vietnam und andere Formen staatlichen Terrors moralisch im Recht war, wird heute sowohl inhaltlich als auch wegen der prinzipiell gewaltlosen Formen ihres Protestes wohl fast allgemein Zustimmung finden. Um so aufschlußreicher ist die im öffentlichen Bewußtsein weitgehend vergessene Tatsache, daß es damals möglich war, gegen diesen, unter Inanspruchnahme grundrechtlich garantierter Freiheiten geleisteten gewaltlosen Widerstand kollektive Gewalt zu mobilisieren. Terror einer Mehrheit gegen Anti-Terrorismus einer Minderheit, das war Ende der 60er Jahre die real existierende Ausdrucksform von Freiheit im angeblich freiheitlichsten Staat der deutschen Geschichte. Nützlich vielleicht, sich daran in einer Zeit zu erinnern, in der die Gewaltbereitschaft einer winzig kleinen Gruppe als Terrorismus bezeichnet und zu einer »Gefahr für alle« stilisiert wird.

Peter Brückner hat 1969 als Sachverständiger in einem Frankfurter Strafverfahren ein sozialwissenschaftliches Gutachten erstattet, das die Kausalität zwischen einer jahrelangen Hetzkampagne der Springer-Presse gegen Studenten und Gewalttätigkeiten der Bevölkerung und der Polizei schlüssig belegt.[10]

Das Gutachten referiert Pressemeldungen und Kommentare, die als Aufforderung zu Gewalt und Lynchjustiz analysiert werden.

In den Zeitungen des Axel-Springer-Verlags der Jahre 1965 bis 1968 wurden die Studenten, die sich in Protesten und Demonstrationen gegen die amerikanische Kriegführung in Vietnam und anderen staatlichen Terror hier und anderswo engagierten, immer wieder als Kriminelle, Terroristen, Krawall-Radikale, Unruhestifter, Wanzen des Systems diffamiert, die man ausmerzen müsse. Von Schlägerkolonnen junger Menschen wurde da gesprochen, denen jedes Gefühl von Verantwortung fremd sei, vom Ausbruch des Terrors, von roter SA. Berliner Studierende wurden als arbeitsscheu, parasitär, dumm, unreif, pöbelhaft, als rüde Burschen, notorische Radaumacher oder als roter Straßenmob diskriminiert.

Als Beleg für solche Werturteile dienten Übertreibungen, Verallgemeinerungen und Lügen. So hinsichtlich der Ereignisse beim Schah-Besuch am 2. Juni 1967; dazu Peter Brückner:

Falschmeldungen tauchen auf. Am 3. Juni hatte BILD *die Fotografie einer blutüberströmten Frau gebracht, von Polizisten gestützt – Text: Frauen, die gekommen waren, um den Schah zu sehen, brachen, vom Steinhagel (der Demonstranten) getroffen, blutend zusammen. Am 26.6.67 erklärte die abgebildete Frau vor dem Parlamentarischen Untersuchungsausschuß, daß sie von Polizisten mit dem Knüppel blutig geschlagen worden sei – noch dazu, als sie schon am Boden lag, von einer Druckwelle der Menschenmenge mitgerissen, die sich dem Angriff der Polizei entziehen wollte. Kurz zuvor hatte sie die Polizisten gebeten, sie doch durchzulassen, sie wolle nach Hause.*

Bekanntlich griffen noch vor Beginn der Polizeiaktion schahfreundliche Perser, die nach Berlin eingeflogen worden waren, die Demonstranten hinter der Absperrung mit Holzlatten tätlich an; die Polizei ließ diese Perser einige Minuten gewähren, ehe sie dieselben abdrängte. BILD *zeigte in einer Ausgabe in Baden-Württemberg am 4. Juni ein Bild der Angreifer – mit der die Wahrheit total verdrehenden Unterschrift, hier schlügen jugendliche Wirrköpfe junge Perser zusammen, die sich für ihren Herrscher einsetzten. Am gleichen Tag, dem 4. Juni, machte die* Welt am Sonntag *aus den persischen Staatsangehörigen, die von sich aus mit Holzlatten die Demonstranten angriffen, Studenten, die mit langen Holzlatten auf die Polizei losgegangen seien.*

Brückner spricht von einer allgemeinen Regel bei der Lenkung und Steuerung von Populationen,

daß Gewalt in der einen oder anderen Art leichter gegen solche Feindgruppen zu richten ist, die von der betr. Population als selbst gewalttätig angesehen werden...

Wenn BILD, BZ *und andere* Springer-Zeitungen *von »brutalem Terror« der Studierenden sprachen, wo eine Tür eingedrückt und eine Wand mit Losungen bemalt wurde, so begann schon damit die stets bedenkliche Nivellierung der Differenz von Terror (wie in Auschwitz oder Treblinka praktiziert) und vereinzelten Sachbeschädigungen und verbalen Agitationen der studentischen Opposition. Wer, wie* Springer-Zeitungen, *die Studierenden als »rote SA« bezeichnete, verwischte auch damit eine Differenz, die gerade zu akzentuieren zur Sorgfaltspflicht des Journalisten gehört hätte: die SA prügelte, Studenten wurden geprügelt. Einmal als terroristisch, als gewalttätig zu Unrecht abgestempelt, wurde ihnen in aufflackernder Pogromstimmung selbst ein geringes Maß an Mitgefühl oder Fairneß zu oft versagt.*

Brückner faßt die von ihm beschriebene vorurteilsprägende Kommunikationsstrategie der Springer-Presse gegen die unruhestiftenden Studenten wie folgt zusammen:

In ständiger stereotyper Wiederholung, durch Repetition in Karikatur und Wort, in Schlagzeilen, Überschriften und Kommentaren (gewiß auch in der Auswahl von Informationen – ein hier vernachlässigtes Moment) haben Zeitungen des Springer-Verlages Studierende verbal zurückgewiesen, dann feindselig diskriminiert und, im sogenannten konativen Aspekt der Vorurteilsbildung, Handlungsbereitschaften in der Bevölkerung aufgebaut. Der Gutachter hat Äußerungen referiert, die nach semantischem Gehalt und Situation als Abruf von Aggressionen aufgefaßt werden müssen, d.h. aber als Aufforderung zu tendenziell strafwürdigen Handlungen. Der Gegner wurde verfremdet, als un-assimilierbar, als ein Fremdkörper ohne nützliche Funktion dargestellt, wobei parasitäre Momente des Feindbildes besonders geeignet waren, Aggressionsschwellen abzubauen, Haßgefühle zu setzen und Feindseligkeit abzurufen. (...) Die vorurteilsspezifische, die Hetze gegen Minderheiten hier charakterisie-

rende Trennung der Bevölkerung in eine Majorität der ordentlichen Bürger und in eine diskriminierte Minorität wird überartikuliert: »Die Anständigen in der Stadt sind jene Masse der Berliner, die Berlin aufgebaut und Berlins Wirtschaft angekurbelt haben. Ihnen gehört diese Stadt, ihnen ganz allein!« Die demonstrierenden Studenten gehören in dieser Affektlogik nicht zur Bevölkerung: erneut werden sie als fremd ausgegliedert.

Brückner erinnert an ethnozentrische Vorurteile, die in bestimmten Stammesnamen zum Ausdruck kommen und den Fremden als Nicht-Menschen qualifizieren, der ohne Sanktions- und Schuldängste erschlagen werden kann.

Erworbene Aggressionssperren werden nur Menschen gegenüber wirksam. Wo immer Bewußtstein auf solches archaisches Niveau regrediert, beginnt für die Betroffenen reale Gefahr, die freilich nicht immer die der Tötung sein muß. Soziale Ächtung, Benachteiligung, Feindseligkeit schaffen eine soziale Situation, in der die Schwellen für motorische Entladungen freilich sinken. In anderem Zusammenhang werden am gleichen Tage, dem 3. Juni, die Studierenden wiederum als Kriminelle, als hysterische Rudel Halbstarker den hart arbeitenden Menschen Berlins, den »Arbeitern, Angestellten und Beamten dieser Stadt« gegenübergestellt. Passi wie »hysterische Rudel Halbstarker« (BZ) *knüpfen wiederum an ältere Vorurteils- und Aggressionsmuster der* Springer-*Presse aus der Zeit der Waldbühnenaffäre und der Gammler-Kritik an. In Überschriften und Schlagzeilen stößt die Analyse auf Motive des Abrufs von Aggression: am 4. Juni erklärt die BM, das Maß sei nun voll, die Geduld der Berliner Bevölkerung erschöpft. »Wir sind es endgültig leid, uns von einer halberwachsenen Minderheit, die zumeist Gastrecht bei uns genießt, terrorisieren zu lassen«.*

In der BZ *wird lapidar vom »aufgepeitschten und aufgeputschten Mob« gesprochen, wenn von studierenden Demonstranten die Rede ist; Bürger werden aufgefordert, der Polizei zu helfen, die Störer zu finden und auszuschalten;* BILD: *kein Mitleid, es helfe nur noch eines: Härte. Terror müsse gebrochen werden.*

Und schließlich bringt Brückner die dramatischen Folgen dieser auf Erzeugung und Abruf von Aggressionen und Tatbereitschaft gerichteten Medienkampagne der 60er Jahre in Erinnerung:

Ich erwähnte bereits, daß anläßlich des Schah-Besuchs Studierende in größerer Zahl zum Gegenstand pogromartiger Aggressionen seitens der Bevölkerung wurden. Blutende oder einfach verängstigte Demonstranten, die sich in Hausflure flüchteten, wurden von den Hauseinwohnern mit Gewalt und Drohung wieder auf die Straße gejagt. Ärzte wurden daran gehindert, verwundeten Studierenden erste Hilfe zu leisten. (...)

Ende Juli 1967 wurde die Studentin Sabine Goldbach bei einer Flugblatt-Verteilung ihrer Brille beraubt, niedergeschlagen und von mehreren Männern verprügelt; die Ehefrauen standen dabei und feuerten ihre Männer an. (...)

Am 18. Februar stürzten sich, so berichtet die BZ, zahlreiche »empörte Berliner« auf Demonstranten; es kam, so die Zeitung, zu heftigen Schlägereien – zwei Studenten mußten mit dem Krankenwagen abtransportiert werden. Bauarbeiter trugen anläßlich der Demonstration vom 18. Februar 1968 ein Transparent mit der Aufschrift: »Volksfeind Nr. 1 – Rudi Dutschke. Raus mit dieser Bande!« Ein anderes Trageplakat lautete »Berliner, das geht alle an: raus mit Dutschke, Teufel, Kunzelmann!« Ein 25jähriger Angestellter wurde aufgrund weniger äußerer Merkmale irrtümlich für Dutschke gehalten. Er wird von Passanten gejagt; sie schreien: »Schlagt ihn tot!«, »Hängt ihn auf!« Er flüchtet sich in ein Geschäft und bittet den Inhaber, sofort die Polizei anzurufen: »Die schlagen mich sonst tot!« Der Ladeninhaber drängt ihn wieder auf die Straße: »Gehen Sie raus, die schlagen mir sonst hier alles kaputt.« Auf der Straße wird er zum zweiten Male von der Menge erreicht und niedergeschlagen, kann sich erneut befreien, rennt, wird schließlich von einem Polizisten aufgefangen und in den nächststehenden Mannschaftswagen gebracht. Als die Menge den Polizeiwagen erreicht, droht sie, ihn umzukippen und fordert die Polizei auf, »Dutschke« herauszugeben. Die gegen die Studierenden mobilisierte und aufgehetzte Menge befindet sich unübersehbar in Pogromstimmung; man wird auch bei nüchterner Betrachtung sagen müssen, daß sich Rudi Dutschke spätestens vom Ende Februar 1968 an in Lebensgefahr befand.

Über die Berliner Ereignisse vom 18. Februar 1968 gab Manfred Rexin im Auftrag der Internationalen Liga für Menschenrechte Berlin eine Dokumentation heraus, in der Zeugenaussagen zusammengestellt sind.[11] In der Vorbemerkung des Herausgebers heißt es:

Wenn es ein Kennzeichen des Pogroms ist, daß sich in ihm zügelloser Haß entlädt – Haß nicht gegen einzelne Personen, die der Hassende kennt, fürchtet oder verabscheut, sondern Haß gegen Menschen einer sozialen Gruppe, gegen eine Minderheit schlechthin – gleichgültig, welchen Platz der Verfolgte in dieser Minderheit hat – wenn es zudem ein Wesensmerkmal des Pogroms ist, daß die Obrigkeit ihm mittelbar oder unmittelbar freie Bahn läßt, dann hat am 21. Februar 1968 an einigen Stellen des John-F.-Kennedy-Platzes – gewiß nicht überall – Pogromstimmung geherrscht.

Die studentische Opposition ist ziemlich leichtfertig im Umgang mit dem Begriff Faschismus. Die extreme Gefährlichkeit, die der Faschismus in sich birgt, sollte es verbieten, kurzerhand jede nicht-demokratische oder gar jede den Linken feindselig gesonnene Politik bereits als »faschistisch« zu bewerten. Aber für einige Verhaltensweisen, deren Berlin gewahr wurde, gibt es nur diesen treffenden Ausdruck. Das gilt nicht nur für brutale Schläger, aus denen man jederzeit eine neue SA rekrutieren könnte, das gilt mehr noch für die zahlreichen Mitläufer, die tatenlos zuschauten, als Menschen mißhandelt wurden. Dies ist in den Berichten der Augenzeugen der erschreckendste Aspekt: Daß es Schläger in der Menge gab, betrunkene Rowdies, Rechtsradikale, wen wollte es wundern? Aber daß viele, zu viele sie gewähren ließen, haben wir nicht erwartet.

Von einer Obrigkeit, die sich ausgerechnet auf Ernst Reuter beruft, wird man den Mut und die Entschlossenheit verlangen können, solchen Exzessen rechtzeitig und tatkräftig entgegenzutreten, statt anschließend den Mantel barmherziger Nächstenliebe auszubreiten und so zu tun, als wäre gar nichts geschehen.

Die Brutalität der Rechtsradikalen bedarf der Kumpanei, um sich zu steigern. Zum ersten Mal konnten die Kumpane einander ins Auge blicken. Zum ersten Mal auch mochten sie wähnen, im Bunde mit der Obrigkeit zu sein. So steht zu fürchten, daß der 21. Februar 1968 keine Episode ist.

Die Demokraten Berlins, die Menschen mit Sinn für Rechtsstaatlichkeit und Toleranz, denen es die Studenten oft nicht leicht gemacht haben, zu verstehen, was die außerparlamentarische Opposition will, sie haben sich nun zu entscheiden, wem sie ihren Widerstand entgegenstellen wollen und was sie für gefährlicher halten – die Reden der Linken oder die Taten der Rechten?

Pogromstimmung gegen Neger in Alabama, das zu glauben fällt uns nicht schwer. Pogromstimmung in Deutschland gegen gewaltlose Demokraten, die ihren Protest gegen den Krieg der USA in Südostasien zu bekunden wünschten, das bedarf vielleicht eines Beweises, weil das Gedächtnis für Terrorismus von rechts in diesem Land kurz ist. Hier ein paar Zitate aus der Dokumentation.

Aussage des Lehrers Wolfgang Sch.:

Nach dem offiziellen Schluß der Kundgebung wurde auf dem John-F.-Kennedy-Platz vor den Fernsehgerüsten eine Fahne oder ein Transparent verbrannt. Bereits abströmende Kundgebungsteilnehmer blieben stehen. Ein Teil drängte auch zurück. Der Ruf »Dutschke raus!«, der bereits vorher des öfteren erklang, wurde lauter und lauter. Ein Mann im blauen Mantel, der wohl meinte, dort vorne seien Gegendemonstranten, äußerte: »Umlegen muß man die, einfach umlegen!« Auf meine Frage, ob er das nun ernst meine, antwortete er: »Da hilft nur umlegen, sage ich!« Ein anderer älterer Mann zu seiner Begleiterin: » Das sollten sie mal uns Frontsoldaten überlassen, kurzen Prozeß, und wir hätten aufgeräumt. (...)

Jedenfalls verstärkten sich die Rufe »Dutschke raus, Dutschke raus« immer mehr. Es war ein rhythmisches Rufen, und hinter den Transparenten her drängten Kundgebungsteilnehmer jetzt in die Belziger Straße. Es schien sich eine Art Kundgebungszug oder Demonstrationszug zu bilden. Begleitet von einem anderen Beobachter begab ich mich nun ebenfalls dorthin. Ich wollte sehen, was sich dort abspielte. Das Gerücht ging um, die Polizei schütze Dutschke, er sitze in einem Polizeiwagen. Tatsächlich waren mehrere Polizeiwagen zu sehen, einer völlig eingekeilt von einer tobenden Menge: »Schlagt ihn tot«, »Aufhängen« brüllten einige. Zusammen mit dem im Chor gerufenen »Dutschke raus, Dutschke raus« schien ein Höhepunkt der Erregung erreicht, der nicht mehr zu überbieten war. (...)

Ja, Gott, das war Lynchjustiz, die dort gefordert wurde, es war eine furchtbare Stimmung. Ich war sehr erschüttert darüber.

Bericht des Studenten der Rechtswissenschaft Hans-Christoph B.:

Ich befand mich auf der südöstlichen Seite des John-F.-Kennedy-Platzes. Weil ich nicht Beifall klatschte, wurde ich bald während des ersten Teils der »Demonstration für Frieden und Freiheit« von Umstehenden absichtlich angerempelt. Da ich weder ein Plakat oder auch nur ein Abzeichen trug, noch eine den Reden widersprechende Bemerkung oder sonstiges Mißfallen äußerte, hatte ich dazu keinerlei »Anlaß« gegeben. Nachdem ich mich an die Störer gewandt und in ruhigem Ton mir die Belästigung verbeten hatte, spielten einige der mich umgebenden Leute auf meine rote Strickkrawatte an mit Äußerungen wie: »Du willst damit wohl provozieren; Sie gehören wohl dazu; Das ist'n Student; Ihr seid doch alle Kommunisten; Kommunistenschwein«. Dabei wurde ich hin- und hergezerrt und gestoßen. Bis zu diesem Zeitpunkt hatte ich nichts zu dieser Behandlung gesagt. Als jedoch nun immer mehr ältere Männer auf mich eindrangen, protestierte ich, daß, wenn sie nicht aufhörten, mich zu belästigen und zu provozieren, ich die Polizei holen würde. Die Wirkung dieses Satzes war, daß man mich um so heftiger beschimpfte und begann, auf mich einzuschlagen. Eine Gruppe von etwa zwanzig aufgebrachten Rentnern drängte mich in Richtung Dominikusstraße mit Rufen wie: »Die haben hier nichts zu suchen; Der gehört über die Mauer!« Jugendliche und Erwachsene, die zu mäßigen und das Schlagen zu verhindern suchten, wurden selbst geschlagen oder festgehalten. Da ich in dem Menschenknäuel eingekeilt war, bestand nicht die Möglichkeit, daß ich mich entfernte. Zeitweise wuchs die Menge m.E. auf über fünfzig Personen an. Ich erhielt drei kräftige Schläge mit Spazierstöcken (davon traf mich einer in das Gesicht), ich wurde bespuckt, und man trat und schlug mich wie auch andere hemmungslos und ohne Kontrolle (an die Beine, in den Unterleib, in das Gesicht). Ich trug mehrere blaue Flecke an den Beinen und Prellungen im Gesicht davon (Platzwunden am linken Jochbein, Hautabschürfung und Prellung am linken Jochbein).

Ich betone, daß ich dieses Geschehen in keiner Weise provoziert habe. Mit Nachdruck weise ich darauf hin, daß es sich bei den Schlagenden in der überwiegenden Mehrzahl nicht um Rabauken oder Betrunkene handelte, sondern um Männer von gutbürgerlichem Aussehen und gesetzterem Alter (50-75 Jahre).

Bericht des Studenten der politischen Wissenschaft Reinhard O.:

Wenige Minuten vor Beginn der Kundgebung richtete ein junger Mann an der Badenschen Straße/Ecke John-F.-Kennedy-Platz ein grünes Plakat auf, auf dem sinngemäß etwa Frieden und Freiheit nicht nur für Berlin, sondern auch für Vietnam gefordert wurden. In Sekunden war der junge Mann von Kundgebungsteilnehmern umringt, das Plakat wurde ihm entrissen und vernichtet. Er selbst aber wurde schwer mißhandelt und schließlich zu Boden geschlagen. Auf den sich nur Schützenden wurde weiter eingeschlagen und getreten. Nach kurzer Zeit konnte der Gegendemonstrant mit Platzwunden im Gesicht aus dem Kreise flüchten. Man jagte ihn die Badensche Straße hinauf.

Mißhandelt worden war er von gutbürgerlich gekleideten Männern und insbesondere von einer Frau, die auf den am Boden Liegenden heftig eingetreten hatte, bis sie von mir daran gehindert wurde. Mit dem Ruf: »Da ist noch einer!« machte dann ein Mann auf mich aufmerksam, der zuvor mit einem Autoknirps auf den jungen Mann eingeschlagen hatte. Ich entfernte mich sofort. (...)

Nachdem die Polizei in der Straße offensichtlich Personen in Schutzhaft genommen hatte, bildeten sich Gruppen auf der Straße, in denen heftig debattiert wurde, wobei man die Polizei mehrmalig aufforderte, die »Kommunistenschweine« an die Menge auszuliefern, damit diese erhielten, was sie verdienten. Auffallend gebärdete sich in einer dieser Gruppen ein Mann, der laut und wiederholt schilderte, wie er den Rudi Dutschke, der von einer Menge gejagt und verprügelt worden wäre, aufgehalten habe und ihm seinerseits ein paar Wohlgezielte in die »Fresse« geschlagen habe, so daß dieser zu Boden gegangen sei und nur noch gewimmert habe. Es sei an der Zeit, fügte er hinzu, daß man mit allen diesen »dreckigen Schweinen« so verfahre; die Polizei dürfe sich dem nicht entgegenstellen, man müsse sich nun wehren.

Aussage des amerikanischen Elektroingenieurs Arnon K.:

Da war eine Gruppe, vielleicht vier oder sechs Männer, die waren in einer Kerngruppe. Ich glaube, der Rest der Menge war spontan. Und die haben angefangen, einen Mann zu schlagen – ich weiß nicht, wie das angefangen hat. Die haben immer geschlagen und geschlagen, und es hat sich entwickelt ein Chorus: »Dutschke raus, Dutschke raus«. Und der Mann war ganz blutig. Ich glaube, er war halb ohnmächtig. Er ist auf den Boden gefallen, und die Menge hat immer geschlagen, immer »Dutschke raus!« Ich war in der schlagenden Menge, zuerst aus Neugierde und dann, weil ich ganz einfach nicht mehr rausgehen konnte. Der Mann, der neben mir rechts stand, hat geschlagen, der Mann, der links stand, hat geschlagen, der Mann, der vor mir stand... Ich war ungefähr in der zweiten Reihe. Jeder hat geschlagen. Und dann ist meine Mappe auf den Boden gefallen, und da mußte ich sie aufheben. Dann wurde ich auch einen Moment von der Menge überrollt, sozusagen. Der Mann hat versucht, sich zurückzuziehen zu einer Ecke, in Richtung eines Geschäfts. Dann kam dort – gerade in der Nähe der Polizisten, die dort sowieso standen, er wurde mit Ach und Krach in einen Streifenwagen, in einen Polizeiwagen gedrängt. Aber die wütende Menge hat weiter versucht, ihn zu entnehmen der Polizei. Immer die Schreie: »Dutschke raus, Dutschke raus«. Dann wurden die Fensterscheiben des Streifenwagen gebrochen, und einen Moment sah es so aus, als ob diese Menge die Polizei überwältigen würde und er wieder zurück rausgebracht würde. Dann wurde er abgeführt. (...)

Also mein Eindruck ist, daß die große Menge spontan war. Es war eine wilde Masse, eine Masse von wilden Tieren.

Am 11. April 1968 wurde die jahrelang geduldete Volksverhetzung zur Tat. Einer führte aus, was acht Wochen vorher nur geprobt worden war. Rudi Dutschke, die

Symbolfigur des anti-terroristischen Protestes, wurde durch die Schüsse eines Attentäters schwer verletzt. Benno Ohnesorg war am 2. Juni 1967 erschossen worden, Rudi Dutschke starb am 24. Dezember 1979 an den Folgen der erlittenen Kopfverletzungen. Zwei Opfer einer Feinderklärung, deren Tod mit der Entstehung eines bewaffneten Widerstandes mehr zu tun hat als die regierungsamtlichen Auftraggeber und Empfänger der »Analysen zum Terrorismus« hören wollten.[12]

Selbstverständlich sind die Urheber jenes Terrors, der sich Anfang 1968 auf den Straßen der Republik austoben durfte, nie bestraft worden. Ihre ideologische Nähe zu den Inhabern der Staatsgewalt ließ sie an den Privilegien des Gewaltmonopols partizipieren. Und was sich politisch begründen läßt, läßt sich auch juristisch begründen. Peter Brückners Gutachten hatte im Klima der permanenten Konterrevolution keine Chance.

Die Selbstdarstellung faschistischen Pöbels auf den Straßen der freiheitlich-demokratischen Republik fand auch keinen kritischen Widerhall bei denen, die sonst nicht müde werden, Terrorismus als die große Gefahr für alle hinzustellen. Als »Terrorismus« gilt ihnen nur ein Ausschnitt des Phänomens, der sich politisch links ansiedeln und als Begründung für Aufrüstung gegen den innerstaatlichen Feind benutzen läßt. Daß der Feind rechts steht, wird in diesem Land seit den Anfängen der Weimarer Republik vergeblich gepredigt.

Terrorismus von rechts war und ist hierzulande kein Thema für staatstragende Feindbildpropagandisten. So konnte auch die Wehrsportgruppe Hoffmann in ihrem Stammland Bayern jahrelang ungehindert agieren, bis endlich der Bundesinnenminister der damaligen sozial-liberalen Koalition, Gerhart Baum, eingriff und diesen faschistoiden Verein am 30. Januar 1980 durch Verbotsverfügung als verfassungswidrig auflöste. Bis dahin hatten der bayerische Ministerpräsident Strauß und seine CSU-Mannschaft sich über die Hoffmann-Truppe und deren Kritiker lediglich lustig gemacht und jeden Versuch, öffentliche Meinung für staatliche Maßnahmen zu bilden, als Panikmache von links zurückgewiesen. Franz Josef Strauß am 28. Januar 1979 in der »Welt«:

Hier wird mit propagandistischen Mitteln eine Hysterie gegen einen angeblichen Rechtsradikalismus betrieben, der jedoch in Umfang und an Heftigkeit mit dem Linksradikalismus überhaupt nicht zu vergleichen ist.[13]

Also kein Bedarf an Publizität für Terrorismus von rechts. Noch deutlicher sagte Strauß es am 22. März 1979, als er den Abgeordneten der Opposition im Bayerischen Landtag zurief:

Machen Sie sich doch nicht lächerlich, wenn Sie gewisse Gruppierungen – Sie haben heute die Wehrsportgruppe Hoffmann genannt – durch Ihre ständigen, in der Öffentlichkeit vorgetragenen überdimensionierten Darstellungen überhaupt erst der bayerischen Bevölkerung bekannt gemacht (haben) und ihnen damit eine Bedeutung zumaßen, die sie nie hatten, nie haben und in Bayern nie bekommen werden.[14]

Oder noch im März 1980, also nach dem Verbot der Organisation durch Bundesinnenminister Baum, in einem Interview mit dem Bonner Korrespondenten des französischen Fernsehens:

Wenn niemand von diesem Schwachkopf reden würde, wer würde seine Existenz bemerken?[15]

Auch in Bayern war diese »lächerliche Gruppe« (Strauß) nicht mehr zu übersehen, als am 26. September 1980 auf der Münchener Oktoberwiese eine Bombe explodierte, die 13 Menschen tötete und mehr als 200 zum Teil schwer verletzte. Der junge Mann, der die Bombe in einem Abfallbehälter am Eingang des Festplatzes abgelegt hatte, wurde als ein aktiver Anhänger der Wehrsportgruppe Hoffmann identifiziert. Die Ermittlungen waren noch nicht abgeschlossen, da wußte der bayerische Ministerpräsident bereits, es spreche »alles dafür, daß es sich um die Tat eines Einzelnen gehandelt« habe.[16]

Auch sein Innenminister, Gerold Tandler, vertrat frühzeitig die These vom Einzeltäter. Der Hamburger Rundfunkjournalist und Redakteur Hermann Vinke dazu in seinem Buch »Mit zweierlei Maß. Die deutsche Reaktion auf den Terror von rechts«:

Selten hat ein amtierender Innenminister, dem ein Teil der staatlichen Ermittlungsbehörden unterstellt ist, das Ergebnis der Ermittlungen so massiv vorwegzunehmen versucht.[17]

Der Generalbundesanwalt enttäuschte die bayerischen Abwiegler nicht. Er bestätigte »nach gründlicher Untersuchung« die in München und in der Springer-Presse schon längst prophezeite Einzeltäter-These. So konnte, da der Einzeltäter Gundolf Köhler bei seinem Attentat ums Leben gekommen war, die Akte gegen Karl-Heinz Hoffmann und andere geschlossen werden, ohne daß es zu der Kreuzige-ihn-Stimmung der Massen gekommen war, die man bei einem Attentat linken Ursprungs zweifellos zustandegebracht hätte. Hermann Vinke schreibt:

Wohl niemals vorher ist ein politisches Attentat so schnell aus dem Bewußtsein der Bevölkerung verschwunden wie jenes am Abend des 26. September 1980 auf dem Münchner Oktoberfest. Was an diesem Tag innerhalb weniger Sekunden geschah und schließlich dreizehn Menschen das Leben kostete und viele Unschuldige zu Krüppeln machte, das blieb wenige Tage später letztlich nur noch für die unmittelbar Betroffenen und ihre Angehörigen eine grausame Erfahrung. Ihre Umwelt reagierte bald so, als ob nichts gewesen wäre.[18]

Vinke zitiert eine Äußerung des damaligen Bundesjustizministers Vogel (SPD) vom November 1980, er sei erschrocken darüber, wie sehr die Öffentlichkeit seines Landes nach dem offenbar von Rechtsradikalen verübten Bombenanschlag auf dem Münchner Oktoberfest inzwischen »zur Tagesordnung übergegangen« sei. Vogel weiter: Wenn der mutmaßliche Täter nicht rechten, sondern linken Kreisen zugerechnet würde, dann würde noch heute sehr viel über den Anschlag diskutiert. Der Unterschied mache ihm zu schaffen.

Der Unterschied machte außer dem Bundesjustizminister nur wenigen zu schaffen; er wurde von den meisten nicht einmal wahrgenommen. Wären am Abend des 26. September 1980 Anhänger der Baader-Meinhof-Gruppe am Werk gewesen, der Aufschrei über das Attentat, das dreizehn Menschen das Leben kostete und über zweihundert verletzte, hätte den Wahlkampf und auch den Wahltag 5. Oktober bestimmt übertönt. Gewiß hätte es inzwischen eine Sondersitzung des Bundestages gegeben mit Überlegungen, wo noch Gesetzeslücken bei der Bekämpfung des Terrors bestünden und welche Fehler und Versäumnisse der sozialliberalen Koalition seitens der Opposition auf dem Gebiet der Bekämpfung politisch motivierter Gewaltkriminalität anzulasten seien.

Nichts von alldem beim Bombenanschlag auf dem Oktoberfest in München. (...) Denn für die meisten Menschen in der Bundesrepublik war die gräßliche Bombenexplosion auf der Wies'n nicht viel mehr als eine gewöhnliche Katastrophe gewesen, ein Ereignis, das für einige Stunden Betroffenheit hervorrief, auch Mitleid mit den Angehörigen, aber mehr nicht. Der politische Hintergrund drang kaum ins Bewußtsein. Daß der Neonazismus in der Bundesrepublik mit diesem Attentat den Baader-Meinhof-Terror eingeholt und übertroffen hatte – dieser Vorgang wurde und wird nicht zur Kenntnis genommen. Zu sehr ist die deutsche Öffentlichkeit auf die linke Seite fixiert, zu sehr ist der gesamte Fahndungsapparat einseitig abgerichtet, und zu sehr drehte sich die politische Auseinandersetzung um die Gewaltkriminalität von links, als daß die gefährliche Entwicklung auf der äußersten Rechten überhaupt wahrgenommen werden konnte.[19]

So wenig Emotionen rührt in diesem Land ein Terroranschlag von rechts auf, der den politischen Repräsentanten nicht ins Bild, nicht ins Feind-Bild paßt.

Das Ausland reagierte anders auf den Terror von rechts; nach dem Bombenanschlag auf dem Bahnhof von Bologna demonstrierten 300.000 Italiener gemeinsam mit ihrem Staatspräsidenten gegen den Massenmord. In Paris, wo eine Synagoge Ziel eines Anschlages war und vier Menschen getötet wurden, gingen über 200.000 Menschen auf die Straße, darunter Gewerkschafter und Politiker, Juden und Nicht-Juden.[20]

Noch in der Tatnacht war die Entscheidung gefallen, den Oktoberfestbetrieb nicht zu unterbrechen. Begründung: 600.000 Besucher seien auf der Anreise in die Stadt, wollten auf die Wies'n und zum Fußballspiel FC Bayern gegen Hamburger SV. Oberbürgermeister Kiesl am 27. September 1980 vor Journalisten:

Die Fußballfans hätten uns doch alles kurz und klein geschlagen, wenn wir das Spiel abgesagt oder sie nicht auf die Wies'n gelassen hätten. Die stürmen dann doch die Innenstadt.[21]

Man müßte die Terroristen vierteilen, man müßte sie an den Bäumen aufhängen. Ich lasse mir von denen meine Wiesn nicht kaputtmachen,

sagte der Leiter des Fremdenverkehrsamtes. Er konnte noch nicht wissen, daß es nur einen Einzeltäter gab. Für ihn war die Sache schnell abgetan:

Weder dieser Staat noch diese Stadt oder ihre Bürger sind von Verbrechern erpreßbar. Eine Schließung würde nur den verwerflichen Absichten der Attentäter entgegenkommen. Deshalb muß man auch sagen: Das Leben geht weiter.[22]

Das Münchner Attentat fiel auf einen Freitag. Trauer war erst für Dienstag beschlossen. Dazu Ulrich Chaussy in seinem Buch »Oktoberfest. Ein Attentat«:

Eine Minute lang hatten an diesem Dienstag alle Münchner Bürger getrauert, standen in den Betrieben die Maschinen still, ruhte die Arbeit, unterbrachen Busse, Straßenbahnen und U-Bahnen ihre Fahrt. Abends rief die »Vereinigung der Verfolgten des Nazi-Regimes« zu einem Fackelzug auf, »STOPPT DIE NEONAZIS«, forderten die Veranstalter. Ein paar hundert kamen. Am nächsten Tag, Mittwoch, den 1. Oktober 1980, mittags um 12.00 Uhr, ging das Oktoberfest weiter. Die Befürchtungen der Wirte, das Fest werde nun von den Besuchern vielleicht nicht mehr »angenommen«, bewahrheitete sich nicht. Leichte Umsatzeinbrüche. Sonst ging das Leben weiter.[23]

Ob das Leben auch so fröhlich weitergegangen wäre, wenn die 13 Toten und 200 Verletzten des Attentates sich auf das Konto der RAF hätten schreiben lassen?

Es ist kaum anzunehmen, daß die Meinungsmacher in München und Bonn und Karlsruhe und im Springer-Pressehaus sich die Gelegenheit hätten entgehen lassen, Volkszorn zu erregen und den Gesetzgeber und die Justiz zu neuen Gesetzen und harten Strafen anzuheizen.

Unschuldsvermutung und öffentliche Vorverurteilung

Max Hirschberg, einer der großen Strafverteidiger, die nach Hitlers Machtergreifung vor rassistischer und politischer Verfolgung ins Ausland flüchten mußten, hat in einer rechtsvergleichenden Arbeit harte Kritik an den Regeln des deutschen Strafprozeßrechts geübt:

Die StPO ist in einer Zeit entstanden, in der es nur Untertanen in Deutschland gab, keine freien Staatsbürger. Darin liegt der fundamentale Unterschied zwischen dem amerikanischen und dem deutschen Strafverfahren. Wenn Deutschland eine wirkliche Demokratie sein will, wird sich aber eine grundlegende Umgestaltung des deutschen Strafverfahrens nach dem Muster der Gesetze großer demokratischer Staaten wie die der USA auf die Dauer nicht vermeiden lassen. Zur Zeit liegt die Mentalität der deutschen Juristen, die eine solche Umgestaltung ermöglichen würde, offenbar nicht vor...[24]

Hirschberg sah den grundlegenden Unterschied zwischen dem amerikanischen und dem deutschen Strafverfahren

in der völligen Gleichberechtigung des Verteidigers mit dem Staatsanwalt im amerikanischen Strafverfahren und der Minderberechtigung, ja Entwürdigung des Verteidigers im deutschen Strafverfahren.[25]

Und er vermißte im deutschen Recht die gesetzliche Festlegung einer Unschuldsvermutung, die den Angeklagten im amerikanischen Recht davor schützt – oder schützen soll –, zu Unrecht verurteilt zu werden, solange seine Schuld nicht »beyond any reasonable doubt« (über jeden vernünftigen Zweifel hinaus) vom Staat nachgewiesen ist.

Nun, die gesetzliche Unschuldsvermutung ist dem deutschen Strafprozeßrecht nach dem Zusammenbruch des Hitler-Faschismus verpaßt worden. Nämlich durch einen am 4.11.1950 in Rom von zunächst 15 Staaten unterzeichneten völkerrechtlichen Vertrag, die Europäische Konvention zum Schutze der Menschenrechte und Grundfreiheiten (kurz: Menschenrechtskonvention oder MRK), den die Bundesrepublik durch Gesetz vom 7.8.1952 ratifiziert hat.

Da heißt es nun schwarz auf weiß (in Art.6, Absatz 2):

Bis zum gesetzlichen Nachweis seiner Schuld wird vermutet, daß der wegen einer strafbaren Handlung Angeklagte unschuldig ist.

Und in den anderen Absätzen steht noch manches, was vor deutschen Gerichten nicht so selbstverständlich war (und ist) wie im Strafprozeßrecht traditioneller Demokratien. So der Anspruch auf faires Verfahren (Art.6, Abs.1 MRK), der für deutsche Juristen ein Fremdwort geblieben ist (»fair trial«). Oder das Recht des Angeklagten, »über ausreichende Zeit und Gelegenheit zur Vorbereitung seiner

Verteidigung zu verfügen« (Art.6, Abs.3b), dessen eklatanteste Verletzung für immer mit der Verteidigerentziehung unmittelbar vor Beginn des Stammheimer Prozesses gegen Andreas Baader verbunden bleiben wird.[25a] Oder das Recht, »Fragen an die Belastungszeugen zu stellen oder stellen zu lassen« (Art.6, Abs.3d), von dem deutsche Angeklagte nach wie vor nur träumen können, wenn ihnen mit höchstrichterlicher Billigung Vernehmungsbeamte als mittelbare Zeugen präsentiert werden, die ihre »Gewährsleute« vor jeder direkten Befragung und jeder Sanktion für Falschaussagen schützen.

Nur ein paar Beispiele für den schon von Max Hirschberg diagnostizierten Widerwillen der für die Interpretation des Rechts zuständigen deutschen Juristen, diese ihnen nach 1945 oktroyierten Menschenrechte und Grundfreiheiten als Maßstab für die Behandlung von Angeklagten zu akzeptieren und anzuwenden. Und so befanden sie denn auch, daß die MRK zwar geltendes innerstaatliches Recht sei, aber gegenüber dem sonstigen innerstaatlichen Recht keinen Vorrang habe. Ein der MRK widersprechendes Gesetz sei zwar völkerrechtswidrig, aber innerstaatlich gültig, schrieb Roman Herzog, nachmaliger Präsident des Bundesverfassungsgerichts.[26] Außerdem setze späteres Recht entgegenstehende Bestimmungen der MRK außer Kraft.

Alles in allem war die Menschenrechts-Konvention ein vergeblicher Versuch, völkerrechtlichen Vereinbarungen in Deutschland Geltung zu verschaffen. Man hätte sich die mit großem Aufwand und hohem moralischen Anspruch bewerkstelligte Einigung der 21 Mitgliedstaaten auf den rechtsstaatlichen Mindeststandard eines »fair trial« ersparen können. Jedenfalls was den deutschen Vertragspartner angeht, dessen verbrecherischer Umgang mit Menschenrechten und Grundfreiheiten einst den Anlaß zu dieser völkerrechtlichen Übereinkunft gebildet hatte. Die Tradition des deutschen Untertanengeistes war stärker als der Wille, aus der Geschichte zu lernen. Man hat von nichts gewußt, und man schämt sich nicht, konservativ zu sein.

Die gesetzliche Vermutung, daß der Angeklagte als unschuldig gilt, bis ihm seine Schuld zweifelsfrei nachgewiesen ist, ist ein Fremdkörper im deutschen Strafprozeßrecht geblieben. Sie mußte ein Fremdkörper bleiben, solange nicht auch andere Regeln des anglo-amerikanischen Rechts übernommen sind, die eine halbwegs realistische Unschuldsvermutung überhaupt erst ermöglichen. Wie soll ein Richter einen Angeklagten als unschuldig ansehen, den er, bevor er den Gerichtssaal betritt, bereits aus intensivem Aktenstudium kennt? Er weiß schon, welche Beweise es für die Schuld des Angeklagten gibt, welche Aussagen die Zeugen zu polizeilichem Protokoll gegeben haben, welche Spuren der Angeklagte hinterlassen hat und welche Sachverständigen sich wie zu welchen Spuren geäußert haben. Die Hauptverhandlung, vom Gerichtsvorsitzenden auf Grund der Aktenlage vorbereitet, bietet seitens der Anklage kaum noch Überraschungen, Angeklagter und Verteidiger sind die einzigen potentiellen Störfaktoren auf dem Wege der rituellen Umsetzung des Akteninhalts in ein der Anklageschrift entsprechendes Urteil. Die Unschuldsvermutung setzt demgegenüber ein Gericht voraus, das erst in der Verhandlung aus dem Sachvortrag des Anklägers und den von ihm vorgelegten Beweisen ein Bild vom Angeklagten und den gegen ihn erhobenen Vorwürfen und deren Stichhaltigkeit gewinnt. Und sie kann schon gar nicht bei einem Gericht vorhanden sein, dessen Urteil bereits durch das »Kreuzige ihn!« einer von rechten Medien aufgewiegelten Volksstimmung vorweggenommen ist.

Ein kollektives Gewaltpotential liegt nicht nur in Alabama und in längst vergangenen Zeiten, sondern auch in Deutschland, hier und heute, jederzeit abrufbar bereit. Welche Massenausdehnung dieses Potential erreichen kann, hat die Mitwirkung großer Teile der deutschen Bevölkerung – insbesondere der männlichen – an den Verbrechen des NS-Staates gezeigt. Es ist anzunehmen, daß die Generation der Deutschen, die zu Hitlers Zeiten erwachsen war, nicht besser und nicht schlechter war als die davor und danach. Immer noch gibt es diese gegen Minderheiten mobilisierbare Mehrheit, die auf jeden Prozeß, schon gar auf einen fairen, gegen den Feind, der ihr als solcher bezeichnet worden ist, verzichten kann und am liebsten selbst zur Lynchjustiz schreiten würde.

Die Richter stehen nicht außerhalb des öffentlichen Bewußtseins, sie nehmen teil an den kollektiven Affekten, die harte Bestrafung des Täters verlangen. Forderungen nach Todesstrafe werden laut. Erregte Passanten sagen ungeniert in die laufende Filmkamera: »Aufhängen müßte man sie!« »Totschlagen!«. Ein Reservoir böser Wünsche entleert sich, denen das vergleichsweise milde Lebenslänglich, über das die Richter verfügen, nicht genügt. Die Richter wissen, was von ihnen erwartet wird, und viele mögen die Emotionen des Volkes, in dessen Namen sie richten, durchaus teilen.

Auch der Verteidiger weiß, was seinen Mandanten im Klima der Vorverurteilung erwartet. Und es kann manchmal auch für ihn selbst existentielle Konsequenzen haben, ein solches Mandat zu übernehmen. Auch den Verteidiger treffen Haß und Empörung des Pöbels.

Die dem deutschen Recht aufgepfropfte Unschuldsvermutung müßte, wenn sie vom juristischen Machtkartell ernstgenommen würde, jede öffentliche Vorverurteilung unzulässig machen. In der Tat hält sich die seriöse Medienberichterstattung normalerweise einigermaßen an dieses Rechtsprinzip, schon um Gegendarstellungen und anderen zivilrechtlichen Ansprüchen zu entgehen. Es wird nicht vom »Mörder« gesprochen, sondern vom mutmaßlichen Täter, immerhin ein Stück praktizierte Rechtsstaatlichkeit. Aber gerade bei den Instanzen, die für die Wahrung des Rechts zuständig sind und die Materie gelernt haben sollten, wird, sobald eine Feinderklärung politisch opportun ist, gegen das Rechtsprinzip der Unschuldsvermutung sträflich aber straflos gesündigt.

Die propagandistische Zubereitung von »Terroristen«, »Terroristen-Verteidigern« und »Sympathisanten« folgt großen Vorbildern. Die Entfesselung des Volkszorns gegen unliebsame Minderheiten sollte seit den Pogromen der sogenannten Reichskristallnacht in Verruf sein. Aber sie funktioniert, wie die hysterische Kampagne gegen sogenannte Terroristen-Verteidiger und Sympathisanten Anfang der 70er Jahre gezeigt hat, noch immer nach den Methoden faschistischer Propagandatechnik, die Hitler in seinem selten gelesenen Bestseller »Mein Kampf« beschrieben hat: Propaganda müsse »immer mehr auf das Gefühl gerichtet sein und nur sehr bedingt auf den sogenannten Verstand«. Sie habe »ihr geistiges Niveau einzustellen nach der Aufnahmefähigkeit des Beschränktesten«. Nur einer »tausendfachen Wiederholung« werde die Masse endlich ihr Gedächtnis schenken. Diese große Linie lasse den endgültigen Erfolg heranreifen. »Dann aber wird man mit Staunen feststellen können, zu welch ungeheuren, kaum verständlichen Ergebnissen solch eine Beharrlichkeit führt«.[27]

Sowohl die tausendfache Wiederholung der immer gleichen Lügen und Verallgemeinerungen als auch das Prinzip, sich auf das geistige Niveau des Beschränktesten der großen Masse einzustellen, finden wir in jener Medienkampagne der 70er Jahre wieder, die eine hysterische Massenempörung gegen »Terroristenverteidiger« und »Sympathisanten« auslöste und »im Namen des Volkes« judizierende Richter zum Vollzug dieses künstlich erzeugten Volkswillens verpflichtete. (Vgl. zu dieser hier nur knapp behandelten Kampagne ausführlich das Kapitel »Strafverteidiger als Objekte politischer Justiz«).

Das »gesunde Volksempfinden« kennt keine Unschuldsvermutung. Sie wird auch noch lange unpopulär bleiben, denn Strafen war im Volk der Richter und Henker allemal beliebter als die Geltung von Freiheitsverbürgungen. Und deshalb läßt sich auch in der Zeit nach Hitler feindliche Emotionalität gegen kritische Intellektuelle, insbesondere aber gegen den Beruf des Verteidigers leicht hervorrufen. Der Verteidiger widerspricht einem Strafbedürfnis, das, wie man aus Theodor W. Adornos klassischen Studien zum autoritären Charakter[28] weiß, zu den typischen Bewußtseinsinhalten einer Bevölkerungsgruppe gehörte, die in der amerikanischen Gesellschaft der 40er Jahre als faschistisches Potential ausgemacht wurde. Daß es ein solches Potential auch in der postfaschistischen Gesellschaft unseres Staates gibt, ist hinreichend belegt. Hier sitzen die Claqueure, mit denen ein Appell an vorprozessuale Schuldzuweisungen rechnen kann. Aber ihr Beifall steckt an und schafft Straferwartungen und Strafbereitschaft auch in den Köpfen derer, die über Zwänge der öffentlichen Meinung erhaben zu sein glauben. Auch die Zauberlehrlinge selbst werden die Geister, die sie riefen, nicht wieder los.

So hatte die in Verantwortung des Generalbundesanwalts im Zusammenhang mit dem Stammheimer Prozeß gegen Andreas Baader und andere ausgestreute und jahrelang verbreitete Falschinformation, »daß die Anführer dieser Bande (der RAF, H.H.) ihre noch auf freiem Fuß befindlichen Mitglieder mit Hilfe ihrer Anwälte steuern« (Prof. Carstens, CDU), daß Anwälte als Vermittlungsorgane »zwischen den leitenden Terroristen im Gefängnis und den schießenden Terroristen draußen« fungierten (Dregger, CDU), einen ungeheueren Erfolgszwang für die amtlichen Urheber der Medienkampagne zur Folge, als es ans Beweisen ging. Daß dieser Beweis nie erbracht worden ist, hat keinen Eingang in das nachhaltig vergiftete öffentliche Bewußtsein gefunden. Insbesondere haben die Urheber und Unterstützer dieser infamen Halbwahrheit keinen Finger gerührt, um die Desinformation, die auf ein diesseits der Elbe noch vorhandenes Vertrauen zu staatlichen

Autoritäten bauen konnte, wenigstens nachträglich zu korrigieren. Während sich die Blätter des Springer-Verlages, allen voran die »Bild am Sonntag«, in Verleumdungen gegen uns Anwälte überboten, kam von der Bundesanwaltschaft, die diese Kampagne losgetreten hatte, kein Wort der Richtigstellung. Wir haben weder Selbstkritik noch öffentliche Entschuldigungen wegen dieser Ausgeburt staatlicher Desinformationsmacht zu hören bekommen. Im Gegenteil: Das in anwaltsfeindliche Gesetzesänderungen umgesetzte offizielle Mißtrauen gegen »Terroristen-Verteidiger« wird noch immer praktiziert. Noch immer gibt es Trennscheibe, Postkontrolle, Kontaktsperregesetz und andere Regelungen aus den Tagen der mit Lügen aus Karlsruhe inszenierten Massenhysterie. Aber wer weiß das schon außer den unmittelbar Betroffenen? Und wen regte es schon auf, wenn er es wüßte? Die von Karlsruhe aus betriebene Rücknahme von Rechtskultur hat, wie jede Volksverdummung, eine langzeitige Resistenz gegenüber Aufklärung entwickelt. Die Informationspolitik der Bundesanwaltschaft[29] gab sich keine Mühe, die Wahrheit zu verbreiten, sie hatte ein Kampfziel. Sie war Teil einer Verurteilungsstrategie, die sich nicht um rechtsstaatliche Prinzipien eines fairen Verfahrens scherte – insbesondere nicht um den Grundsatz, daß jeder Beschuldigte als unschuldig gilt, solange er nicht verurteilt ist –, sondern skrupellos an der Schaffung eines Vorverurteilungsklimas arbeitete, dem sich auch die Gerichte nicht entziehen konnten. »Offensive Information der Öffentlichkeit« nannte ein amtierender Generalbundesanwalt diese typisch deutsche Methode der Rechtsfindung, die noch einmal das schon von den Nazis strapazierte »gesunde Volksempfinden« – wenngleich nicht mehr unter diesem Namen – als Rechtsquelle zum Sprudeln brachte. Er hat damit einem Ausnahmerecht das Wort geredet, das sich in der normalerweise verbotenen Veröffentlichung von Anklageschriften und anderen amtlichen Schriftstücken (vgl. §353 d StGB), Beschlagnahme von Verteidigerpost (vgl. §97 StPO) und Lauschaktionen gegen Verteidiger Geltung verschafft hat. Der Grundsatz »Not kennt kein Gebot«, für den man sich nicht auf Carl Schmitt, sondern auf §34 StGB (Notstand) berief, ersetzte den amtlichen Terroristenverfolgern die gesamte Rechtsordnung. Mit 15jährigem Abstand urteilte Joachim Wagner über diese Bankrotterklärung des Rechtsstaates:

Wohl noch nie in der Geschichte des deutschen Rechtsstaates haben Polizei und Staatsanwalt mit Unterstützung von Regierungen und Parteien die Medien so massiv und rücksichtslos für Fahndung, Prozeßführung und Verurteilung eingespannt wie im Kampf gegen die Bombenleger der Roten Armee Fraktion.

Die publizistische Vorwärtsstrategie amtlicher Stellen schloß die großzügige und bedenkenlose Weitergabe von Aktenteilen an Presseorgane ein – von RAF-Papieren aus konspirativen Wohnungen bis zu Tonbandabschriften. Dabei beteiligten sich Regierungen – das war sicher ein Novum in der deutschen Rechtsgeschichte – ganz offiziell an der Verbreitung von Vermerken und Papieren aus den Ermittlungsakten – ohne Rücksicht auf laufende Verfahren.[30]

Wie die Medienkampagne bei uns Anwälten ankam, davon zeugt eine Fülle von anonymen Briefen und Aktennotizen über Telefonanrufe: Beschimpfungen, Beleidigungen und Drohungen mit Gewalt, die einen widerlichen Querschnitt durch die Gesinnungslage der Nation bieten.

Vergeblich habe ich – und ebenso viele Kollegen – versucht, mich gegen die Feinderklärung zu wehren, die sich gegen die Verteidiger von »Terroristen« richtete und zu einer Gefährdung der beruflichen Existenz und eines angstfreien Familienlebens wurde. Dienstaufsichtsbeschwerden gegen den Generalbundesanwalt und Strafanzeigen wegen Volksverhetzung gegen Axel Caesar Springer blieben ohne Erfolg. Die aus Karlsruhe, Wiesbaden und Bonn mit falschen Informationen und gehässigen, anfeuernden Kommentaren versorgten Medien durften weiterhetzen und das gegen »Terroristen«, »Sympathisanten« und »Terroristen-Verteidiger« aufgeheizte Klima kollektiven Hasses zu einer öffentlichen Vorverurteilung treiben, die ein faires Verfahren in den bevorstehenden Terroristenprozessen ausschloß.

Wie die von dieser Kampagne aufgehetzte Bevölkerung, deren kollektive Gewaltbereitschaft sich am Beispiel der Berliner Vietnam-Demonstration vom 18.Februar 1968 gezeigt hatte, reagiert hätte, wenn ihr die als »Terroristen« perhorreszierte Minderheit zur Selbstjustiz ausgeliefert worden wäre, kann man sich ausmalen. Faktische Gelegenheit, ihre Gewaltbereitschaft gegenüber diesen »Terroristen« zu betätigen, hatten nur Mitglieder des zu ihrer Bekämpfung eingesetzten Polizeiapparates, also ein winziger Teil der Gesamtbevölkerung. Die Todesrate bei den von ihnen vorgenommenen Festnahmen ist erschreckend hoch.[31]

Der Rest der Gesellschaft, der nicht zu unmittelbarem polizeiersetzendem Eingreifen kam, mußte sich damit begnügen, seine Gewaltbereitschaft verbal zu äußern. Und auch hierbei mußte der »Volkszorn« mit Ersatzobjekten vorlieb nehmen, weil die eigentlichen Adressaten postalisch nicht erreichbar waren. So richtete sich der kollektive Haß gegen die sogenannten Sympathisanten, denen – in aller Regel zu Unrecht – unterstellt wurde, daß sie diese »terroristische« Minderheit förderten und ihre Taten billigten. In erster Linie natürlich gegen Rechtsanwälte, die in Ausübung ihres Berufes die Verteidigung gefaßter »Terroristen« übernahmen oder die zu Unrecht in den Verdacht gebracht wurden, als Kontaktpersonen zwischen inhaftierten und noch frei agierenden Terroristen zu fungieren.

Wie soll man in diesem Klima des Hasses und der Vorverurteilung Angeklagte verteidigen, auf die eine potentiell gewalttätige Bevölkerungsmehrheit, von Politikern, Bundesanwälten und Medien aufgehetzt, ihre eigene Gewaltbereitschaft projiziert hat? Eine kollektive Schuldvermutung liegt in der Luft, die wir alle atmen. Auch die Richter haben sie bereits verinnerlicht. Die gesetzliche Unschuldsvermutung, Grundvoraussetzung eines fairen Verfahrens, ist nichts als ein Hohn auf das Ritual, dem wir Verteidiger als rechtsstaatliches Dekor dienen sollen.

Peter Brückners Analyse der Aufbereitung eines Feindbildes bezieht sich ausschließlich auf die Medien, und zwar speziell auf die Presseerzeugnisse des Springer-Konzerns. Die Verantwortung für derartige Medienkampagnen liegt jedoch nicht allein in den Redaktionsstuben der Pressehäuser. Maßgeblichen Anteil an der Herstellung von Pogromstimmung haben in Deutschland seit langem staatliche Instanzen, die auf diesem Wege ihre gesetzlichen und ungesetzlichen Maßnahmen gegen die von ihnen definierten Feinde vorbereiten und unterstützen. Mit kalter Sachlichkeit bedienen sie sich der Medien, um das Klima zu schaffen, in dem ihre politische Justiz funktioniert.

Carl Schmitts Freund-Feind-Theorie als Prinzip der Rechtsanwendung

Daß die Unterscheidung von Freund und Feind der Grundgedanke aller Politik sei, diese These hat der Staatsrechtler Carl Schmitt, intellektueller Wegbereiter des Hitler-Faschismus, 1932 in seiner Schrift »Der Begriff des Politischen« (1963 und 1979 unverändert neu aufgelegt) formuliert. Er hat damit ein theoretisches Modell entworfen, mit dem sich faschistisches Rechtsdenken erklären läßt. Die Gegenüberstellung von Volksgemeinschaft und Feinden (Volksfeinden, Gemeinschaftsfeinden, »Fremdvölkischen«) war der Ausgangspunkt für unterschiedliche »Recht«-Setzungen, aber auch für die unterschiedliche Anwendung scheinbar allgemeingültiger Normen, die nach dem Prinzip von Regel und Ausnahme funktionierte. Daß im Ausnahmefall der Staat das Recht habe, das Recht zu suspendieren, hatte Carl Schmitt frühzeitig, nämlich in seiner Schrift »Politische Theologie« von 1922, verkündet, für deren Neuauflage ebenfalls 1979 Bedarf war.

Schmitt hat vorausgedacht, was nach Hitlers Machtergreifung juristische Praxis wurde. Ein System von Regeln und Ausnahmen sorgte dafür, daß es keine Rechtsgleichheit gab, die Freund und Feind gleichermaßen umfaßte. Sondergesetze und »Sonderbehandlung« gegen Juden, Kommunisten, Polen und andere »Gemeinschaftsfremde« waren das juristische Medium des Terrors, dem mißliebige Minderheiten unterworfen wurden, ohne daß die prinzipielle Existenz einer »Rechtsordnung« in Frage gestellt wurde.[32]

Die Definition des Feindes ist, nach Schmitt, Sache des Staates – ein Glaubenssatz, dem autoritäre Staatsfreunde, die nichts mehr fürchten als interessen- und klassengebundene Feinddefinitionen, noch heute huldigen, ohne sich freilich auf Carl Schmitt zu berufen. Bei Schmitt liest sich das so:

Die Begriffe Freund, Feind und Kampf erhalten ihren realen Sinn dadurch, daß sie insbesondere auf die reale Möglichkeit der physischen Tötung Bezug haben und behalten.[33]

Zum Staat als einer wesentlichen politischen Einheit gehört das jus belli, d.h. die reale Möglichkeit, im gegebenen Fall kraft eigener Entscheidung den Feind zu bestimmen und ihn zu bekämpfen.[34]

Und dieses jus belli enthält die Möglichkeit,

von Angehörigen des eigenen Volkes Todesbereitschaft und Tötungsbereitschaft zu verlangen, und auf der Feindesseite stehende Menschen zu töten.[35]

Das gilt nicht nur für den äußeren, sondern auch für den inneren Feind. Denn:

Die Leistung eines normalen Staates besteht aber vor allem darin, innerhalb *des Staates und seines Territoriums eine vollständige Befriedung herbeizuführen, »Ruhe, Sicherheit und Ordnung« herzustellen und dadurch die* normale *Situation zu schaffen, welche die Voraussetzung dafür ist, daß Rechtsnormen überhaupt gelten können, weil jede Norm eine normale Situation voraussetzt und keine Norm für eine ihr gegenüber völlig abnorme Situation Geltung haben kann.*

Diese Notwendigkeit innerstaatlicher Befriedung führt in kritischen Situationen dazu, daß der Staat als politische Einheit von sich aus, solange er besteht, auch den »innern Feind« bestimmt. In allen Staaten gibt es deshalb in irgendeiner Form das, was das Staatsrecht der griechischen Republiken als πολεμιος -Erklärung, das römische Staatsrecht als hostis *-Erklärung kannte, schärfere oder mildere, ipso facto eintretende oder auf Grund von Sondergesetzen justizförmig wirkende, offene oder in generellen Umschreibungen versteckte Arten der Ächtung, des Bannes, der Proskription, Friedloslegung,* hors-la-loi *-Setzung, mit einem Wort, der innerstaatlichen* Feinderklärung.[36]

Richard Schmid, Präsident des Oberlandesgerichts Stuttgart zu der Zeit, als es noch nicht durch die Stammheimer Festungsjudikatur in Verruf geraten war, einer der wenigen Sozialisten und Widerstandskämpfer gegen das Hitler-Regime, die die bundesdeutsche Justiz vorweisen konnte, hat sich mit Carl Schmitts These kritisch auseinandergesetzt. In einem Essay zum Thema »Brauchen wir einen Feind?«[37] fragte er:

Aber besteht Politik wirklich in der Freund-Feind-Polarität? Gibt nicht die Sprache, die es in der Regel besser weiß, einen richtigeren Begriff, wenn sie zum Beispiel von dem Gegensatz einer politischen und einer militärischen Lösung eines Konfliktes spricht? Ist nicht auch Sozialpolitik und Kulturpolitik ohne Freund-Feind-Polarität wirkliche Politik? Ist es nicht überhaupt ein wesentliches Stück unserer Kultur, sich aus jener Polarität zu lösen, Politik zur Verhinderung *von Kriegen zu führen und die Feinddefinitionen abzubauen? Ist das nicht gar die wichtigste zivilisatorische Aufgabe der Politik, selbst für den Politiker, der von der Unvermeidbarkeit der Kriege ausgeht? Besteht Kultur nicht eben darin, eine Gegenkraft gegen die elementaren Kräfte zu schaffen, aus denen die Freund-Feind-Polarität, die Kriege und die tötende Gewalt leben? Eine Gegenkraft gegen den Todestrieb? Die politische Kultur besteht darin, diese elementaren Kräfte kulturell fruchtbar zu machen, indem sie gleichzeitig dem Recht, der Moral, dem Schutz des Schwachen Zugang und Wirkung verschafft. Man könnte mit dieser Gegenüberstellung elementarer destruktiver Kräfte einerseits und der politischen Kultur andererseits geradezu den Faschismus definieren, dessen gelehrte Dekoration eben von Professor Carl Schmitt geliefert worden ist.*

Richard Schmid, ein Jurist, der unter der Naziherrschaft drei Jahre Zuchthaus wegen »Vorbereitung zum Hochverrat« und anschließend Berufsverbot zu erleiden hatte, war Realist genug, um zu sehen, daß Carl Schmitt eine vom Faschismus ausgebeutete und verstärkte Wirklichkeit analysiert hatte:

Aber weil hinter der Freund-Feind-Polarität jene starke, elementare, massenpsychologisch manipulierbare Kraft steckt, deren kulturelle Überwindung nur ansatzweise und versuchsweise möglich sein wird – eben deshalb ist diese Kraft das weitaus wirksamste Mittel des politischen Kampfes, des Machterwerbs, der Machterhaltung, der Lenkung und Beherrschung von Massen. Der psychische Untergrund, mit dem diese Beherrschung zu tun hat, ist historisch höchst wandelbar. Aus den primitiven Naturängsten mittelalterlicher Massen haben kirchliche und weltliche Oberen die Feindbilder von Ketzern, Hexen und insbesondere des Teufels geschaffen und damit ihre politische Herrschaft mit komplizierten Institutionen und Prozeduren abgesichert. Entsprechend dem primitiv-elementaren Ursprung der Ängste ist dabei immer wieder die Tendenz zur Vereinfachung und Vereinheitlichung des Feind-

Bildes zu beobachten. Aus meiner Jugend erinnere ich mich, wie der Vers: »Wir lieben vereint, wir hassen vereint, wir haben alle nur einen Feind...« im August 1914 eingeschlagen hat, damals wie ein Blitz zündend, heute erhellt er das elementare Gemeinschaftserlebnis des Hasses als politisches Mittel und den Trick der Konzentrierung auf einen einzigen Feind.

Nicht nur der äußere, auch der innere Feind – wohlgemerkt: der für alle als Volksgemeinschaft begriffenen Staatsangehörigen gültige Feind – wurde vom Staat, also vom souveränen Inhaber der Staatsgewalt bestimmt; ihm oblag die »innerstaatliche Feinderklärung«, wie es Carl Schmitt schon 1932 auf den Begriff brachte.

Auch diese ging (nicht nur) im Nationalsozialismus bis zur Möglichkeit, über das Leben von Menschen zu verfügen. Die äußeren Formen des Terrors reichten von der Todesstrafe bis zur Massentötung an der Erschießungsgrube und in der Gaskammer. Opfer des Terrors waren die von der Staatsführung zu Feinden erklärten Menschen.

Die Grenzziehung zwischen Freund und Feind wurde mit dem Begriff der »Volksgemeinschaft« bewirkt, der seine inhaltliche Bestimmung letztlich durch Ausgliederung von Feinden erhielt. Feinde waren die »Fremdvölkischen«, zu denen nicht nur die Bevölkerung der von Deutschland im Kriege besetzten und annektierten Gebiete gehörten, sondern auch deutsche Staatsangehörige, denen, wie Juden oder Zigeunern, das »deutsche oder artverwandte Blut« abgesprochen wurde. Feinde waren Kommunisten, Sozialdemokraten und andere politische Gegner, die sich durch kritische Äußerungen oder Organisierung des Widerstands gegen das faschistische Gewaltregime »außerhalb der Volksgemeinschaft gestellt« hatten. Feinde waren wie eh und je auch bestimmte Gruppen von Straftätern, vor allem jene, die als »Volksschädlinge« definiert und für todeswürdig erklärt wurden (VO v. 5.9.1939).

Mit der Unterscheidung von Angehörigen der Volksgemeinschaft und Gemeinschaftsfremden war das Prinzip gefunden, nach dem sich die Ungleichbehandlung der Rechtsanwendung auch dort erklären ließ, wo das Gesetz noch Allgemeingültigkeit vortäuschte. Daß Rechtsnormen für alle Bürger des Staates in gleicher Weise gelten, gehört zu den Grundvoraussetzungen nicht-faschistischer Staatlichkeit. Vor allem das Strafrecht, wenn man ihm überhaupt eine Daseinsberechtigung zusprechen will, muß das Prinzip der Gleichbehandlung strikt einhalten, wenn es nicht elementare Ansprüche auf Gerechtigkeit verletzen soll. Strafbares Verhalten muß daher in abstrakt formulierten Tatbeständen beschrieben sein, die jeden Rechtsgenossen bei Übertretung der Norm mit den gleichen Sanktionen belegen. Und das Verfahrensrecht muß allen Angeklagten in gleicher Weise reale Verteidigungschancen garantieren.

Kein Kenner des real existierenden Strafrechts und Strafprozeßrechts wird sich der Illusion hingeben, daß dieses Ideal verwirklicht sei. Verletzungen des Gleichheitssatzes gehören vielmehr zum Alltag des Strafrechts in einer Klassengesellschaft und haben sich in Volkssprüchen wie »Die Kleinen hängt man und die Großen läßt man laufen« oder »Eine Krähe hackt der anderen kein Auge aus«

niedergeschlagen. Auch Vorurteile gegen Ausländer, die an das alte Schema von Volksgemeinschaft und »Fremdvölkischen« erinnern, haben sich in unsere Zeit vererbt und verschärfen die Bestrafungswünsche der »Reinrassigen«. Und noch immer setzt sich die schamlose, eklatante Ungleichheit der Rechtsanwendung gegen Täter der politischen Linken einerseits und der politischen Rechten andererseits fort, die in Deutschland eine lange Tradition hat.[38] Auch die prinzipielle Straflosigkeit staatlichen Tötens, die selbst den Mitwirkenden der faschistischen Massenmorde zugutegekommen ist, gehört in diese Aufzählung ungleicher Rechtsanwendung im Strafrecht.

Es gibt offenbar ein latentes Potential kollektiver Gewalttätigkeit, das sich bei genügender propagandistischer Vorbereitung des Massenbewußtseins jederzeit mobilisieren läßt. Darauf beruht die Möglichkeit, Kriege zu führen, aber auch die Möglichkeit, Menschen auf innere Feinde zu hetzen, sie zu Judenpogromen und Lynchjustiz anzustacheln. Das war der Kulminationspunkt nazi-faschistischen Staatsterrors, daß man dieses latent vorhandene kollektive Gewaltpotential von Staats wegen aktivierte und auf Minderheiten der Bevölkerung lenkte, die zu Feinden erklärt und außerhalb des für die Angehörigen der »Volksgemeinschaft« geltenden Rechts gestellt wurden.

Die »kollektive Paranoia« (Brückner/Krovoza), die ein systematisch eingeimpfter Feindbildinfekt bei zusätzlicher Eingabe einer aktuellen Bedrohungslüge zum Ausbruch bringen kann, hat gerade das deutsche Volk in diesem Jahrhundert mehrmals ergriffen; ohne daß, wie es scheint, genügend Immunstoffe gebildet worden sind, die es vor Rückfällen schützen. Trotz der geschichtlichen Erfahrungen von 1914 und 1933 (Reichstagsbrand!) ist ein kollektiver Lerneffekt, der dieses Volk gegen das Herrschaftsmittel der Bedrohungslüge gefeit hätte, offensichtlich nicht eingetreten. Im Gegenteil, das Leben mit Feindbildern erscheint gerade in diesem Land so eingeübt, daß etwas fehlen würde, wenn es ohne das weitergehen sollte.

Die Nazis hatten sich nicht gescheut, die Ausgrenzung von Feinden der »Volksgemeinschaft« in Gesetzen und Verordnungen zu normieren. Sondergesetze gegen Juden, Polen und andere »Fremdvölkische« markieren den Weg, der im bürokratisch organisierten Verwaltungsmassenmord endete. Gesetze und Verordnungen, die durch Veröffentlichung im Reichsgesetzblatt mit dem Schein des Rechts ausgestattet waren und doch nichts anderes zum Inhalt hatten als die formale Legitimierung des Terrors gegen Feinde, die als solche von der Staatsführung und ihren Medien definiert und dem Haß einer systematisch aufgehetzten Volksmeinung ausgeliefert wurden. Organisierte Lynchjustiz sozusagen, die sich als Justiz- und Verwaltungsakt schmückte und den Beteiligten das Odium der Pflichterfüllung verlieh. Zigtausende sonst recht braver Bürger haben daran teilgenommen, haben Befehle ausgeführt oder Gesetze angewendet, wenn sie Judentransporte organisierten, Gefangene bewachten, Öfen anheizten oder Menschen wegen »Rassenschande« oder (Hakenkreuz-)Fahnenflucht verurteilten. Als die staatliche Macht, die dieses Unrecht verordnet hatte, zusammengebrochen war, beriefen die

Beteiligten sich auf ihren Gehorsam gegenüber terroristischen Befehlen und Gesetzen und hielten sich für umso unschuldiger, je mehr sie der faschistischen Ideologie gläubig verfallen waren.

Doch die von staatlichen Autoritäten vorgegebe Freund-Feind-Differenzierung gab es schon damals nicht nur in der Form normierten Sonderrechts, sondern auch als Prinzip der Rechtsanwendung, das vom Richter auf Grund seiner staatstreuen – das heißt: autoritär-konservativen bis faschistischen – Gesinnung im Wege der Auslegung zu finden war.

Der Faschismus konnte den ausführenden Organen keine allgemeinen Regeln angeben, wann der Rechtsanwender nach dem geschriebenen Recht oder gegen das geschriebene Recht zu entscheiden hatte. Vielmehr hing dies von den jeweils konkreten Machtbedürfnissen ab. Der Jurist, der in diesem System »Rechtsanwendung« betreiben sollte, mußte daher lernen, über die Rechtsanwendung sich den konkreten politischen und ökonomischen Bedürfnissen im NS-Staat zu öffnen. Er sollte »spüren«, welche Entscheidung von ihm verlangt war...[39]

Demgemäß begrüßte Roland Freisler, damals noch Staatssekretär im Justizministerium, eine neue Lehre des Kieler Rechtsprofessors Georg Dahm, der anstelle des Hochverratsparagraphen alter Fassung eine Generalklausel forderte, die ausreichend Ermessensspielraum offenlasse, wann ein Treubruch als Verrat anzusehen sei. Die bahnbrechende Errungenschaft der Dahmschen Lehre liege, so Freisler, in der »Erleuchtung«, daß nicht nur die politischen Instanzen, sondern auch die Gerichte politische Akte nicht von einem rechtlichen, sondern von einem politischen Standpunkt aus zu behandeln haben. In Dahms Text hieß es:

Es taucht hier das allgemeine Problem auf, wieweit überhaupt die für den Regelfall geltenden materiell rechtlichen Begriffe und Tatbestände auch im politischen Bereich gelten...Gelten hier nicht andere Maßstäbe, ganz ähnlich wie die für den Normalfall geltenden Verfahrensregeln in politischen Prozessen heute fragwürdig geworden sind?[40]

Ernst Fraenkel hat in seinem erstmals 1941 in den USA erschienenen Buch »Der Doppelstaat« die faktische Aufhebung der Allgemeinverbindlichkeit aller Normen im Bereich des politischen Strafrechts als Merkmal des »Maßnahmestaates« hervorgehoben, das ihn vom »Normenstaat« unterscheide.

Im heutigen Deutschland wird innerhalb dieses Sektors die Staatsgewalt nicht nach den Maßstäben des Rechts mit dem Ziel der Verwirklichung der Gerechtigkeit gehandhabt, vielmehr werden in jedem Einzelfall die Entscheidungen nach Lage der Sache gefällt. Im politischen Sektor dient, was immer als »Recht« bezeichnet werden mag, ausschließlich dem Zweck, die politischen Ziele des Regimes zu fördern.[41]

Der faschistische Staat hat uns nicht nur seine Juristen, sondern auch deren Rechtsdenken hinterlassen. Man kann Denkvoraussetzungen und Praxis unserer politischen Justiz nicht analysieren, ohne sich der historischen Kontinuität zu erinnern, in der bundesdeutsche Richter und Staatsanwälte Feinddefinitionen an Kommunisten, rebellierenden Studenten, Sitzblockierern und »Terroristen« vollstreckt haben. Bereitwillig haben sie sich des ihnen je nach den politischen Bedürfnissen der Exekutive ausgehändigten juristischen Waffenarsenals bedient, vom 1. Strafrechtsänderungsgesetz des Jahres 1951 bis zu den Terroristengesetzen der 70er und 80er Jahre, und dieses Sonderrecht gegen den jeweiligen Feind mit kämpferischer Härte und dem guten Gewissen staatsfreundlicher Dienstfertigkeit angewendet. Da erwachte kein kritisches Rechtsbewußtsein innerhalb des Apparats, das nach der Verfassungsmäßigkeit eines solchen Feindstrafrechts im Rahmen eines demokratischen, von den Interessen und Freiheitsrechten der Menschen her konzipierten Staatswesens gefragt hätte. Sie schützen, wie es schon ihre Vorgänger getan hatten, den Staat gegen die Gefahr, die von den Menschen ausgeht (Cobler), und nicht die Menschen gegen die Gefahr, die vom Staat ausgeht. Und sie fühlten sich dabei in der Rolle juristischer Frontkämpfer einer »wehrhaften Demokratie«, die sich ihrer Feinde zu erwehren hatte.

Daß dabei das Prinzip der Gleichheit vor dem Gesetz geopfert werden mußte, entsprach dem traditionellen Rechtsdenken, das noch nie Schwierigkeiten gehabt hatte, linken und rechten Terror mit unterschiedlichem Maß zu messen.

In den zwölf Jahren faschistischer Terrorherrschaft sind Elemente eines Denkens wie in einem Brennglas zusammengefaßt und zur Tat geworden, das es vorher gegeben hat und noch gibt. Die Ausstoßung und Rechtloserklärung von Feinden des jeweiligen Staates, die unter dem Faschismus in der organisierten, fabrikmäßigen Massentötung von Juden, sowjetischen Kriegsgefangenen, Geiseln und anderen unter Ausnahmerecht gestellten Personen und Gruppen kulminierte, war durch generationenübergreifendes Freund-Feind-Denken vorbereitet. Und es gab auch schon vor 1933 die im Nazi-Reich zum System ausgebaute beliebige Vertauschung von Regel und Ausnahme als Methode der Rechtsanwendung, um Feinde zu treffen und Freunde zu schonen.

Daß Rechtsnormen, die in Gesetzen und Verfassungen niedergelegt sind, nach dem Prinzip von Regel und Ausnahme funktionieren, ist der Angelpunkt, um den sich ganze Rechtssysteme drehen und wenden lassen.

Jede generelle Norm verlangt eine normale Gestaltung der Lebensverhältnisse, auf welche sie tatbestandsmäßig Anwendung finden soll und die sie ihrer normativen Regelung unterwirft. Die Norm braucht ein homogenes Medium...Es gibt keine Norm, die auf das Chaos anwendbar wäre. Die Ordnung muß hergestellt sein, damit die Rechtsordnung einen Sinn hat. Es muß eine normale Situation geschaffen werden, und souverän ist derjenige, der definitiv darüber entscheidet, ob dieser normale Zustand wirklich herrscht. Alles Recht ist »Situationsrecht«.[42]

Das hat Carl Schmitt, der Vordenker des faschistischen Staatsrechts, in seiner 1934 und 1979 neu aufgelegten Abhandlung »Politische Theologie« (1922) geschrieben, die mit dem berühmten Satz beginnt:

Souverän ist, wer über den Ausnahmezustand entscheidet.[43]

Mit dem Ausnahmezustand zu herrschen, zu exekutieren und zu judizieren, das war das Rezept, dessen sich die Hitler-Faschisten mit der ihnen eigenen Skrupellosigkeit unbekümmert um generell gültige Normen bedienten, als sie an die Macht gekommen waren. Und sie übernahmen im Bereich des Strafrechts die »Fiktion einer kohärenten Rechtsordnung« (Otto Kirchheimer),[44] deren parteiliche Anwendung nach dem Prinzip von Regel und Ausnahme funktionierte. Juristen, die das hierfür erforderliche (Un-) Rechtsdenken mitbrachten, standen 1933 in ausreichender Zahl zur Verfügung. Die Weimarer Republik hatte ihnen ein dankbares Betätigungsfeld für die Einübung von Rechts-Links-Ungleichheit geboten, so daß der Beweis für ihre Brauchbarkeit schon durch »ständige Rechtsprechung« erbracht war. Diese Tradition setzte sich fort: Auch die Justiz der Bundesrepublik Deutschland rekrutierte sich aus Juristen, die das Judizieren nach Freund-Feind-Prinzipien bereits eingeübt hatten – im Terrorstaat.[45]

Eine wirklich atemberaubende Regression auf faschistisches Rechtsdenken offenbarte sich in den Tagen der Schleyer-Entführung, als im sogenannten Krisenstab über »exotische« Lösungen nachgedacht wurde. Von Kurt Rebmann, dem damals amtierenden Generalbundesanwalt, kam der Vorschlag:

Der Bundestag ändert unverzüglich Artikel 102 des Grundgesetzes, der da lautet: »Die Todesstrafe ist abgeschafft«. Statt dessen können nach Grundgesetzänderung solche Personen erschossen werden, die von Terroristen durch menschenerpresserische Geiselnahme befreit werden sollen. Durch höchstrichterlichen Spruch wird das Todesurteil gefällt. Keine Rechtsmittel möglich.[46]

Dieser »rechtlich rücksichtsloseste Vorschlag« wurde vom damaligen Justizminister Vogel, ebenfalls Mitglied des Krisenstabes, abgelehnt. Der »Spiegel« zehn Jahre später:

Häftlinge sollen hingerichtet werden aufgrund eines Gesetzes, das erst nach ihren Taten per Blitzverfahren verkündet wurde? Das höchste Gericht hätte für eine Scheinlegalität zu sorgen? Abstruse Ausgeburten eines Juristengehirns.[47]

Der Jurist, dessen Gehirn diese rechtliche Rücksichtslosigkeit geboren hatte, verfügte auch die totale Kontaktsperre zwischen RAF-Häftlingen und deren Verteidigern, für die eine gesetzliche Grundlage im Schnellverfahren nachgeliefert wurde. Feinde haben keine Rechte, die gebrochen werden könnten. Die Verteidiger sahen ihre Mandanten nicht lebend wieder. Meinungsäußerungen darüber, wie sie zu Tode gekommen sind, läßt der freiheitlichste Staat, den es auf deutschem Boden je gegeben hat, nur zu, wenn sie der offiziellen Darstellung entsprechen.[48]

Rebmanns Lösungsvorschlag war selbstverständlich viel zu umständlich und zu auffällig. Und er blieb hinter dem zurück, was an Carl Schmitt geschulte Juristengehirne für zulässig halten könnten. Wenn alles Recht Situationsrecht ist, und die Verpflichtung des Staates, Ruhe, Sicherheit und Ordnung herzustellen, das Recht umfaßt, auch den inneren Feind zu töten, dann gab es einfachere Lösungen, sich der Gefangenen zu entledigen. Franz Josef Strauß war da schon konsequenter. Der »Spiegel«:

»Totenstille tritt ein«, so ein Teilnehmer, als Strauß schließlich deutlicher wird, «da hat uns allen der Atem gestockt.« Zwei Möglichkeiten stellt er zur Wahl: »Einen nach dem anderen aus dem Gefängnis rauslassen«, dann in einem »Ausnahmezustand« die Jagd eröffnen. »Oder alle Stunde einen erschießen«.[49]

Menschenjagd im Ausnahmezustand. Carl Schmitt läßt grüßen. Hier wurde das Recht auf den Hauklotz gelegt.

6. Durchbrechung und Aufhebung der Feinderklärung[1]

Bitte versuchen Sie sich vorzustellen, Sie wären einer der jungen Arbeiter oder Studenten, die auf dem Platz des himmlischen Friedens in Peking im Frühjahr 1989 demonstriert haben, und Sie würden sich jetzt vor einem mit Uniformierten besetzten Gericht wiederfinden, von Uniformierten an den Armen gepackt und in den Saal gestoßen, einsam Ihr Todesurteil anhörend. Es waren nur Sekunden, in denen diese Bilder damals über den Fernsehschirm flimmerten. Aber sie reichten, um eine Atmosphäre der Feindseligkeit unvergeßlich zu vermitteln, in der Verteidigung kaum eine Chance gehabt haben dürfte. Abschreckung – auf lateinisch: terror, in der gehobenen Sprache des Juristen: Generalprävention – war das in aller Naivität demonstrierte Gebot der Stunde, dem diese Unglücklichen geopfert wurden.

Oder erinnern Sie sich an Tonfilmaufnahmen von den Verhandlungen des Volksgerichtshofes mit dem wütenden, die Angeklagten anschreienden Freisler als Henker in Richterrobe. Ein deutsches Beispiel für die schamlose Vorankündigung von Todesurteilen im politischen Strafprozeß.

Nein, so primitiv geht es hier und heute nicht mehr zu. Die Todesstrafe ist abgeschafft. Und man trägt wieder Maske. Schon damals wurde Freislers Mangel an Maske als anstößig empfunden. Und doch war dieser Kunstfehler nur die Übersteigerung der atmosphärischen Vorverurteilung, die in fast jedem politischen Strafprozeß im Raum steht.

Von deutschen Terroristenprozessen gibt es keine Fernsehbilder. Sie wären nötig, um die schon im Gerichtssaal spürbare Generalprävention – um den Ausdruck Terror zu vermeiden – anschaulich zu machen, die sich gegen einen als unschuldig zu Vermutenden richtet. Selbst von einem Prozeß zum anderen habe ich diese feindliche Atmosphäre vergessen, sie nicht für möglich gehalten, sie als ein Stück inzwischen überwundene Vergangenheit verdrängt, um jedesmal neu zu erschrecken, daß es diesen »Hauch von Volksgerichtshof« noch gibt.

Ist es also sinnlos, im politischen Prozeß, wenn er sich gegen erklärte Feinde richtet, überhaupt das Amt des Verteidigers zu übernehmen? Stärkt man nicht vielmehr nur einen Schein von Rechtsstaatlichkeit, indem man sich an einem öffentlichen Verfahren beteiligt und den Angeklagten verteidigt, als ob der Ausgang des Verfahrens offen sei?

Es hat sicher Terroristenprozesse gegeben, in denen die Funktion von Verteidigung nur darin bestehen konnte, den Mangel an Rechtsstaatlichkeit öffentlich zu denunzieren. Aber es gibt auch Beispiele dafür, daß die prozeßbestimmende Feinderklärung durchbrochen oder aufgehoben worden ist und daß hierzu gerade auch traditionelle oder unkonventionelle Verteidigerarbeit beigetragen hat. Die Beispiele haben Ausnahmecharakter. Gleichwohl dürfen sie im Rahmen einer Untersuchung über Terroristenprozesse nicht fehlen. Sie erklären, weshalb Rechtsanwälte sich trotz aller schlechten Erfahrungen immer wieder auf das ruf- und kräftemordende Unternehmen eingelassen haben, im politischen Strafverfahren, also in einem auf justizförmigen deklaratorischen Vollzug einer vorgegebenen innerstaatlichen Feinderklärung angelegten Verfahren, so etwas wie faires Verfahren anzumahnen.

Da die Feinderklärung außerhalb des Gerichtssaales erfolgt und der Hauptverhandlung zeitlich vorangeht, erweitert sich der Aufgabenbereich der Verteidigung. Auch sie muß versuchen, im politischen Vorfeld des Prozesses wirksam zu werden, der Medienkampagne, die vom Generalbundesanwalt und anderen Staatsträgern zielgerichtet angeheizt wird, durch eigene Informationspolitik entgegenzutreten, dem Mandanten, der in seiner Zelle von wichtigen Verbindungen abgeschnitten ist, Informationen und eine Plattform für Öffentlichkeit zu verschaffen; sie muß an der Organisierung von Unterstützungs- und Informationskomitees teilnehmen und selbst jede Möglichkeit zur Veröffentlichung der ungleichen Kampfbedingungen, die dem Mandanten und der Verteidigung aufgezwungen sind, nutzen. Das ist das Mindeste, was ein Verteidiger in Wahrnehmung des ebenso großartigen wie irrealen Rechts auf Waffengleichheit tun kann und muß, auch auf die Gefahr hin, sich Verdächtigungen und Beschimpfungen auszusetzen, die ihn der politischen Identifizierung mit dem Mandanten oder der Verfolgung eigensüchtiger Motive bezichtigen.

Wenn eine Chance besteht, daß die Interessen der Justizbetreiber eine Aufhebung der speziellen Feinderklärung gegen den Mandanten erfordern könnten, muß auch sie genutzt werden. Die realistische Einschätzung des prozeßentscheidenden Einflusses der Feinderklärung kann den Verteidiger dazu zwingen, in die Höhle des Löwen zu gehen, nämlich dorthin, wo die Vorentscheidung über Freund und Feind getroffen wird. Allerdings ist es eine Frage von politischer Identität und Glaubwürdigkeit, ob man als Verteidiger bereit ist, einem Mandanten den Verzicht auf einen Feindprozeß durch Kollaboration mit der Staatsgewalt im Sinne einer Kronzeugenrolle zu erkaufen. Da gibt es eine Grenze, die ein Verteidiger, der seinen Beruf mit einem der Staatsgewalt oppositionellen Selbstverständnis ausübt, niemals überschreiten wird. Wer seine Verteidigeraufgabe darin sieht, Menschen im Rahmen des Möglichen vor dem legalen Terror des Strafrechtes zu schützen, kann nicht, um dem einen zu helfen, andere, die nicht minder verteidigungsbedürftig sind, der Staatsgewalt ausliefern.

Und wer die in ihrer Identität gebrochenen, verängstigten, enttäuschten und mißbrauchten Menschen kennengelernt hat, die sich um vermeintlicher Vorteile willen in die Rolle der Kronzeugen pressen ließen, wird auch daran zweifeln, ob der Rat, mit dieser Staatsgewalt zu kollaborieren, überhaupt hilfreich sein kann.

Wer mit dieser begrenzten Zielsetzung die Verteidigeraufgabe bejaht, auf die Rücknahme der Feinderklärung im konkreten Fall hinzuwirken, wird sich freilich damit begnügen müssen, für seinen Mandanten allenfalls einen Prozeß nach den Regeln des Bürgerstrafrechts einzuhandeln. Der Freundprozeß ist den Verrätern – oder in der Sprache der Justizbetreiber: den Kronzeugen – vorbehalten. Aber schon der Bürgerprozeß setzt ein Verteidigungspotential in Kraft, das einem Angeklagten für den zuvor das Lebenslänglich programmiert war, den Freispruch einbringen kann.[2]

Drei Beispiele aus meiner Verteidigerpraxis.

Das erste – Fall Roth – betrifft ein Verfahren, in dem erst in der Hauptverhandlung die Durchbrechung der Feinderklärung gelang. Im zweiten Beispielfall – Astrid Proll – war die Aufhebung der Feinderklärung schon vor der Hauptverhandlung erfolgt. Im einen Fall wird sichtbar, welche große Bedeutung für die Durchsetzbarkeit einer Feinderklärung das politische Bewußtsein der Richter hat. Im anderen Fall hatten Überlegungen politischer Zweckmäßigkeit bei sozial-liberalen Regierungsmitgliedern einer Wahrheit zum Durchbruch verholfen, die im Feindprozeß unterschlagen werden sollte.

Das dritte Beispiel – Fall Peter-Jürgen Boock – wird zeigen, daß die Rücknahme der Feinderklärung zwischen Exekutive und Justiz kontrovers bleiben kann. Wir werden sehen, wer in diesem Fall der Stärkere und der Feindseligere war.

Durchbrechung der Feinderklärung im Wege traditioneller Verteidigung (Fall Roth)

Der Fall Roth gibt Anlaß, daran zu erinnern, daß die prinzipielle Einflußlosigkeit des Angeklagten und des Verteidigers bei der Bestimmung des gesetzlichen Richters keineswegs selbstverständlich ist.

Im amerikanischen Strafverfahren wirken Ankläger und Verteidiger in einem oft mehrere Tage andauernden Auswahlverfahren bei der Zusammensetzung der Geschworenenbank mit. Sie können bei Verbrechen, die mit der Todesstrafe bedroht sind, bis zu 30 Geschworene, bei anderen schweren Verbrechen 20 und bei geringeren Vergehen 5 Geschworene ohne Begründung ablehnen. Darüberhinaus können einzelne Geschworene aus besonderen Gründen, die ihre Unparteilichkeit in Frage stellen, abgelehnt werden. Um die Frage der Unparteilichkeit zu klären, dürfen Ankläger und Verteidiger den Geschworenen Fragen stellen.

Vor 1924 gab es auch im deutschen Strafprozeß das Recht, Geschworene abzulehnen, allerdings ohne Vernehmungsrecht. Max Hirschberg berichtet:

Es war üblich, bei Brandstiftungen Bauern, bei Meineid fromme Katholiken, bei Sexualverbrechen Frauen oder ältere Männer mit strengen Sittenbegriffen abzulehnen.[3]

Ich könnte es mir reizvoll vorstellen, bundesdeutschen Oberlandesgerichtsräten Fragen über ihre Einstellung zum Terrorismus, dem großen und dem kleinen, und zur kalten Amnestie für Nazi-Verbrecher zu stellen – etwa dem Vorsitzenden des Prozesses gegen die Journalistin Ingrid Strobl, die 1989 für den nach Ansicht des

Oberlandesgerichtes Düsseldorf mit terroristischen Plänen verknüpften Kauf eines Weckers zu fünf Jahren Gefängnis verurteilt wurde.[4] Der Vorsitzende Richter begann seine mündliche Begründung für dieses Terror-Urteil mit dem Bekenntnis, daß ihm die Galle hochgekommen sei, als die Angeklagte von Klassenjustiz und kalter Amnestie für NS-Täter gesprochen habe:

Nur langjährige berufsrichterliche Erfahrung hat uns ermöglicht, dem zu Ende zuzuhören und anschließend zur nötigen Gelassenheit zurückzufinden und die eigenen Gefühle zu kontrollieren.[5]

Daß den Richtern dies gelungen sei, darf füglich bezweifelt werden. Ihr Urteil hat auch in den bürgerlichen Medien peinliches Aufsehen erregt, weil die Anwendung feindprozeßlicher Maßstäbe wegen der Dürftigkeit der Beweislage kaum zu kaschieren war.

Obwohl der Anspruch des Angeklagten, daß seine Sache vor einem unbefangenen Richter verhandelt werde, Teil seines Rechts auf den gesetzlichen Richter ist und damit Verfassungsrang hat, ist in der Strafprozeßordnung nur höchst unvollkommene Vorsorge für eine Durchsetzung dieses Rechts getroffen. Das einstige Recht, Gerichtspersonen, bei denen Vorurteile gegen den Angeklagten vermutet werden konnten, von vornherein abzulehnen, ist zu einem Recht auf Ablehnung wegen Besorgnis der Befangenheit verkümmert, das konkret aus dem Verhalten des Richters begründet werden muß und fast immer an der Kameraderie der über das Gesuch entscheidenden Richterkollegen scheitert.

Auf die Zusammensetzung der Richterbank haben der Angeklagte und seine Verteidigung also nur ausnahmsweise und unter Inkaufnahme neuer Feindseligkeiten geringfügigen Einfluß. Der Anklagebehörde dagegen steht – davon wird noch die Rede sein – ein großer Ermessensspielraum bei der Auswahl unter mehreren gesetzlichen Richtern zu. Eine legale Verletzung des Prinzips der Waffengleichheit, die den Angeklagten und seine Verteidigung beim Kampf gegen die Programmierung eines Feindprozesses erheblich benachteiligt.

Selbst wenn ein Angeklagter mit dem problematischen Instrument, das ihm die Strafprozeßordnung zur Ausschließung offensichtlich voreingenommener Richter zur Verfügung stellt, einmal Erfolg hat, ist es doch in aller Regel ein Pyrrhus-Sieg, weil der Richter, der die Stelle des abgelehnten Kollegen einnimmt, den gleichen Zwängen des Feindklimas ausgesetzt ist und nur ausnahmsweise ein abweichendes politisches Bewußtsein einbringen wird. Der Fall Roth bietet jedoch ein Beispiel dafür, daß mit dem verpönten Mittel der Richterablehnung ein schlagartiger Wandel des Prozeßklimas herbeigeführt werden konnte.

In dem Prozeß gegen Karl Heinz Roth und Roland Otto, der von Januar bis Juli 1977 vor einer Strafkammer des Landgerichts Köln stattfand, gelang es, eine massive öffentliche Vorverurteilung im Wege traditioneller Verteidigung zu durchbrechen. In diesem Verfahren war ich zusammen mit den Kollegen Klaus Dethloff, Armin Golzem, Wolfgang Heiermann und Frank Niepel als Verteidiger tätig.[6]

Es ging um den Anklagevorwurf des vollendeten und des versuchten Mordes an drei Polizeibeamten. Bei einer nächtlichen Fahrzeugkontrolle auf einem Parkplatz in Köln-Gremberg war es zu einer Schießerei gekommen, bei der zwei Menschen getötet und zwei schwer verletzt wurden. Die Eskalation begann, als die Polizeibeamten über Funk einen Hinweis bekamen, der sich wohl nur auf Karl Heinz Roth und dessen politische Aktivitäten im Rahmen der Studentenbewegung bezogen haben kann, da nur Roth auf seinen richtigen Namen lautende Papiere vorgelegt hatte. Klarheit über den genauen Inhalt dieser verhängnisvollen Feinderklärung vor Ort konnten wir im Prozeß nicht erlangen, da WE-Meldungen (WE = wichtige Ereignisse) des Polizeipräsidenten in Köln vom 9.5.1975 zum Wohle des Landes Nordrhein-Westfalen nach § 96 StPO gesperrt wurden. Nur Terroristenangst aber kann das Verhalten der Polizisten erklären, die ihre Dienstwaffen auf die Fahrzeuginsassen richteten und sodann zum Aussteigen aufforderten. Nachdem der Mann auf dem Beifahrersitz, der schweizerische Staatsangehörige Werner Sauber, als erster ausgestiegen war, wurde das Feuer eröffnet, von wem, darüber gingen die Meinungen von Gericht und Verteidigung bis zuletzt auseinander.

Werner Sauber, der wegen Zugehörigkeit zu einer kriminellen Vereinigung (§ 129 StGB) und wegen schweren Raubes (§§ 249, 250 StGB) gesucht wurde, weil er als Mitglied der Bewegung 2. Juni an zwei Banküberfällen beteiligt gewesen sein soll, bei der Kontrolle jedoch, ebenso wie Roland Otto, falsche Papiere vorgelegt hatte, wurde von 7 Polizeikugeln getroffen und getötet. Von zwei Kugeln aus Werner Saubers Pistole getroffen starb auch ein Polizeibeamter auf dem Parkplatz. Ein weiterer Polizeibeamter wurde durch zwei Schüsse verletzt, die ebenfalls Sauber abgegeben hatte, Karl Heinz Roth erhielt durch eine Polizeikugel und eine verirrte Kugel aus Saubers Pistole lebensgefährliche Verletzungen. Unverletzt blieb der dritte Mann im Wagen, Roland Otto, der ebenso wie Roth keinen Schuß abgab, aber bewaffnet war.

Die Mordanklage setzte voraus, daß Roth und Otto die von Sauber abgegebenen Schüsse gebilligt hätten, weil sie sich aufgrund gemeinsamen Tatentschlusses der Festnahme hätten gewaltsam widersetzen wollen. Außerdem warf die Anklage, gestützt auf die Aussage eines Polizeibeamten, Karl Heinz Roth vor, er habe, schon schwer verletzt am Boden liegend, versucht, nach seiner Pistole zu greifen, um auf einen Polizeibeamten zu schießen. Auch dieser Mordversuch sei als gemeinschaftliche Tat gewollt und gefördert, so daß Roth und Otto als Mittäter schuldig seien.

Die Polizeiführung hatte den Prozeß durch öffentliche Vorverurteilung der »Terroristen«, durch Zurückhaltung von Beweismitteln und durch präparierte Polizeizeugen zu steuern versucht. Die Verteidigung entdeckte, daß es fast 200 von der Polizei zurückgehaltene Fotos eines Journalisten gab, der zufällig wenige Minuten nach dem Vorfall am Tatort vorbeigekommen war, als Roth noch mit dem Oberkörper aus dem Auto gesunken in einer Blutlache auf dem Pflaster lag. Dadurch gelang es, die Aussage des Polizeizeugen zu widerlegen, der Roths Griff zur Pistole gesehen haben wollte. Die Verteidigung erwirkte weiter die Beschlagnahme eines umfangreichen Papiers, aus dem sich ergab, wie die Polizisten auf ihre Zeugenrolle vorbereitet wurden. Da las man:

Dieser Prozeß ist anders... Seien Sie sicher: Sie sind nicht Angeklagter – auch wenn die Verteidiger versuchen werden, dies so zu verdrehen. Sie haben sich nichts vorzuwerfen! Sie haben rechtmäßig gehandelt!

Gleichwohl gelang es, die Aussagen der Polizeizeugen durch intensive kritische Befragung in ihrer Glaubwürdigkeit zu erschüttern, so daß am Ende dieser mit harter Sachlichkeit geführten Verteidigung die Durchbrechung der Vorverurteilung erreicht wurde. Was sich jedoch bis dahin abspielte, entsprach dem typischen Muster eines Terroristenprozesses, bei dem die Strafprozeßordnung und die Regeln eines fairen Verfahrens weitgehend außer Kraft gesetzt waren.

Die Hauptverhandlung hatte im Zeichen einer massiven Feinderklärung begonnen, die sich insbesondere gegen den Angeklagten Arzt Karl Heinz Roth richtete, der zu dieser Zeit 22 schlimme Haftmonate hinter sich hatte und infolge unzureichender Behandlung seiner schweren Verletzungen und wegen brutaler Schikanen auf dem Transport in extrem schlechter gesundheitlicher Verfassung war. Karl Heinz Roth gab eine Erklärung zur Person ab, in der es u.a. hieß:

Seit dem 9.5.75 bin ich durch alle Institutionen dieser Gesellschaft vorverurteilt. Die Kölner Polizei sorgte auf einer makabren Pressekonferenz für den Auftakt, und sie ließ sich seither keine Gelegenheit entgehen, um mich bei Transporten zu mißhandeln. Die Massenmedien stempelten mich in ihrer gesamten politischen Breite zum »Terroristen aus der Nonnenklinik«. Eine Springer-Zeitung schrieb: »Unter der perfekten Maske des Samariters und Menschenfreundes zeigte sich die Fratze eines Extremisten, der über Leichen geht«. Bin ich das? Ist mein Gesicht eine Fratze? Wie sehen die Gesichter jener Schreiberlinge aus, die sich zu einer derartigen Groteske haben hinreißen lassen? Bruchstücke aus meiner Vergangenheit wurden gezielt verfälscht, um mich zu einem »kühlen Strategen« zu ernennen, der ein »gutbürgerlich getarntes Doppelleben führte«, und jetzt, bei einer Polizeikontrolle wild um sich schießend, auf der Strecke blieb. Dieses Suggestivbild war derart wirksam, daß es sich selbst in den entsprechenden Aussagen einiger der beteiligten Polizeibeamten widerspiegelt. Entsprechend war auch die Behandlung im Knast. Im Gefängnis Ossendorf galt ich als der einzige, der überhaupt das Feuer auf die Polizei eröffnet hatte. Viele Ärzte, denen ich ausgeliefert war, hielten es für überflüssig, mich, den Arzt-Terroristen, wie einen kranken Menschen zu behandeln. Da wollten auch die Berufsrichter dieser Kammer nicht nachstehen. Die verschärften Haftbedingungen seit Sommer 1976 und die vergangenen ersten Prozeßtage sind und bleiben ein Skandal.

Die ersten Prozeßtage wurden nicht nur von dem Angeklagten Roth als Skandal empfunden. Gerhard Mauz, wegen der Ausgewogenheit seiner Berichterstattung oft gerühmt und oft getadelt, schrieb im »Spiegel« (Nr.6/1977):

In vier knappen Sitzungstagen gelingt es dem Vorsitzenden Richter Dr. Armin Draber, 45, den Gerichtssaal in ein Schlachtfeld zu verwandeln.

Nachdem Mauz den überaus schlechten Gesundheitszustand des Angeklagten und die vergeblichen Versuche der Verteidigung erwähnt hat, eine Verschonung von der U-Haft zum Zweck intensiver ärztlicher Betreuung zu erreichen, hieß es weiter:

Zum ersten Sitzungstag wird Karl-Heinz Roth von Bochum nach Köln in einem VW-Transporter gebracht. Er ist an den Händen gefesselt. Er bekommt Bauchkoliken, deren Heftigkeit sich im Laufe des Tages steigert. Da er gefesselt ist, kann er die Erschütterungen, denen sein Transport ihn aussetzt, nicht abfangen. Es versteht sich, daß die Verteidigung klären möchte, ob er überhaupt verhandlungsfähig ist. Doch dazu kommt es am ersten Tag nicht.

Was sich in der Kölner Hauptverhandlung im einzelnen an feindprozessualer Vergewaltigung des Rechts und der Menschenwürde der Angeklagten und ihrer Verteidiger abspielte, soll hier ausgespart bleiben. Ich übergehe hier auch die inhaltliche Verteidigerarbeit, mit der die Glaubwürdigkeit der Belastungszeugen erschüttert wurde. Die Durchbrechung des Feindklimas gelang erst, als ein Ablehnungsantrag der Verteidigung gegen den Vorsitzenden Richter erfolgreich war. In der »Frankfurter Rundschau« vom 27.7.1977 kommentierte Hartwig Suhrbier die Entwicklung so:

Der »Roth-Prozeß« in Köln ist ein Lehrstück darüber, was hierzulande alles möglich ist: Am Anfang stand eine massive öffentliche Vorverurteilung der beiden Angeklagten Roth und Otto als »Terroristen« und »Mörder«. Sie nahm am Morgen nach jener verhängnisvollen Schießerei in der Nacht zum 9. Mai 1975 in einer Pressekonferenz ihren Ausgang und wurde noch lange offiziell genährt. Wie sehr diese Vorverurteilung gewirkt hat, zeigte sich bei Prozeßbeginn: Sicherheitsstufe I für die Gerichtsbewachung sowie Durchsuchungsmaßnahmen für Publikum, Presse und Verteidigung nach Stammheimer Muster, obgleich es offiziell nur um einen »ganz normalen Mordprozeß« ging und keine Anklage wegen Unterstützung einer kriminellen Vereinigung vorlag.

Hinzu kam der Vorsitzende Richter, dessen Maßnahmen statt von Logik und Unabhängigkeit von Mißtrauen und Unsicherheit gegenüber den beiden Angeklagten und ihren Wahlverteidigern bestimmt waren, und die mitunter schikanöse Qualitäten annahmen. Daß dieser Richter sich schließlich selbst für befangen erklärte und ausschied, war das Beste, was er noch für den Prozeß tun konnte.

Im WDR wurde ein Kommentar von Leo Waltermann gesendet (27.7.1977), in dem es hieß:

Der Prozeß wurde erst in den letzten Wochen das, was er nach den Worten des ersten Vorsitzenden Richters Doktor Armin Draber von Anfang an sein sollte: ein gewöhnlicher Mordprozeß. Er wurde erst ein gewöhnlicher Mordprozeß, als dieser Vorsitzende abgelöst worden war wegen der berechtigten Besorgnis, der Richter könne befangen sein. Erst sein Nachfolger, der Vorsitzende Richter Ernst Eggeling, führte souverän und gelassen den Prozeß in ein normales Klima.

Die bürgerliche Presse schrieb das Verdienst für die Durchbrechung der Feinderklärung den Verteidigern zu. Hartwig Suhrbier in der FR (27.7.1977):

Es ist ausschließlich das Verdienst der Wahlverteidiger, daß der »Roth-Prozeß« nicht im Sumpfklima der Vorverurteilung steckenblieb und zu einem »normalen Mordprozeß« mit streng sachorientierter Beweisaufnahme wurde. Ohne die harte, gut koordinierte und intellektuell wie fachlich herausragende Arbeit ihrer Verteidiger hätten Roth und Otto angesichts ihrer Vorverurteilung als »Terroristen« keine Chance gehabt.

Und der schließlich erkämpfte Freispruch wurde durchweg beifällig aufgenommen. Hier der Kommentar von Hans Schueler in der »Zeit« vom 29.7.1977:

Die Freisprüche im Kölner Mordprozeß gegen den Arzt Karl-Heinz Roth und seinen Mitangeklagten Roland Otto haben das Vertrauen zur Fähigkeit der Justiz gestärkt, auch in politisch eingefärbten Strafverfahren Augenmaß und Vorurteilslosigkeit zu bewahren. Zu dünn waren die von der Staatsanwaltschaft zusammengetragenen Indizien dafür, daß Roth und Otto sich den Tötungsvorsatz des bei einem Schußwechsel mit Polizeibeamten umgekommenen mutmaßlichen Terroristen Werner Sauber zu eigen gemacht hätten und daß sie deshalb als Mörder bestraft werden müßten, obwohl sie nicht geschossen hatten.

Die Verhandlungsführung des ersten Schwurgerichtsvorsitzenden, der wenige Wochen vor dem Urteil wegen Befangenheit ausschied, gab nicht nur den Angeklagten und ihren Verteidigern, sondern auch den meisten Prozeßbeobachtern Anlaß zur Besorgnis, das ganze Gericht sei womöglich voreingenommen. Doch der Eindruck täuschte.

Unter ihrem neuen Vorsitzenden hoben die Richter alsbald die Haftbefehle auf – mit der selten freimütigen Begründung, es bestehe kein hinreichender Tatverdacht. Damit war der Freispruch praktisch vorweggenommen. Angesichts der in diesem Prozeß einzig möglichen Alternative – lebenslänglich – läßt das Urteil jeden Menschen aufatmen, der auch in sogenannten Terroristen-Prozessen noch bereit ist, den Zweifel zugunsten des Angeklagten wirken zu lassen.

Der Ablehnungsantrag gegen den Vorsitzenden, der die Wende im Roth-Prozeß herbeigeführt hatte, stützte sich auf einen Aufsatz in der Zeitschrift »Gruppendynamik« (Nr. 5/1974, S. 360 ff.), in dem Dr. Draber sich über den Arbeitsgruppenaspekt der gerichtlichen Hauptverhandlung und über die vorgebliche Funktion einer solchen Verhandlung verbreitete:

Fragt man sich aber, was die zwecks Durchführung der Hauptverhandlung zusammengekommenen Beteiligten als Gruppe eigentlich tun, so ergibt sich ein anderes Bild: Die Gruppe vollzieht einen sozialen Ausstoßungsmechanismus.

Weiter heißt es in Drabers Text:

Die Unschuldsvermutung schützt ihn (den Angeklagten) davor, schon vor der Verurteilung als Ausgestoßener mit gemindertem Status angesehen und behandelt zu werden. Die Vorstrukturierung der Gruppe sorgt dennoch dafür, daß nach Möglichkeit nur solche Personen in der Rolle des Angeklagten in die Gruppe aufgenommen werden, bei denen damit zu rechnen ist, daß sie am Schluß verurteilt werden. Anklage und Eröffnungsbeschluß wirken als Filter, die für die vorgesehene Rolle ungeeignete Anklage von vornherein ausscheiden.

Herr Draber hatte damit einen Beitrag zum Thema Vorverurteilung geliefert, der mit naiver Offenheit die Schuldvermutung als das eigentliche Prinzip des Strafprozesses enthüllte. Aber es kam noch besser:

Wenn der Angeklagte sich für unschuldig hält, oder wenn er zwar weiß, daß er schuldig ist, aber erwartet, daß seine Schuld bei regelrechtem Prozeßablauf nicht nachgewiesen werden kann, hat er selbst ein Interesse am ungestörten Ablauf des Prozesses. Erfahrene Verteidiger wissen deshalb, daß es in solchen Fällen darauf ankommt, das Vertrauen der übrigen Beteiligten der Arbeitsgruppe, insbesondere der Richter, zu gewinnen oder zu erhalten und Konflikte in der Hauptverhandlung möglichst zu vermeiden...

Doch hat es die Strafrechtspraxis in letzter Zeit zunehmend mit Angeklagten zu tun, bei denen die Identifizierung (mit den durch die Regeln und Ziele der Arbeitsgruppe repräsentierten Normen) fehlt und die Strategien entwickeln, um den Ablauf und die Erreichung des Ziels der Hauptverhandlung zu stören bzw. zu verhindern...

Auf diese Weise mag der Angeklagte am Ende seine Freisprechung oder die Einstellung des Verfahrens erreichen. Solche Fälle sind nicht selten. Sie laufen darauf hinaus, daß der Angeklagte sich der für ihn in der Arbeitsgruppe vorgesehenen Rolle entzieht und eine dysfunktionale Rolle übernimmt.

Der Richter Dr. Draber hat in diesem Aufsatz sicher viel Wahres darüber gesagt, wie es in den Köpfen deutscher Richter aussieht. Angeklagte, die sich der für sie vorgesehenen Rolle der Ausstoßung zu entziehen versuchen, indem sie den Anklagevorwurf bestreiten, Beweisanträge stellen, auf ihre Verhandlungsunfähigkeit hinweisen oder gar die Besorgnis der Befangenheit von Richtern geltend machen, zeigen damit, daß sie die Arbeitsgruppe stören und nicht an der Erreichung des Arbeitsziels mitwirken wollen. Sie beweisen damit, daß sie schuldig sind und den konfliktlosen Ablauf des Ausstoßungsprozesses zu scheuen haben.

Für den Roth-Prozeß hatte Herr Draber der Verteidigung mit dieser Offenbarung seiner Bewußtseinslage ein Geschenk gemacht, mit dem die pokergesichtigen Hüter des Rechts im allgemeinen zu geizen pflegen. Auch Herr Draber hatte zu Beginn des Prozesses glauben machen wollen, daß es sich um »einen ganz gewöhnlichen Mordprozeß« handele, die politische Dimension des Verfahrens also bestritten. War der Anspruch des Vorsitzenden, unpolitisch zu judizieren, bis dahin nur durch seinen feindlichen Verhandlungsstil und den von ihm veranlaßten Aufwand an Polizei und Überwachung widerlegt worden, so lag nunmehr der Widerspruch gedruckt auf dem Tisch.

Erstaunlicherweise erklärte Herr Draber selbst in seiner dienstlichen Äußerung den Ablehnungsantrag für begründet, so daß die Kammer, die vorangegangene Ablehnungsanträge zurückgewiesen hatte, von der üblichen kollegialen Kameraderie entbunden war und dem Antrag entsprach.

Von Stund an änderte sich das Verhandlungsklima. Die bis dahin praktizierten Durchsuchungen der Verteidiger entfielen. Einem Antrag, Roth aus der Untersuchungshaft zu entlassen, wurde stattgegeben. Der Freispruch von der Mordanklage wurde von der bürgerlichen Medienöffentlichkeit, auch soweit sie zuvor eifrig an der Feinderklärung mitgewirkt hatte, als Zeichen der Rechtsstaatlichkeit gefeiert. Vergessen die mörderischen Haftbedingungen des schwerverletzten Karl Heinz Roth, vergessen, an welchem Zwirnsfaden nicht nur sein Leben, sondern auch die Entscheidung zwischen Freispruch und Lebenslänglich gehangen hatte.

Daß die konservative Fraktion mit diesem Freispruch keineswegs einverstanden war, zeigte sich in der Entscheidung des OLG Köln, Roth eine Entschädigung für 26 Monate Untersuchungshaft zu versagen, weil er diese wegen des Besitzes einer Pistole selbst verschuldet habe, und in dem Ausspruch eines Polizeibeamten gegenüber dem Journalisten Leo Waltermann: »Die Kollegen haben schlecht geschossen; die hätten alle drei tot sein müssen.«[7]

Man kann nur spekulieren, wie der Roth-Prozeß ohne den erfolgreichen Ablehnungsantrag ausgegangen wäre. Es ist denkbar, daß der Richter Draber das Handtuch geworfen hat, als er merkte, daß sich innerhalb der Kammer die Mehrheitsverhältnisse gegen ihn umdrehten. Schon zwei Stimmen innerhalb des fünfköpfigen Gerichts können einen Schuldspruch verhindern (§ 263 Abs. 1 StPO). Und der

Freispruch ist, wie aus einer Bemerkung bei der mündlichen Urteilsbegründung hervorging, einstimmig beschlossen worden. Aber immerhin hatte Draber bis zu seinem Ausscheiden die zur Ablehnung von Anträgen der Verteidigung nötige einfache Mehrheit (§ 196 Abs. 1 GVG) jeweils hinter sich bringen können, so daß wir bis zum Erfolg unseres Ablehnungsantrages gegen Draber einem verurteilungswilligen Gericht gegenüberzustehen glaubten. Auch ein früherer Haftentlassungsantrag für Karl Heinz Roth war von der Kammer abgelehnt worden. Während der Beratung dieses Antrages wurde bekannt, daß Generalbundesanwalt Buback erschossen worden war. Unmöglich, in der gleichen Stunde einen »Terroristen« aus der Haft zu entlassen. Da wurde ein durch rationale Verteidigerarbeit schon fast überwundenes Feindbild reaktiviert und band Richtern, die auf dem Wege zu besserer Einsicht waren, die Hände. Ob der Vorsitzende, dessen Einstellung zu den Angeklagten von den Ergebnissen der Beweisaufnahme offenbar unbeeindruckt blieb, das von der Staatsanwaltschaft beantragte Lebenslänglich mit seiner Autorität gegen die beiden jüngeren Richter und die Schöffen hätte durchsetzen können? Ich weiß es nicht.

Aber wie auch immer, die gerichtliche Aufhebung der Feinderklärung gegen die Angeklagten erfolgte zeitgleich mit der Bescheidung unseres Ablehnungsantrages. Und vielleicht waren es gerade die Erklärungen der Angeklagten und der Verteidiger zu diesem Antrag, die den Sinneswandel bei den Richtern und Schöffen bewirkten. Man wird deshalb den erfolgreichen Ablehnungsantrag im Roth-Prozeß als Beispiel für die prozeßentscheidende Bedeutung von Verfahrensanträgen anführen dürfen, die im Klima des Feindprozesses und seines Umfelds nur als Störfaktor, wenn nicht gar als Mißbrauch von Verteidigerrechten verlästert zu werden pflegen.

Ablehnungsanträge gegen allzu offensichtlich befangene Richter werden gerade von engagierten und verantwortungsbewußten Verteidigern auch im politischen Prozeß sicher nicht mißbräuchlich, sondern nur mit größter Zurückhaltung als prozessuales Mittel eingesetzt. Denn gerade der im politischen Strafprozeß erfahrene Verteidiger weiß, daß die für das Urteil entscheidende Bewußtseinslage bei dem neuen Richter in der Regel nicht wesentlich anders aussehen wird als bei dem abgelehnten Richter. Der eine hat nur die angelernte Maske des scheinbar unparteiischen und unpolitischen Richters ein bißchen gelüftet, während die anderen das Visier fest geschlossen halten. Und doch gibt es Unterschiede, wie der Fall Draber zeigt, wo mit der Person eines Richters auch die von ihm verkörperte Feinderklärung den Saal verläßt. Und darum haben Ablehnungsanträge auch im politischen Prozeß eine legitime Funktion.

Gerade an Ablehnungsanträgen aber hat sich mehr als einmal der von konservativen Medien und Staatsträgern geschürte Volkszorn entzündet, wenn es um den angeblichen Mißbrauch von Verteidigerrechten in Terroristenprozessen ging. Den Startschuß dafür bildeten die Ablehnungsanträge im großen Stammheim-Prozeß gegen Andreas Baader und andere. Auch die Kollegen, die damals die Angeklagten verteidigt haben, waren sich der Problematik dieser gegen den Vorsitzenden

Richter Prinzing gestellten Ablehnungsanträge, von denen erst der 85. erfolgreich war, zweifellos bewußt. Aber sie hätten der Rechtspflege, als deren Organ sie ja bei Bedarf apostrophiert werden, einen schlechten Dienst erwiesen, wenn der Eindruck stehengeblieben wäre, daß die von Herrn Prinzing praktizierten Usancen geltendes Recht seien.[8]

Als im Stammheimer Prozeß gegen Andreas Baader u.A. diese Institution der Strafprozeßordnung einer breiteren Öffentlichkeit bekannt wurde, gehörte es zum bösen Ton der tonangebenden Meinungsmacher, gerade das Gebrauch-Machen von diesem anderweitig allzu oft verschlafenen Recht als »Mißbrauch« zu begeifern.

Gerhard Mauz formulierte die Position derer, die auch in dieser verteidigerfeindlich emotionalisierten Zeit auf der Seite des Rechts standen:

Endlich einmal wird in diesem Land wirklich verteidigt – und schon heißt es, es werde »Mißbrauch« getrieben. Endlich einmal wird in diesem Land in Anspruch genommen, was die Strafprozeßordnung der Strafverteidigung zur Verfügung stellt – und schon muß die Strafprozeßordnung demoliert werden, damit sie nicht »mißbraucht« werden kann. Doch die Wahrheit ist, daß in Stuttgart-Stammheim endlich einmal versucht wird, die Strafprozeßordnung zu gebrauchen. Was ist für jene, die nun aufschreien und den drohenden Untergang des Rechtsstaats beschwören, die Strafprozeßordnung eigentlich bislang gewesen? Durfte unsere Strafprozeßordnung nur so lange gelten, als sie nicht ernsthaft in Anspruch genommen wurde?[9]

Ein maßgeblicher Vertreter der Mißbrauchs-These, der damalige Generalbundesanwalt Buback, gab seinem Rechtsverständnis in einem »stern«-Interview am 5.6.1975 wie folgt Ausdruck:

Die Frage ist doch: Gilt der Grundsatz des fairen Prozesses, den Sie angesprochen haben, auch dann, wenn ein Verteidiger seine Vorrechte mißbraucht, und wenn der Mandant davon gewußt oder sogar dazu angestiftet hat? Ich bin der Meinung: nein.

So offenherzig ist das Bekenntnis zur Verneinung eines fairen Prozesses für Terroristen selten ausgesprochen worden. Der Grundsatz des »fair trial«, der nach Auffassung des obersten Anklägers der Bundesrepublik Deutschland durch »Mißbrauch« von Verteidigerrechten soll verwirkt werden können, beinhaltet als Mindestanforderungen an ein rechtsstaatliches Strafverfahren den Grundsatz der Waffengleichheit, den Anspruch auf rechtliches Gehör, das Recht auf Verteidigung und die Unschuldsvermutung. Soll alles nicht gelten, wenn Verteidiger von Terroristen ihre »Vorrechte« – wieso Vorrechte? – »mißbrauchen«? Hier nur eine Bemerkung des sachkundigen Stammheimer Prozeßbeobachters Gerhard Mauz:

Übrigens: wir haben kluge Worte darüber gehört, was in anderen Ländern längst mit Strafverteidigern geschehen wäre, die sich so aufführen wie jene Verteidiger in Stuttgart-Stammheim, die das Vertrauen der vier Angeklagten haben. Diese klugen Worte waren allerdings ein wenig unvollständig. Es fehlte ihnen der Hinweis darauf, was sich Anklagevertreter in anderen Ländern zugezogen hätten, die so agieren wie gelegentlich die Anklage in Stuttgart-Stammheim.[10]

Von Mißbrauch der Anklägerrechte war bei denen, die Angeklagten den Anspruch auf fairen Prozeß wegen »Mißbrauchs« von Verteidigerrechten versagen wollen, nie die Rede. Ihr Verständnis von Waffengleichheit endet da, wo der Gebrauch prozessualer Waffen durch die Verteidigung beginnt.

Und so ertragen sie es nur zähneknirschend, wenn es ganz ausnahmsweise einmal gelingt, einen Feindprozeß mit traditionellen Verteidigungsmitteln zu einem unerwarteten Ergebnis zu führen.

Aufhebung der Feinderklärung durch Maßnahmen der Exekutive (Fall Proll)

Wenn sich die politischen Zielsetzungen ändern, mit denen Politische Justiz betrieben wird, kann es Widerrufe von Feinderklärungen geben, die den betroffenen Angeklagten Aussichten auf einen fairen Prozeß eröffnen. Entscheidend ist allerdings, ob die obrigkeitliche Instanz, die den Widerruf verkündet, auch über die notwendige Durchsetzungsfähigkeit verfügt, um das Heimspiel einer feindwilligen Justiz zu durchkreuzen. Unabhängigkeit der Justiz ist schon mehr als einmal von konservativen Köpfen als das Recht, den Feind selbst zu definieren, verstanden worden.

Seit Jahren gab es Aufrufe von Repräsentanten der Staatsgewalt, daß »Terroristen« zurückkehren möchten in die »Menschlichkeit«. So veröffentlichten die Tageszeitungen am 20. November 1982 einen Aufruf von Bundesjustizminister Engelhard, in dem es hieß:

Lassen Sie ab von Ihrem Tun, steigen Sie aus der kriminellen Szene aus und stellen Sie sich den Behörden. Unser Staat ist bereit, all denen, die bereit sind, aus der terroristischen Verstrickung sich zu lösen, auch zu helfen.

Ähnliche Aufrufe aus früherer Zeit sind von den damaligen Ministern Baum und Vogel bekannt.

Im folgenden bringe ich zwei Beispiele für den höchst unterschiedlichen Umgang der Justiz mit Aussteigern aus der RAF. In beiden Fällen hatten Minister der sozialliberalen Koalition die Feinderklärung widerrufen, weil es sich um Aussteiger aus dem »Terrorismus« handelte. Aber während der eine Fall – Astrid Proll – der Zuständigkeit des Generalbundesanwalts entzogen war, weil er ihn schon zu einer Zeit, als die Angeklagte noch mit einem Feindprozeß rechnen mußte, an das Landgericht Frankfurt abgegeben hatte, konnte er im anderen Fall – Peter-Jürgen Boock – seinen unheilvollen Einfluß noch geltend machen, weil er sich die Anklage in eigener Regie vorbehalten hatte.

Zwar hatte auch Generalbundesanwalt Rebmann in einer Presseerklärung vom 10. November 1981 versichert, er sei bereit, »allen denjenigen zu helfen, die sich aus ihren terroristischen Verstrickungen lösen wollen«. Und wörtlich hatte er hinzugefügt: »Dies gilt auch für Peter-Jürgen Boock«. Doch während die Sozial-Liberalen in Bonn die Rückkehrer meinten, meinte man in Karlsruhe den Verräter. Und es sollte sich zeigen, daß der Generalbundesanwalt, obwohl an Weisungen des Bundesjustizministers gebunden, in dem Machtkampf mit seinem sozialdemokratischen Dienstherrn der Stärkere blieb.

Von September 1979 bis Februar 1980 fand vor einer Schwurgerichtskammer des Landgerichts Frankfurt am Main die zweite Hauptverhandlung gegen Astrid Proll statt, die ich zusammen mit Ulrich Preuß und Johannes Riemann verteidigte. Eine erste Hauptverhandlung hatte wegen Verhandlungsunfähigkeit der Angeklagten abgebrochen werden müssen, eine Folge der Isolationshaft, die an Astrid Proll und Ulrike Meinhof in der JVA Köln-Ossendorf vollzogen worden war. Astrid Proll war in der Zwischenzeit nach England emigriert und hatte dort als Kraftfahrzeugmechanikerin gearbeitet. Auf Betreiben der Frankfurter Staatsanwaltschaft wurde sie an die Bundesrepublik ausgeliefert.

Dieses Frankfurter Schwurgerichtsverfahren bildet eine merkwürdige Ausnahme im Rahmen der sogenannten Terroristenprozesse. Astrid Proll war in der bürgerlichen Öffentlichkeit als Musterbeispiel einer gelungenen Resozialisierung aufgebaut worden. Zwar hatte sie sich zu keiner Zeit ausdrücklich vom bewaffneten Kampf distanziert, doch wurde ihre offenbar aus Gruppenzusammenhängen gelöste bürgerliche Existenz in England als Emanzipation aus ihrer terroristischen Vergangenheit verstanden. So kam es, daß über dem Frankfurter Verfahren nicht der sonst übliche Schatten öffentlicher Vorverurteilung lag, und daß die Exekutive, vertreten durch den damaligen Bundesinnenminister Gerhart Baum, einen Beitrag zur Wahrheitsfindung leistete, dessen Ausnahmecharakter ein bezeichnendes Licht auf die Manipulierbarkeit von Wahrheit im Feindprozeß wirft.

Astrid Proll war angeklagt des versuchten Mordes in zwei Fällen und der Teilnahme an Banküberfällen der RAF (um es untechnisch auszudrücken und auf das Wesentliche zu beschränken). Die beiden Mordversuche wurden von der Anklageschrift wie folgt geschildert:

Am 10. Februar 1971 wurden in der Nähe der Wohnung Falkenberg die Angeschuldigte und Manfred Grashof von ROI Grünhagen und Kriminalobermeister Simons beobachtet. Kriminalobermeister Simons forderte die beiden, die die Observation offensichtlich bemerkt hatten und sich schnell entfernen wollten, auf, sich auszuweisen. Die Angeschuldigte übergab daraufhin einen gefälschten Paß auf den Namen Lucie Przybilla, Grashof einen falschen Paß auf den Namen Theodor Gärtner. Als ROI Grünhagen auf dem Lichtbild im Paß »Przybilla« eindeutig Astrid Proll erkannte und dies Kriminalobermeister Simons zurief, zog Manfred Grashof eine Pistole, richtete sie auf Kriminalobermeister Simons und rief »Hände hoch«. Gleichzeitig forderte er die Angeschuldigte auf: »Hau ab! Lauf weg!« In demselben Augenblick ergriff auch diese ihre Pistole und schoß sofort auf Kriminalobermeister Simons. Dieser konnte jedoch hinter einem Baum Deckung nehmen. Währenddessen flüchtete Manfred Grashof über die Grünanlagen, schoß aber aus etwa 10m Entfernung gleichfalls auf Kriminalobermeister Simons. Dieser nahm sodann die Verfolgung von Grashof auf, während ROI Grünhagen die flüchtende Angeschuldigte verfolgte. Bei ihrer Flucht schoß sie dreimal gezielt auf ihren Verfolger und rief: »Komm doch näher, du Scheißbulle, damit ich dich umlegen kann!« ROI Grünhagen gelang es jedoch, ihren Schüssen zu entgehen, indem er sich jeweils hinter parkende Fahrzeuge duckte.

Diese Darstellung der Anklageschrift stützte sich auf die Aussagen des Kriminalbeamten Simons und des auch aus der Schmücker-Mordsache unrühmlich bekannten Mitarbeiters des Berliner Verfassungsschutzamtes Michael Grünhagen. Während Simons im Frankfurter Verfahren als Zeuge vernommen werden konnte, wurde eine Aussagegenehmigung für Grünhagen verweigert, so daß nur Niederschriften über frühere Vernehmungen zur Verfügung standen. Schon am ersten Verhandlungstag äußerte die couragierte Vorsitzende des Schwurgerichts, Johanna Dierks:

Uns stimmt es nachdenklich, auf welche Weise die Exekutive hier in die Rechtsprechung eingreift, indem sie dem wichtigsten Zeugen die Aussagegenehmigung verweigert und damit das Gericht daran hindert, den schlimmen Vorwurf des versuchten Mordes restlos aufzuklären.

Obwohl die Kammer sich, wie es später im Urteil heißt, »bis an die Grenze des Vertretbaren« um eine Aussagegenehmigung für diesen unmittelbaren Tatzeugen bemühte, blieb es dabei: Grünhagen durfte nicht aussagen. Offenbar ließ es das Wohl der Bundesrepublik eher zu, daß eine unschuldige Angeklagte zu Lebenslänglich verurteilt, als daß ein Mitarbeiter des Verfassungsschutzes als Zeuge »verbrannt« wurde.

Wäre dieser Prozeß so verlaufen, wie es in Terroristenprozessen die Regel ist, dann hätte am Ende das Lebenslänglich für einen Mordversuch an Simons und ein weiteres Lebenslänglich für einen Mordversuch an Grünhagen gestanden, ohne daß der mindere Beweiswert verlesener Aussagen beachtet und die Richtigkeit der inhaltlich übereinstimmenden Aussagen der beiden beamteten Zeugen ernstlich in Frage gestellt worden wäre. Aber es kam in diesem von einer präjudizierenden Feinderklärung verschonten Verfahren anders. Während der Berliner Verfassungsschutz die übliche harte Linie praktizierte und damit bei einem Gericht, das die Strafprozeßordnung ernst nahm, Anstoß erregte, gab der für den Verfassungsschutz des Bundes zuständige Bundesinnenminister Baum überraschend einen Zeugen frei, von dessen Existenz in der ersten, wegen des Gesundheitszustandes der Angeklagten abgebrochenen Hauptverhandlung weder das Gericht noch die Staatsanwaltschaft etwas gewußt hatten. Auch Simons und Grünhagen hatten in ihrer Eigenschaft als Zeugen verschwiegen, daß es da noch einen weiteren unmittelbaren Tatzeugen gab.

In nichtöffentlicher Sitzung – das war die Bedingung seiner Freigabe gewesen – wurde am 13. Dezember 1979 ein Zeuge namens Jakobus vernommen, der als Beamter des Bundesamts für Verfassungsschutz an der Observation beteiligt gewesen war, in deren Verlauf es zu der Schießerei gekommen war. Der Zeuge durfte – auch das war Bedingung – nicht näher beschrieben werden, so daß ich mich schon in meinem Plädoyer darauf beschränken mußte, ihn als einen Mann von bürgerlicher Seriosität zu kennzeichnen. Tatsächlich machte der Mann sowohl nach seiner Persönlichkeit als auch in der Sachlichkeit und Präzision seiner Aussage einen vorzüglichen Eindruck, wenn man einmal von dem Rätsel absieht, wie ein solcher Mann es mit seinem Gewissen vereinbaren konnte, acht Jahre über

Beobachtungen zu schweigen, die einen Menschen vor dem Lebenslänglich retten konnten. Aber selbst dieser Mann war offenbar so deutsch, daß er es für seine Beamtenpflicht halten konnte, sein Gewissen bei seinem Dienstherren abzugeben. Ein Glück für Astrid Proll, daß dieser von seinem Gewissen Gebrauch machte, ein Glück für Gerhart Baum, daß er dabei innerhalb eines politischen Kalküls bleiben konnte, dem in diesem Fall die Aufklärung der Wahrheit diente.

Der Zeuge Jakobus schilderte ein Tatgeschehen, das mit den von den Zeugen Simons und Grünhagen gegen Astrid Proll erhobenen Vorwürfen unvereinbar war. Simons und Grünhagen hatten übereinstimmend behauptet, daß Astrid Proll eine Pistole auf Simons angelegt und aus sieben Metern Entfernung gezielt geschossen habe, als dieser, einer Aufforderung Manfred Grashofs folgend, beide Hände erhoben hatte. Jakobus, der zu dieser Zeit nur drei Meter von Simons und Grashof entfernt stand und ebenfalls Grashofs »Hände hoch!« Folge leistete, hatte von diesem angeblichen Schuß nichts bemerkt. Die ersten Schüsse seien vielmehr erst gefallen, als Grashof, der die drei Observationsbeamten mit seiner Pistole in Schach hielt, um Astrid Proll die Flucht zu ermöglichen und seinen eigenen Rückzug zu decken, langsam rückwärts gehend und sodann weglaufend über die Hälfte einer größeren Rasenfläche überquert hatte. Simons war zu dieser Zeit hinter einen Baum in Deckung gesprungen; ob er oder der ungedeckt flüchtende Grashof das Feuer eröffnete, wollte Jakobus nicht entscheiden, er habe jedenfalls Schüsse aus zwei verschiedenen Waffen gehört. Astrid Proll war zu dieser Zeit längst in einer anderen Richtung verschwunden und wurde von Grünhagen verfolgt.

In einer ausführlichen Beweiswürdigung kam das Frankfurter Gericht zu dem Ergebnis, daß »angesichts der sicheren und geschlossenen Aussage des Zeugen Jakobus« die Bekundungen der Zeugen Simons und Grünhagen nicht zur Überführung der Angeklagten ausreichten. Dem Zeugen Simons schrieb das Gericht ins Stammbuch, es lasse sich nicht von der Hand weisen, daß er »aus Zweckmäßigkeitsgesichtspunkten dazu neigt, der Wahrheit nicht den unbedingten Vorrang einzuräumen«. Zu dieser Wertung kam das Gericht auch deshalb, weil Simons kategorisch abgestritten hatte, einen Bericht Grünhagens bei Abfassung seiner eigenen dienstlichen Erklärung benutzt zu haben, obwohl die Übereinstimmung von Wortwahl und Satzfolge das Gegenteil erwies. Gerade diese Übereinstimmung hätte im Feindprozeß ein Argument für die Glaubwürdigkeit von Amtszeugen gebildet.

Und zu Grünhagen heißt es im Urteil:

Von der Persönlichkeit, dem Lebenslauf, dem Charakter und den Beweggründen des Zeugen Grünhagen konnte sich die Kammer kein Bild machen, da er von seinem Dienstherrn keine Aussagegenehmigung erhalten hat und dem Gericht daher nicht zur Verfügung stand. Seine persönliche Glaubwürdigkeit und damit der Beweiswert seiner Bekundungen war daher von vornherein nur eingeschränkt zu beurteilen.

Eine bemerkenswerte Beweiswürdigung, die man in Feindprozeßurteilen vergeblich suchen wird. Sie würde dort die Praxis der Exekutive, durch Versagung oder

Beschränkung von Aussagegenehmigungen auf die Prozeßergebnisse Einfluß zu nehmen, empfindlich stören.

Die Frankfurter Strafkammer, unabhängig von öffentlichen oder speziellen Feinderklärungen, folgte Grünhagens Darstellung auch nicht, soweit er behauptete, Astrid Proll habe, als er sie verfolgte, mehrere Schüsse auf ihn abgegeben, und ihm zugerufen: »Komm doch näher, du Scheißbulle, damit ich dich umlegen kann!« Diese allzu zielsichere Zuschreibung eines Mordvorsatzes hätte ein auf Feindüberführung programmiertes Gericht ebensowenig stutzig gemacht wie das Fehlen von Patronenhülsen, nach denen man sinnigerweise erst am folgenden Morgen gesucht hatte. In dem vergleichbaren Fall des 1972 zu zehn Jahren Freiheitsstrafe verurteilten Werner Hoppe[11] glaubte die Schwurgerichtskammer des Hamburger Landgerichts schlicht der Aussage eines an der Festnahme beteiligten Polizisten, Hoppe habe gesagt: »Schade, daß ich von euch Schweinen nicht ein paar umgelegt habe«. Und man unterstellte auch das Vorhandensein von vier Patronenhülsen und eines weggeworfenen Magazins. Zwar war danach mit modernsten Geräten vergeblich gesucht worden, aber die Polizistenaussagen, wonach Hoppe viermal gezielt geschossen habe, durften nicht falsch sein.

Im Frankfurter Proll-Prozeß war alles anders. Und das konnten die unglücklichen Amtszeugen, die daran gewöhnt sind, daß die von ihnen mitgestaltete Wahrheit geglaubt wird, nicht ahnen. Die Frankfurter Schwurgerichtskammer glaubte nicht dem Verfassungsschützer Grünhagen, sondern einem Zeugen Nötzold, der Astrid Proll wie ein gehetztes Wild hatte durch den Kettenhofweg laufen sehen. Sie hatte ihn, atemlos stehenbleibend, am Ärmel seiner Jacke gepackt und hilfesuchend gestammelt: »Du, der will mir was!« Es war eine Sache von einer Sekunde, dann rannte sie weiter. Nötzold hatte bei Astrid Proll weder eine Waffe gesehen noch einen Schuß gehört. Der Staatsanwaltschaft paßte das überhaupt nicht ins Konzept: Sie versuchte diesen Zeugen dadurch abzuwerten, daß er sich selbst bei der Verteidigung gemeldet hatte.

»Was sollen wir denn nun in Zukunft von Zeugen halten,« so fragte ich in meinem Plädoyer, »die sich bei der Polizei und bei der Staatsanwaltschaft gemeldet haben? Wenn wir Ihr Beweiswürdigungsmuster übernehmen wollen, dann werden wir in Zukunft mit diesen Zeugen nicht mehr viel anfangen können.«

Die unter dem Vorsitz von Johanna Dierks tagende Strafkammer blieb unbeirrbar und fand auch eine plausible Erklärung für den von dem Zeugen geschilderten respektvollen Abstand des männlichen Verfolgers von der unbewaffneten Frau, aus dem die Staatsanwaltschaft ein Indiz dafür machen wollte, daß sie eben doch eine Waffe gehabt habe. Grünhagen hatte Grashofs Waffe gesehen und konnte nicht sicher davon ausgehen, daß Astrid Proll tatsächlich unbewaffnet war.

Zum Abschluß ihrer Beweiswürdigung wiederholte die Kammer ihre Kritik an dem Versuch der Exekutive, durch Versagung von Aussagegenehmigungen die gerichtliche Aufklärung der Wahrheit zu behindern. Und sie traf die Prozeßentscheidung, die den Hintermännern Politischer Justiz am schmerzlichsten ist: einen Freispruch der Angeklagten.

Bei dieser Sachlage wäre der persönliche Eindruck von dem Zeugen Grünhagen unverzichtbar gewesen, um sich Gewißheit über die Richtigkeit seiner Bekundungen verschaffen zu können. Der persönliche Eindruck war auch nicht dadurch zu ersetzen, daß die Vernehmungspersonen der früheren umfangreichen Verhöre des Zeugen über ihre Wahrnehmungen hätten befragt werden können. Denn bei diesen Vernehmungen sind dem Zeugen weder die Aussagen der Zeugen Jakobus und Nötzold vorgehalten worden noch sind dazu Fragen gestellt worden.

Da die Aussagegenehmigung für den Zeugen Grünhagen, um deren Erteilung sich die Kammer bis an die Grenze des Vertretbaren bemüht hat, verweigert worden ist und dem Gericht nur Niederschriften früherer Vernehmungen zur Verfügung standen, mußte die Angeklagte auch von diesem Vorwurf freigesprochen werden.

Ein Urteil, das Hoffnungen begründete. War die Lehre aus dem Kölner Roth-Prozeß gewesen, daß es möglich sei, im Wege traditioneller Verteidigung auch eine massive öffentliche Feinderklärung und Vorverurteilung zu durchbrechen, so schien der Frankfurter Proll-Prozeß zu beweisen, daß eine an der Auflösung des Teufelskreises von Terrorismus und Terroristenjustiz interessierte liberale Spitze der Exekutive die Macht habe, die Regeln eines fairen Prozesses wieder in Kraft zu setzen. Daß diese Macht der Exekutive im Widerspruch zur formalen Kompetenzverteilung eine Grenze finden kann an der Macht des Generalbundesanwalts und dessen Interesse, mit Hilfe von Kronzeugen die Feindjustiz fortzusetzen, sollte der Fall Peter-Jürgen Boock zeigen.

Ein gescheiterter Versuch – Konflikt zwischen Exekutive und Justiz (Fall Boock)

Die Exekutive, damals repräsentiert durch einen sozialdemokratischen Justizminister und einen liberalen Innenminister, wollte auch für Boock die antiterroristische Feinderklärung aufheben, um für andere, die sich aus bewaffneten Widerstandsgruppen lösen wollten, ein Zeichen zu setzen, daß sie einen fairen Prozeß zu erwarten hätten. Man sah die Wahl des Ortes für die Hauptverhandlung als eine Entscheidung an, bei der im Rahmen gesetzlicher Möglichkeiten Entgegenkommen gezeigt werden konnte. Denn man wußte auch in Bonn, daß die vom Generalbundesanwalt bevorzugte Stammheimer Justizfestung in der interessierten Öffentlichkeit mit der Erinnerung an den schändlichen Ablauf des Baader-Meinhof-Raspe-Ensslin-Prozesses und den gewaltsamen Tod der Angeklagten belastet bleiben wird, und daß dort in einer Enklave der Angst und des Staatsterrors judiziert wird, die eine Entfaltung von Rechtsstaatlichkeit nicht zuläßt.

Es war schon die Rede von den bescheidenen und in vieler Hinsicht problematischen Möglichkeiten der Verteidigung, auf die Zusammensetzung des Gerichts durch Ablehnungsanträge Einfluß zu nehmen. Demgegenüber kann sich die Bundesanwaltschaft gerade in politischen Strafsachen das ihr genehme Gericht häufig gezielt aussuchen. Nach § 120 Abs. 2 GVG kann der Generalbundesanwalt bestimmte Straftaten, die an sich zur Zuständigkeit des Landgerichts gehören, »wegen der besonderen Bedeutung des Falles« nach seinem Ermessen beim Oberlandesgericht anklagen. Wenn die Anklage sich auch auf § 129a StGB (terroristische Vereinigung) bezieht, ist immer ein OLG zuständig. In jedem Fall kann der Generalbundesanwalt unter mehreren zuständigen Gerichten die Auswahl treffen.[12]

Im Fall Peter-Jürgen Boock gab es Tatortzuständigkeiten bei den Oberlandesgerichten Frankfurt, Düsseldorf und Stuttgart und eine Wohnsitzzuständigkeit beim OLG Hamburg. Für Boock am angenehmsten wäre Hamburg gewesen, wo er nach seiner Trennung von der RAF ein Jahr lang in relativer Freiheit gelebt und einen Freundeskreis, auch eine Lebensgefährtin gefunden hatte. Auch seine Verteidiger, der Hamburger Kollege Wolf Römmig und ich, als in Bremen wohnhafter Anwalt, hätten schon aus räumlichen Gründen eine Anklageerhebung in Hamburg jedem anderen Gerichtsort vorgezogen. Notfalls hätten wir, der Angeklagte und seine Verteidiger, aber auch Frankfurt oder Düsseldorf als Ort der Hauptverhandlung akzeptiert, Gerichtszuständigkeiten, die durch die Fälle Ponto und Schleyer gegeben waren. Aber Herr Rebmann und seine Gehilfen favorisierten gleichwohl die Stammheimer Justiz, wohl wissend, daß sie dort die besten Aussichten hatten, ihre Feinderklärung durchzusetzen. Dabei wurde die Zuständigkeit des Stuttgart-Stammheimer Gerichts ausgerechnet durch den fragwürdigsten Anklagepunkt begründet, den nicht durchgeführten Anschlag auf das Gebäude der Bundesanwaltschaft, den diese als Ankläger in eigener Sache für nur versehentlich unterblieben hielt. Wir Verteidiger wußten, daß Rebmanns Feindkonzept gegen Boock, das auf dessen Weigerung beruhte, sich als Kronzeuge mißbrauchen zu lassen, in Bonn nicht geteilt wurde. Und deshalb korrespondierten und verhandelten wir mit den Ministern Baum und Schmude. Der Bundesjustizminister hätte den Generalbundesanwalt anweisen können, nicht in Stuttgart sondern in Hamburg Anklage zu erheben. Aber es blieb bei halbherzigen Empfehlungen.

In einem Schreiben an Bundesjustizminister Dr. Jürgen Schmude vom 30. Juni 1981 hatte der damalige Bundesinnenminister Gerhart Rudolf Baum u.a. geschrieben:

Wenn Boock in die Rolle eines Verräters gedrängt, Stuttgart-Stammheim als Verhandlungsort bestimmt würde und die konkreten Ansätze zu einer Eingliederung Boocks in neue persönliche und soziale Beziehungen nicht fortgesetzt werden, sind Zweifel berechtigt, ob das Aussteigen Boocks noch eine Signalwirkung für andere aussteigewillige Terroristen entfaltet.

Der damalige Bundesinnenminister bekannte sich also zu politischen Zielsetzungen, deren Förderung mit den im politischen Strafverfahren möglichen Varianten ihm wünschenswert erschien.

Dem Brief war ein Vermerk beigefügt, aus dem hier folgende Sätze zitiert seien:

Eine Signalwirkung für noch in Freiheit befindliche Terroristen könnte im Fall Boock in Betracht kommen, wenn Boock von den Ermittlungsbehörden nicht in die Rolle eines Verräters gedrängt wird und ihm der Prozeß nicht in Stammheim gemacht wird.

Das BKA sollte in diesem Sinne den GBA ansprechen. Das BKA würde damit die Ansicht der Stuttgarter Justizbehörden unterstützen, die sich gegen *eine Anklage von Boock beim OLG Stuttgart ausgesprochen haben sollen...*

Aussteigewilligen Terroristen muß am Beispiel Boock verdeutlicht werden, daß sie im Falle ihres Aussteigens einerseits nicht gedrängt werden, belastende Aussagen über andere Terroristen zu machen, und andererseits keine irgendwiegeartete Besserbehandlung an solche Aussagen geknüpft wird.

Es darf nicht der Eindruck entstehen, daß ein Ausstieg nur via Verrat möglich ist.

Der Vermerk führte einige Argumente an, die gegen die Wahl Stuttgart-Stammheims als Verhandlungsort im Fall Boock sprachen:

Stuttgart-Stammheim als ein zur »RAF-Historie« gewordener Ort hat Symbolcharakter. Eine Anklage Boocks vor dem OLG Stuttgart würde – auch wenn dies nicht beabsichtigt ist – in breiten Kreisen der Öffentlichkeit und sicherlich im engen und weiteren Unterstützer- und Sympathisantenkreis terroristischer Organisationen als demonstrative Geste *dafür interpretiert, daß Boock weiterhin dem terroristischen Feld zugerechnet wird, und daß seine bisherigen Anstrengungen, sich aus diesen Bezügen zu befreien, ignoriert werden. Bei einer Anklage in Stuttgart-Stammheim müßte der Eindruck entstehen, daß die Verteidigung Boocks durch seine beiden in Norddeutschland lebenden Verteidiger erschwert oder gar unmöglich gemacht wird, obwohl eine Anklage in Hamburg rechtlich möglich ist.*

Eine ungewollt doppelsinnige Wendung des Vermerks spricht davon, daß ein Prozeß in Stuttgart-Stammheim und womöglich die Unterbringung im dortigen Hochsicherheitstrakt für etwaige ausstiegsbereite Terroristen eine deutliche Warnung darstellen würde, daß dem »langen Arm der RAF« nicht zu entkommen sei. Der Generalbundesanwalt als »langer Arm der RAF«?

Und noch eine Wahrheit aus liberaler Sicht zum Abschluß:

In breiten Kreisen von staats- und gesellschaftskritisch eingestellten Jugendlichen würde ein Prozeß gegen Boock in Stuttgart-Stammheim als unversöhnliche Bestrafung betrachtet werden. Die ohnehin schon vorhandene Distanz bestimmter Teile der Jugend zu staatlichen Institutionen würde hierdurch bestätigt, wenn nicht noch vergrößert. Die Behandlung des Falles Boock, aber auch anderer Aussteiger, hat daher sicherlich auch symbolischen Wert und demonstrativen Charakter für die Art und Weise, wie dieser Staat mit seinen radikalen Kritikern umzugehen gedenkt, und allgemein für die Glaubwürdigkeit seiner Grundsätze.

Baum legte seinem Ministerkollegen auch eine Stellungnahme des Präsidenten des Hamburger Landesamts für Verfassungsschutz, Lochte, vor, in der es heißt:

Bei der Behandlung von verhafteten Aussteigern, die schwerer Straftaten verdächtig sind, bestehen aus rechtlichen Gründen wenig Möglichkeiten für Vergünstigungen, Erleichterungen oder Haftverkürzungen. Um so wichtiger ist es, den geringen verbleibenden Spielraum für vertrauensbildende Maßnahmen zu nutzen.

Spielraum gab es bei der Wahl des Gerichtsortes. Aber der Hardliner aus Karlsruhe setzte sich gegen bessere Einsichten sozial-liberaler Regierungsmitglieder durch und zwang dem Kronzeugnisverweigerer Boock und seinen Verteidigern einen Feindprozeß auf, der allen, die Versprechungen von Staatsgewaltigen vertrauen, nur als Warnung dienen kann (s. dazu das folgende Kapitel).

Warum Boock ein Feindprozeß gemacht wurde, obwohl dies den Wünschen der Exekutive widersprach und die Glaubwürdigkeit von Rückkehrangeboten an

Terroristen in Frage stellte, ist nur dadurch erklärbar, daß die durch den Generalbundesanwalt repräsentierte konservative Rechte Aussteiger aus dem Terrorismus entgegen anderslautenden Lippenbekenntnissen nur dann schätzt, wenn sie als Kronzeugen verwendbar sind. Nicht Rückkehr als solche wird honoriert, sondern Kollaboration mit der Staatsgewalt. Diese aber mit der gewohnten Schamlosigkeit des Freundprozesses.

7. Verteidigung in Stammheim – Begegnung mit der Angst

Der Prozeß gegen Peter-Jürgen Boock[1]

Im Januar 1981 wurde Peter-Jürgen Boock – der auf Fahndungsplakaten der Polizei (»Vorsicht! Schußwaffen!«) als RAF-Terrorist gesucht worden war – in Hamburg festgenommen. Er hatte keine Schußwaffe bei sich und leistete keinen Widerstand. Und das war nicht das einzige, was ihn von anderen »RAF-Terroristen« unterschied. Schon ein Jahr vor seiner Festnahme hatte er sich von der RAF durch abenteuerliche Flucht aus einer Pariser Wohnung getrennt, nachdem politische Auseinandersetzungen mit seinen Genossen vorangegangen waren, die zu seiner Entwaffnung und Gefangensetzung innerhalb der Gruppe geführt hatten. Ein Jahr lang hatte dieser Mann Zeit, in einer Freiheit zu leben, die durch ständige Bedrohung von beiden Seiten gefährdet war, seitens der früheren Genossen, die den Verrat zu fürchten hatten, und seitens der Staatsgewalt, die einen Strafanspruch auch gegen den durchsetzen möchte, der in die Legalität zurückgekehrt ist. Es hätte sicher Wege gegeben, wenigstens eine dieser Gefährdungen zu vermindern, wenn er nicht in die Bundesrepublik und noch dazu ausgerechnet nach Hamburg zurückgekehrt wäre, wo ihn Menschen von früher kannten, wo seine Familie und alte Freunde wohnten. Aber sein Vertrauen in die Glaubwürdigkeit öffentlicher Erklärungen von Ministern dieses Staates und in die Fairness seiner Justiz war vielleicht größer als dies bei intimerem Kontakt mit der Legalität der Fall gewesen wäre. Da waren beschwörende Aufrufe an rückkehrwillige Terroristen ergangen, in denen allen, die bereit seien, sich aus der terroristischen Verstrickung zu lösen, Hilfe zugesagt war. Hilfe, wohlverstanden, nur im Rahmen der geltenden Gesetze. Und das bedeutete für alle, die im Verdacht standen, an Morden beteiligt gewesen zu sein, daß sie vor dem Lebenslänglich nur zu schützen waren, wenn sie nicht nach den eingefahrenen Regeln der Terroristenjustiz als Mittäter qualifiziert wurden. Regeln, die über den terroristischen Auffangtatbestand des § 129a StGB hinausgehend die kollektive Mittäterhaftung für jede Mordtat begründbar machen, zu der sich irgendeine wenn auch noch so entfernte Beteiligung objektivieren läßt. Das läuft, wie immer im Felde der Politischen Justiz, über die Gesinnung, deren Inhalt mithilfe des Instruments der freien Beweiswürdigung so einfach festzustellen ist. Und die Gesinnung des Peter-Jürgen Boock ließ zu wünschen übrig.

Als ich ihn einen Tag nach seiner Festnahme auf seine telefonisch übermittelte Bitte in der Untersuchungsanstalt aufsuchte, lernte ich einen Menschen kennen, der sich zwar nachdrücklich und mit politisch durchdachter Begründung vom Terrorismus distanzierte, der aber nicht bereit war, ins Lager der staatlichen

Terroristenverfolger überzulaufen. Und das war ein Fehler, der sich bitter rächen sollte. Boock hätte, um dem Bild des rückkehrwilligen Terroristen zu entsprechen, dem mit einem »fairen Prozeß« gewunken und damit Hoffnung auf ein Leben *nach* dem Prozeß gemacht wurde, sich als Gehilfe der Ermittlungsbehörden und der Justiz zur Verfügung stellen müssen. Er hätte, wie einige vor ihm dies getan haben, alles zu Protokoll geben müssen, was der Bundesanwaltschaft zu neuen Erfolgen verholfen hätte. Einem Peter-Jürgen Boock, der sein bei ihm vermutetes Wissen über bestimmte Straftaten der RAF und deren Täter preisgegeben hätte, wäre der »faire Prozeß« gewiß gewesen, der ihm ein Leben in Freiheit ermöglicht hätte. Zwar wäre es das Leben eines mit einer neuen Identität versehenen, mit Geheimdienstgeldern im Ausland ausgehaltenen Menschen gewesen, eine Existenzform, die eine Persönlichkeit mit austauschbarem politischem Bezugssystem voraussetzt. Aber immer noch besser als Lebenslänglich. Nicht verwunderlich, daß in den höheren Rängen dieser unserer Staatshierarchie die Denkweise zu Hause ist, die einen solchen Gesinnungswechsel für eine staatsbürgerliche Tugend hält, die jedermann bringen kann. Und wer sie nicht bringt, hat eben die Folgen zu tragen.

Für Peter-Jürgen Boock waren mit seinem Entschluß, seine früheren Genossen nicht zu verraten, die Weichen gestellt. »Überlegen Sie sich's noch einmal! In 14 Tagen ist der Zug abgefahren!« So lautete ein Ratschlag aus dem Munde eines der Bundesanwälte, die den Untersuchungsgefangenen Boock hinter dem Rücken seines Verteidigers mehrmals zu vernehmen versucht hatten. »Mit uns haben Sie es noch länger zu tun als mit Ihrem Verteidiger«, lautete eine der versteckten Drohungen, »wir können Ihnen auch goldene Brücken bauen« eine der Verheißungen, mit denen hart am Rande der Legalität die Bereitschaft zu Aussagen gefördert werden sollte. Auch der diskrete Hinweis, daß die Bundesanwaltschaft den Ort der Anklageerhebung wählen könne, gehörte zu den Preisen, die für einen Verrat ausgesetzt wurden. Auch Hamburg komme in Betracht, hieß es, nämlich als Gerichtsstand des Wohnsitzes und des Ergreifungsortes. Andererseits aber auch Stuttgart-Stammheim, als eine der drei möglichen Tatortzuständigkeiten (neben Frankfurt und Düsseldorf). Die Bundesanwaltschaft wußte, welchen Trumpf sie mit dieser Alternative in der Hand hielt, und sie spielte ihn kaltblütig aus, als Boock auch diesem Motivationsdruck nicht erlag. Die Bundesanwaltschaft wußte, was sie dem Angeklagten und seiner Verteidigung antat, als sie in Stuttgart anklagte und damit den Prozeß in die Stammheimer Justizfestung verlegte. Auch Boock und seine Verteidiger wußten es, aber die Realität eines Prozesses gegen einen in die Legalität zurückgekehrten Terroristen übersteigt selbst das, was sich ein Anwalt mit 30jähriger Verteidigererfahrung vorstellen konnte.[2]

Boock wurde von der Anklage außer Mitgliedschaft in einer terroristischen Vereinigung vorgeworfen, an drei RAF-Aktionen des Jahres 1977 teilgenommen zu haben: Versuchter Raketenanschlag auf die Bundesanwaltschaft in Karlsruhe, Anschlag auf Jürgen Ponto und Anschlag auf Dr. Schleyer und dessen Begleiter. Der Angeklagte gab zu, die Raketenschußanlage gebaut und installiert zu haben, berief sich aber auf Rücktritt vom Versuch. Es steht fest, daß das Gerät nicht funktioniert hat, weil eines der beiden Werke des als Zünder dienenden Weckers nicht aufgezogen war. Der Angeklagte erklärte, er habe den Anschlag bewußt sabotiert, die Bundesanwaltschaft behauptete, er habe das Aufziehen des Weckers nur vergessen. Dies sei das einzige Kommando gewesen, an dem er teilgenommen habe, sagte Boock; die Bundesanwaltschaft behauptete, auch an den Aktionen gegen Ponto und Schleyer sei Boock als Mittäter beteiligt gewesen. An objektiven Befunden gab es lediglich Fingerspuren an Fahrzeugen und sonstigen Beweisstükken, die für sich genommen nichts darüber aussagten, ob sie ein Mittäter, ein Gehilfe oder ein Nichteingeweihter hinterlassen hatte. Boock hatte eingeräumt, der Techniker der Gruppe gewesen zu sein und am Postversand in Sachen Schleyer mitgewirkt zu haben. Ein von der Bundesanwaltschaft erst im 9. Prozeßmonat überrraschend eingeführtes Beweismittel, ein Tonband, auf dem angeblich die Stimmen von Schleyer und Boock zu hören waren, konnte bei der Verteidigungsplanung noch nicht berücksichtigt werden, da es den Verteidigern nicht bekannt war. Aber selbst wenn man die von Boock bestrittene Personenidentifikation und Echtheit unterstellt, hätte dieses Beweismittel nichts daran geändert, daß auch dann nur Beihilfe in Betracht gekommen wäre. Nach alledem rechnete die Verteidigung damit, daß Boock in Sachen Ponto und in Sachen Raketenanschlag freigesprochen werden müsse, während wegen Beihilfe zur Schleyer-Entführung und wegen Mitgliedschaft in einer terroristischen Vereinigung eine zeitige Freiheitsstrafe zu erwarten war – vielleicht acht Jahre. Statt dessen wurde er in allen angeklagten Fällen als Mittäter verurteilt; und zwar zu dreimal Lebenslänglich und weiteren 15 Jahren. Unwahrscheinlich, daß auch ein aussagewilliger Verräter und Ermittlungshelfer ein solches Urteil bekommen hätte. Aber Boock hatte die goldenen Brücken zum Kronzeugenrabatt nicht betreten wollen. Und es gab öffentliche Ministererklärungen, daß die Hilfe des Rechtsstaats für rückkehrwillige Terroristen nicht von ihrer Bereitschaft zum Verrat abhängig sei.

Am Beginn des Verfahrens galt es, einen Weg zu finden, wie der Entschluß des Angeklagten, lieber zu schweigen als andere zu verraten, mit seinen Verteidungsinteressen in Einklang gebracht werden konnte. Als Verteidigungskonzeption wählten wir nach Überwindung vieler Bedenken die der Teilaussage, um die Chancen der Verteidigung dort, wo es ohne Belastung anderer möglich war, zu nutzen. Rückschauend ist man in Versuchung, denen Recht zu geben, die gesagt hatten, in Stammheim gebe es nur die Wahl: Aussageverweigerung oder Verrat. Verrat kam nach der insoweit übereinstimmenden politischen und moralischen Überzeugung des Mandanten und der Verteidiger nicht in Betracht – was eine lautstarke Szenefraktion nicht gehindert hat, Peter-Jürgen Boock als Verräter zu beschimpfen und seine Freunde nicht nur verbal anzugreifen. Doch auch Aussageverweigerung schien uns nicht der richtige Weg zu sein. Bereits im Februar 1981, kurz nach seiner Verhaftung, hatte Peter-Jürgen Boock in einem Spiegel-Gespräch versucht, die Trennung von der RAF mit nachvollziehbarer Begründung für alle, die aus seinen Fehlern, aber auch aus seinen Erkenntnissen und politischen Entscheidungen lernen wollen, öffentlich zu machen. Eine Fortsetzung dieses Versuchs wäre durch eine Aussageverweigerung unmöglich geworden. Prozessual hätte Aussageverweigerung bedeutet, auch zu schweigen, wo es niemand als dem Angeklagten selbst schaden konnte.

Der Entschluß zu Teilaussagen beschwor die Gefahr herauf, daß ein verurteilungswilliges Gericht das teilweise Schweigen des Angeklagten als Schuldbeweis werten konnte. Eine reale Chance hatte diese Verteidigungskonzeption nur dann, wenn es gelang, sowohl für das, was der Angeklagte sagte, als für die Gründe seines Schweigens eine Glaubwürdigkeitsbasis zu schaffen. Das wußten die Anklagevertreter so gut wie die Verteidiger, und darauf beruhten die gegensätzlichen Prozeßstrategien.

Die Hauptverhandlung wurde von der Verteidigung anders eröffnet, als dies nach den vorausgegangenen Erfahrungen mit RAF-Prozessen erwartet wurde. Es gab keine politischen Grundsatzreferate, keine Richterbeschimpfungen und zunächst auch keine Ablehnungsanträge, sondern lediglich eine erste Probe auf den 14 Prozeßmonate lang durchgehaltenen Versuch, mit abgewogenen und maßvollen Worten die tauben Ohren der Stammheimer Richter zu erreichen. Wir beantragten vergeblich, die Verteidigerdurchsuchung aufzugeben, und wir appellierten – wie sich zeigen sollte, ebenfalls vergeblich – an das Gericht, der angekündigten Teileinlassung des Angeklagten zu glauben und die Gründe für sein Schweigen richtig zu würdigen. Zwei Tage waren für das erwartete prozessuale Hickhack vorgesehen, das zur allgemeinen Überraschung ausfiel. Den Stammheimern fehlte etwas. Und das lieferte die Bundesanwaltschaft schon am vierten Verhandlungstag nach. Es wurde ein von Boock verfaßter Artikel aus der *taz* vorgelegt, in welchem von »Fädenziehern« und deren »Marionettengerichten« die Rede war. Die Bundesanwaltschaft las diese allgemein gehaltene Justizkritik so, daß als »Marionettengericht« der Stuttgarter OLG-Senat gemeint gewesen sei, und die Herren zogen es sich zu. Noch im Urteil kamen sie tief gekränkt darauf zurück. Wir hatten die Souveränität dieser Richter überschätzt. Und als wir durchblickten und mit Ablehnungsanträgen begannen, wehrten sie sich gegen diese ebenso erbittert wie gegen Grippeviren, denn auf der Ergänzungsrichterbank saßen qualifizierte Nachrücker, die das Abstimmungsverhältnis möglicherweise verändert hätten. Herr Bundesanwalt Zeis aber kannte seine Stammheimer und spielte gekonnt auf den Saiten ihrer schwach entwickelten Ich-Stärke. Er setzte den vom Angeklagten in jenem Aufsatz verwendeten Ausdruck »Marionettengericht« in Beziehung zu Worten der Verteidigung im Gerichtssaal, die um Vertrauen für den Angeklagten geworben hatte, und sagte wörtlich:

Diese Heuchelei hier im Gerichtssaal muß angeprangert werden. Diese Doppelzüngigkeit des Angeklagten, das ist genau die Sprache, die wir seit 1975 in diesem Gerichtssaal kennen.

Damit war der Ton angeschlagen, den die Bundesanwaltschaft bis zum Schluß der 85tägigen Hauptverhandlung immer mehr gesteigert hat. In der Anfangsphase des Prozesses hielten wir es nicht für möglich, daß das Gericht diesen auf den

Angeklagten projizierten falschen Zungenschlag der Bundesanwaltschaft, die aus dem RAF-Aussteiger Peter-Jürgen Boock einen zweiten Andreas Baader machen wollte, nicht durchschauen würde. Aber wir mußten erkennen, daß es genau der Ton war, der hier Gehör fand. Nicht der Bundesanwalt Zeis, sondern wir hatten uns im Ton vergriffen. Bei diesem Gericht hatten Angeklagte gefälligst die Rolle von Terroristen und Verteidiger die Rolle von Komplizen zu spielen, es sei denn, daß sie sich als Ermittlungshelfer auf die Seite der Bundesanwaltschaft schlugen.

Diese Rollenzuweisung beruht auf einem Denken, das den politischen Strafprozeß als ein Mittel zur Unterscheidung von Freund und Feind begreift, und nicht als ein Verfahren zur Feststellung von schuldig oder nichtschuldig im Sinne bestimmter Straftatbestände. Das kann dazu führen, daß der RAF-Rückkehrer, der sich weigert, seine früheren Genossen zu verraten, für Morde bestraft wird, die er nicht begangen hat, während der Kollaborateur, der die angeblichen Taten seiner ehemaligen Genossen zu Protokoll gibt, als Freund behandelt wird, selbst wenn er Morde auf dem Gewissen hat. Und darum kämpft der Verteidiger, der die Nichtschuld seines Mandanten im Sinne bestimmter Anklagevorwürfe behauptet und beweisen will, auf falschem Felde, solange er seinen Mandanten auch davor schützen will, zum Freund der Ermittler zu werden. Die Feinderklärung trifft auch ihn, den Verteidiger, wenn er auf traditionellem Felde um schuldig oder nichtschuldig für seinen Mandanten streitet, wo es für die geistigen Erben des Carl Schmitt doch nur darum geht, Freund-Feind-Selektionen zu betreiben. Und Maßstab für diese Selektion, die eine stockreaktionäre Bundesanwaltschaft ihrem Stammheimer Hausgericht zu induzieren wußte, ist allein das Verhalten des Angeklagten zu den Ermittlern. Nicht die »Rückkehr in die Menschlichkeit« (Hans-Joachim Klein), sondern der mit den Silberlingen des Bundeskriminalamts entgoltene Judaskuß ist gefragt. Und der Verteidiger, der die Weigerung des Angeklagten, zum Verräter zu werden, mitträgt, begibt sich damit in eine Schicksalsgemeinschaft von Entrechtung und Verdächtigung, wie sie in einem Land, das den Umgang mit Feinden noch nie kultiviert hat, nun einmal gang und gäbe ist. Die gemeinsame Verdächtigung, die in Stammheim Angeklagte und Verteidiger trifft, hat pathologische Züge. Ich nenne sie daher: das Stammheimer Angstsyndrom.

Die Stammheimer Justizfestung ist schon durch ihre Lage ein Sinnbild für die gesellschaftliche Isolation, in der hier Recht exekutiert wird. Der nach Art eines militärischen Sperrbezirks gesicherte Baukomplex liegt so weit außerhalb des Zentrums, daß kein Zweifel bestehen kann: hier ist die Stadt – um nicht zu sagen: die Welt – zu Ende. Hinter den Stacheldrahtzäunen, die das sogenannte Mehrzweckgebäude und die Justizvollzugsanstalt umgeben, liegt freies Feld. Am Horizont sichern uniformierte Berittene diesen schon durch seine Häßlichkeit provozierenden Gebäudekomplex gegen Überfälle. Ein äußeres Umfeld, in dem Insider-Bewußtsein gedeiht, das sich instinktiv gegen alles wehrt, was von draußen kommt. Drinnen im Mehrzweckgebäude – zu dessen Zwecken auch die Ausübung von Gerechtigkeit gehören soll – wartet auf Besucher und Prozeßbeteiligte eine räumliche Separierung, die Gute und Böse streng voneinander getrennt hält: Richter und Bundesanwälte kommen durch eine gemeinsame Tür aus einem für Verteidiger unzugänglichen Bereich, was den optischen Eindruck der gemeinsamen Sache verstärkt. Sie haben sogar ihre eigene Kantine, eine architektonische Förderung von Intimitäten, die andernorts für Ablehnungsanträge reichen würden. Man ist fast überrascht, daß es noch einen von allen gemeinsam benutzten Verhandlungssaal gibt, wenngleich wir auch dort mit der mehrfach ausgesprochenen Drohung bedacht wurden, man werde uns selbst in der Verhandlung von unserem Mandanten durch eine Trennscheibe abschirmen.

Wer sich hier an den Stadtrand herausbegeben will, um von der gesetzlich garantierten Öffentlichkeit des Verfahrens Gebrauch zu machen, muß nicht nur lange Wege in Kauf nehmen, sondern bereit sein, sich einer Durchsuchungsprozedur zu unterwerfen, die bis in Socken und Unterhosen reichen kann, und für Leute, die in irgendeinem Computer gespeichert sind, mitunter zu unliebsamen Zwangsaufenthalten führt. Es ist ein besonders hartnäckiges Völkchen, das sich durch diese entwürdigenden und beängstigenden Zugangshürden nicht abschrekken läßt. Wer da noch kommt, ist schon verdächtig.

Verdächtig ist auch, wer hierher als Verteidiger kommt. Seine Stigmatisierung beginnt schon mit der beim Betreten des eingezäunten Bereichs vorzuzeigenden Ausweiskarte, die sein Porträtfoto auf rotem Grund trägt. Die unverdächtigen Insider der Justizfestung haben grüngrundierte Ausweiskarten. Der Verteidiger gelangt, nachdem er sein Gepäck einige hundert Meter durchs Gelände geschleppt und einen weiteren Kontrollposten passiert hat, zum eigentlichen Eingang des Mehrzweckgebäudes. Nachdem die äußere Tür von innen geöffnet worden ist, befindet sich der Verteidiger in einem kleinen Flur, wo er auf seine Durchsuchung im Nebenraum zu warten hat. Andere Personen, die wie er im Gebäude zu tun haben, aber nicht zum verdächtigen Berufsstand der Rechtsanwälte gehören, können unkontrolliert passieren: Polizeibeamte, Geschäftsstellenangestellte, Richter, Bundesanwälte – denen übrigens nicht zugemutet wird, zu Fuß durchs Festungsgelände zu laufen. Manche würdigen den Rechtsanwalt nicht einmal eines Grußes. Die Feindseligkeit beginnt schon im Vorraum.

Ich übergehe die an jedem der 85 Sitzungstage dieses Prozesses bei jedem Betreten des Mehrzweckgebäudes wiederholte Durchsuchungsprozedur, eine je nach Mentalität und Laune der beteiligten Beamten an Intensität und Peinlichkeit wechselnde tätliche Beleidigung. Einmal gelang es mir nur durch lautes Singen von Operettenarien (»Gern hab ich die Fraun geküßt«) meine Gegenaggression abzuleiten, eine Form des gewaltlosen Widerstandes, die im Vorschriftenkatalog der durchsuchenden Beamten nicht vorkam und daher mit hilflosem Erstaunen hingenommen wurde. An diese entwürdigende Durchsuchung unbewaffneter Anwälte, während bewaffnete Richter, Bundesanwälte und Jungpolizisten, ihre Unverdächtigkeit demonstrierend durch geöffnete Türen vorbeischreiten, haben wir Verteidiger uns nie gewöhnt, im Gegenteil, mit der sich progredierend verschlechternden Prozeßatmosphäre und den bis zur Verbalbeleidigung gesteigerten Anfeindungen der Verteidiger erhielt dieser als Sicherheitsmaßnahme deklarierte Eingriff in die Integrität unserer Persönlichkeit immer mehr den Charakter einer unerträglichen Schikane.

Die ungleiche Behandlung der im Stammheimer Gerichtssaal versammelten Organe der Rechtspflege wird damit gerechtfertigt, daß es die beiden Anwälte Arndt Müller und Armin Newerla gewesen seien, die den Stammheimer Gefangenen der ersten RAF-Generation Waffen zugespielt hätten. Die Feststellung, daß es so gewesen sei, steht und fällt mit der Glaubwürdigkeit des vom Bundeskriminalamt betreuten und verborgen gehaltenen Zeugen Volker Speitel. Unterstellen wir sie, so bleibt in der Welt, daß zwei Juristen mit der Befähigung zum Richteramt den Stammheimer Gefangenen die Mittel zum Selbstmord geliefert haben. Der Fall kann sich schon deshalb nicht wiederholen, weil der Angeklagte sich nach jedem Kontakt mit seinen Verteidigern, auch wenn dieser mit Trennscheiben stattgefunden hat (!), einer Entkleidung und Betrachtung des nackten Körpers durch Bedienstete der Justizvollzugsanstalt unterziehen muß. Die Sinnlosigkeit der zusätzlichen Anwaltsdurchsuchung ist offensichtlich.

Was in Stammheim an Verteidigern von Terroristen vollstreckt wird, ist eine Form der Sippenhaft. Eine von zwei Berufskollegen begangene Regelverletzung wird zum Vorwand genommen, um einen ganzen Berufsstand zu diskreditieren. Regelverletzungen gibt es auch sonst im gesellschaftlichen Leben, ohne daß deswegen die Spielregeln geändert werden. Das Münchner Oktoberfest findet nach wie vor statt, ohne daß die Teilnehmer auf Bomben untersucht werden. Der Kaufhausdiebstahl eines Staatsanwalts hat nicht dazu geführt, daß Staatsanwälte vor dem Verlassen von Kaufhäusern ihre Taschen öffnen müssen. Das Sittlichkeitsdelikt eines Richters wird nicht zum Anlaß genommen, Kinder vor Richtern zu warnen. Ja, selbst Notare genießen noch Vertrauensprivilegien, obwohl dieser Berufsstand schon wiederholt durch ungetreue Kollegen diskreditiert worden ist. Wo Vertrauen gesellschaftlich erwünscht ist, gilt die Einzeltätertheorie, wo Diskriminierung gewollt ist, wird die Regelverletzung eines einzelnen der ganzen Gruppe angelastet. Da ließe sich einiges aus Untersuchungen über die historische Entstehung des Judenhasses lernen. Nach Auschwitz sollte dieses Diskriminierungsmodell der Gruppenhaftung undenkbar geworden sein. Aber die Anwaltsdiskriminierung funktioniert nach eben diesem Denkschema, das es für zulässig hält, eine angeblich zu den Organen der Rechtspflege gehörende Personengruppe als Erbsünder haftbar zu machen. Die Methode sagt etwas über das politische Bewußtsein derer aus, die sich ihrer bedienen. Aber daß sie seit Jahren praktiziert werden kann, ohne daß wenigstens die Anwaltschaft sich zum gemeinsamen Widerstand entschlossen hat, signalisiert einen Mangel an politischem Bewußtsein, der uns selbst betrifft.

Ich berichte dies alles nicht, um die Mißachtung eines Berufsstandes, die Mißachtung von Menschenwürde anzuklagen – das auch! –, sondern um die nötigen Informationen zu liefern, auf die sich meine These von der Unmöglichkeit der Wahrheitsfindung unter Stammheimer Prozeßbedingungen stützt. Wenn es zum Minimum rechtsstaatlichen Prozedierens gegen einen tatverdächtigen Angeklagten gehört, daß er verteidigt wird, dann ist dieses Minimum unterschritten, wenn sich der Verdacht auch gegen den Verteidiger richtet. Ein Verteidiger, dem zugetraut wird, daß er Waffen in den Gerichtssaal einschmuggelt, ein Verteidiger, der sich jeden Tag wieder gefallen lassen muß, daß diese Verdächtigung an ihm vollstreckt wird, hat nicht mehr die Vermutung der Unabhängigkeit für sich, ihm wird die Autonomie des Handelns bestritten, auf der das Gewicht seiner Argumente und seiner Entscheidung, gerade diesen Mandanten zu verteidigen, beruht. Er wird zum Komplizen des Angeklagten degradiert. Bezeichnenderweise ging der Bundesanwalt Zeis in der letzten Prozeßphase dazu über, von den »Helfern« des Angeklagten zu sprechen, wenn er die Verteidiger meinte, eine Ausdrucksweise, die unter Berufung auf Kommentarstellen, die den Verteidiger als Helfer des Angeklagten definieren, ungerügt blieb. Eine zynische Rechtfertigung für die im konkreten Zusammenhang geringschätzig gemeinte Abwandlung einer Funktionsbezeichnung, die zum Ton dieses Prozesses paßte und die verbale Entsprechung zu den entwürdigenden Sicherheitsmaßnahmen gegen die Verteidiger bildete.

Der als Komplize verdächtigte Verteidiger setzt einen Angeklagten voraus, dessen Feinderklärung dem Urteil vorausläuft.

Und da gerät das Verdächtigungssyndrom in Konflikt mit Rechtsprinzipien, die das Verfahren selbst betreffen und seine Rechtsstaatlichkeit sichern sollen. Der Angeklagte soll nach der als innerstaatliches Recht verbindlichen Menschenrechtskonvention als unschuldig gelten, solange er nicht verurteilt ist. Wie wenig deutsche Juristen in der Lage sind, diesen Rechtssatz mit Substanz zu erfüllen, zeigte sich im Boock-Verfahren bei einer Erörterung der Frage, ob gegen den zunächst als Sachverständigen, später als Zeugen vernommenen Prof. Rauch der Vorwurf erhoben werden dürfe, daß er an Massenmorden im Rahmen der nationalsozialistischen Kindereuthanasie beteiligt gewesen sei. Seitens der Bundesanwaltschaft war das Argument zu hören, die Verteidigung verletze mit dieser im einzelnen unter Beweis gestellten Behauptung die Unschuldsvermutung, die auch für Prof. Rauch gelte, weil er noch nicht von einem Gericht verurteilt sei. Der Hinweis der Verteidigung, daß es sich bei der Unschuldsvermutung um ein Verfahrensprinzip und nicht um eine Einschränkung des Rechts der freien Meinungsäußerung handle – andernfalls wären selbst Freisler und Hitler in Ermangelung eines Urteils gegen den Verbrechensvorwurf geschützt –, ist offenbar nicht verstanden worden, wie sich aus einem an Pfarrer Heinrich Albertz gerichteten Brief des Stammheimer Richters Dr. Berroth vom 31.7.1984 ergibt. Da heißt es:

Wie sehr Sie der Stimmungsmache des Angeklagten verfallen erscheinen, zeigt sich im übrigen auch daran, daß Sie – ganz im Sinne der Verteidigung – einen Zeugen ohne Rücksicht auf die Unschuldsvermutung »mit Euthanasiemorden belastet« haben.

Die Unschuldsvermutung figuriert hier als Waffe gegen die Verteidigung, die es gewagt hatte, die von Journalisten und Ärzten recherchierten Verbrechen des gerichtlichen Sachverständigen zur Begründung eines, übrigens erfolgreichen,

Ablehnungsantrages vorzutragen. Aber dort, wo ihre Beachtung am Platze gewesen wäre, nämlich bei der prozessualen Behandlung des Angeklagten, überließ sich das Gericht seiner eigenen Unschuld im Umgang mit traditionell unbekannten Rechtsbegriffen.

So zum Beispiel, als ein Anklagevertreter einem gegen den Richter Dr. Berroth gerichteten Ablehnungsantrag entgegentrat und hierbei wörtlich ausführte:

Der Mörder Peter-Jürgen Boock setzt den Richter Dr. Berroth wider besseres Wissen dem Verdacht eines vorsätzlichen Tötungsdelikts aus.

Gegenstand des Ablehnungsantrages waren Äußerungen des Richters Dr. Berroth in einem gegen ihn eingeleiteten Ermittlungsverfahren wegen einen Vorfalls, bei dem er einen anderen Menschen mit zwei Pistolenschüssen lebensgefährlich verletzt hatte. In diesem Zusammenhang wesentlich ist nur die Tatsache, daß die Bundesanwaltschaft sich für berechtigt hielt, den Angeklagten als »Mörder« zu bezeichnen. Das hätte hingehen mögen, wenn es zur Begründung des Strafantrages geschehen wäre, denn seit einer nationalsozialistischen Gesetzesänderung von 1941 heißt es im § 211 abweichend vom sonst üblichen Sprachgebrauch des Strafgesetzbuches: »Mörder ist, wer...«. Weder Justiz noch Gesetzgeber haben es bisher für nötig befunden, uns von dieser personalisierenden Form aus der Zeit des staatlichen Massenmordens zu befreien. Aber von dem »Mörder« Boock war die Rede im Zusammenhang mit einem Verfahrensantrag, dem eine Berechtigung abgesprochen werden sollte, weil er von einem Mörder gestellt sei. Das aber ist genau die Denkweise, die durch die in Art.6 MRK verbürgte Unschuldsvermutung verhindert werden soll. Dieser Erkenntnis versperrte sich das Gericht, indem es einen Antrag auf Protokollierung der zitierten Äußerung ablehnte und damit dem Angeklagten den sicher zutreffenden Eindruck vermittelte, daß er bei diesem Gericht bereits als schuldig gelte.

Dies war nicht die einzige Veletzung der Unschuldsvermutung, die sich im Stammheimer Verfahren gegen Peter-Jürgen Boock nachweisen läßt. Aus dem bisher Gesagten ergibt sich, daß der Grad der Verdächtigkeit des Angeklagten schon vor dem Urteil so hoch war, daß er einer Schuldvermutung gleichkam, und daß auch die Verteidiger in die Verdächtigung einbezogen waren. Nun ist zu berichten, daß sogar von der Verteidigung beigebrachte Beweismittel als verdächtig behandelt wurden. Es war schon die Rede von Prof. Rauch, dessen Verstrickung in NS-Verbrechen erst bekannt wurde, als er schon sein Gutachten als medizinischer Sachverständiger erstattet hatte. Ein Gutachten, das in der These gipfelte, daß der Angeklagte im Tatzeitraum nicht drogenabhängig gewesen sein könne, weil er dann an den ihm vorgeworfenen Taten nicht so, wie es die Anklage behauptet, teilgenommen haben könne. Eben dies galt es zu beweisen, wobei es allerdings die Aufgabe des Gutachters gewesen wäre, nicht von der Tatbeteiligung auf mangelnde Drogenabhängigkeit, sondern umgekehrt von der Drogenabhängigkeit auf mangelnde Tatbeteiligung zu schließen. Aber Herr Rauch, ungeachtet seiner Vergangenheit seit Jahrzehnten im süddeutschen Raum zur Zufriedenheit von Gerichten und Staatsanwaltschaften tätig, erfüllte auch hier die in ihn gesetzten Erwartungen in so hohem Maße, daß der methodische Fehler seines Gutachtens nicht störte. Zwar mußte das Gericht nach Bekanntwerden der über Rauchs Euthanasietaten erschienenen Berichte einem Ablehnungsantrag der Verteidigung stattgeben, aber es ließ Herrn Rauch gleichwohl noch ein zweites Mal anreisen, um ihn nunmehr in der Eigenschaft als Zeuge nochmals über seine Untersuchungsergebnisse zu befragen. Ich übergehe die Kontroversen, die sich daraus ergaben und das Prozeßklima rapide verschlechterten. Ein zweiter vom Gericht bestellter Gutachter, der sich schon dem Sachverständigengutachten des professoralen Kollegen beflissen angeschlossen hatte, gab nun auch dessen »Zeugenaussage« die wissenschaftliche Weihe. Natürlich übernahm er auch dessen Zirkelschluß von den angeklagten Taten auf mangelnde Drogenabhängigkeit.

Nunmehr lud die Verteidigung einen medizinischen Sachverständigen, nachdem dessen Ladung durch das Gericht zuvor abgelehnt worden war, und beantragte, diesem eine Untersuchung des Angeklagten unter den üblichen, auch für Herrn Rauch gültig gewesenen Bedingungen zu gestatten. Das Gericht lehnte es ab, dem von der Verteidigung benannten Sachverständigen – es handelte sich um Prof. Specht, Göttingen – ein unüberwachtes Gespräch mit dem Angeklagten zu gestatten. Aus der später vom Gericht bestätigten Verfügung des Vorsitzenden:

Ein völlig unüberwachter Besuch kommt nicht in Betracht. Dem Untersuchungsgefangenen werden schwerste, als Mitglied einer terroristischen Vereinigung begangene Straftaten vorgeworfen, für die mitverantwortlich zu sein er größtenteils bestreitet. Kontrollmaßnahmen, von denen nach den besonderen gesetzlichen Bestimmungen selbst die Verteidiger des Angeklagten nicht ausgenommen werden können, sind deshalb unumgänglich, zumal dem Senat Prof. Dr. Specht nicht bekannnt ist.

Es wird also gar kein Hehl daraus gemacht, daß es der Verdacht »schwerster, als Mitglied einer terroristischen Vereinigung begangener Straftaten« ist, der die Einschränkung von Verteidigungsrechten rechtfertigen soll, die jedem anderen nichtterroristischen Angeklagten zustehen und die auch jedem anderen Sachverständigen zugebilligt würden, wenn er nur von einem unverdächtigen Rechtspflegeorgan bestellt ist. Die Argumentation mit Kontrollmaßnahmen, von denen selbst die Verteidiger nicht ausgenommen werden könnten, ging schon deshalb fehl, weil nach den gesetzlichen Bestimmungen Gespräche der Verteidiger mit dem Mandanten bisher noch nicht überwacht sind.

Ein zusätzliches Argument gegen Specht – der in einem Schriftsatz der Bundesanwaltschaft, die sonst fehlerfrei zu schreiben pflegt, zweimal als Prof. Schlecht bezeichnet wurde – lieferte ein Satz aus einem Brief des Sachverständigen an einen der Verteidiger, der in der Folgezeit immer wieder – übrigens unvollständig – zitiert wurde:

Wir sind es uns, damit meine ich unser aller Rechtssicherheit, und wir sind es einem derart verstrickten Menschen wie Herrn Boock schuldig, dem für ihn zuständigen Gericht die Möglichkeit zur Überprüfung seiner Entscheidungsgrundlagen aufzuzeigen.

Schon diese Worte menschlicher Einfühlung, die auch einem Richter gut angestanden hätten, waren offenbar zuviel der Humanitas für einen »Terroristen«. Von diesem Sachverständigen, der in dem erwähnten Brief ebenso wie sein von der Verteidigung ebenfalls um Rat gefragter Kollege Prof. Rasch das Gutachten Rauch einer vernichtenden Kritik unterzogen hatte, war nach dem in diesem Verfahren praktizierten Grundsatz der Schuldvermutung kein Beitrag zur Wahrheitsfindung zu erwarten. Die Begründungen, mit denen seine Gutachtertätigkeit verhindert werden sollte, wurden immer offenherziger. Als die Verteidigung schließlich nach Rückfrage bei Prof. Specht den Antrag stellte, diesem zur Vorbereitung seines Gutachtens ein Gespräch mit dem Angeklagten ohne Überwachung aber mit der Trennscheibe zu ermöglichen – also unter den gleichen Bedingungen, die für die Verteidiger gelten –, lehnte der Vortsitzende mit einer vom Gericht bestätigten Verfügung ab, in deren Begründung es heißt:

Eine Trennscheibe vermag den Überwachungszweck nicht ausreichend sicherzustellen. Sie verhindert lediglich den Austausch von Gegenständen.

Damit bestätigte das Gericht eine von der Verteidigung schon früher geäußerte Vermutung, daß der Überwachungszweck darin bestehe, den zur Überwachung eingeteilten Anstaltsarzt als weiteres Beweismittel zu gewinnen und ihn gegen Prof. Specht ausspielen zu können. Eine Bedingung, auf die Prof. Specht sich, wie außerhalb Stammheims verständlich ist, nicht einlassen konnte.

Die Hartnäckigkeit der Verteidigung führte dazu, daß Prof. Specht trotz alledem präsent gestellt[3] wurde und auf der Grundlage der auch dem gerichtlich bestellten Sachverständigen bekannten Beweise, ergänzt durch Kenntnisse, die er in der Hauptverhandlung insbesondere aus der Vernehmung des von der Verteidigung ebenfalls präsent gestellten sachverständigen Zeugen Prof. Schwartzenberg gewinnen konnte, ein mündliches Gutachten erstattete. Nun wurde erneut der Antrag gestellt, Herrn Prof. Specht zu ermöglichen, den Angeklagten unter den üblichen Bedingungen notfalls mit Trennscheibe zu explorieren und sein Gutachten auf der Grundlage dieser weiteren Erkenntnisquelle zu ergänzen. Die Begründung, mit der dieser Antrag abgelehnt wurde, überbot alles, was das Gericht bisher an Verdächtigungen, die sich gegen ein Beweismittel der Verteidigung richteten, geleistet hatte. Prof. Specht wurde unterstellt, daß er Verdunkelungsversuchen des Angeklagten nicht standhalten werde. Begründung: »Der Angeklagte hat Prof. Specht ausgewählt.« Richtig hätte es heißen müssen: seine Verteidiger haben ihn ausgewählt. Was aber bei der Reichweite des Verdächtigungssyndroms keinen Unterschied macht. Nach der außerhalb Stammheims geltenden Strafprozeßordnung in Verbindung mit der Unschuldsvermutung hat auch ein Angeklagter bestimmte prozessuale Wahlrechte, so das Recht, einen Verteidiger zu wählen oder das Recht, ein Beweismittel seiner Wahl präsent zu stellen, ohne das die gewählte Person sogleich in den Kreis der Verdächtigen einbezogen werden darf und mit geringeren Rechten ausgestattet ist. Zur weiteren Erläuterung der in der Person des Sachverständigen begründeten Gefahr, an Verdunkelungsversuchen teilzunehmen, wurde sodann der schon mitgeteilte Satz aus seinem Brief zitiert und schließlich die Behauptung aufgestellt, der Sachverständige habe seinen Ausführungen im mündlichen Gutachten ausschließlich Angaben des Angeklagten zugrundegelegt – eine schlichte Unwahrheit. Schließlich habe er sich beharrlich geweigert, andere mögliche Geschehensabläufe in seine Erwägungen einzubeziehen. Daran ist soviel richtig, daß der Sachverständige sich geweigert hatte, die ihm vom Gericht zugemutete Rauchsche Form von Gutachterlogik nachzuvollziehen, die aus der unterstellten Umsichtigkeit, Zuverlässigkiet und Sorgfalt des idealtypischen Terroristen bei der Teilnahme an den von der Anklage aufgeführten Taten rückschließen wollte, daß der Angeklagte nicht drogenabhängig gewesen sein könne. Im übrigen unterschieden sich Verhalten und Ton gegenüber dem Sachverständigen Prof. Specht, einem angesehenen, seit 28 Jahren als Gerichtsgutachter tätigen Fachmann, in ihrer Respektlosigkeit in nichts von der gegenüber den Verteidigern in 85 Verhandlungstagen eingeübten Entwürdigungsstrategie. Er wurde, weil von der Verteidigung ausgewählt, der Fraktion der Verdächtigen zugerechnet und entprechend behandelt. Gegenüber dem, was er zu sagen hatte, versperrte man in Stammheim ebenso die Ohren wie gegenüber dem Wort der Verteidiger.

Was steht hinter diesem Verdächtigungssyndrom? Ein realistisches und rationales Sicherheitsdenken kann es nicht sein. Die Hypertrophie der doppelt und dreifach genähten Durchsuchungsmaßnahmen und deren Sinnlosigkeit wurde schon erwähnt. Kommt hinzu, daß echte Gefahren, die es zweifellos gibt, gar nicht in das Sicherheitskonzept einbezogen sind. Wer mit terroristischen Aktionen in Stammheim rechnet, muß auch damit rechnen, daß deren Urheber nicht so phantasielos sein würden, wie die Erfinder der auf der Schiene des Falles Müller/Newerla angelegten Maßnahmen. Niemand kann ernstlich annehmen, daß Waffen noch einmal über Rechtsanwälte ins Gebäude kommen würden, die durch den Fall Müller/Newerla gewarnt sind und deren gründliche Filzung sich allmählich herumgesprochen hat. Merkwürdigerweise kam, als wir die Durchsuchungsproblematik in einem mit dem Senat geführten Vorgespräch erörterten, ausgerechnet von einem der Richter ein Fallbeispiel, das die Sinnlosigkeit der auf Rechtsanwälte beschränkten Durchsuchungsaktionen offenbarte: »Sie haben doch Kinder, Herr Hannover...« Haben Richter, haben Bundesanwälte, Jungpolizisten, Angestellte und Putzfrauen keine Kinder? Als Objekte von Erpressung bzw. Nötigung kommen sie ebenso in Betracht wie Rechtsanwälte. Nur mit dem Unterschied, daß auch Terroristen wissen, wer durchsucht wird und wer nicht. Also wenn Durchsuchungen wirklich Sicherheitszwecken dienen sollen, dann sind sie nur sinnvoll, wenn sie sich gegen alle richten. Und damit würde der Diskriminierungseffekt entfallen. Fragt sich nur, ob es nicht gerade auf ihn ankommt.

Sicher geht es bei dem auf einen Teil der Prozeßmannschaft beschränkten Durchsuchungsspuk auch und in erster Linie um die gezielte Diskriminierung der Terroristenverteidiger. Dabei mögen vielfältige anwaltsfeindliche Motive mitspielen, die sich hier an einer Minderheit austoben können, die vom eigenen Berufsstand ungenügend geschützt, unter Vernachlässigung eines Mindeststandards an

Rechtskultur ihrer sozial ausgegrenzten Klientel zugeschlagen wird. Wer Stammheim als Betroffener erlebt hat, verläßt diese Gerichtsstätte mit erhöhter Sensibilität gegenüber einer Mentalität des Minderheitenhasses, hier in Form eines Angeklagtenhasses, in den der Verteidiger sich allein aufgrund des von ihm übernommenen Mandats und seiner Weigerung, dies als Auftrag zur Überführung des Mandanten zu verstehen, einbezogen sieht. Er findet ein seit Jahren vorbereitetes, gegen jede Änderung resistentes Bewußtsein vor, in dem der Terroristenverteidiger nur die Wahl hat, entweder die genehme und für ihn bequeme Rolle des Kollaborateurs mit der Staatsgewalt zu spielen oder sich als Komplize des Angeklagten behandeln zu lassen. Wer, wie die Verteidigung des Angeklagten Peter-Jürgen Boock, weder die eine noch die andere Funktion akzeptieren will, gerät in die Rolle eines Justizobjekts, an dem tagtäglich das Recht des Stärkeren vollzogen wird. Das eröffnet Einblicke in die Situation des Angeklagten und birgt die Gefahr, ein Zuviel an Solidarisierung zu produzieren und den Prozeß der self-fulfilling prophecy in Gang zu setzen. Das entlarvt aber auch eine Justizmaschine, die sich mit gekränktem Gestus gegen den Vorwurf zu wehren pflegt, das Urteil im politischen Prozeß stehe schon zu Beginn der Hauptverhandlung fest. Man kann also nicht sagen, daß die Übernahme eines Verteidigermandats in einem Terroristenprozeß völlig sinnlos sei. Nein, man lernt etwas über die Justiz des freiheitlichsten Staates auf deutschem Boden hinzu, das man aus der Distanz des Beobachters nicht für möglich gehalten hätte.

Wer sich mit dem Eintritt in das Stammheimer Gerichtsgebäude von einem mit reltiv hohem Sozialprestige und persönlichem Ansehen ausgestatteten Rechtsanwalt in einen »Helfer» von Terroristen verwandelt, dem das Schlimmste zuzutrauen ist, erlebt etwas am eigenen Leibe, das ihn im doppelten Sinne zum Betroffenen macht. Dem Anwalt widerfährt in dieser Rolle eine Ausgrenzung aus seinem normalen sozialen Umfeld, die für ihn selbst umso auffälliger und verwirrender ist, als sie nur für die Tage gilt, an denen er Stammheimer Luft atmet. Das Wechselbad zwischen seinem außerhalb Stammheims erworbenen Selbstverständnis und seiner Behandlung als potentieller Verbrecher ist so irritierend, daß es einer eheblichen Ich-Stärke bedarf, um es längere Zeit unbeschädigt zu ertragen. Ich kenne keinen Kollegen, dem das gelungen ist. Nur von einem hörte ich sagen, daß er seelisch unverletzt geblieben sei – er habe allerdings während seiner Verteidigung in Stammheim alle Haare verloren. Schwarzer Humor als Versuch, einen seelischen Streß zu bewältigen, der Spuren hinterläßt. Daß es gerade auf diese persönliche Verletzung des Verteidigers ankommt, kann nach den Erfahrungen, die ich in 15 Stammheimer Prozeßmonaten gemacht habe, nicht zweifelhaft sein. Sie gehört zu einer Prozeßinszenierung, die für den Versuch, einen Angeklagten gegen den Terrorismusvorwurf in traditionell-rechtsstaatlicher Weise zu verteidigen, nur zynische Verachtung oder achselzuckendes Mitleid übrig hat.

Aber bei dieser Prozeßinszenierung, die sich in einer zum totalen Überwachungsstaat umfunktionierten, durch die Stacheldrahtzäune des Stammheimer Justizgeländes begrenzten Parzelle abspielt, fällt noch etwas ab, das auch die Richter und die Ankläger betrifft: Angst. Sie sind Gefangene des von ihnen selbst mitgeschaffenen Sicherheitssystems, das, zunächst an realen Gefahren anknüpfend, inzwischen eine Eigengesetzlichkeit entwickelt hat, die Angst erzeugt. In Stammheim ist eine permanente Bedrohung inszeniert worden, die auf ihre Regisseure zurückwirkt und ihr Bewußtsein in einen Käfig eigener Ängste und Projektionen gesperrt hat.

Da werden sie Tag für Tag in einem der Schleyer-Karawane nachgebildeten Konvoi von Mercedes-Wagen zum Gericht und wieder nach Hause gefahren und erleiden in Gedanken tausendmal Schleyers Schicksal, mit dem sie von Berufs wegen im Detail vertraut sind. Sie fahren vorbei an den Rechtsanwälten, die da mit ihrem Köfferchen vor der Pforte stehen und auf die Taxe warten und ein Teil der bösen, bedrohlichen Welt außerhalb der Stammheimer Stacheldrahtzäune sind. Da laufen sie selbst zu Hause jederzeit mit einer schußbereiten Pistole herum, geraten wie der Richter Berroth in Situationen, in die nur gerät, wer eine Pistole hat, spüren bei jedem Schritt die Waffe und glauben an deren Notwendigkeit – Bommi Baumann hat dieses permanente Notwehrdenken des bewaffneten Menschen sehr anschaulich geschildert. Das alles sind angstmachende Faktoren, denen selbst Menschen, die von Haus aus angstfrei sind, sich nur schwer entziehen können. Aber wer sagt uns, ob diesen angsterzeugenden Bedingungen nicht auch Menschen ausgesetzt werden, die schon von Haus aus Ängste in sich tragen oder sie angesteckt von gesellschaftlichen Phantasien erworben haben. Für sie muß die berufliche Befassung mit Terroristenprozessen unter den in Stammheim gegebenen Bedingungen eine Qual sein, von der sie sich nur durch »Externalisierung ihrer Ängste« befreien können.

Für die insoweit vergleichbare Situation des seine eigenen Ängste ausagierenden Politikers hat Lloyd de Mause am Beispiel des amerikanischen Präsidenten Reagan eine beklemmende Analyse entwickelt:

Für diejenigen, die ihre eigenen Ängste externalisieren (sie nicht mehr als Teil ihrer selbst wahrnehmen), hat das politische Handeln mehr die Funktion, laufende persönliche Schwierigkeiten zu beheben, als sich mit der realen Situation der äußeren Welt zu befassen. Wenn ihre eigenen Gefühle außer Kontrolle zu geraten drohen, steigt die »kommunistische Gefahr«, während gleichzeitig wirkliche Gefahren der äußeren Welt vollkommen ignoriert werden können.[4]

Oder an anderer Stelle:

Unglücklicherweise ist dies Verfahren, innere Probleme in der politischen Arena abzuladen, nur dann effektiv, wenn die Leute um den Führer irgendwie seine Wahnvorstellungen teilen und ihm dabei helfen, seine Gefühle »zu kontrollieren«. Mit den Worten Otto Fenichels: Personen, die Angst haben, schaffen eine Atmosphäre der Angst um sich. Sie fühlen sich besser, wenn diese Angst außerhalb von ihnen ist.[5]

Das in Stammheim herrschende Klima der Angst, das bis in die legitimen Interaktionen der Prozeßbeteiligten hineinwirkt und die institutionalisierten »erlaubten Konflikte« (N. Luhmann) des Verfahrens panisch eskalieren läßt, erfaßt auch die Richter, deren Anspruch »über den Dingen zu stehen« vollends zur Farce wird.

Man lese, was der Richter Dr. Berroth in dem gegen ihn gerichteten Ermittlungsverfahren zu Papier gebracht hat:

Ich greife durch die Situation, in der ich leben muß, bedingt, bei jedem Verlassen der Wohnung (und sei es nur aus geringfügigem Anlaß) automatisch zur Waffe. Dies ist mir in Fleisch und Blut übergegangen.

»Aus geringfügigem Anlaß« ist eine ungewöhnliche Wortwahl, wenn die Gründe für das Verlassen einer Wohnung gemeint sind. Die Sprache verrät, daß der Ausdruck zu »ich greife ... automatisch zur Waffe« gehört. Und auch »die Situation, in der ich leben muß« spricht in diesem Zusammenhang Bände. Was teilt Richter Berroth über diese Situation, in der er leben »muß« mit? Sein Plan, bei der einphasigen Juristenausbildung in Konstanz mitzuwirken, habe sich nicht verwirklichen lassen, weil er entgegen einer zuvor erfolgten Rückversicherung am Baader-Meinhof-Verfahren habe teilnehmen »müssen« (»Unter diesen Umständen mußte ich meine beruflichen Pläne zurückstellen«), obwohl er schon eine Eigentumswohnung in Konstanz erworben hatte. Infolge seiner Tätigkeit im Baader-Meinhof-Verfahren habe ihn dann auch die Fachschaft Justiz bei der Universität Konstanz nicht mehr genommen, da er ein »Sicherheitsrisiko« sei, und auch für andere Stellen habe er als »vorbelastet« gegolten. Er sei auch schon mehrfach persönlich bedroht worden. So, voller Ressentiment gegen Terroristen und sich über die Nachteile beklagend, die sie seinem Leben zugefügt haben, begründet Richter Berroth, wie es kommen konnte, daß er bei Schlichtung einer auf offener Straße stattfindenden tätlichen Auseinandersetzung zur Waffe griff und auf einen der Beteiligten zweimal schoß und ihn lebensgefährlich verletzte. Das alles reichte den Kollegen des Richters Dr. Berroth nicht, um ihn in diesem Verfahren gegen einen »Terroristen« für befangen zu halten. Ihr Mangel an Sensibilität dafür, daß ein Mensch, der in Worten und Taten solche Ängste erkennen läßt, ungeeignet ist, über einen als Terroristen Verdächtigen zu Gericht zu sitzen, nötigt zu der Erklärung, daß es auch ihre eigenen Ängste und Befangenheiten sind, die ihr Kollege Berroth stellvertretend formuliert und ausagiert hat.

Noch ein Beispiel für die in Stammheim herrschende Angst: Einmal hatte ich zufällig einen Fotoapparat dabei, von einer Reise her in der Aktentasche vergessen, und nutzte die Gelegenheit, den Kollegen Römmig und mich mit Stammheimer Hintergrund zu fotografieren. Am nächsten Verhandlungstag war der Teufel los. Verschärfung der Durchsuchung mit der Androhung, daß ein etwa vorhandener Fotoapparat beschlagnahmt werden würde. Diesmal hatte ich keinen Fotoapparat dabei, aber der Durchsuchungsbeamte vermutete ihn in dem Köfferchen mit meinen Privatsachen und bestand darauf, auch diese zu sehen. Das war bisher nie geschehen, da diese Sachen nicht mit in den Gerichtssaal genommen wurden, also auch gar nicht mit dem Angeklagten in Berührung kommen konnten, sondern im Vorraum eingeschlossen wurden. Ich verweigerte diese neue Spielart der Durchsuchung und verlangte den Vorsitzenden zu sprechen. Er kam nicht, sondern ließ uns ausrichten, daß er nunmehr ohne uns mit der Verhandlung beginnen werde. Da half uns keine Berufung auf seine eigene sitzungspolizeiliche Anordnung, wonach im Zweifelsfall die Entscheidung des Vorsitzenden herbeizuführen sei. Mit undurchsuchten Verteidigern getraute sich dieser Richter nicht zu sprechen. Obwohl er es bei anderer Gelegenheit vor Beginn des Prozesses überlebt hatte. Aber die Sache mit dem Foto und die Verweigerung der Durchsuchung machte uns verdächtig; wer fotografiert, kann auch den Dolch im Gewande tragen.

Die Stammheimer Angst ist ein Teil kollektiver Ängste, die von langer Hand vorbereitet und auf »Terroristen« und deren Verteidiger abgeleitet worden sind. Fritz Sack und Heinz Steinert haben in ihren Beiträgen zu den vom Bundesinnenministerium veranlaßten Terrorismusanalysen zum Ärger des Auftraggebers bereits herausgearbeitet, daß bei der staatlichen Reaktion auf den Terrorismus eine Inszenierung stattgefunden hat, bei der das Augenmaß für die Größe der Bedrohung verlorengegangen ist, bei der Ursache und Wirkung miteinander vertauscht werden, und bei der man »Gefangener seiner Ängste und Projektionen« ist (Sack). Daß diese Ängste und Projektionen auch die richterlichen Mitwirkenden der Inszenierung erfaßt haben und ihre Fähigkeit zum fairen Prozedieren begrenzen, ist die Erkenntnis, die wir Verteidiger aus Stammheim mitgebracht haben.

Wenn schon für die vom Angeklagten ausgewählten Verteidiger und Beweismittel eine Vermutung der Komplizenschaft gilt, die dazu hinreicht, ihnen Waffentransporte und Verdunklungshandlungen zuzutrauen, wie sieht es dann mit der Chance des Angeklagten aus, die Vermutung der Unschuld als gültiges Verfahrensprinzip für sich zu reklamieren? Wenn einem Angeklagten, der sich durch Flucht aus der RAF und öffentliche Distanzierung vom Terrorismus losgesagt hat, zugetraut wird, daß er seine Verteidiger und einen medizinischen Sachverständigen zu Waffentransporten und Verdunklungshandlungen mißbraucht, dann wird ihm das Minimum an Vertrauen verweigert, das eine Verteidigung mit dem Ziel des Freispruchs in bestimmten Anklagepunkten überhaupt sinnvoll erscheinen läßt. Die in den praktizierten Verdächtigungen gegen Verteidiger und Sachverständige sichtbar werdende Voreingenommenheit des Gerichts ist unvereinbar mit der Annahme, dieses Gericht habe sich dem Grundsatz des Art. 6 MRK verpflichtet gefühlt, von der Unschuld des Angeklagten auszugehen. Daß es zwischen der Unschuldsvermutung und dem mit der Eröffnung des Hauptverfahrens ausgesprochenen Verdachtsgrad ein Spannungsverhältnis gibt, ist unverkennbar. Aber es ist ein gewaltiger qualitativer Unterschied, ob ein Verdacht für ausreichend gehalten wird, seine Überprüfung in einem justizförmigen Verfahren anzuordnen, oder ob er dazu führt, Verteidiger und von diesen beigebrachte Beweismittel als potentielle Gehilfen von Kriminalität und Verdunkelung abzuwerten und dem Angeklagten das Recht zur Stellung von Verfahrensanträgen mit der Begründung zu bestreiten, daß er ein »Mörder«sei. Der hier offenbar gewordene Verdachtsgrad entspricht einer rechtswidrigen Schuldvermutung, die jedes der Verteidigung dienende Wort sinnlos macht.

Rechtsprechung im Klima der Angst muß notwendig auch mit dem Grundsatz in dubio pro reo in Konflikt geraten. Im Zweifel zugunsten des Angeklagten zu entscheiden, das heißt: lieber neun Schuldige laufen lassen als einen Unschuldigen verurteilen. Aber kann ein Richter, der unter Angst steht, auch nur einen einzigen laufen zu lassen, der sich dann möglicherweise als Terrorist entpuppt? Richter, die vor dem Angeklagten Angst haben, verlernen die Kunst zu zweifeln. Diese Kunst setzt eine Gelassenheit voraus, der Prinzipien der justizförmigen Wahrheitsfindung höher stehen als Sicherheitserwägungen. Wer bei dem Gedanken erschrickt, ein Schuldiger könne unbestraft bleiben, hat den Grundsatz in dubio pro reo schon verraten. Dieses Prinzip setzt wie jede Freiheit eine Bereitschaft zum Risiko voraus. Und das Risiko, einen Terroristen laufen zu lassen, kann ein von Terroristenangst beherrschter Richter nicht eingehen. Wenn die Angst solche irrealen Dimensionen annimmt, wie sie sich in den gegen Verteidiger und selbst gegen Sachverständige gerichteten Sicherheitsmaßnahmen manifestieren, dann scheint sich das Bewußtsein gegen Erkenntnisse der realen Wahrnehmung und der Vernunft zu sperren. Eine Verteidigung im Klima der Verdächtigung hat keine Chance.

In Stammheim ist nicht nur den Rechten der Verteidigung Abbruch getan, sondern ein Stück Rechtskultur, nämlich der Respekt vor der Integrität des Verteidigers, vernichtet worden. Mag sein, daß zur Anwaltschaft zugelassene Juristen mit der Befähigung zum Richteramt daran mitgewirkt haben. Den Rest haben andere getan. Vor allem die nach dem Sippenhaftprinzip eingeleitete Verewigung eines kulturlosen Zustandes. Welcher auf Selbstachtung bedachte und dem Berufsbild des sowohl vom Mandanten wie vom Gericht unabhängigen Verteidigers verpflichtete Rechtsanwalt kann eigentlich noch in Prozessen dieser Art verteidigen? Der Kollege Römmig und ich haben den Versuch gemacht, aber wir haben uns gegen die Stammheimer Strukturen nicht durchsetzen können, sondern waren einer Abhängigkeit vom Gericht unterworfen, die uns manchmal fast erdrückt hätte. Ganz abgesehen davon, daß jeder Versuch, den Mandanten mit einer den Einsatz rechtfertigenden Chance zu verteidigen, von vornherein zum Scheitern verurteilt war. Es ging offensichtlich nur darum, eine Prozeßwahrheit herzustellen, die bereits im Voraus durch die Anklageschrift definiert war. Dieses Verfahren war unter aller Würde.

Wer mit den Maßstäben »normaler« Gerichtserfahrung nach Stammheim kommt, wird die dort herrschenden Verhältnisse allenthalben kopfschüttelnd und zunehmend betroffen zur Kenntnis nehmen. Man kann im Grunde alles vergessen, was man über den Umgang mit Menschen aus dem Knigge und dem Grundgesetz gelernt zu haben glaubt – in Stammheim bleibt die Würde draußen. Hier ist mitten im gemütlichen Schwabenland eine Parzelle totaler Staat entstanden, in der weder das Grundgesetz noch die andernorts selbstverständlichsten Regeln der Kommunikation und Interaktion gelten. Stammheim ist eine auf den Kopf gestellte Humangesellschaft. Wenn man wieder draußen ist, fallen einem plötzlich menschliche Verhaltensweisen, die man zuvor für selbstverständlich gehalten hatte, als wohltuender Vertrauensbeweis auf: daß man sein Köfferchen mit in die Gaststätte nehmen kann, ohne daß jemand eine Bombe darin vermutet, daß man dem Gesprächspartner Schriftstücke überlassen darf, ohne daß sogleich eine Verschwörung dahinter gewähnt wird, daß man durch Türen gehen kann, ohne im Verdacht des Waffentransports zu stehen. Vor allem: daß menschliche Kommunikation nicht in der Entgegennahme boshafter Verdächtigungen besteht, die der Widerlegung oder Erwiderung bedürfen.

Und das Verdächtigungssyndrom ist nur ein Aspekt der systematischen Behinderung – um nicht zu sagen: Verhinderung – von Verteidigung in Stammheim. Fast noch gravierender ist die geradezu zynisch angelegte Überforderung der auf zwei Vertrauensanwälte begrenzten Verteidigung, die sich einer über praktisch unbegrenzte personelle und technische Hilfsmittel verfügenden Anklagebehörde gegenübersieht. Das schöne Prinzip der Waffengleichheit ist im Stammheimer Terroristenprozeß zum Recht des Stärkeren verkommen.

Peter-Jürgen Boock ist der einzige dem harten Kern der RAF zugerechnete Terrorist geblieben, der ausgestiegen ist und auf den fairen Prozeß vertraut hat. Das gegen ihn ergangene Urteil wurde vom Bundesgerichtshof (BGH) im Schuldspruch bestätigt und nur im Strafausspruch aufgehoben, und zwar mit der Begründung, daß die Frage der Drogenabhängigkeit ungenügend aufgeklärt sei. Wer darin eine Chance zur Korrektur wenigstens des Strafmaßes erhofft hatte, sah sich getäuscht. Es blieb, obwohl die zweite Hauptverhandlung vor einem anderen Senat des OLG Stuttgart unter Vorsitz des Richters Herbert Schmid[6] in sachlicherer Atmosphäre stattfand und die entwürdigenden Durchsuchungen der Verteidiger (Sebastian Cobler, Heinrich Hannover und Johann Schwenn) entfielen, beim Lebenslänglich. (Daß die lebenslange Freiheitsstrafe »nur« einmal und nicht mehrmals verhängt wurde, war einer Gesetzesänderung zu verdanken). Die Richter waren an die Rechtskraft des vom 2. Strafsenat (Vorsitz Dr. Eitel) gefällten Schuldspruchs gebunden, und zwar auch da, wo sie die getroffenen Feststellungen zum subjektiven Tatbestand erkennbar für falsch hielten. (Das gilt insbesondere für die Feststellung, Boock habe den Zündmechanismus für das auf das Gebäude der Bundesanwaltschaft gerichtete Schußgerät nur versehentlich nicht in Gang gesetzt).

So konnten die im ersten Urteil festgeschriebenen gehässigen Wertungen der Persönlichkeit des Angeklagten, die ihm eine mörderische Gesinnung und ein »taktisches Verhältnis zur Wahrheit« unterstellten, nicht nur den um eine nüchternere Betrachtungsweise bemühten Richtern der zweiten Hauptverhandlung die Hände binden, sondern noch bis ins Gnadenverfahren hineinwirken, wo der Generalbundesanwalt eben diese Urteilsstellen zitierte, um Boocks Gnadenunwürdigkeit zu belegen.

Wer sich von der Persönlichkeit des RAF-Aussteigers Peter-Jürgen Boock ein eigenes Bild machen will, ist gut beraten, die Wertungen des Generalbundesanwalts an dem zu messen, was Boock selbst nach seiner Verhaftung getan und gesagt hat. Am 23. Februar erschien im »Spiegel« Boocks Aufruf »Kämpft um jeden«:

An die Linke
Ihr schweigt, wenn nichts passiert, seid betroffen und protestiert, wenn wieder jemand erschossen wurde, windet euch durch Distanzierung und Abgrenzung, wenn wieder eine Aktion gelaufen ist. Ihr könntet, ihr müßtet viel mehr tun. Die Geschichte dieser Gruppe, die, ob ihr wollt oder nicht, ein Teil eurer Geschichte ist, müßtet ihr andersherum einmal aufarbeiten. Nur ihr könnt erzwingen, daß Anspruch der RAF und reale Wirkung ihrer Aktionen immer wieder in Beziehung gesetzt werden kann zu dem, was heute an der Basis geschieht. Wenn ihr zu lange schweigt, wird nach einem weiteren »deutschen Herbst« die »neue Innerlichkeit« – der Rückzug ins eigne Ghetto doch noch laufen. Nehmt euch vor allem in acht vor der eigenen Euphorie. Wenn der Rausch der »Kreuzberger Nächte« verflogen ist, wird allzu leicht aus dem Frust, der Resignation, der Wut über das nicht Erreichte der irrationale Weg ins Aus, ins Vakuum der Illegalität. Laßt keinen gehen, kämpft um jeden.

Und er hatte denen Mut machen wollen, die innerhalb der Gruppe die Zweifel teilen, die ihn dazu gebracht hatten, den Absprung zu wagen.

Ich kann nur jedem raten, diesen Zweifeln, diesen Bedenken immer nachzugehen, sie genau zu analysieren. Ich habe einfach versucht, wieder an der Basis zu leben, die ihr so gering einschätzt. Durch diese Leute, die Auseinandersetzung mit ihnen, habe ich erst das Gefühl bekommen, daß es so was wie Leben, Liebe gibt in diesem Land, daß das noch möglich ist.

In seinem Schlußwort, am Ende der Hauptverhandlung vor dem Eitel-Senat in Stuttgart-Stammheim, war Boock um eine betrübliche Erfahrung reicher:

Mir wurde hier der Prozeß gemacht. So aggressiv, wie sich das anhört, so aggressiv ist es aus meiner Sicht auch gewesen...

Die Bundesanwaltschaft hat in der ihr eigenen zynischen Art nichts unversucht gelassen, meine Motive, mich nicht zum Helfershelfer der Anklagebehörde degradieren zu lassen, zu denunzieren...

Wenn der einzige Gradmesser für die Bewältigung der eigenen Vergangenheit der sein soll, mit einer schnellen Schuldzuweisung an andere bei der Hand zu sein, dann ist es ziemlich traurig. Nach meinen Erfahrungen dauert es ziemlich lange, bis man z.B. den Rechtfertigungszwang überwinden kann, um das eigene Handeln kritisch zu reflektieren. Ein solcher Prozeß ist schmerzhaft, alle Ereignisse noch einmal revuepassieren zu lassen, den Opportunismus und das Versagen zu erkennen, die Feigheit davor, die Zweifel an sich heranzulassen, die Erkenntnis darüber, wie man sich selbst und anderen etwas vorgemacht hat, das kann eigentlich hinterher kein neues glattes Bild der eigenen Person ergeben...

Boock bekannte sich auch am Ende dieses aggressiven Verfahrens, in dem er schon zu einer Zeit, in der noch die gesetzliche Unschuldsvermutung für ihn galt, als »der Mörder Peter-Jürgen Boock« angesprochen wurde, zu der Entscheidung seines Gewissens, die vier Bundesanwälten das Leben gerettet hat, und vielleicht nicht nur ihnen.

Als ich die Raketenschußanlage gegenüber der Bundesanwaltschaft montiert habe, saß ich selber am Drücker. Ich war drauf und dran, mir unbekannte Menschen aus abstrakten ideologischen Gründen zu töten. Ich bin heute froh darüber, daß ich mich damals im letzten Moment entschieden habe, genau das nicht zu tun.

Aber sein Aufruf an andere war jetzt mit einer Warnung verbunden:

Allerdings kann ich heute und nach den hier gemachten Erfahrungen alle, die es mir nachtun wollen, nur warnen. Verlaßt euch nicht darauf, daß ihr von dieser Justiz nur für das belangt werdet, was ihr auch wirklich getan habt.

Das Fehlurteil gegen Boock dürfte dazu beigetragen haben, daß seither keiner mehr aus der Gruppe zurückgekehrt ist, der befürchten muß, nach dem Muster dieses Verfahrens zu Lebenslänglich verurteilt und darüber hinaus als »Verräter« denunziert zu werden. Es ist daher auch eine Forderung der politischen Vernunft, eine breitere Öffentlichkeit dafür zu interessieren, unter welchen Bedingungen in Stammheim Recht gesprochen wird.

8. Kollaboration mit der Staatsgewalt als Kriterium der Freund-Feind-Unterscheidung

Ein Beitrag zum Kronzeugen-Syndrom[1]

Pflichterfüllung im Dienste des Staates bietet in Deutschland systemüberdauernden Schutz vor strafrechtlicher Verfolgung oder sichert mindestens wohlwollende und milde Beurteilung strafbaren Tuns. Der Staat kann ein Verbrecher-Syndikat gewesen sein, ohne daß sich an dieser Einschätzung etwas ändert – eine obrigkeitsfreundliche Moral, die sich zwanglos mit christlichen Grundsätzen verbinden läßt (Römer 13.1: »Jedermann sei untertan der Obrigkeit, die Gewalt über ihn hat. Denn es ist keine Obrigkeit ohne von Gott; wo aber Obrigkeit ist, die ist von Gott verordnet«). Eine Erklärung für die Renaissance christlicher Parteien nach Auschwitz? Wie auch immer, dem Heer der Massenmordgehilfen Hitlers war diese Moral nützlich, weil sie die Akzeptanz ihrer Freisprüche und kalten Amnestien sicherte. Keinerlei moralische Bedenken hinderten die Staatslenker des »freien Westens«, Nazi-Verbrecher, die an den faschistischen Massenmorden aktiv beteiligt waren, als Gehilfen für den antikommunistischen Kreuzzug zu reaktivieren.[2] Widerspruchslos duldete die schweigende Mehrheit einer kollektivschuldigen Generation, daß gesellschaftliche Machtpositionen in diesem Land erneut von Leuten besetzt wurden, die zuvor einem Verbrecher-Staat gedient hatten. Das galt für die Polizeiführung, für den »Verfassungsschutz«, für Justiz, Verwaltung und Politik. Und noch immer ist Dienstleistung für den Staat – wohlgemerkt: für jeden, wie auch immer gearteten kapitalistischen Staat – ein guter Ausweis für Verwendbarkeit auch in einem nunmehr als »freiheitlich-demokratisch« bezeichneten Deutschland. Warum übrigens nicht auch Stasi-Experten als neue Gehilfen im Kampf gegen »Terroristen«? Der Sicherheits- und Überwachungsstaat ist bei der Wahl seiner Freunde nicht pingelig.

Neben den Staatsfreunden, die schon immer welche waren und sich bei Gründung der Bundesrepublik Deutschland als neugeborene Demokraten wiederfanden, gibt es auch solche, die erst durch Zuwahl das Recht erworben haben, der Justiz als Staatsfreund vorgestellt zu werden. Man könnte die einen als geborene, die anderen als gekorene Staatsfreunde bezeichnen. Mit den letzteren sind gewesene Staatsfeinde gemeint, die als Kollaborateure auserkoren und der Staatsgewalt nützlich geworden sind.

Für unser Thema interessiert vor allem eine Kategorie gekorener Staatsfreunde, die unter dem Namen »Kronzeugen« nun auch Eingang in die Gesetzessprache gefunden hat. Es handelt sich um jene Opfer der Staatsgewalt, die um den Preis der Kollaboration von dem Angebot (partiellen) Verzichts auf die Anwendung des Strafrechts Gebrauch gemacht haben. Ein Angebot, das auf der doppelten Moral obrigkeitsstaatlichen Denkens fußt und durch die kalten Amnestien für Nazi-Verbrecher gut eingeführt ist. Man hat sich in diesem Land daran gewöhnt, daß selbst die Beteiligung an Morden kein Hinderungsgrund ist, in den Kreis der Staatsfreunde aufgenommen zu werden. Andererseits steht auf Verweigerung der Zusammenarbeit mit den Herren der Wahrheitsfindung Lebenslänglich.

Mit der Wahl zwischen Feindprozeß und Freundprozeß steht den Betreibern Politischer Justiz ein ungeheures Erpressungspotential zur Verfügung. Zeigte man früher, als die Ketzer-Inquisition ihre Opfer brauchte, die Folterwerkzeuge vor, um die Macht der Ermittler zu demonstrieren und der als Hexe beschuldigten Frau die Vorteile eines »freiwilligen« Geständnisses vor Augen zu führen, so ist es heute der diskrete Hinweis auf die in der freien richterlichen Beweiswürdigung verborgenen Möglichkeiten, aus den vorliegenden Beweismitteln diese oder jene Schlüsse zu ziehen. Die Fingerspur an einem zur Entführung eines Menschen vorgesehenen Auto kann von einem Beschuldigten stammen, der dabei war, als die Tat ausgeführt oder vorbereitet wurde, sie kann auch von einem stammen, der zu anderer Zeit mit dem Fahrzeug zu tun hatte und nichts von der geplanten Tat wußte. Noch ein paar flankierende Beweismittel, etwa ein Zeuge, der den Beschuldigten oft in Begleitung der Bandenchefin gesehen haben will, und ihm wird nachgesagt, daß er ein »wichtiges Mitglied« gewesen sei und besonders engagiert die Politik des bewaffneten Kampfes vertreten habe (Boock-Urteil, S. 158), und es reicht zu dem Rat des väterlich-verständnisvollen Vernehmers: »Helfen Sie uns, die Sache aufzuklären, sonst müssen Sie mit einer Anklage nach Lage der Akten rechnen.« Und der Gefangene, noch unter dem Schock des Verlustes seiner Freiheit und durch die Zelleneinsamkeit ausgehungert nach menschlicher Kommunikation, hört das rettende Angebot zur Kollaboration mit der Staatsgewalt heraus, aber auch die versteckte Drohung.

Bekanntlich hat jeder, der einer Straftat verdächtigt wird, das Recht zu schweigen. Nicht erst als Angeklagter, sondern schon zum Zeitpunkt seiner ersten polizeilichen Vernehmung. Auf dieses Recht ist er ausdrücklich hinzuweisen (§§ 136, 163a StPO). Aber den Interessen der ermittelnden und der judizierenden Staatsgewalt ist mit einem sprechenden Angeklagten mehr gedient. Denn nichts fördert die Aufklärung des Sachverhalts und die Urteilsfällung schneller und bequemer als ein umfassendes Geständnis des Beschuldigten, das womöglich nicht nur den eigenen Tatbeitrag betrifft, sondern Ansatzpunkte für weitere Ermittlungen gegen andere Personen bietet. Aus der Sicht von Polizei und Justiz ist der aussagefreudige Beschuldigte oder Angeklagte also allemal nützlicher und sympathischer als der schweigende oder leugnende.

Die justizielle Tradition, Beschuldigte zum Sprechen zu bringen, reicht weit zurück. Aber die schamlose Belohnung des Kollaborateurs, nämlich die geschwinde Umwidmung von Feinden in Justizfreunde und der partielle Verzicht auf Strafe, ist eine Errungenschaft neuester Zeit.

Das mittelalterliche Feindprozeßrecht hatte dem zum Geständnis genötigten Justizopfer nur das Ende der Folter und manchmal eine mildere Todesart zu bieten.

Bei Geständnissen wurden vielfach die Angeklagten im Gnadenwege zuerst erdrosselt, sodann wurde ihre Leiche verbrannt. Bei Leugnen wurde dagegen der oder die Angeklagte lebendig verbrannt.[3]

Immerhin reichte die Angst vor einer Fortsetzung der Folter oder die Vergünstigung, nicht lebendig verbrannt sondern nur erdrosselt zu werden, häufig genug aus, die Beschuldigten zu den unsinnigsten Geständnissen und Anschuldigungen zu veranlassen. Schon damals war die Herbeiführung der Denunziation weiterer Ketzer das wichtigste Anliegen der Vernehmer, die sich nicht mit dem Schuldbekenntnis des von ihnen gequälten Menschen begnügten.

Henry Charles Lea berichtet, daß das Geständnis im mittelalterlichen Inquisitionsprozeß in der Regel von dem Bekenntnisse der Bekehrung und Reue begleitet gewesen sei.

Auf diese Weise wurde nicht nur dem Teufel eine Seele entrissen, sondern der Neubekehrte war auch verpflichtet, seine Aufrichtigkeit dadurch zu beweisen, daß er alle, von denen er wußte oder vermutete, daß sie Ketzer seien, dem Inquisitor anzeigte und so der Verfolgung neue Bahnen eröffnete.[4]

Das Geständnis war nur ausreichend, wenn die Namen der Mitschuldigen genannt wurden.

Wer in die Fänge der Inquisition geraten war – und dafür genügte die Verdächtigung durch einen mißgünstigen Nachbarn – konnte ihr nicht mehr entrinnen. Die Folter brachte die Opfer zu Phantasiegeständnissen, und wer nach dem Ende der Folter widerrief, konnte wenigstens wegen falschen Zeugnisses lebenslänglich eingekerkert werden.[5] Selbst der in seltenen Fällen mögliche Gegenbeweis konnte die verkehrte Wahrheit der Hexenrichter nicht auf die Füße stellen. Fritz Bauer schildert folgenden Fall:

Einige Frauen zu Lindheim gestanden, auf dem Friedhof ein Kind ausgegraben und – wie den »Hexen« häufig unterstellt wurde – zu einem Hexenbrei verwandelt zu haben. Der Mann einer dieser Frauen setzte es durch, daß das Grab des Kindes geöffnet wurde. Der Pfarrer und viele Zeugen waren zugegen. Das Kind lag unversehrt in seinem Sarg. Der Inquisitionsrichter erklärte das tote Kind in seinem Sarg für eine Gaukelei des Teufels. Die Frauen wurden, da ihr Geständnis mehr bedeutete als der Augenschein, als »Hexen« verbrannt.

Man brauchte »Hexen«.[6]

Daß die erfolterten Geständnisse und Beschuldigungen, die sich meist auf unzüchtigen Umgang mit dem Teufel bezogen, nichts mit der Wahrheit zu tun hatten, ist uns Heutigen nicht verborgen. Aber damals erfüllten sie ihren Zweck. Der definierte Feind war gefunden und überführt, die Unverbrüchlichkeit des Rechts bestätigt, der Hexenglaube gefestigt und die Angst erneuert. Und die Exekutoren des Rechts hatten ein um das andere Mal ihre Unentbehrlichkeit gezeigt und erlebt.

Staatliche Ermittler haben schon immer das Erfolgserlebnis gebraucht, Menschen zum Sprechen zu bringen und sie damit zu Gehilfen der Staatsgewalt zu machen. Ihre größte Niederlage war seit jeher der schweigende oder hartnäckig leugnende Angeklagte, von welcher Sorte es auch zur Zeit der Daumenschrauben und spanischen Stiefel einige wenige gegeben hat. Ihre Unbeugsamkeit aber brachte ihnen in der Regel nur eine Verstärkung des Verdachts ein, mit dem Teufel im Bunde zu stehen.

Doch lassen wir diese historischen Reminiszenzen. Den heutigen Wahrheitssuchern stehen humanere Foltermethoden zur Verfügung.

Nicht die barbarische Alternative Verbrennen oder Erdrosseln haben sie zu bieten, sondern die sehr viel attraktivere Wahl zwischen Lebenslänglich und einer zeitigen Freiheitsstrafe. Kein nennenswerter Zivilisationsfortschritt seit den Tagen der Hexenprozesse, da die Massivität der Nötigung eher zugenommen hat. Daß damit ein die Ablegung des Hexenglaubens übersteigender Zugewinn an Wahrheitsfindung verbunden sei, wird man füglich bezweifeln dürfen. Indessen will ich die Frage des Beweiswertes von Kronzeugenaussagen an dieser Stelle ausklammern und mich nur der Frage ihres Zustandekommens widmen.

Die begrenzte Widerstandskraft des Menschen gegen Vernehmungsversuche ist in neuerer Zeit vielfach untersucht worden. Dabei hat es sich als Irrtum herausgestellt, daß allein mit »Charakterstärke« einer als lebensbedrohend empfundenen Belastung widerstanden werden könne. So ist nach dem Koreakrieg der »Verhaltenskodex für Mitglieder der US-Streitkräfte« geändert worden, um der Tatsache Rechnung zu tragen, daß in der Vergangenheit fast alle Kriegsgefangenen trotz gegenteiliger Befehle ihren Befragern Informationen preisgegeben hatten.[7] Es hatte sich herausgestellt, daß schon mit der Angabe von Name, Rang und Geburtsdatum die »erste Widerstandslinie durchbrochen« und der Gefangene folgenden Verhören nicht mehr gewachsen war.

Es lag in der Konsequenz dieser Erfahrungen, daß Angehörige der RAF bei ihrer Festnahme auch Angaben zu ihrer Person verweigerten. Mit welchen Methoden die Staatsgewalt auf diese Verweigerung von Zusammenarbeit reagierte, möchte ich am Beispiel meiner damaligen Mandantin Ulrike Meinhof veranschaulichen.

Frau Meinhof wurde am 15. Juni 1972 in Hannover-Langenhagen festgenommen. Da sie Angaben zu ihrer Person verweigerte, wurde sie unter dem Vorwand der Identitätsfeststellung folgenden Maßnahmen unterworfen:

Zunächst versuchte die Polizei, ihr gewaltsam Fingerabdrücke abzunehmen. Dieser Versuch scheiterte an ihrer heftigen Gegenwehr. Daraufhin drohten die Polizeibeamten, man werde ihr eine Äthernarkose geben und sodann die Fingerabdrücke abnehmen. Ulrike Meinhof protestierte gegen diese Absicht und verwies darauf, daß eine solche Narkose für sie lebensgefährlich sei. Trotzdem wurden ernstliche Vorbereitungen zur Durchführung einer Äthernarkose getroffen, so daß sich meine Mandantin schließlich nach mehreren Stunden aus Angst vor dieser lebensgefährlichen Maßnahme nötigen ließ, ihre Fingerabdrücke nehmen zu lassen.

Damit nicht genug: Die Beamten hielten zum Zwecke der Identifizierung auch noch die Besichtigung einer Kaiserschnittnarbe für erforderlich. Frau Meinhof wurde gegen ihren Willen gewaltsam entkleidet und mit beiden Händen an einen Bettpfosten gefesselt. Sodann wurde ihre Kaiserschnittnarbe besichtigt – eine zur Identifizierung sicher nicht nur unnötige, sondern auch ungeeignete Amtshandlung, die einen unerhörten, schweren Eingriff in das Persönlichkeitsrecht einer Frau darstellt und selbst bei Unterstellung einer unsadistischen Motivation den Verhältnismäßigkeitsgrundsatz erheblich verletzt.

Und immer noch nicht genug der Identifizierungsmaßnahmen: Frau Meinhof wurde, wiederum gefesselt, dazu gezwungen, eine Röntgenaufnahme ihres Schädels zu erdulden. Zu erkennungsdienstlichen Zwecken (§ 81 b StPO) war diese Maßnahme schon deshalb nicht notwendig, weil zu diesem Zeitpunkt bereits zwei andere angeblich der Identifizierung dienende Maßnahmen durchgeführt waren. Außerdem bedeutete die Röntgenaufnahme des Schädels einen gesundheitsgefährdenden Eingriff, der in keinem angemessenen Verhältnis zu dem behaupteten Zweck stand.

Die mit der Feststellung der Identität begründeten Quälereien dauerten mehrere Stunden, bis tief in die Nacht, obwohl Frau Meinhof schon zum Zeitpunkt ihrer Festnahme erschöpft gewirkt haben soll. Der Wunsch der Festgenommenen, einen Anwalt zu sprechen, wurde ignoriert, eine Benachrichtigung des Anwalts unterblieb. Sie hätte die Mißhandlungen entbehrlich gemacht, weil ein Verteidiger zweifellos geraten hätte, Angaben zur Person zu machen. Es ging aber offensichtlich weniger darum, Ulrike Meinhof zu identifizieren, als darum, die Zeit, in der sie den Ausübern der Staatsgewalt ohne anwaltlichen Beistand ausgeliefert war, so lange wie möglich auszudehnen und sie durch entwürdigende Behandlung zu zermürben. Noch am Tage der Festnahme wurde mein Versuch, mich aufgrund einer bereits früher erteilten Vollmacht um Ulrike Meinhof zu kümmern, von der Bundesanwaltschaft und der Sicherungsgruppe des Bundeskriminalamtes mit der Begründung verhindert, die Festgenommene sei noch nicht sicher identifiziert. In weiteren Telefonaten zweifelte man meine Vollmacht an, weil diese schon zwei Jahre alt sei und Frau Meinhof nach einem Anwalt am Ort ihrer Festnahme gefragt habe. Später erfuhr ich, daß auch dieser Anwalt nicht benachrichtigt worden war.

Erst am Sonntag, den 18. Juni 1972, drei Tage nach der Festnahme, ließ mich die Bundesanwaltschaft telefonisch wissen, Frau Meinhof habe auf Befragen erklärt, daß sie weiterhin von mir verteidigt sein wolle. Gleichzeitig sagte man mir, daß in der Kölner Haftanstalt, wohin sie inzwischen verbracht worden war, Anwaltsbesuche am Sonntag nicht möglich seien, so daß Ulrike Meinhof erst am vierten Tag nach ihrer Festnahme den ersten Verteidigerbesuch hatte. Vier Tage und vier Nächte war sie dem Festnahmeschock und den brutalen Akten der Staatsgewalt ausgesetzt, ohne daß ihr gesetzlich und verfassungsrechtlich verbürgter Anspruch, sich in jeder Lage des Verfahrens des Beistands eines Verteidigers zu bedienen (§ 137 StPO), durchsetzbar war. Feindrecht geht vor Verfassungsrecht. Die Mißachtung des Rechts auf faires Verfahren, als dessen Bestandteil der

Anspruch auf jederzeitigen Beistand eines Verteidigers nach der Rechtsprechung des Bundesverfassungsgerichts gilt, begann bereits am Tage der Festnahme.

Ein anderer Mandant, der bei seiner Festnahme durch zwei Schüsse schwerverletzte Arzt Karl Heinz Roth, berichtete über folgende Erfahrung mit der Staatsgewalt:[8]

Am nachhaltigsten hatte ich mit MEK-Leuten aus Bochum zu tun. Ich lag nach der Darmoperation vom 6. August 75 acht Tage lang auf der Intensivabteilung der Bochumer Unfallklinik. Meine Situation war verzweifelt. Die Überlebensreserven waren dahin.

Roth schildert die Aufwachphase nach der Narkose und fährt dann fort:

Die MEK-Beamten, die am Eingang standen, bemerkten mein Wiedererwachen, der Raum füllte sich mit bewaffneten Zivilen. Einer beugte sich über mich. Frage: »Warum haben Sie geschossen?« Ich antwortete, er solle sich woanders erkundigen, Landeskriminalamt oder sonstwo, ich selber bräuchte Ruhe. Das Aufgebot wurde immer dichter, bunter. Wechselnde Bilder von MEKs und politischen Polizisten in allen nur denkbaren Positionen, mit medizinischem Personal durchmischt. Dann kam ein zweiter Verhörversuch, vorbereitet durch den Abbruch des bisherigen Stimmengewirrs. »Wissen Sie, wir haben Ihre Bewachung verstärken müssen. Es wurde ein Telefongespräch abgefangen in Flensburg, eine Untergrundgruppe will Sie liquidieren. Sie wissen zuviel. Warum haben Sie geschossen?«

Sein politisches Bewußtsein und das Wissen um die Skrupellosigkeit der Verüber von Staatsgewalt versetzten Karl Heinz Roth in die Lage, diesen Angriff auf seine Widerstandskraft auch im Zustand äußerster Erschöpfung und noch unter Narkosewirkung stehend abzuwehren. Nachforschungen seines damaligen Anwalts, der erst nach heftigen Auseinandersetzungen zu ihm durchgelassen wurde, ergaben:

Die Legende vom abgehörten Gespräch in Flensburg wurde ihm vom Leiter der politischen Polizei in Flensburg ausdrücklich bestätigt, während die Bundesanwaltschaft dementierte. MEK und politische Polizei Bochum hatten auf eigene Faust auf das Verhör in der Aufwachphase gesetzt. Sie hatten meinen Zusammenbruch betrieben, um sich mit irgendwelchen Aussagen zu schmücken.

Die plumpe Brutalität von Staatsgewalt, der Ulrike Meinhof und Karl Heinz Roth ausgesetzt waren, sagt etwas über die Affekte aus, die durch Feinderklärungen aufgebaut und bei deren Vollstreckung ausgelebt werden. Sie kann aber auch Bestandteil einer Strategie sein, die durch ein Wechselbad von aggressiver und sanfter Gewalt Kollaborationsbereitschaft herbeizuführen sucht. In dem von amnesty international herausgegebenen Buch »Die Psychologie der Folter« von Gustav Keller wird diese Interaktionstechnik so beschrieben:

Die Folterer verhalten sich gegenüber dem Folteropfer nicht einheitlich. Sie inszenieren ihre Sozialbeziehungen zum Folteropfer nach einem bestimmten Drehbuch. Ein Teil des Folterteams übernimmt die Rolle des aggressiven Folterers. Sie verhalten sich ausgesprochen aggressiv. Sie quälen den Gefangenen physisch oder desorientieren ihn bewußt. (...)

Hat die von den aggressiven Folterern induzierte Angst den gewünschten Pegel erreicht, tritt ein anderer Folterer in die Szene ein. Er interagiert auf die entgegengesetzte Art und Weise. Er spielt die Rolle des verständnisvollen, väterlichen und freundlichen Befragers. Der Gefangene erhält seit seiner Verhaftung zum erstenmal wieder Gelegenheit, eine »menschliche« Sozialbeziehung eingehen zu können.

Durchschaut der Gefangene dieses szenische Arrangement nicht, gerät er unweigerlich in die Falle. Der »verständnisvolle« und vermeintlich friedliche Befrager nutzt diese Sozialbeziehung zugunsten der Folterinstitutionen aus. Er entlockt dem Gefangenen Informationen, die dieser bisher trotz physischer Malträtierungen hat zurückhalten können. Der »verständnisvolle« Befrager signalisiert dem Gefangenen allerdings auch deutlich, daß er selbst Schuld sei, wenn im Falle einer Verweigerung der Kooperation das alte, aggressive Interaktionsklima wiederkehren sollte.

In der Arbeitsteilung des Folterteams drückt sich oft auch die soziale Teilung des Folterpersonals aus. Den Part des aggressiven Folterers spielen einfache Vollzugsbeamte und Soldaten. Den Part des Verständnisvollen übernimmt der white-collar-*Folterer. Hierzu zählen Ärzte und vermutlich auch Psychologen. Da die Häftlinge eher den gehobenen Sozialschichten entstammen, sollen die beruflichen und sozialen Merkmale der* white-collar-*Folterer den Einstieg in die »verständnisvolle« Interaktion erleichtern helfen. In einer Situation extremer Angst und Desorientierung ist der Gefangene geneigt, jede Identifizierungsmöglichkeit zu nutzen. Und zu diesen zählen schon Anzeichen gemeinsamer Herkunft, Sprache oder Bildung.*

Auch wenn manche Gefangene das Drehbuch dieses Interaktionsspiels von vornherein enttarnen konnten, gab es doch andere, die von den Freundlichkeiten und Identifikationsmöglichkeiten des »verständnisvollen« Befragers Gebrauch machten.[9]

Die Tradition dieser arbeitsteiligen Interaktionstechnik ist alt. Bei Soldan-Heppe, »Geschichte der Hexenprozesse«, finden wir den ausführlichen protokollarischen Bericht über die entsetzliche Folterung der Frau Enneke Fürsteners zu Coesfeld am 31. Oktober 1724 durch den Untersuchungsrichter Dr. Gogravius:[10]

Nachdem die Angeklagte vergebens zum gütlichen Bekenntnis aufgefordert war, ließ Dr. Gogravius ihr den Befehl der Tortur publizieren, und führte ihr demnächst ernstlich zu Gemüte, daß sie den Umständen nach und nach Lage der Dinge schuldig sein müsse und sich keineswegs werde reinwaschen können. Sie möchte darum lieber die Wahrheit gestehen, als daß sie sich selbst, weil die peinliche Frage sie ja doch zum Bekenntnis bringen werde, die Strafe verdoppele.«

Da die Beschuldigte den ihr vorgeworfenen Teufelspakt leugnete, schritt man zur Folter. Vom Zeigen der Folterwerkzeuge bis zum fünften Grad der Tortur wurden über Stunden die abscheulichsten Quälereien an der unglücklichen Frau verübt, ohne daß diese davon abgebracht werden konnte, unter Anrufung Gottes immer wieder ihre Unschuld zu beteuern. Schließlich befahl Dr. Gogravius, da nach Ansicht des Folterknechts die peinlich Befragte die Folterung nicht länger werde ausstehen können, ihr die ausgerenkten Glieder wieder einzusetzen und sie bis zu ihrer völligen Genesung zu verpflegen.

Nach dem Protokoll vom folgenden Tage ging der Scharfrichter zu der Unglücklichen ins Gefängnis, um sie zu verbinden und »redete ihr bei dieser Gelegenheit zu und führte ihr zu Gemüte, daß sie die gestern überstandene Tortur nicht hätte überstehen können, es wäre denn, daß sie einen Vertrag mit dem Teufel hätte«. Worauf sie geantwortet, daß sie mit dem Teufel nichts zu schaffen habe, sondern sie habe nur die heilige Mutter Gottes angerufen, daß diese sie auf der Folter stärken möge, und mit deren Hilfe hätte sie die Schmerzen überstanden.

Und dann, wenn der Leser schon hofft, hier einen der ganz seltenen Fälle dokumentiert zu finden, wo eine als Hexe verdächtigte Frau die Inquisition überlebt hat, folgt ein ernüchternder Schlußsatz, der den Sieg des verständnisvollen Folterers meldet:

Nichtsdestoweniger brachte der Scharfrichter das bis dahin so starke Weib »durch gütiges Zureden« zum Geständnis.

Die Kombination von aggressiver und sanfter Gewalt gehört zu den ewigen Krankheiten des Rechts, die sich seit den Tagen der Hexeninquisition bis in unsere Zeit fortgeerbt haben. Kein Zufall also, daß auch bei Karl Heinz Roth eines Tages ein Abgesandter der white-collar-Fraktion der Staatsgewalt erschien und ihm das Angebot unterbreitete, durch Kollaboration mit der Staatsgewalt einer Mordanklage zu entgehen.

Am 18.September 1975 wurde Roth von Bundesanwalt Wahl zu einem Vernehmungsversuch in der JVA Köln-Ossendorf aufgesucht. Wie üblich war eine vorherige Benachrichtigung des Verteidigers entgegen §§ 163a Abs. 3, 168 c Abs.1 und 5 StPO unterblieben. Wäre Roth auf das Angebot eingegangen, hätte sich die Umgehung des Verteidigers, wie dies aus anderen Fällen bekannt ist, mit einem angeblich von ihm geäußerten Wunsch begründen lassen. Herr Wahl fragte, ob Roth bereit sei, mit ihm zu sprechen. Später beschrieb Roth die Situation:[11]

Ich überlegte schnell, ob ich darauf eingehen solle. Auf anwaltlichen Rat und aufgrund der skandalösen Verfälschung der Ereignisse vom 9. Mai 1975 durch Polizei und Presse war ich entschlossen, bis zum Prozeß zu schweigen. Ich ließ mich gleichwohl in die Besucherzelle führen, weil ich mir vom Gespräch eine zumindest zeitweilige Erleichterung der Haftbedingungen und Informationen über die Prozeßstrategie der Bundesanwaltschaft erhoffte.

Den Verlauf des Gesprächs schildert Roth so:

Wahl fragte zunächst nach meinem Zustand. Ich erklärte ihm, daß nach der neuerlichen Darmoperation das in Ossendorf praktizierte Ausmaß an Isolation und Bewegungsarmut eine Gesundung ausschließe. Auch sei es unfaßbar, daß meine Verlobte vier Monate nach meiner Inhaftierung noch immer keine Besuchserlaubnis bekommen hätte. Ich wies darauf hin, daß mir noch immer Bücher vorenthalten würden, daß ich mich noch nicht einmal mit Literatur meines beruflichen Fachgebietes beschäftigen könne.

Wahl antwortete, daß bei einem gewissen Entgegenkommen von meiner Seite über alles gesprochen werden könne. Ich solle aussagen. Mit einer Aussage meinerseits hinge sehr viel mehr zusammen als meine Haftbedingungen. Ich sei ein engagierter Arzt mit Aussichten auf Karriere. Wie meine Post gezeigt habe, unterhielte ich zu meiner Verlobten eine intensive Beziehung. Das alles setzte ich aufs Spiel, wenn ich dabei bliebe, weiter zu schweigen. Es ginge um meine Existenz.

Der Bundesanwalt fragte, ohne Antwort zu erhalten, nach Roths Beziehungen zu Otto und Sauber. Er belehrte Roth, daß eine Mordanklage nicht abhängig von der Frage sei, ob er selbst geschossen habe. Bei einem Einbruchsdiebstahl werde auch derjenige bestraft, der an der Ecke Schmiere gestanden habe. Es sei auch von Belang, ob Roth noch zu schießen versucht habe oder nicht.

Anschließend sagte Wahl noch einmal, daß ich im Fall der Aussageverweigerung der Bundesanwaltschaft gegenüber mir extrem schaden und meine Existenz riskieren würde. Ich hätte die Möglichkeit, die Zielsetzung der Ermittlungen entscheidend zu beeinflussen.

Außerdem könne ich davon ausgehen, daß sich im Fall meines Schweigens die Ermittlungsdauer erheblich hinziehen werde. Sobald ich zu einem Ergebnis gekommen sei, könne ich mich über den Sicherheitsinspektor der JVA Ossendorf oder direkt telefonisch aus Ossendorf an ihn in Karlsruhe wenden. Er werde mir in der Denkpause entgegenkommen, meiner Verlobten eine erste Besuchserlaubnis verschaffen und sich um den Bücherbezug kümmern. Über eine ärztliche Begutachtung könne später gesprochen werden. Jetzt liege es aber erst einmal an mir, mich erkenntlich zu zeigen.

Roth war, wie er sagt,

vor die Alternative gestellt, entweder meine moralisch-politische Identität aufzugeben und mich auf die Seite des Staatsschutzes zu schlagen, oder aber zugrundezugehen. Isolationshaft, Verweigerung korrekter medizinischer Behandlung und die Bedrohung mit einer Mordanklage waren die Waffen bundesanwaltschaftlicher Erpressung.

Roths Bericht über dieses Gespräch ist nicht nur nach seiner Persönlichkeit glaubwürdig, sondern entspricht dem, was wir von anderen Beschuldigten, die solchen Vernehmungsversuchen ausgesetzt waren, wissen. Man kann es daher als Muster eines sogenannten Vorgesprächs nehmen, das regelmäßig ohne Protokoll erfolgt und dessen Prozeßordnungswidrigkeit daher später wegen des Glaubwürdigkeitsvorsprungs des Vernehmungsbeamten nicht beweiskräftig zu belegen ist. Dem Vernehmer könnte vorgeworfen werden, daß er den Verteidiger nicht benachrichtigt hat, daß er den Gefangenen nicht über sein Recht auf Aussageverweigerung belehrt und seine Haftsituation, seinen Gesundheitszustand, seine Ängste und Hoffnungen ausgenutzt hat. Doch der Gesprächscharakter sichert ihm bei Bedarf den Rückzug ins rechtlich Unverbindliche, wenn er es nicht vorzieht, die Darstellung des Beschuldigten über den Gesprächsverlauf als Lüge zu bezeichnen. Das Fehlen eines Protokolls und die Hierarchie der Glaubwürdigkeit machen den Vernehmer unanfechtbar, wenn er etwa behauptet, er habe den Beschuldigten zu Beginn des Gesprächs vorschriftsmäßig über seine Rechte belehrt, dieser habe ausdrücklich gewünscht, seinen Anwalt nicht zu benachrichtigen, es seien auch weder Versprechungen noch Drohungen erfolgt. Und selbst wenn er zugeben würde, zu Aussagen geraten und auf deren Bedeutung für den Inhalt der Anklage für Besuchserlaubnisse und andere Hafterleichterungen hingewiesen zu haben, müßte er kaum damit rechnen, daß ein Gericht ihm, dem erfahrenen Beamten im Range eines Bundesanwalts, die Überschreitung zulässiger Vernehmungsmethoden zutrauen würde.

Das von Roth authentisch dokumentierte Vorgespräch enthält einige typische Merkmale staatlicher Überredungstechnik bei dem Versuch, Kollaborateure zu gewinnen. Es beginnt mit der Auswahl der Gesprächspartner. Nicht der in der Anklageschrift mit der Berufsbezeichnung »Berufsloser« vorgestellte Roland Otto, sondern der Arzt Karl Heinz Roth wird in der Haftanstalt besucht. Und da kommt nicht irgendeine mindere Charge des Polizeiapparats, um ihn zu vernehmen, sondern ein Bundesanwalt höchstpersönlich, der die Gemeinsamkeit akademischer Bildung und einfühlsames Verständnis für den Mediziner mitbringt. Man hat keine Folterwerkzuege vorzuzeigen, deren Einsatz durch Aussagen abzuwenden wäre, sondern »nur« eine Mordanklage mit der Aussicht auf lebenslange Haft, die nach Aktenlage erhoben werden müßte, aber natürlich bei entsprechenden Aussagen in sich zusammenfallen könnte. Was für Aussagen könnten das sein, die das Ziel der Ermittlungen entscheidend beeinflussen, die Ermittlungen erheblich abkürzen und dem Arzt Roth Existenz und Karrierechancen erhalten würden? Worauf zielten rechtliche Erörterungen zur Figur des Mittäters beim Einbruchsdiebstahl? Es ging eindeutig darum, Roth als Kronzeugen gegen Roland Otto (und den getöteten Werner Sauber) zu gewinnen, denen man auf diese Weise einen gemeinsamen Tatentschluß zur Ermordung von Polizisten nachweisen zu können glaubte. Man hatte in Karlsruhe zweifellos erkannt, wie dünn die Beweislage für die Anklagebehörde war, und hätte sich deshalb mit einem Lebenslänglich für Roland Otto begnügt, wenn wenigstens dies durch einen Kronzeugen gesichert werden konnte. Aber als Roth standhaft blieb und das Risiko eines Terroristenprozesses und eines Terroristenurteils lieber in Kauf nahm, als sich zum Werkzeug der Staatsgewalt und Verurteilungsgehilfen gegen Roland Otto erniedrigen zu lassen, verzichtete man in Karlsruhe auf die potentielle Blamage einer erfolglosen Terroristenanklage und legte der Staatsanwaltschaft Köln dieses Kuckucksei ins Nest. Die brütete dann auch eine Anklage aus, deren Ergebnis ungewiß war, was man in Karlsruhe nicht schätzt. Rache am Kronzeugnisverweigerer nimmt man nur dann in eigener Regie, wenn man die Mittel des Feindprozesses sicher beherrscht, wie im Fall Boock. Karl Heinz Roth aber ist ihnen entgangen.

Während es im Fall Roth gelang, den Freispruch von der Mordanklage im Wege traditioneller Verteidigung zu erzwingen, und zwar gegen eine Staatsanwaltschaft, die noch nach dem offensichtlichen Debakel ihrer Beweisführung gegen Karl Heinz Roth zweimal Lebenslänglich beantragte, wird die (partielle) Straflosigkeit des Kollaborateurs auf anderen Wegen herbeigeführt. Wenn es darum geht, den Überläufer zu belohnen, sind die Staatsgewaltigen reich an Einfällen, wie sich die Allgemeinverbindlichkeit des Strafrechts und der Prozeßregeln umgehen läßt, ohne sie zugleich für alle aufzuheben. Das moralische Pathos, mit dem der Schutz menschlichen Lebens und anderer Rechtsgüter als Sinn des Strafrechts verkündigt wird, erweist sich einmal mehr als verlogen, wenn etwa in den Fällen Gerhard Müller oder Jürgen Bodeux – von beiden wird in diesem Kapitel noch die Rede sein – Akten zurückgehalten werden, in denen von Kapitalverbrechen dieser Staatsfreunde die Rede ist. Oder wenn Amtszeugen, die über Verbrechen von Staatsfreunden Auskunft geben müßten, unter Berufung auf das Wohl deutscher Staatlichkeit die Genehmigung zur Aussage verweigert wird. Die Legalisierung des Kronzeugen ist nur der zynische Schlußpunkt einer Justizpraxis, die auch ohne gesetzliche Grundlage durchaus zu unterscheiden wußte, welche Art von Verdiensten es rechtfertigt, das Strafrecht partiell zu suspendieren, und welche nicht. Die Kronzeugenregelung bringt nur den Schritt in die Öffentlichkeit für ein Verfahren, das bisher gewisser semantischer Verhüllungen und Aktenmanipulationen bedurfte, da es dem Gesetz widersprach.

Auch in Zukunft dürfte es freilich dabei bleiben, daß sich die staatlichen Proselytenmacher nicht in die Karten schauen lassen, mit welchen Mitteln sie Menschen zum Sprechen bringen – Menschen, für die im übrigen der Satz des Kriminalisten Hans Groß gelten dürfte, der vom gerichtlichen Geständnis gesagt hat, er wisse »eigentlich kein Analogon im psychischen Wesen des Menschen, wo jemand mit sehenden Augen etwas ausschließlich zu seinem Schaden und ohne irgendwelchen wahrnehmbaren Nutzen tut«.[12] Aus der Logik dieses Satzes folgt, daß es wohl doch einen wahrnehmbaren Nutzen geben muß, den sich der geständige Beschuldigte ausrechnet. Und es gibt ihn allerdings.

Was über den Beginn von Kronzeugenkarrieren in den Akten steht, ist weniger als die halbe Wahrheit. Eindringlichen Verteidigerbemühungen ist es immer wieder gelungen, sogenannte Vorgespräche mit mehr oder weniger hochkarätigen Ermittlern aufzuspüren, über die die Akten schweigen. So beginnen etwa die Aussagen des Kronzeugen Volker Speitel aktenmäßig mit einem richterlichen Vernehmungsprotokoll vom 4. Januar 1978, während wir inzwischen wissen, daß er schon vorher von Oberstaatsanwalt Lampe ohne Protokoll und ohne Verteidiger klammheimlich vernommen worden ist. Keine Probleme mit der Strafprozeßordnung, es waren nur »Gespräche«, und demgemäß gab es darüber auch nur »persönliche Notizen« des Herrn Lampe, die inzwischen unter dem Namen »Lampe-Papiere« in die Justizgeschichte eingegangen sind und sich inhaltlich als höchst unzuverlässig erwiesen haben.[13] Aber die Frucht dieser Vorgespräche war durchaus gerichtsverwertbar.

Das richterliche Protokoll vom 4. Januar 1978, das mit der Erklärung des Beschuldigten Volker Speitel beginnt, er wolle Angaben zur Sache machen und lege Wert darauf, daß sein bisheriger Verteidiger nicht vom heutigen Termin verständigt werde und auch beim heutigen Termin nicht anwesend sein solle, legalisierte nachträglich die prozeßordnungswidrige Umgehung des Verteidigers, die uns bei Versuchen, Kronzeugenkarrieren anzubahnen, immer wieder begegnet. In der Akte heißt es weiter, daß Volker Speitel befragt worden sei, ob er in irgendeiner Weise durch Justizorgane oder durch die Polizei unter Druck gesetzt worden sei, damit er Angaben mache. Nein, das sei nicht der Fall, erklärte der Beschuldigte, ihm seien auch keine Versprechungen gemacht worden. Und dann wörtlich:

Ich habe lediglich die Zusicherung eines fairen Prozesses und darauf will ich mich berufen.

Also: weder Druck noch Versprechungen, aber die Zusicherung eines fairen Prozesses. Merkwürdig, diese Zusicherung einer Selbstverständlichkeit. Jeder Angeklagte hat Anspruch auf ein faires Verfahren, nicht nur der Kronzeuge. Wenn dem Kronzeugen nicht mehr als diese prozeßrechtliche Selbstverständlichkeit zugesichert würde, stünden wir dann nicht in der Tat vor dem psychologischen Rätsel, daß »jemand mit sehenden Augen etwas ausschließlich zu seinem Schaden und ohne irgendwelchen wahrnehmbaren Nutzen tut«? Durchaus nicht, denn genau dies ist die Zauberformel, hinter der sich des Rätsels Lösung verbirgt: die Zusicherung eines fairen Prozesses. Sie kehrt in den Protokollen, in denen Kronzeugenkarrieren aktenmäßig beginnen, zu oft wieder, als daß man sie übersehen könnte. Diese scheinbare Selbstverständlichkeit verrät ein Herrschaftswissen, dem die Unfairneß des gängigen Terroristenprozesses bewußt ist, und statuiert die Ausnahme für Überläufer, daß für sie die Strafprozeßordnung gelten, daß ihnen die im Grundsatz des »fair trial« enthaltenen Mindestanforderungen an ein rechtsstaatliches Strafverfahren zugutekommen sollen. Aber die Zusicherung eines fairen Prozesses für Kronzeugen ist darüberhinaus die Tarnbezeichnung für Freundschaftsdienste, die den Begünstigten nicht nur von der terroristischen Feinderklärung ausnehmen, sondern ihn zudem von den Risiken eines im Ergebnis offenen Strafprozesses dispensieren und ihm eine nachprozessuale Lebenshilfe garantieren, die den trüben Staatsjob des Kronzeugen einigermaßen vergoldet.

Der Kronzeuge Karl-Heinz Ruhland

Den berühmtesten oder richtiger ruhmlosesten aller bisherigen Kronzeugen, Karl-Heinz Ruhland, lernte ich im Proll-Prozeß persönlich kennen, nachdem mir die Protokolle seiner etwa 90 Vernehmungen schon zuvor immer wieder als Grundstock des Beweismaterials in Terroristenakten begegnet waren. Die Frankfurter Strafkammer hielt ihn für glaubwürdig, soweit er Astrid Proll der Teilnahme an Banküberfällen der RAF in Berlin bezichtigte, was ihr immerhin eine Freiheitsstrafe von 5 1/2 Jahren einbrachte. Dabei setzte sich das Gericht über Bedenken hinweg, die angesichts der üblichen Einleitung seiner Kronzeugenkarriere gegen die Verwertbarkeit seiner Aussagen bestehen konnten. Daß ihm versprochen worden sei, er müsse keiner Person, die er einer strafbaren Handlung bezichtigt habe, gegenübertreten und keine Beschuldigung in Anwesenheit der beschuldigten Person wiederholen, wollte ihm das Gericht nicht glauben. Es heißt dazu im Proll-Urteil:

Die Vernehmung der Zeugen Ruhland, Zimniak, Wolf, Eimecke und Buddenberg hat indessen den Nachweis einer bindenden Zusage nicht erbracht. Einzig der Zeuge Ruhland hat ausgesagt, die beteiligten Verhörspersonen (nämlich: die anderen vier Zeugen, H.H.) hätten ihm ein derartiges Vorgehen fest versprochen.

Ich denke, es kommt auf den Empfängerhorizont an. Wenn Ruhland, ein geistig einfach strukturierter Mensch, es anders verstanden hat, als die Vernehmungsbeamten es meinten, war der Tatbestand der Täuschung gegeben. Denn sein Wunsch, nicht gegenübergestellt zu werden und nicht als Zeuge auftreten zu müssen, war ihm, wie es im Urteil weiter heißt, »erkennbar von besonderer Wichtigkeit«. Vor dem Vorwurf der Täuschung, der Ruhlands Aussagen unverwertbar gemacht hätte (§ 136a StPO), suchte das Urteil die Vernehmer durch die Erwägung zu schützen, es sei »nicht bewiesen«, ob das Verhalten der Beamten, insbesondere ihre Reaktion auf die mehreren Vernehmungsniederschriften vorangestellten »Bedingungen« Ruhlands, geeignet war, bei diesem »den Eindruck hervorzurufen, er habe eine uneingeschränkte Zusage erhalten«. Der Beweis des Verfahrensverstoßes geht also nach dem Grundsatz in dubio contra reum; im Zweifel *gegen* die Angeklagte Proll – wobei der Beweis wegen der Beteiligung beamteter Zeugen praktisch ein Ding der Unmöglichkeit ist.

So heißt es denn auch, daß gegen die Aussage des Bundesrichters a.D. Buddenberg, er habe keine Versprechungen gemacht, »keine Zweifel aufkommen«. Das Gegenteil würde an Majestätsbeleidigung grenzen. Streng nach der Hierarchie der Glaubwürdigkeit abgestuft heißt es bezüglich des Kriminalhauptkommissars Zimniak, er sei »ein über seine Rechte und Pflichten genau unterrichteter Polizeibeamter«. Da könnten also schon Zweifel aufkommen, aber sie kamen nicht auf. Er hat vielmehr »glaubhaft bekundet, die Beamten hätten Ruhland lediglich erklärt, das Bundeskriminalamt werde sich im Rahmen seiner Möglichkeiten dafür verwenden, seine Aussagen vor Bandenmitgliedern soweit wie möglich geheimzuhalten«. Zweimal »wenn möglich« in einem Satz, da hätte Ruhland doch merken müssen, wie viele Hintertüren die Beamten sich gelassen hatten. Und so fährt die Urteilsbegründung ungeniert fort:

Daraus konnte der Zeuge nicht entnehmen, die Beamten hätten sich eines bestimmten Einflusses auch auf die Maßnahmen unabhängiger Gerichte gerühmt.

Ruhland hätte natürlich wissen müssen, daß es unabhängige Gerichte gibt, zu deren »Maßnahmen« es gehört, Zusagen der Ermittlungsbehörden zu ignorieren und unzulässige Vernehmungsmethoden schonungslos aufzudecken. Zum Beispiel so:

Der Zeuge Zimniak hat anschaulich geschildert, die Beamten seien gezwungen gewesen, Ruhland entgegenzukommen, um die Preisgabe der dringend benötigten Informationen zu erreichen und den Informationsfluß in Gang zu halten.

Man hält die Luft an, weil der nächste Satz eigentlich nur lauten kann, daß damit der Zeuge Zimniak den Rahmen des Zulässigen objektiv überschritten habe. Mitnichten:

Die Kammer glaubt ihm jedoch, daß er dabei den Rahmen des Zulässigen ebensowenig überschritt wie die Zeugen Wolf und Eimecke, die ein derartiges Vorgehen ebenfalls in Abrede gestellt haben.

Welcher Art dieses dank der Interpretationshilfe beamteter Zeugen vom Gericht für zulässig gehaltene Entgegenkommen zur Erlangung von Aussagen war, hat Ruhland 1971 in der Untersuchungshaftanstalt Bonn einigen Haftgefährten erzählt, die später in mehreren Prozessen als Zeugen vernommen und für glaubhaft erachtet worden sind. Danach hat Ruhland ihnen bei unterschiedlichen Anlässen berichtet, gegen ihn sei anfänglich auch wegen versuchten Mordes ermittelt worden, später sei dieser Vorwurf aber fallengelassen worden, weil er sich zur Zusammenarbeit mit der Sicherungsgruppe Bonn und zu Aussagen über die Baader-Meinhof-Gruppe und deren Aktivitäten bereiterklärt habe. Der Verdacht, einen Mord versucht zu haben, sei mit den Umständen seiner Festnahme in Oberhausen begründet worden, bei der er eine durchgeladene Pistole gezogen haben. Ihm sei bedeutet worden, daß er deshalb mit einer Freiheitsstrafe zwischen zehn und zwölf Jahren rechnen müsse. Von Beamten der Sicherungsgruppe oder der Bundesanwaltschaft sei ihm eine wesentlich geringere, nämlich nur dreijährige Freiheitsstrafe für alle seine Verfehlungen für den Fall zugesichert worden, daß er gegen Horst Mahler und andere Mitglieder der Baader-Meinhof-Gruppe »auspacke«.[14]

Diese Darstellung kann einige Plausibilität für sich beanspruchen. Wer die Anfänge von Kronzeugenkarrieren miteinander vergleicht, stößt immer wieder auf die gleichen Vernehmungsmuster. Auch die gegenüber einem Beschuldigten unzulässige Zusicherung von Vertraulichkeit, die Ruhland in Frankfurt nicht geglaubt wurde, finden wir in anderer Sache – nämlich bei dem Kronzeugen Bodeux – wieder. Und wie anders sollen die Vernehmungsbeamten ihr Opfer, den potentiellen Informanten, zur Kollaboration motivieren, wenn nicht durch das Ausspielen von Ängsten und Hoffnungen? An der Einlösung ihrer Versprechungen dürften Vernehmer, denen die faktische Geltung zweier unterschiedlicher Prozeßordnungen für Freunde und Feinde des Staates zur Selbstverständlichkeit geworden ist, kaum zweifeln. Ihr Einfluß auf die Freund-Feind-Differenzierung wirkt sich entgegen der naiven Annahme der Frankfurter Schwurgerichtskammer durchaus bestimmend auf die Prozeßführung unabhängiger Gerichte aus. Das real existierende doppelte Prozeßrecht der Politischen Justiz macht die Ermittlungsbehörden zu den wahren Herren des Verfahrens. Und das pflegen sie auch gegenüber ihrem Opfer, dem potentiellen Kronzeugen, nicht zu verschweigen.

Ruhland hatte zwar keine Leiche im Keller, aber zur Drohung mit einer Anklage wegen versuchten Mordes reichte das den Ermittlern zur beliebigen Verwendung verfügbare Material allemal. Hatten die festnehmenden Polizeibeamten nicht einen versuchten Griff zur Waffe gesehen?

Der Vernehmungsbeamte Zimniak wurde im Proll-Prozeß als Zeuge vernommen. Er faßte den Beginn der Ruhland-Vernehmungen so zusammen:

Herr Ruhland war ein kleiner Fisch. Wir haben deshalb auch gesagt: »Hören Sie mal zu, sagen Sie aus. Wenn Sie nämlich nicht aussagen, dann laufen Sie Gefahr, daß Sie ein großer Fisch werden«.

Ulrich Preuß sprach in seinem Plädoyer aus, wie Zimniak es gemeint und Ruhland es verstanden haben muß: »Wenn Sie nicht aussagen, dann machen wir Sie zu einem großen Fisch«.

Zimniak hatte mit Ruhland das übliche »Vorgespräch« geführt, das die StPO nicht kennt, so daß man sich wohl auch von ihren Regeln entbunden fühlt. Einige Stunden habe dieses Vorgespräch gedauert, sagte Zimniak. Es sei ihm gelungen, Ruhland zu überzeugen, Aussagen zu machen. Ein Protokoll sei erst am folgenden Tag geführt worden. Ich zitiere wörtlich aus meinen stenografischen Mitschriften vom 16.11.1979:

Zimniak: Nachdem ich ihn überzeugen konnte, daß eine Aussage günstig ist für ihn, hat er zunächst einmal zu einem Teilkomplex Aussagen gemacht, und damit war der Einstieg gewonnen.

Vorsitzende: Worin sahen Sie das Günstige?

Zimniak: Nun ja, er war dort in Untersuchungshaft wegen des Verdachts des versuchten Mordes, was allerdings später fallengelassen wurde. Dieser Verdacht bestand auf Grund der Festnahmesituation. Es war nicht ausgeschlossen, daß er seine Waffe gebrauchen wollte, um sich der Festnahme zu entziehen... Die Schutzpolizisten hatten behauptet, Ruhland habe versucht, von der Waffe Gebrauch zu machen, um sich der Festnahme zu entziehen. Diese Behauptung ist nicht weiter verfolgt worden.

Ein versuchter Mord, der durch Polizistenaussagen bewiesen werden kann, wird nicht weiter verfolgt. Das ist natürlich günstig. Es kann nicht allzu schwer gewesen sein, Ruhland davon zu überzeugen. Wie es ihm ergangen wäre, wenn er es auf einen Feindprozeß hätte ankommen lassen, wissen wir aus anderen Fällen. Vielleicht hätte auch er sich einem Zeugen gegenübergesehen, der aus seinem Mund gehört hatte: »Schade, daß ich von euch Schweinen nicht ein paar umgelegt habe« oder »Komm doch her, du Scheißbulle, damit ich dich umlegen kann!« Aber nein, die Gefahr war gebannt, als Ruhland nach dem außerhalb des Protokolls und der StPO geführten Vorgespräch überzeugt war, daß es für ihn günstiger sei, auszusagen. Der von Polizisten, ebenfalls außerhalb des Protokolls, erhobene Vorwurf des versuchten Mordes fiel unter den Tisch, ohne daß es überhaupt zur Einleitung eines formellen Ermittlungsverfahrens kam. Der aussagewillige Ruhland hatte sich im Handumdrehen vom Staatsfeind in einen Staatsfreund verwandelt, für den StPO und Strafrecht mal eben suspendiert werden.

Seine Partizipation an den Privilegien eines Staatsfreundes ging so weit, daß ihm über längere Zeit monatliche Zahlungen in Höhe von jeweils 1000 DM zuflossen, die von einem anonymen Gönner mit dem Decknamen »Freund« stammten. Pech für Herrn Ruhland, daß die Proll-Verteidiger die Überweisungsbelege in Händen hatten, als sie ihn danach befragten und in neue Lügen verstrickten. Aber Lügen aus dem Munde eines Staatsfreundes lassen sich ausbügeln, selbst wenn sie die Form gerichtlicher Zeugenaussagen haben. Die Freunderklärung zugunsten des Kronzeugen Ruhland reichte auch in das Frankfurter Proll-Verfahren hinein und führte zu folgender Würdigung dieses Beweismittels:

Die Kammer trägt auch nicht deswegen Bedenken, dem Zeugen Ruhland zu folgen, weil er zweimal auch in einer Hauptverhandlung bewußt die Unwahrheit gesagt hat. Der Beweggrund für die Falschaussagen ist eingrenzbar und läßt insbesondere Auswirkungen auf die Schilderung seiner Erlebnisse als Mitglied der Gruppe nicht besorgen. Der Zeuge hat in der Hauptverhandlung bekundet, er habe nicht gewußt, daß Überweisungen von monatlich 1.000 DM in dem Zeitraum von April 1976 bis August 1978, die ihn unter dem Absender »W. Freund, Bad Godesberg« erreichten, in Wirklichkeit vom Bundeskriminalamt herrührten. Demgegenüber ist aufgrund der Aussagen der Polizeibeamten Bellach und Liepe über die Begleitumstände der Zahlungen kein Zweifel daran zurückgeblieben, daß Ruhland die Quelle des Geldes kannte. (...) Aus dem Inhalt der Falschaussage ergibt sich jedoch lediglich, daß der Zeuge den Eindruck vermeiden wollte, er habe finanzieller Vergünstigungen wegen ausgesagt, und daß er einen derartigen Anschein mehr fürchtete als eine Bestrafung wegen falscher Aussage. Es ist allgemein bekannt, daß der Zeuge Ruhland von Teilen der Öffentlichkeit und der Presse als Werkzeug der Ermittlungsbehörden dargestellt wurde und wird. Dem Zeugen Ruhland war es klar, daß die Entgegennahme von Zahlungen des Bundeskriminalamtes derartigen Verdächtigungen Nahrung geben werde, worin ihm das Verhalten der

Behörde, die Deckanschriften benutzte, noch bestärken mußte. Es erschüttert die Glaubwürdigkeit des Zeugen nicht, daß er massiven öffentlichen Angriffen gegen den Kern seines Selbstwertgefühls dadurch zu entgehen hoffte, daß er in einem eher nebensächlichen Punkt, der für die Taten der Gruppe selbst ohne Belang ist, zu einer Unwahrheit Zuflucht suchte.

Eine einfühlsame Beweiswürdigung zur Motivation und zur Funktion von Lügen. Auch in der Zeugenrolle ist die Lüge des Staatsfreundes verzeihlich.

Der Kronzeuge Ruhland bot das Bild eines zerstörten Menschen. Er hatte für seine Kollaboration mit der Staatsgewalt zwar den Verzicht auf einen Feindprozeß, damit aber zugleich ein Leben in Angst, den Streß des reisenden Kronzeugen und ein gebrochenes Selbstwertgefühl eingehandelt. Ruhland hielt dies für einen schlechten Tausch. Er sagte auf entsprechende Fragen, daß er keine Aussagen gemacht hätte, wenn er dies alles vorausgesehen hätte. Auch diese Erfahrung eines in 90 polizeilichen und gerichtlichen Vernehmungen ausgepreßten und verschlissenen Kronzeugen ist zu bedenken, wenn um Kollaboration mit der Staatsgewalt geworben wird.

Der Kronzeuge Gerhard Müller

Vielleicht wäre die Frankfurter Strafkammer, die den Vernehmern des Herrn Ruhland glaubte, sie hätten bei Anbahnung von dessen Kronzeugenkarriere den Rahmen des Zulässigen nicht überschritten, kritischer gewesen, wenn sie bedacht hätte, welches Ausmaß an Skrupellosigkeit höchster Amtsträger bei der Gewinnung anderer Kronzeugen zutagegetreten ist.

In der Nacht vom 21. zum 22. Oktober 1971 wurde in Hamburg der Polizeibeamte Norbert Schmid erschossen und an seinem Kollegen Heinz Lemke ein Mordversuch begangen. Diese Taten sind bis heute unbestraft, obwohl der Täter bekannt ist. Er heißt Gerhard Müller und wurde zusammen mit Ulrike Meinhof im Juni 1972 verhaftet. Es gibt eine Zeugin der Mordtat, Margrit Schiller, die damals ebenso wie Gerhard Müller Mitglied der RAF war und mit ihm und einer dritten Person zusammen unterwegs war, um Kraftfahrzeuge aufzubrechen und Wagenpapiere zu beschaffen. Sie hat als Zeugin im Stammheimer Baader-Meinhof-Prozeß ausgesagt, sie habe gesehen, wie Müller in jener Nacht den Polizeibeamten Schmid erschossen habe. Sie habe beobachtet, wie Schmid das aus Müller und der dritten Person bestehende Paar verfolgte, es schließlich erreichte und der Frau die Handtasche entriß.

Müller war neben ihr, hielt seine Pistole in der Hand und schoß auf Schmid. Schmid ließ die Handtasche los und fiel zu Boden. Müller und die Person liefen weiter, und dabei hörte ich weitere Schüsse.[15]

Schmid war von vier Kugeln getroffen zusammengebrochen, sein Kollege Lemke warf sich zu Boden und feuerte aus seiner Dienstpistole. Drei Personen entkamen jedoch in der Dunkelheit. Lemke, selber am Fuß verwundet, hörte seinen in einer

Blutlache liegenden Kollegen noch »Hilfe, Hilfe« flüstern, bekam auf eine Frage aber schon keine Antwort mehr.

Unmittelbar nach der Schießerei stürmte Müller in die konspirative Wohnung, von der die Aktion ausging, und brüstete sich, einen Polizisten getötet zu haben: »Ich habe einen Bullen umgelegt.«[16]

Gerhard Müller erhielt wegen anderer Delikte 10 Jahre Freiheitsstrafe – es ging auch dort um die Beteiligung an Mordtaten, die jedoch, anders als üblich, nur als Beihilfe eingestuft wurden –, wegen des Mordes an dem Polizeibeamten Norbert Schmid wurde Müller freigesprochen. Der Zeuge Lemke konnte den Angeklagten nicht mehr mit letzter Sicherheit identifizieren. Dieser hatte allerdings inzwischen seine Haarfarbe gewechselt und in der Haft rund 30 Pfund zugenommen. Sein Erscheinungsbild hatte sich also – ganz zufällig – stark verändert. Aber vielleicht hatte auch den Zeugen Lemke schon die Botschaft erreicht, daß sich der Mörder Müller inzwischen hinter den Kulissen in einen Staatsfreund verwandelt hatte und ein Wiedererkennen unerwünscht sei.

Und so reichten auch die Fingerabdrücke, die Müller in der konspirativen Wohnung hinterlassen hatte, und die Aussagen seiner einstigen Genossen, die in jener Nacht mit ihm zusammen waren, nicht aus, ihn lebenslänglich hinter Gitter zu bringen. Schon nach 6 1/2 Jahren war er wieder frei und ist jetzt »unbekannten Aufenthalts«. Ich habe einen seiner letzten Kronzeugenauftritte erlebt, in einem Lüneburger Unterstützerprozeß, wo er in einem schußsicheren Glaskasten in den Saal gefahren wurde und keine sehr gute Figur machte. Mit Genehmigung des Gerichts hatte ich meinen Mandanten seinen Platz mit einer anderen Person tauschen lassen, was prompt zu einer Verwechslung und infolgedessen zum Freispruch führte. Vielleicht gab dieser Fall den Anstoß, den Kronzeugen Müller aus dem Verkehr zu ziehen und nur noch seine nicht so leicht zu irritierenden Vernehmungsprotokolle für ihn sprechen zu lassen.

Wie aus dem Mörder Müller ein Staatsfreund gemacht wurde, hat die an paradoxe Justizpraktiken gewöhnte deutsche Öffentlichkeit mit dumpfer Gleichgültigkeit hingenommen, obwohl einige rechtlich gesinnte Journalisten Anstoß nahmen. So war im »Spiegel« vom 14.5.1979 zu lesen:

Daß er nun nicht mehr in seiner Zelle sitzt, ist das Resultat einer beispiellosen Manipulation des Rechts. Wohl vor jedem deutschen Schwurgericht wäre Gerhard Müller unter normalen Umständen die lebenslange Freiheitsstrafe wegen mehrfachen Mordes sicher gewesen – aufgrund seiner eigenen Aussagen. Doch es ging nicht mit rechten Dingen zu. Das Lebenslang wurde ihm geschenkt: Es war der Kaufpreis, um seine Zunge zu lösen...

Das Geschäft mit Gerhard Müller war ein planmäßig vollzogener Rechtsbruch. In die Affäre verstrickt sind Justizangehörige und Politiker von hohem Rang. Gesetzliche Bestimmungen wurden verletzt, rechtsstaatliche Prinzipien unterlaufen, und der Verdacht auf Begünstigung im Amt reicht bis in Bonner und Karlsruher Chefetagen.

Auch Gerhard Müllers Konzeugenauftritte wurden von hochkarätigen Komparsen sekundiert. Generalbundesanwalt Buback verneinte, als Zeuge in Stammheim vernommen, daß Müller für seine Zeugenrolle gegen Baader und Genossen *in irgendeiner Form Vorteile versprochen oder Nachteile angedroht worden sind oder in anderer Weise Einfluß auf den Inhalt seiner Aussage genommen worden ist.*

Der »Spiegel« kommentierte:

Einfluß auf den Inhalt sicher nicht. Einfluß darauf, daß sich den Anklägern diese Quelle überhaupt erschloß – das blieb bei Bubacks Wortlaut offen. Vorteile versprochen? Die waren bereits gewährt.

Müllers Freundprozeß wurde nämlich durch eine Aktenmanipulation programmiert, die, wenn alles mit rechten Dingen zuginge, alle Zeugenaussagen dieses Staatsfreundes unverwertbar machen müßten. Der »Spiegel«:

Beweismaterial, das zum Komplex der Hamburger Anklage (gegen Müller) gehörte, den Geschehensablauf schwerster Verbrechen betraf und das Urteil hätte beeinflussen müssen, wurde den Richtern vorenthalten. Schon im Frühjahr 1975 – mehrere Wochen bevor sein Prozeß in Hamburg überhaupt begann – hatte Müller sein Wissen ausgeplaudert und sich dabei auch selber schwer belastet. Ermittlungsbeamte der Abteilung K 421 vom Hamburger Landeskriminalamt und deren Kollegen vom BKA brachten die Müller-Memoiren als Gesprächsnotizen, Vermerke, Gedächtnisprotokolle und Vernehmungsniederschriften auf mehr als 200 Blatt zu Papier. Obwohl es zum erheblichen Teil zur Sache gehörte, wurde das brisante Beweismaterial niemals in den Müller-Prozeß eingeführt, sondern von den Karlsruher Bundesanwälten unter Verschluß genommen.

Als dem Vorsitzenden des Hamburger Schwurgerichts, das über Gerhard Müller und dessen Mitangeklagte Irmgard Möller zu urteilen hatte, die Existenz jener zurückgehaltenen Akte bekannt wurde, forderte er diese telefonisch beim Generalbundesanwalt an. Mit dem Erfolg, daß dieser eine Erklärung des damaligen Bundesjustizministers Vogel (SPD) herbeiführte, wonach das Bekanntwerden des Inhalts dieser Akten dem Wohle des Bundes Nachteile bereiten würde, was ihn nach § 96 StPO von der Verpflichtung entband, die Akten vorzulegen. Das Hamburger Schwurgericht war gehindert, seiner gesetzlichen Pflicht zur Wahrheitsfindung nachzukommen.

So erfuhr das Gericht auch nicht, daß Müller mit einem »Harry« identisch war, der zusammen mit einem anderen Kronzeugen, Dierk Hoff, Bomben gebastelt und transportiert hatte, bei deren Explosion vier Menschen getötet und 20 verletzt worden sind. Dazu der »Spiegel«:

Daß Müller sich selber schon neun Monate vorher als jener im BM-Geschehen recht aktive »Harry« bekannt hatte, konnten die Hamburger Richter dank der Prozeßstrategie der Bundesanwälte nicht wissen.

Das Lebenslang jedenfalls blieb ihm erspart, und wenn die Bundesanwaltschaft, gedeckt vom Bundesjustizminister, auf diesen Prozeßausgang abgezielt hat, um Müllers späteren Redefluß zu fördern, so träfe die Behördenspitzen in Karlsruhe und in Bonn der Verdacht der Strafvereitelung im Amt. Denn ob jener StPO-Paragraph 96, der die Geheimhaltung bestimmter Aktenstücke regelt, auch dafür herhalten darf, schwerste Verbrechen bewußt von der Strafverfolgung auszuklammern, ist juristisch zumindest umstritten.

Wie es weiterging, zitiere ich sicherheitshalber ebenfalls nach dem »Spiegel«, der das Risiko von Gegendarstellungen, Beleidigungsanzeigen und dergleichen Schwierigkeiten, in diesem Lande die Wahrheit zu sagen, schon hinter sich hat:

Der glimpfliche Richterspruch motivierte Müller offenkundig dazu, der so kulanten Justiz nun an anderer Stelle aus der Verlegenheit zu helfen. Kaum war die gesetzliche Rechtsmittelfrist verstrichen und die Gefahr für ihn vorüber, da gab er Zeichen, er sei nun bereit, sein Wissen nicht nur »gesprächsweise« preiszugeben, sondern sich auch förmlich vernehmen zu lassen (...)

Nachdem Hoff seinen Sprengstoff-Lieferanten und Bastel-Bruder vor dem Hamburger Schwurgericht nicht wiedererkennen wollte oder konnte, lag es auch für Müller nahe, den Frankfurter Bombenbauer nun seinerseits wieder aus seinem Bekanntenkreis zu streichen. Das juristische Theater am Rande der Legalität war nicht schlecht inszeniert: Was Müller vom 31. März 1976 an – vierzehn Tage nach seiner Verurteilung – den Vernehmern zu Protokoll gab, ließ die Bundesanwaltschaft unter neuem Aktenzeichen abheften...

Ein neuer Aktentrick, der dazu führte, daß die ursprüngliche Geheimakte nicht nur Gerichten und Verteidigern, sondern sogar dem Anklagevertreter des Generalbundesanwalts im Baader-Meinhof-Verfahren, Bundesanwalt Wunder, vorenthalten wurde, so daß dieser eklatante Widersprüche zwischen Müller-Aussagen vor und nach seinem Freundprozeß nicht kannte. Kommentar des »Spiegel«:

Wunders Irrtum war offenkundig vorprogrammiert, die Glaubwürdigkeit des »Kronzeugen« durfte nicht noch mehr ausgehöhlt, der erwünschte Prozeßausgang nicht gefährdet werden.

Es ging auch alles nach Wunsch, wie man weiß. In Stammheim kam es auf einen Rechtsbruch mehr oder weniger nicht an.

In weniger gewichtigen Verfahren ist es seitdem zu Freisprüchen gekommen, weil der Kronzeuge Müller fehlte und das BKA stereotyp und mit der ihm eigenen Glaubwürdigkeit behauptete, über seinen Verbleib nichts zu wissen. Der gründlich recherchierte »Spiegel«-Artikel aus dem Jahr 1979 endet:

Stuttgarter Justizinsider wollen wetten, der plötzlich verschollene Müller werde ebenso plötzlich auch wieder hergezaubert, wenn mal wieder Hochkarätiges ansteht. Bis dahin bestimmt die Polizei, welches Gericht in welchem Prozeß die Wahrheit ermitteln darf oder auch nicht.

Ein Teil jener Geheimakten 3 ARP 74/75 I ist noch heute unter strengstem Amtsverschluß – etwa 15 Blatt. Prozeßbeteiligte aus Terroristenverfahren vermuten in den Papieren noch weitere Details über den Handel von Sicherheitsbehörden mit Verbrechern. Womöglich auch Vorgänge, die, würden sie ruchbar, den Zeugen Müller noch einmal auf die Anklagebank brächten – zum Beispiel ein Geständnis über den Hamburger Polizistenmord.

Der Kronzeuge Jürgen Bodeux

Bei dem Kronzeugen Jürgen Bodeux, der die skandalöse Geschichte des Berliner Schmücker-Mordprozesses 15 Jahre lang begleitete, finden wir alle schon fast zum Gewohnheitsrecht erstarkten Rechtsbrüche des Ermittlungsverfahrens wieder, mit denen man den Verteidiger umgeht, um mit Kronzeugenkandidaten ins Gespräch zu kommen. Aber weil der Verteidiger, der Hamburger Rechtsanwalt Wolf Dieter Reinhard, auch die Mandate weiterer Tatverdächtiger im Schmücker-Mordfall übernommen hatte – was damals noch zulässig war –, mußte man sich etwas einfallen lassen, um ihn insgesamt loszuwerden. Und mit Bodeux, einem nicht gerade durch Charakterstärke ausgezeichneten jungen Mann, ließ sich eine Intrige spinnen, die nicht nur das regelwidrige Vorgehen der Vernehmer nachträglich glänzend zu rechtfertigen schien, sondern Reinhard fast seinen Beruf gekostet hätte.

Bodeux wurde als Mittäter des Mordes an Ulrich Schmücker, einem vom »Verfassungsschutz« als V-Mann angeworbenen ehemaligen Mitglied der »Bewegung 2. Juni«, verdächtigt. 1976 wurde er wegen dieses Mordes auch verurteilt – zu lediglich 5 Jahren Jugendstrafe, wovon ihm später die Hälfte erlassen wurde. Als Hauptbelastungszeuge der Staatsanwaltschaft gegen die anderen Angeklagten hatte er sich dieses freundliche Urteil »redlich« verdient.

Bodeuxs Kronzeugenkarriere begann, als ihn zu Beginn des Ermittlungsverfahrens zwei Kriminalbeamte und ein Staatsanwalt in der Haftanstalt aufsuchten, um mit ihm nach bewährtem Muster seine Aussagebereitschaft zu erörtern – selbstverständlich ohne Benachrichtigung des Verteidigers, der seinem Mandanten den nicht nur in Terroristen-Sachen üblichen Rat gegeben hatte, keine Aussagen zu machen, bevor ihm nicht Akteneinsicht gewährt und damit die Möglichkeit zu sachgemäßer Beratung eröffnet war. Als sich Erfolge einstellten, reisten noch weitere Beamte aus Berlin an, Staatsanwalt Przytarski und zwei Kriminalbeamte der zur Aufklärung des Schmücker-Mordes eingesetzten Sonderkommission.

Der Verteidiger, Wolf Dieter Reinhard, erfuhr nichts von diesem Reigen unseliger Geister, der sich da in der Zelle seines Mandanten ein Stelldichein gab. Er erfuhr auch nichts davon, daß ein anderer Anwalt, den die Ermittler empfohlen und mit ungewöhnlicher Fürsorglichkeit empfangen hatten – er war von den Herren sogar am Flugplatz abgeholt worden, was sonst noch keinem Terroristenanwalt widerfahren ist –, die Verteidigung übernommen hatte, ohne den mindesten standesrechtlichen Benachrichtigungspflichten nachgekommen zu sein. Dieser hatte, wie man das von ihm erwartete, ohne Aktenkenntnis grünes Licht für Aussagen gegeben und seinen neuen Mandanten der intensiven Obhut der Vernehmungsbeamten überlassen. Reinhard, der noch an ein Fortbestehen des anwaltlichen Vertrauensverhältnisses glaubte, erfuhr von dem Entzug des Mandats erst, als er Bodeux eines Tages in der Haftanstalt besuchen wollte. Das alles war, wie erst nachträglich klar wurde, darauf angelegt, Reinhard in offene Messer laufen zu lassen.

Der Kollege Reinhard wurde eines Tages zu früher Morgenstunde durch einen lauten Knall geweckt; Polizisten hatten die Tür seiner Wohnung aufgesprengt. Man hatte auf Aussagen seines treulosen Mandanten Bodeux einen Haftbefehl gestützt, der ihm Unterstützung einer kriminellen Vereinigung anlastete. Die Medien meldeten in riesigen Schlagzeigen »Rechtsanwalt verhaftet«, »Er forderte einen Anteil an der Beute«, »Er billigte den Fememord in Berlin«, »Er stiftete zu falschen Aussagen an« (BZ vom 27.11.1974) und prangerten den Kollegen Reinhard durch große Portraitfotos mit Namensnennung an. Im Text hieß es:

Bei der »Aktion Winterreise«, einem bundesweiten Anschlag gegen die Anarchisten, ging der Polizei ein »dicker Fisch« ins Netz...

Auch Springers »Welt« sparte nicht an Platz, um ihren Lesern anschaulich zu machen, wie dieser »Anwalt der Baader-Meinhof-Bande«, ein »Anwalt, der Beute forderte«, aussieht. Eine Durchsicht der damaligen Pressemeldungen bietet das Bild einer Diffamierungskampagne, die in der Person des Hamburger Kollegen die gesamte Gruppe der sogenannten Terroristenverteidiger treffen und in den Verdacht der Komplizenschaft mit der »Baader-Meinhof-Bande« bringen sollte.

Heute weiß man, daß sich alle Vorwürfe gegen Reinhard einzig und allein auf Aussagen des Herrn Bodeux stützten, während sie dem unwissenden Publikum mit der damals noch in breiten Kreisen als seriös geltenden Herkunftsangabe »Bundesanwaltschaft« verkauft wurden. Sie erwiesen sich vor Gericht als unhaltbar. Aber sie reichten zur öffentlichen Diffamierung, zur Inhaftierung und staatsanwaltschaftlichen Beschuldigung eines bis dahin unbescholtenen Rechtsanwalts. Und zur Fortsetzung einer Verleumdungskampagne gegen Rechtsanwälte, die im Rahmen ihres Berufes den rechtlichen Schutz von sogenannten Terroristen übernommen hatten.

Zu den Beamten, die Bodeux hinter dem Rücken seines Verteidigers vernahmen, gehörte, wie gesagt, der Berliner Staatsanwalt Przytarski. Über die von ihm unter Assistenz dreier Kriminalbeamter am 23. und 24. September 1974 geführten mehrstündigen Vernehmungen gelangten weder Protokolle noch Vermerke zu den Akten, so daß der gutgläubige Leser den Akten entnehmen mußte, die erste Vernehmung des Jürgen Bodeux habe erst am 9. Oktober 1974 stattgefunden, zu einem Zeitpunkt, als Rechtsanwalt Reinhard das Mandat bereits gekündigt worden war. Noch das erste in der Schmücker-Mordsache ergangene Urteil des LG Berlin vom 22.6.1976, das nur hinsichtlich Bodeux rechtskräftig geworden ist, ging davon aus, daß Bodeux erstmals am 9. Oktober 1974 als Beschuldigter vor dem Amtsrichter Eimer in Gießen die Tat in großen Zügen geschildert habe. Als Anklagevertreter amtierte in der Berliner Hauptverhandlung Herr Staatsanwalt Przytarski, der es besser wußte, aber schwieg. Er hatte auch dafür gesorgt, daß in dem Gießener Vernehmungsprotokoll seine Anwesenheit nicht erwähnt wurde. Die Wahrheit über den Beginn dieser Kronzeugenkarriere stand nicht in den Akten. Sie kam erst im Verlaufe der Hauptverhandlung gegen Rechtsanwalt Reinhard heraus, die mit Freispruch endete.

Reinhards Verteidigung, an der ich zusammen mit der Kollegin Leonore Gottschalk-Solger und den Kollegen Bernt Niese und Wolf Römmig beteiligt war, konnte nicht nur Herrn Staatsanwalt Przytarski, als Zeuge vernommen, zu dem Eingeständnis der nichtprotokollierten Vernehmungen und zur Vorlage der von ihm hierüber angefertigten Vermerke veranlassen, sondern förderte zudem Tonbänder zutage, auf denen die bisher geheimgehaltenen frühen Bodeux-Vernehmungen festgehalten waren. Aus diesen Beweismitteln ließ sich der Beginn der Kronzeugenkarriere des Jürgen Bodeux minutiös rekonstruieren. Es ergab sich, daß Bodeux von mehreren Vernehmungsbeamten, auch von Przytarski, Vertraulichkeit zugesichert worden war – ein gegenüber einem Beschuldigten unzulässiges Versprechen im Sinne des § 136a StPO. Die 13. Strafkammer des LG Berlin zog im dritten Durchgang des Schmücker-Mordverfahrens aus diesem Rechtsverstoß die Konsequenz, alle Vernehmungen des Jürgen Bodeux zwischen dem 20. September und 2. Oktober 1974 für unverwertbar zu erklären.[17]

Gegenüber dem mißliebigen Verteidiger Wolf Dieter Reinhard aber hatten diese unzulässigen Vernehmungen schon die gewünschten Dienste getan. Aus den Tonbändern war ein gezieltes Interesse der Ermittler herauszuhören, Bodeux nicht nur als Zeugen gegen seine Tatgenossen, sondern auch gegen seinen eigenen Verteidiger zu gewinnen. »Weiter sei der Rechtsanwalt Reinhard aus Hamburg voll über die Tat informiert«, heißt es in dem von Staatsanwalt Przytarski angefertigten Vermerk über die Vernehmung des Bodeux vom 24.9.1974, eine Formulierung, die schon wie eine halbe Anklage klingt und dem Leser suggeriert, die Information des Anwalts sei der Tat zeitlich vorausgegangen. Daß der Verteidiger *nach* der Tat von seinem Mandanten ins Vertrauen gezogen wird, kann nur für einen Staatsanwalt ungewöhnlich sein, der Vertrauensverteidiger von Terroristen sogleich dem Feindspektrum zurechnet.

Nicht nur Bodeux wurde über den Inhalt des Vertrauensverhältnisses zwischen Anwalt und Mandant ausgehorcht. Ein anderer Mitbeschuldigter, der ursprünglich ebenfalls zu Reinhards Mandanten gehört hatte, beschrieb in einem Brief an seinen zweiten Verteidiger die Tendenz seiner Vernehmung so:

Ich merkte, daß die StA auf Reinhard geil ist. Es bestünde »begründeter Verdacht, daß Reinhard mit der Sache zu tun hat.«

Die Frucht dieser Bemühungen waren Beschuldigungen des Herrn Bodeux gegen seinen Verteidiger, die diesem dreieinhalb Monate Untersuchungshaft und umfangreiche, existenzbedrohende Verfahren in eigener Sache einbrachten. Reinhards Rehabilitierung nach langwierigen Verhandlungen vor Straf- und Ehrengerichten, die seine Anwaltspraxis für lange Zeit lahmlegten und nur mit solidarischer Hilfe mehrerer Kollegen durchgestanden werden konnten, wurde dem Publikum in kleinen Meldungen auf Innenseiten der Tagespresse am 30.10.1979 mitgeteilt. Sein Freispruch konnte kaum wiedergutmachen, was diesem Kollegen aus dem Zusammenspiel von Kronzeuge, Ermittlungsbehörden und Medienkampagne an Schaden erwachsen war.

Der Kronzeuge Bodeux hingegen wird zum Wohle des Staates noch immer vor dem Bekanntwerden weiterer Taten geschützt, das den letzten Resten seiner Glaubwürdigkeit den Todesstoß versetzt hätte.

Auch im Fall Jürgen Bodeux gibt es eine Leiche im Keller, deren Ausgrabung mit zielsicherer Rechtsblindheit verhindert wird. Am 18. Dezember 1973 wird in Porz bei Köln der Substitut einer Einzelhandelsfiliale ermordet. Er hatte zusammen mit einer Kassiererin einen Koffer mit 17 000 DM zur Bank bringen wollen und bei einem Wendemanöver mit seinem BMW in einer Grundstückseinfahrt gehalten, um einen roten VW-Käfer vorbeizulassen. Dieser bremst jedoch unmittelbar hinter dem Wagen des Substituten und stößt mit diesem zusammen. Einer der Insassen des VW-Käfers schießt mit einer Schrotflinte durch die Heckscheibe auf den Substituten, der von mehr als 50 Schrotkugeln in Kopf und Oberkörper getroffen wird und zwei Tage später stirbt. Seine Begleiterin kommt mit einem Schock davon. Einer der Insassen des roten VW schlägt die Fensterscheibe der Fahrertür des BMW ein und greift sich den Geldkoffer. Die Täter entkommen mit einem Opel Rekord, dessen Fahrer, einen Unfall vermutend, gehalten hatte und zum Aussteigen gezwungen worden war. Das Fluchtfahrzeug wird noch innerhalb des Fahndungsrings verlassen aufgefunden. Wie die Täter ihre Flucht fortgesetzt haben, bleibt ungeklärt.

Die Spurensicherung ist unergiebig, aber den Kriminalbeamten fallen Parallelen zu einem früheren Raub auf, der elf Monate zurückliegt: In beiden Fällen ist die gleiche Firma beraubt worden. Beide Taten wurden um dieselbe Tageszeit – etwa 19 Uhr – vor derselben Bank verübt. Beide Tatfahrzeuge wurden in der gleichen, unüblichen Arbeitsweise und im selben Gebiet gestohlen. In beiden Fällen machten die Täter ohne zwingende Gründe und ohne Vorwarnung von der Schußwaffe Gebrauch. Undsoweiter. So befaßt man sich noch einmal mit dem früheren Raub und stellt fest, daß es da eine brauchbare Fingerspur gibt.

Von zehn Tatverdächtigen, die sich bei weiteren Ermittlungen herausschälen, können acht ausgeschieden werden. Es verbleiben zwei: Jürgen Bodeux und seine damalige Freundin. Von diesen beiden Personen fehlen jedoch Vergleichsspuren. Sonderbarerweise unterbleibt trotz des Verdachts deren Anfertigung.

Als am 5. Juli 1984 die Verteidigung im Berliner Schmücker-Mordprozeß beantragt, die in der Porzer Raubmordsache gesicherte Tatortfingerspur beizuziehen, stellt sich heraus, daß die den ersten Porzer Raub betreffende Akte einschließlich der Tatortfingerspur zwischenzeitlich vernichtet worden ist. Die Verteidigung geht den Umständen dieser Vernichtung nach und erfährt, daß die Akte bis zum Jahre 1994 hätte aufbewahrt werden müssen, jedoch bereits 1981 aufgrund eines »bedauerlichen Versehens« vernichtet worden sei.

Auch Doubletten der Fingerspuren, die bei schweren Straftaten regelmäßig angefertigt und bei den Landeskriminalämtern und beim Bundeskriminalamt gespeichert werden, gibt es in diesem Fall nicht.

Einer der Verteidiger im Schmücker-Mordprozeß, Bernd Häusler, hat in seinem Buch »Der unendliche Kronzeuge« den sonderbaren Umgang mit den Beweismitteln, die Jürgen Bodeux und die Porzer Raubmorde betreffen, detailliert dargestellt. Durch ein Telefongespräch mit einem nach Neuseeland ausgewanderten Kriminalbeamten kommen die Verteidiger auf die Spur von gesperrten Akten, deren Existenz mehrere beamtete Zeugen unter Eid bestritten hatten. Aber auch diese Spur endet in der Herausgabe von belanglosen Papierschnitzeln. Was ein an Wahrheitsfindung interessiertes Gericht wirklich über Jürgen Bodeux wissen müßte, blieb zu seinem und zum Wohle des Staates geheim.

Sein Deal mit der Staatsgewalt hat ihm ein mildes Urteil und vorzeitige Haftentlassung, den anderen Tatverdächtigen aber den bisher längsten Prozeß der deutschen Justizgeschichte eingebracht. Denn der Versuch, den Kronzeugen und seine staatlichen Hintermänner zu schützen, war mit Aktenmanipulationen, Beweismittelunterdrückungen und sonstigen Rechtsverletzungen verbunden, die selbst für Terroristenprozesse zuviel waren und genügend öffentliches Aufsehen erregten, so daß der BGH sich dreimal hintereinander zur Aufhebung der gegen die angeklagten Tatgenossen des Jürgen Bodeaux ergangenen Urteile genötigt sah.

Am 28. Januar 1991 wurde der Schmücker-Prozeß nach insgesamt 15jähriger Verfahrensdauer eingestellt. Die Vorsitzende Richterin der 18. Großen Strafkammer des Landgerichts Berlin, Ingeborg Tepperwien, begründete diese Entscheidung, wie die »taz« am 29.1.1991 berichtete, damit, daß die fünf Angeklagten in ihrem Recht auf ein faires Verfahren massiv beeinträchtigt worden seien. Durch die überlange Prozeßdauer und die zahllosen, dem Gericht und der Verteidigung vorenthaltenen Akten und Beweismittel seien »fundamentale Grundsätze des Rechtsstaates verletzt worden«. Es habe ein die Grenzen der Rechtsstaatlichkeit überschreitendes »geheimes Zusammenspiel vom Berliner Landesamt für Verfassungsschutz und Staatsanwaltschaft« gegeben. Auch unzulässige Versprechungen von Strafmilderung gegenüber dem Kronzeugen Bodeaux wurden in diesem Zusammenhang erwähnt. Das Fazit des Gerichts lautete nach dem Bericht der »taz«:

Über Jahre hinweg haben zwei Verfahren stattgefunden: eines im Gerichtssaal und eines hinter den Kulissen, gegen das sich die Angeklagten gar nicht wehren konnten, weil sie davon keine Kenntnis hatten.[18]

Bei Peter-Jürgen Boock hätte es keiner Vergewaltigung des Rechts bedurft, um ihn mit einer zeitigen Freiheitsstrafe davonkommen zu lassen. Um Boock einen fairen Prozeß zu machen, bedurfte es nicht der Verheimlichung von Akten oder sonstiger Manipulationen des Rechts. Man brauchte nur zu glauben, was nicht zu widerlegen war und letztlich durch die Konsequenz seines Verhaltens bestätigt wurde. Hier hatte man, wenn man wollte, den geradezu idealtypischen Aussteiger aus der RAF, an dem sich Glaubwürdigkeit des Staates demonstrieren ließ. Aber in Karlsruhe wollte man etwas anderes: Rache für die Weigerung, mit der Staatsgewalt zu kollaborieren.

Wie angenehm der Umgang mit der Staatsgewalt sich hätte entwickeln können, wenn Boock auf die Wünsche der Bundesanwaltschaft eingegangen wäre, ließ unsere erste Begegnung im Hamburger Polizeipräsidium im Januar 1981, einen Tag nach Boocks Festnahme, ahnen. Da war noch alles offen, Boock noch ein potentieller Kollaborateur, sein Anwalt vielleicht ein Kollaborationsgehilfe. So kamen wir beiden Hoffnungsträger der Staatsgewalt unter Bedingungen zusammen, denen wir uns später nur mit amüsierter Bitterkeit erinnern mochten. Undurchsucht gelangte der Terroristenanwalt zu seinem Mandanten, den er unüberwacht und ohne Trennscheibe stundenlang sprechen durfte. Terrorist und Anwalt lernten die freundwillige Sonnenseite der Ermittler kennen und durften in dieser Stunde Null eines mit Lebenslänglich und Proklamation von Gnadenunwürdigkeit endenden Verfahrens einen Hauch jenes lauen Windes verspüren, der Verrätern in ihr Fähnchen zu wehen pflegt. Aber dieses staatliche Wohlwollen währte nur so lange, bis der vom Beschuldigten und seinem Verteidiger gemeinsam getragene Entschluß bekanntgegeben worden war, die Kollaboration mit den Ermittlungsbehörden zu verweigern.

Dreimal wurde Boock von hochkarätigen Ermittlern aufgesucht, am 6. Februar, am 6. März und am 6. April 1981, und zu Aussagen gedrängt. Zweimal erschien der Oberstaatsanwalt Dörfler, und einmal gab ihm sogar der Bundesanwalt Zeis die Ehre. Wie von anderen Kronzeugenanbahnungen hinreichend bekannt, fanden alle diese Vernehmungsversuche unter dem Namen »Gespräche« und ohne die gesetzlich vorgeschriebene Benachrichtigung des Verteidigers statt. Später behauptete man, Boock habe ausdrücklich verlangt, daß sein Anwalt nicht benachrichtigt würde, auch habe das erste Gespräch, an dem Zeis und Dörfler teilnahmen, auf Boocks Wunsch stattgefunden.

Daß auch das zweite und dritte Gespräch von Boock gewünscht worden sei, und daß auch hierbei die versäumte Benachrichtigung seines Verteidigers auf seinen Wunsch zurückgehe, konnte schlechterdings nicht behauptet werden. Nach dem zweiten Versuch hatte ich Dienstaufsichtsbeschwerde gegen Oberstaatsanwalt Dörfler erhoben. Ich zitiere mich selbst:

Herr Oberstaatsanwalt Dörfler hat am Freitag vergangener Woche an einem erneuten Vernehmungsversuch meines Mandanten Peter-Jürgen Boock teilgenommen. Ihm ist bekannt, daß ich mündlich und schriftlich wiederholt nachdrücklich erklärt habe, daß mein Mandant zur Zeit nicht bereit ist, irgendwelche Aussagen zur Person oder zur Sache zu machen. Ich habe bereits zu dem ersten Versuch, meinen Mandanten unter Umgehung seines Anwalts zum Zwecke der Vernehmung nach Karlsruhe zu verlegen, Herrn Dörfler gegenüber telefonisch das Nötige gesagt. Gleichwohl ist jetzt der zweite gleichartige Versuch hinter meinem Rücken unternommen worden. Es ist ganz offensichtlich, daß hier der erklärte Wille meines Mandanten, von seinem Aussageverweigerungsrecht Gebrauch zu machen, mißachtet wird, und zwar unter Ausnutzung der psychischen Situation meines Mandanten.

Boock befand sich damals in einem äußerst labilen Gemütszustand. Nachwirkungen des Drogenkonsums führten zu angstbesetzten Halluzinationen und depressiven Verstimmungen, in denen er mehr als einmal selbstmordgefährdet war. Mehr als einmal sandte Boock Hilferufe an mich aus, auch an jenem 6. Februar, an dem er angeblich eine Vernehmung in Abwesenheit seines Verteidigers gewünscht haben soll. Es ist fast ein Wunder, daß es den Ermittlern trotz der erbärmlichen Konstitution ihres Opfers nicht gelungen ist, aus Boock einen Kollaborateur zu machen. Ihr begreiflicher Zorn richtete sich zunächst gegen den Verteidiger, der, wie sie richtig vermuteten, den Widerstand seines Mandanten gestärkt hatte. Am liebsten hätten sie sicher meine Ausbootung nach dem Muster Bodeux/Reinhard betrieben. Ich war jedenfalls auf alles gefaßt. Doch es blieb bei erfolglosen Anträgen, mich als Pflichtverteidiger zu entschlagen und gegen mich Ehrengerichtsverfahren einzuleiten.

Dem Mandanten aber setzte man unbeeindruckt von Protesten und Beschwerden unter Umgehung seines Verteidigers zu, sich für eine Kollaboration mit der Staatsgewalt zu entscheiden. Man deutete in versteckten Drohungen an, daß der

Besuch seiner Lebensgefährtin unterbunden werden könne, lockte und drohte mit der Alternative, in Hamburg oder in Stammheim anzuklagen. Man setzte eine letzte Bedenkzeit von 14 Tagen, nach deren Ablauf »der Zug abgefahren« sei, und man setzte dem erklärten Vertrauen des Beschuldigten zu seinem Anwalt die brutale Prognose entgegen: »Mit uns haben Sie es länger zu tun als mit irgend jemand sonst.« Und man unternahm ungeachtet der Dienstaufsichtsbeschwerde und wiederholter Proteste des Beschuldigten und seines Rechtsanwalts noch eine dritten Versuch, Boock hinter dem Rücken seines Verteidigers zu vernehmen. Als Boock auch da standhaft blieb, war der Zug abgefahren. Eine seltsame Metapher, die wohl nur von jemandem gebraucht werden kann, der sich mit den unterschiedlichen Fahrtzielen für Staatsfeinde und Staatsfreunde gut auskennt.

Jahrelang hat Kurt Rebmann als Generalbundesanwalt um die Legalisierung des Kronzeugendeals gekämpft, den er und sein Amt auch ohne gesetzliche Grundlage seit langem betrieben haben. Sein Geschäft, legal oder illegal, hat bisher nichts weiter erbracht, als daß ein paar Morde ungesühnt geblieben und ein paar Gefangene, die den Verlockungen der Kollaboration widerstanden haben, aufgrund windiger Beweise für Morde bestraft worden sind, die sie nicht begangen haben. Dieser Mann in Karlsruhe personifizierte eine Form staatlichen Terrors, die das terroristische Syndrom immer wieder neu infiziert, statt zu heilen. Daß staatliche Rückkehrangebote an sogenannte Terroristen, selbst wenn sie ehrlich gemeint sein sollten, am Kronzeugeninteresse dieses Generalbundesanwaltes scheitern müßten, ist bei den Bonner Gesetzesmachern offenbar nicht begriffen worden. Daß seit Peter-Jürgen Boocks Niedermachung in einem spektakulären Feindprozeß kein RAF-Aussteiger von nennenswerter Bedeutung in Empfang genommen werden konnte, hätte sie eigentlich stutzig machen müssen. Aber sie scheinen nie die Überlegung angestellt zu haben, wie denn Ausstieg aus der RAF praktisch vor sich gehen soll, wenn die Genossen des potentiellen Aussteigers mit dessen Verrat rechnen müssen. Die Zeiten, da man die RAF verlassen konnte, sind vorbei, seit Rebmanns Strategie dem Aussteiger nur die Alternative Verrat oder Lebenslänglich läßt. Für Lebenslänglich kommt keiner, und den potentiellen Verräter läßt die Gruppe nicht laufen.

Die Kronzeugenregelung zielt denn auch weniger auf den Rückkehrer als auf Gefangene ab, die den Erpressungsversuchen der Staatsgewalt schutzlos ausgeliefert sind. Der Terror gegen Gefangene, die man hat, kann denen, die man noch nicht hat, nur als unüberhörbares Warnsignal dienen, sich auf keinen Fall in die Hände dieser Kronzeugenfänger zu begeben, mögen sie auch noch so süß flöten.

Ihr Konzept hat sich von der propagierten Zielsetzung, den Terrorismus klandestiner Gruppen zu bekämpfen, weit entfernt und als legaler Staatsterror verselbständigt. Ihre Vollmacht, Kollaboration mit der Staatsgewalt zum Kriterium der Unterscheidung von Freund und Feind zu machen und eine Selektion vorzunehmen, die zwei höchst unterschiedliche Justizschicksale bereithält, ist ein Stück finsteres Mittelalter in einer Zeit, in der rationale Lösungen für gesellschaftliche Probleme auf der geschichtlichen Tagesordnung stehen.

Mit der Legalisierung des Kronzeugenrabatts[19] ist ein Dunkelfeld partiellen Verzichts auf Strafe für Staatsfreunde erhellt worden, auf dem die institutionelle Parteilichkeit des Strafrechts schon bisher zur Unterscheidung von Freund und Feind benutzt worden ist. Was bisher nur den ohnmächtigen Zorn einiger kritischer Beobachter der Politischen Justiz erregt hat, liegt nunmehr für jedermann offen zutage, ohne daß freilich ohne weiteres zu erwarten ist, daß der Bruch mit vorgeblich unantastbaren Rechtsprinzipien in einer breiteren Öffentlichkeit Unruhe auslösen wird. Zu lange hat man sich bereits daran gewöhnt, daß Strafrecht unter Verletzung des Gleichheitssatzes praktiziert wird, als das man sich über die Vorzugsbehandlung des Kronzeugen aufregen könnte, wenn dabei nur ein schärferes Zupacken gegen die verratenen Tatgenossen herausspringt. Daß für Angeklagte, denen die Bezeichnung Terroristen beigelegt worden ist, überhaupt Rechtsprinzipien gelten sollen, die anderen, »normalen« Angeklagten mehr oder weniger zähneknirschend zugestanden werden, ist nichts weniger als populär. Da fällt die freundschaftliche Ermäßigung strafrechtlicher Sanktionen für kollaborationswillige Mörder und Exterroristen nicht weiter ins Gewicht. Eine Justiz, die ungezählte Mittäter der faschistischen Massenverbrechen, wenn sie überhaupt angeklagt wurden, mit Kameradenurteilen bediente, die Straflosigkeit zur Regel machten, wird doch ein paar Mini-Kriminelle laufen lassen können, wenn sie dadurch für die Zwecke der Freund-Feind-Differenzierung brauchbar werden. Und eine Bevölkerung, die in ihrer Mehrheit zu den Freisprüchen oder Kameradenurteilen für NS-Massenmörder geschwiegen hat, wird wohl auch nichts dagegen haben, wenn ein paar kleine Mörder, die sich als Terroristenverräter nützlich machen, in den Kreis der Staatsfreunde aufgenommen werden. Staatsfreunde aber, das weiß man, partizipieren am Gewaltmonopol des Staates. Und das heißt Teilhabe an allerlei Rechtsfiguren und Praktiken, die das sonst für alle geltende Recht abschwächen, suspendieren oder in sein Gegenteil verkehren.

Diese Gesellschaft ist dadurch charakterisiert, daß sie den, der mit den Mächtigen kollaboriert, als Freund behandelt und an den Privilegien der Herrschaft partizipieren läßt, während sie den, der sich gegen die Herrschenden stellt und ihnen die Zusammenarbeit verweigert, als Feind ausgrenzt, unschädlich macht und im Extremfall physisch vernichtet. Wer aus dem Lager der Feinde überläuft zu den Mächtigen, hat die reale Chance, der Gnade der späten Freundschaft teilhaftig zu werden, wenn er sich als Kollaborateur verdient macht. Ausgestiegene Terroristen sind als Gehilfen strafender Staatsgewalt willkommen, sie können mit Kronzeugenrabatt wenn nicht Straflosigkeit rechnen, für sie wird die angeblich unverzichtbare Institution Strafrecht partiell suspendiert, ohne daß das System als solches in Frage gestellt wird. Verweigern sie jedoch die Zusammenarbeit mit den staatlichen Behörden, so bleiben sie Feinde. Denn das Kriterium der Freund-Feind-Differenzierung ist nicht die propagierte Gefährlichkeit des Feindes, sondern seine Eignung, als Schreckgestalt zur Formierung der Gesellschaft beizutragen. Einer, der nichts weiter zu bieten hat als die Verminderung der terroristischen Gefahr um seine aktivistische Potenz, ist für eine Staatsgewalt, die gerade aus der angeblichen Gefahr für alle den allgemeinen Konsens für ihre Strategie der präventiven Konterrevolution (Peter Brückner) bezieht, uninteressant. Der Kollaborateur hingegen kann ein Massenmörder sein, ohne daß dies seine Brauchbarkeit für die Betreiber Politischer Justiz beeinträchtigt.

Solange in diesem Land der Geist herrscht, in dem Feindprozesse gegen Kommunisten und »Terroristen« des linken Spektrums betrieben worden sind, während sich makrokriminelle Staatsfreunde und Kollaborateure, soweit sie überhaupt verfolgt werden, ihre Freisprüche und Pro-forma-Urteile abholen können, wird die politische Strafjustiz keinen ernstzunehmenden Beitrag zur Lösung gesellschaftlicher Probleme leisten, aus denen Kriminalität entsteht, sondern wird selbst ein kriminogener Faktor erster Ordnung bleiben. Die einzige Rationalität politischer Strafjustiz ist ihre Nützlichkeit für die Durchsetzung innerstaatlicher Feinderklärungen.

9. Strafverteidiger als Objekte Politischer Justiz[1]

Was von der Qualität eines Rechtsstaats zu halten ist, zeigt sich nirgends deutlicher als beim Recht auf Verteidigung im Strafprozeß. Jeder Angeklagte hat nach Art. 6 MRK ein Recht auf den Beistand eines Verteidigers seiner Wahl. Die strikte Einhaltung dieses Versprechens wird insbesondere dann zum Prüfstein der Wahrheit, wenn Menschen auf der Anklagebank sitzen, die sich zur Bekämpfung des Staates und seiner Gesellschaftsordnung organisiert haben.

In der Zeit nach Hitler zu leben heißt, die Chance zu haben, aus einer Analyse des damaligen Unrechts Maßstäbe für ein Recht zu gewinnen, das den abgenutzten Begriff der Freiheit mit realem Inhalt erfüllt. Die deutsche Geschichte des 20. Jahrhunderts bietet genügend Anschauungsmaterial für Formen des gerichtlichen Rituals, die den Namen Verteidigung nicht verdienen, und für existentielle Gefährdungen des Verteidigers, die mit einem Menschenrecht auf Strafverteidigung nicht vereinbar sind.

Nur mit Trauer und Scham vermag man heute die erbärmlichen Plädoyers nachzulesen, die von den Verteidigern der Widerstandskämpfer des 20. Juli 1944 vor Freislers Volksgerichtshof gehalten worden sind:

Keinerlei Sympathien wurden jemals im ganzen deutschen Volk für einen dieser Angeklagten oder auch nur für einen der Beteiligten laut. Der Volksgerichtshof hat nur die Aufgabe, nach dem Buchstaben des Gesetzes das Urteil zu bestätigen und zu vollziehen.[2]

So der Verteidiger des Angeklagten von Witzleben, der dem gesunden Volksempfinden jener Zeit wahrscheinlich zutreffend Ausdruck gab und betonte, daß es »in diesem Falle nichts zu rechtfertigen, nichts zu mildern« gab.

Ein Dokument anwaltlicher Schande. Aber: Was wäre geschehen, wenn der Verteidiger den Mut aufgebracht hätte, die Tat seines Mandanten als gerechtfertigten Widerstand zu qualifizieren? Nur ein paar Monate später, als der faschistische Massenwahn vorübergehender Ernüchterung gewichen war, hätte der Witzleben-Verteidiger sich sicher gewünscht, mit einem solchen, gegen Volkes Stimme durchgesetzten Plädoyer für das Recht eines der wenigen Ruhmesblätter der deutschen Justizgeschichte diktiert zu haben. Wenn er einen solchen Akt anwaltlicher Zivilcourage überlebt hätte.

Persönlich gefährdet war der Verteidiger – nicht nur im NS-Staat – insbesondere immer dann, wenn die von ihm zu verteidigenden Mandanten wegen eines Organisationsdelikts angeklagt waren. Freilich nur, wenn es sich um eine Organisation handelte, mit der die Richter und Staatsanwälte nicht sympathisierten. So war es in Deutschland schon immer ungefährlich, Gewalttäter von rechts zu verteidigen, die Mörder von sozialistischen Arbeiterführern, die Fememörder der Schwarzen Reichswehr und endlich die faschistischen Massenmörder. Hingegen waren Verteidiger von Kommunisten, die selbst der KPD angehörten, schon in der Weimarer Republik dem Verdacht ausgesetzt, daß ihre Tätigkeit den angeblich hochverräterischen Zielen der KPD diente. Demgemäß hat das Reichsgericht in den Jahren 1926 und 1928 der KPD angehörende Rechtsanwälte als Verteidiger von kommunistischen Angeklagten wegen Teilnahmeverdachts ausgeschlossen.[3]

Im nachfolgenden faschistischen Staat wurde der entsprechende verwaltungsmäßige Ausschluß von Anwälten mit »kommunistischer Betätigung« begründet. Nachdrücklich unterstützt von den Vorständen der Anwaltskammern entledigte man sich der »Kommunistenverteidiger« auf der Grundlage folgender Legaldefinition:

Die Verteidigung oder Vertretung von Angehörigen der kommunistischen Partei ist nur dann als Betätigung im kommunistischen Sinn anzusehen, wenn dies nach den besonderen Verhältnissen, insbesondere der Häufigkeit derartiger Verteidigungen oder Vertretungen, der Art ihrer Führung oder den Umständen, unter denen die Verteidigung oder Vertretung übernommen wurde, gerechtfertigt ist.[4]

Über die Interpretation dieser Begriffsbestimmung gab es im Juni 1933 eine Korrespondenz zwischen dem Justizminister Gürtner und dem Staatssekretär im preußischen Justizministerium, Roland Freisler, die von peinlicher Aktualität ist.[5] Während Gürtner meinte,

an sich dürfte wohl der Umstand, daß ein Anwalt in Ausübung seines Berufs auch Interessen von Kommunisten wahrgenommen hat, die Annahme einer »kommunistischen Betätigung« für sich allein noch nicht rechtfertigen,

stand Freisler

grundsätzlich auf dem Standpunkt, daß in der freiwilligen Verteidigung von Kommunisten in politischen Prozessen eine Betätigung in kommunistischem Sinne zu sehen ist.

Gürtner sah eine solche Betätigung erst dann als vorliegend an, wenn

der Anwalt sich mit der politischen Auffassung seines Mandanten identifizierte, oder wenn die Übernahme der Vertretung der Ausfluß eines gewissen Vertrauens- oder Abhängigkeitsverhältnisses zur kommunistischen Partei war.

Freisler dagegen meinte, daß die Verteidigung von Kommunisten

die kommunistische Bewegung, von dem subjektiven Wollen des einzelnen Anwalts ganz abgesehen, objektiv betrachtet gefördert (habe).

Zu den Errungenschaften der postfaschistischen Demokratie in Deutschland gehörte die stillschweigende Gewährleistung ungefährdeter Verteidigertätigkeit in politischen Strafsachen gegen Kommunisten. Diese wurde allerdings auch schon 1951 mit dem ersten Strafrechtsänderungsgesetz zur bitteren Notwendigkeit. Die Schwierigkeit, Kommunisten zu verteidigen, bestand zunächst vor allem darin, Diffamierungen und Ausgrenzungen in einer antikommunistisch emotionalisierten Öffentlichkeit zu ertragen. Wer in den 50er Jahren als »Kommunistenverteidiger« abgestempelt war, lernte den Minderheitenhaß dieses mit enttäuschendem Lernerfolg durch die faschistische Schule gegangenen Volkes frühzeitig kennen. Und mit dieser Ausgrenzung waren auch wirtschaftliche Konsequenzen und Einengungen des Berufsfeldes verbunden, die durchaus nicht selbst gewählt waren.

Verteidigerausschlüsse blieben vereinzelt und wurden wegen mangelnder gesetzlicher Grundlage vom Bundesverfassungsgericht, das damals noch keine Bastion des Konservativismus war, aufgehoben. Der erste Fall ereignete sich 1956 und betraf den Verteidiger eines Funktionärs der Gesellschaft für deutsch-sowjetische Freundschaft. Er hatte dem Gericht ein Protestschreiben dieser Organisation überreicht und sich damit – so die Richter – der Beihilfe zu einem Vergehen der Beamtennötigung und der Zersetzung schuldig gemacht.[6] Im Jahre 1961 schloß der BGH den der SED angehörenden Rechtsanwalt Prof. Dr. Kaul in einer politischen Strafsache als Verteidiger aus. In der Begründung hieß es, Kaul habe die Sache der SED stets als die seinige vertreten, er führe die Verteidigung nicht unabhängig, sondern nach den Richtlinien der SED, deren Vertrauen er genieße.[7] Der dritte Fall betraf den Kollegen Otto Schily, der 1972 vom BGH von der Verteidigung Gudrun Ensslins ausgeschlossen wurde, weil er dringend verdächtig sei, sich an der Straftat, die seiner Mandantin zur Last gelegt wurde, beteiligt zu haben. Die Bundesanwaltschaft hegte den Verdacht, Schily habe einen von Gudrun Ensslin verfaßten Kassiber an Ulrike Meinhof übermittelt. In der Begründung ihres Beschlusses legten die Bundesrichter die oft zitierte Wendung nieder:

Vor allem aber müssen hier die in erheblichem Umfange gleichgerichteten Interessen *Berücksichtigung finden, die Beschuldigten und Verteidiger verbinden, während diejenigen eines Vollzugsbeamten und die des Gefangenen durchaus gegensätzlicher Art sind.*[8]

Deshalb schieden die Vollzugsbeamten, die man als Zeugen vernahm, als Übermittler des Kassibers aus, während man dem als Beschuldigten vernommenen Rechtsanwalt, der den Transport des Kassibers bestritt, nicht glaubte.

Er übersehe, so wurde der beschwerdeführende Anwalt in dem Beschluß belehrt,

daß es auch im Blick auf die innere Einstellung bei dem betreffenden Beamten von gewissen Nachlässigkeiten bei der Befolgung der getroffenen Anordnungen, selbst wenn sie in weitergehendem Umfange vorgekommen sein sollten, bis zu der grundsätzlich anders zu wertenden aktiven Unterstützung eines Gefangenen in der Form einer vorsätzlichen Straftat immer noch eine weite Strecke Wegs ist.[9]

Zu ergänzen: Für einen Verteidiger hingegen ist das nur ein kleiner Schritt.

Dank der Aufhebungsbeschlüsse des Bundesverfassungsgerichts[10] blieben diese Versuche des BGH, den Verteidiger im politischen Strafprozeß als Gesinnungsfreund seiner Mandanten zu diffamieren und aus dem Verfahren auszuschließen, ohne dauerhaften Erfolg. Das Bundesverfassungsgericht führte zur Begründung aus, daß die Ausschließung eines Verteidigers einen Eingriff in die Freiheit der Berufsausübung darstelle, der eine rechtliche Grundlage entweder in einem Gesetz oder in sogenanntem vorkonstitutionellem Gewohnheitsrecht haben müsse. In den beiden ersten Entscheidungen begnügte sich das BVerfG mit der Feststellung, daß auch bei Unterstellung eines gewohnheitsrechtlichen Satzes die Ausschließung des Verteidigers gegen das Übermaßverbot verstoße. In der letzten, den Fall Schily betreffenden Entscheidung ging das Gericht der Frage nach, ob es für die Ausschließung überhaupt eine rechtliche Grundlage gebe. Es verneinte die Frage und rief damit den Gesetzgeber auf den Plan, der in den §§138 a ff. StPO die schmerzlich vermißte Regelung nachgeholt hat.

In Kombination mit den zur selben Zeit, kurz vor Beginn des Stammheimer Prozesses gegen Andreas Baader und Andere verabschiedeten Paragraphen 146 (Verbot der Mehrfachverteidigung) und 137 Abs.1 Satz 2 StPO (Beschränkung der Verteidigerzahl) verfügte man nunmehr über das gesetzliche Instrumentarium, mit dem sich die in langer Vorbereitungszeit aufgebaute, kollektive Verteidigung der Stammheimer Angeklagten legal zerschlagen ließ. Für Schily ging die Sache glimpflich ab, da die Beweislage allzu dünn war und weitere Blamagen der Bundesanwaltschaft und des BGH befürchten ließ. Auch ein Versuch, Otto Schily wegen eines angeblich beleidigenden Beweisantrages zu kriminalisieren, endete, nachdem sich fünf Gerichte damit hatten befassen müssen, mit Freispruch. Aber die Kollegen Groenewold, Croissant und Ströbele blieben auf der Strecke. Ihnen brachte der Versuch, den Stammheimer Angeklagten eine gemeinsame, engagierte Verteidigung zu ermöglichen, Anklagen, Verfahren und teilweise Haftstrafen wegen Unterstützung einer kriminellen Vereinigung ein.

Dieser Schlag wurde mit einer Medienkampagne vorbereitet, der Goebbelssches Format bescheinigt werden muß.[11] Es begann mit einem auf Informationen des Bundeskriminalamts beruhenden Artikel in Springers »Bild am Sonntag« vom 21./22. Mai 1972, in dem behauptet wurde, daß »45 namentlich bekannte linksradikale Anwälte« – zu denen, wie durch einen Fundstellennachweis klargestellt war, auch ich gehören sollte – das »Kommunikationszentrum der Radikalen« bildete und »erwiesenermaßen« folgende Tätigkeiten ausübten:

Sie präparieren Zeugen, die bei einem Geschehen gar nicht zugegen waren, um angeklagte Bandenmitglieder – gleichsam meineidig – zu entlasten. Sie übernehmen den Transport von Gegenständen, die der Ausübung von Straftaten dienen, zum Beispiel den Transport von Sprengkörpern. Sie verbringen Haschisch, Rauchwaren, Fotoapparate in die Zellen, transportieren Nachrichten aus den Gefängnissen und vermitteln Kassiber...

Am 28. Mai erfuhren die Leser des Springer-Blattes »Welt am Sonntag«, daß

für den organisatorischen Zusammenhalt der verstreuten Terroristen...ein getarntes Nachrichtensystem eine entscheidende Rolle (spielt). Linke Anwälte und Intellektuelle sind die Anlaufstellen für den Nachrichtenaustausch. Über sie werden die jeweils wechselnden Aktionsgruppen zusammengestellt.

Der Chefredakteur der »Welt«, Herbert Kremp, Briefpartner und Verbandsbruder des Bundesrichters Mayer, schrieb am 3. Juni 1972 einen Artikel unter der Überschrift »Der Sumpf liegt links«:

Und aus diesem Sumpf werden, wenn der Alarm der Fahndung vorbei ist, die Verteidiger hochsteigen und das »spätkapitalistische System« für das Unheil verantwortlich machen, das sie anrichten halfen. Die Bürger der Republik, die das Gesellschaftssystem für akzeptabel und die Verfassung für gut halten, müssen sich auf neue Anschläge aus den Gerichtssälen vorbereiten.

Aus einem Kommentar in Springers »Hamburger Abendblatt« vom 3. Juni 1972:

Feinde des Staates haben sich die Justiz als Angriffsobjekt ausgesucht. Sie nutzen die rechtsstaatlichen Garantien des Prozeßrechts zu nicht gerechtfertigten Vorteilen. Pressionen und Drohungen sollen Berufs- und ehrenamtliche Richter einschüchtern. Die Justiz soll lahmgelegt werden.

Am folgenden Tag forderte die »Welt am Sonntag«:

Nennt die Namen! Der Hintergrund wird weggefegt, wenn jenen Anwälten, die offenbar vergessen haben, daß sie Rechtsanwälte sind, die Gerichtstür gewiesen wird.

Eine Woche später, in einem Artikel vom 11. Juni 1972, schoß sich »Bild am Sonntag« gezielt auf das Büro Groenewold ein, das in einer Pressekonferenz des damaligen Generalbundesanwalts Martin als ein Beispiel für »Verbindungen, wie sie nicht durch anwaltschaftliche Berufspflicht abgedeckt sind«, namentlich genannt wurde.

Und noch etwas hatte »Bild am Sonntag« an diesem Tag zu vermelden:

Generalbundesanwalt Martin hat den schweren Verdacht gegen Rechtsanwälte der Baader-Meinhof-Bande bestätigt, über den Bild am Sonntag berichtet hatte.

Da brachte die Bildzeitung also den hochoffiziellen Gewährsmann für die erfundene Geschichte von den »45 namentlich bekannten linksradikalen Anwälten«, die angeblich das »Kommunikationszentrum der Radikalen« bildeten. Und was tat der? Er schwieg. Wenn der Generalbundesanwalt diese Lügen nicht »bestätigen« wollte – was er schlechterdings nicht konnte –, dann wäre es seine verdammte Pflicht und Schuldigkeit gewesen, der Pressemeldung vom 11. Juli 1972, die von Millionen gelesen und geglaubt wurde, zu widersprechen. Nichts dergleichen ist geschehen.

In anderem Zusammenhang, allerdings unter Ausschluß des Millionenpublikums der Springer-Presse, da wußten der oberste Ankläger der Republik und sein Vorgesetzter sich mit feinsinnigen Unterscheidungen aus der Affäre zu ziehen. Meine Dienstaufsichtsbeschwerde gegen den Generalbundesanwalt wies der Bundesminister der Justiz mit einem Schreiben vom 6.November 1972 unter folgender Begründung zurück:[12]

Die Äußerungen des Generalbundesanwalts sollten sich erkennbar auf einzelne Rechtsanwälte und konkrete Vorgänge beziehen...

Der Generalbundesanwalt war grundsätzlich nicht gehindert, die Öffentlichkeit auf derartige Vorgänge hinzuweisen. Eine pauschale Verdächtigung der Rechtsanwaltschaft oder auch nur sämtlicher im Baader-Meinhof-Komplex tätigen Verteidiger kann den Äußerungen auf der Pressekonferenz bei unvoreingenommener Betrachtung nicht entnommen werden und war von Generalbundesanwalt Martin, wie seine dienstliche Stellungnahme ergibt, auch nicht beabsichtigt.

Die »Bild am Sonntag« war da – unwidersprochen – anderer Meinung.

Wer zur Zeit dieser Medienkampagne in der BRD als Verteidiger von »Terroristen« tätig war, lernte die Diffamierung, Verfolgung und existenzielle Gefährdung von Minderheiten aus der Position des Betroffenen kennen. Immer wenn Generalbundesanwalt, Bundeskriminalamt oder Minister über die Medien das Gift der

Verdächtigung ausgestreut hatten, kamen die brieflichen und telefonischen Beschimpfungen und Drohungen von anonymen Staatsfreunden, die daran Anstoß nahmen, daß auch Terroristen Anspruch auf Verteidigung im Strafprozeß haben. Zum Beispiel so:

Sie wollen die Schwerverbrecherin Meinhof verteidigen ein Miststück dem jeder Rechtschutz verwehrt werden müßte. Bei der Festnahme hätte das Luder schon erschlagen werden müßen und auf einem abgelegenen Schuttplatz verscharrt. Nun wird die Heckenhure noch auf Kosten der Steuerzahler ernährt und Sie sind ganz davon begeistert das Schwein zu verteidigen. Sind die Gelder aus den Banküberfällen bei Ihnen hinterlegt und Ihre Kostenforderung dadurch gesichert? Oder hatten Sie schon vorher Beziehungen zu dem dreckigen Madensack?

Es wäre gut wenn das ganze asoziale Gesindel, die Baader-Meinhof-Bande während der ersten Monate als Häftlinge verrecken würden. Gegen Sie und die anderen Verteidiger-Genossen müßte Berufsverbot verhängt werden.

Stimmungsbilder aus einem Land, in dem Demokratie auf den Trümmern des Nazistaats und mit den Menschen, die noch vor kurzem Hitler zugejubelt hatten, aufgebaut werden sollte. Wir »Terroristenverteidiger« lernten dieses Land aus der Sicht von Menschen kennen, die den anspruchsvollen Namen Rechtsstaat nur als Hohn verstehen konnten. Dazu noch ein Zitat aus dem Schreiben des Bundesjustizministers vom 6. November 1972:

Die Vielzahl gegen Sie gerichteter Drohungen, die Sie als »Auswirkungen der Hetzkampagne« bezeichnen, sind schärfstens zu mißbilligen. Jedoch beruhen diese unverantwortlichen Handlungen erkennbar nicht auf dem Verhalten bzw. Äußerungen von Vertretern der Bundesanwaltschaft.

So einfach ist das. Gerade von den Hütern des Rechtsstaats gingen jene Triebdurchbrüche einer systematisch aufgewiegelten Volksstimmung aus, die Mitglieder eines Berufsstandes trafen, dem sonst gern die ebenso weihevolle wie vereinnahmende Bezeichnung »Organ der Rechtspflege« beigelegt wird. Nur punktuell gelang es, Diffamierungen und Verleumdungen gerichtlich abzuwehren. So durch eine von dem Kollegen Dr. Senfft für mich erstrittene einstweilige Verfügung des Landgerichts Hamburg vom 3.7.1972, durch die dem Axel Springer Verlag verboten wurde, durch Tatsachenbehauptungen in Wort und Bild den Eindruck zu erwecken oder erwecken zu lassen, der Antragsteller stehe unter dem Verdacht der Banden-Begünstigung. Aber solche auch von anderen Kollegen herbeigeführten zivilrechtlichen Entscheidungen verschwanden, obwohl wir uns um Veröffentlichung bemühten, in der Flut der Verdächtigungen, die mit der Autorität höchster Behörden und Ämter unters Volk gebracht wurden.

Eine von mir gegen Axel Caesar Springer erstattete Strafanzeige wegen Volksverhetzung, Beleidigung, übler Nachrede und Verleumdung (§§130, 185ff. StGB) stellte die Hamburger Staatsanwaltschaft ein.[13] Volksverhetzung liege nicht vor, weil kein »Angriff auf die Menschenwürde anderer« festgestellt werden könne. Ein solcher sei nur gegeben, wenn er »gegen den unverzichtbaren und unableitbaren Persönlichkeitskern des anderen, gegen dessen Menschsein als solches gerichtet« sei. Für diese Auffassung berief sich die Staatsanwaltschaft auf den Kommentar des Ministerialdirigenten im Bundesjustizministerium Dr. Eduard Dreher, aus dessen Zeit als erster Staatsanwalt beim Nazi-Sondergericht Innsbruck mehrere Fälle überliefert sind, in denen er sich intensivst bemüht hatte, wegen Nichtigkeiten die Todesstrafe durchzusetzen. Heute also ein gern zitierter Fachmann für Menschenwürde. Im übrigen garantiere Art.5 Abs.1 des Grundgesetzes jedermann, frei die Meinung zu äußern und auf die Meinungsbildung anderer Einfluß zu nehmen. Die Staatsanwaltschaft unterstrich das Wort »jedermann«, um zu betonen, daß dieses Recht auch Herrn Springer zustehe. Kritik und Kommentare zu Ereignissen und Erscheinungen des Zeitgeschehens seien hiernach »unabhängig davon gestattet, ob sie richtig und zutreffend sind«. Die beanstandeten Äußerungen hielten sich im Rahmen dieser Meinungs- und Pressefreiheit, ohne die Grenze des gemäß §130 StGB (Volksverhetzung) Strafbaren zu überschreiten.

Noch schamloser fiel die Begründung aus, mit der auch eine strafbare Ehrenkränkung der zu Unrecht verdächtigten Rechtsanwälte verneint wurde.

Springer könne nicht nachgewiesen werden, daß er vor Veröffentlichung des Artikels Kenntnis von seinem Inhalt gehabt habe. Der Verfasser, Peter Boenisch, sei jedoch durch die Grundrechte der freien Meinungsäußerung und der Pressefreiheit gerechtfertigt, denn er habe in Wahrnehmung berechtigter Interessen gehandelt. Weiter wörtlich:

Der Rechtsanwalt steht als unabhängiges Organ der Rechtspflege im Blickpunkt des öffentlichen Interesses; tatsächliche, aber auch nur vermeintliche Mißstände im Bereich der Anwaltschaft muß die Presse zum Anlaß ihrer u.U. auch einseitigen Kritik machen dürfen.

Es ist nicht anzunehmen, daß der Verfasser dieses Bescheides auch Richter und Staatsanwälte, weil auch sie Organe der Rechtspflege sind und im Blickpunkt öffentlichen Interesses stehen, für beleidigende und verleumderische Presseangriffe freigeben wollte. Seine Parteinahme für die Pressefreiheit und gegen die »Organe der Rechtspflege« entspringt kaum verhülltem Freund-Feind-Denken und ist beliebig umkehrbar. Mal hat die Presse- und Meinungsfreiheit, mal die Ehre des Betroffenen den Vorrang, ein austauschbares Argumentationsmuster, daß sich systemimmanenter Wertbegriffe bedient und die erwünschten Ergebnisse für Freund und Feind bereithält.

Hier war es die Pressefreiheit, der ein hohes Lied gesungen wurde, um die Pogromhetze gegen Rechtsanwälte zu rechtfertigen und ihnen noch den Hohn »Organ der Rechtspflege« nachzurufen. Auch die journalistische Sorgfaltspflicht sei nicht verletzt. Die Presse habe, wie nicht zu widerlegen sei, aus einer Niederschrift über die Sitzung der Ständigen Konferenz der Innenminister der Länder vom 27.1.1972 zitiert, auf der der Präsident des Bundeskriminalamtes »über den damaligen Stand der Fahndung nach der Baader/Meinhof-Bande« berichtet habe. Eine weitere Aufklärung sei insoweit nicht möglich. Und warum nicht? Weil die Staatsanwaltschaft Hamburg, anders als die Springer-Presse, in der Niederschrift nicht lesen durfte:

Der Vorsitzende der Ständigen Konferenz der Innenminister hat mit Schreiben vom 5.6.1973 die Hergabe der als VS-Vertraulich eingestuften Niederschrift mit dem Hinweis abgelehnt, dies würde Nachteile für Bund und Länder mit sich bringen (vgl. §96 StPO). Eine Überprüfung konnte auch nicht durch Vernehmung des Präsidenten des Bundeskriminalamtes erfolgen, da dieser unter Hinweis auf die ihm hinsichtlich Ablauf und Inhalt der Innenministerkonferenz vom 27.1.1972 nicht erteilte Aussagegenehmigung die Aussage verweigert hat.

Ein für diesen Rechtsstaat typisches Beispiel für die Manipulation von Nachrichten. Der Springer-Presse wird Material aus vertraulichen Akten zugespielt, und zwar exklusiv. Die Veröffentlichung ist durch das Recht der Pressefreiheit gedeckt, weil es sich um eine »absolut zuverlässige Informationsquelle« handelt, die weitere Recherchen überflüssig macht (so der Bescheid der Staatsanwaltschaft Hamburg). Eine nachträgliche Überprüfung durch die Justiz findet nicht statt, weil die oberste Dienstbehörde erklärt, daß das Bekanntwerden dieser Akten oder Schriftstücke dem Wohl des Bundes oder eines deutschen Landes Nachteile bereiten würde (§96 StPO), und dem Präsidenten des Bundeskriminalamts die Aussagegenehmigung aus dem gleichen Grund versagt wird. Auf der Strecke bleiben Ansehen und Integrität von 45 Rechtsanwälten, gegen die höchste Repräsentanten der Justiz und der Regierung straflos die Bevölkerung aufhetzen und in Pogromstimmung versetzen dürfen – mit Hilfe einer Presse, die ohne Rücksicht auf den Wahrheitsgehalt Skandalmeldungen in die Welt setzt. Und alles zum Wohl dieses Rechtsstaats.

Bis zu jener Medienverlautbarung vom Mai 1972 wäre es ein undenkbarer Affront gegen die herkömmlichen Ehrbegriffe des Anwaltberufes gewesen, einen Verteidiger beim Betreten eines Gefängnisses oder eines Gerichtssaales auf Waffen zu durchsuchen. Die Verweigerung des strafrechtlichen und dienstrechtlichen Ehrenschutzes für Rechtsanwälte machte es möglich. Und der Zwang, diese Waffen nun auch zu finden und der empörten Öffentlichkeit vorzuzeigen, machte es nötig. Die unter maßgeblicher Beteiligung der Bundesanwaltschaft betriebene Medienkampagne gegen sogenannte Terroristenverteidiger begründete einen hohen Erwartungsdruck für nachfolgende Strafverfahren. Hatte man die Medienkampagne im Schutze einer Pressefreiheit veranstalten können, die nach dem Verständnis ihrer Betreiber das Recht zur Verbreitung von Lügen und Verleumdungen umfaßt, so mußten nunmehr Beweise her, da Strafjustiz noch immer mit dem Anspruch auf Wahrheitsfindung auftritt. Es mußte also nunmehr nach Waffen in anwaltlichen Koffern, Taschen, Unterhosen und Körperöffnungen gesucht, und es mußte die Befehlszentrale der RAF in Anwaltsbüros gefunden werden, auf daß erfüllet werde, was seit Mai 1972 in »Bild« und anderen Lügenpostillen geschrieben stand und sich auf »absolut zuverlässsige Quellen« in Karlsruhe und Wiesbaden berief.[14]

Am 19. Juni 1972, also vier Wochen nach Eröffnung der Diffamierungskampagne in den Springer-Blättern, wurde ich beim ersten Besuch meiner Mandantin Ulrike Meinhof in der Haftanstalt Köln-Ossendorf erstmalig in meinem Anwaltsleben durchsucht. Was inzwischen fast zur Gewohnheit abgeschliffen ist, war damals ein schockierendes Erlebnis. Daß man mich durchsuchen wollte, war mir bei Erteilung der Besuchserlaubnis nicht angekündigt worden, so daß ich mich an Ort und Stelle in einem kleinen Raum unerwartet drei Beamten in Zivil gegenübersah, die mich aufforderten, mich durchsuchen zu lassen. Ich erklärte, daß ich Rechtsanwalt sei und mich nicht durchsuchen lasse. Aber die Herren hatten ihre Anordnungen und nur ein müdes Lächeln für meine überholten Vorstellungen von Rechtsstaatlichkeit. Das Gesicht des Rechtsstaates hatte sich über Nacht verändert, seit aus »absolut zuverlässiger Quelle« verlautete, daß Rechtsanwälte Sprengstoff und Waffen in die Zellen transportieren. So wurde mir denn auch unverblümt offenbart, daß es um eine Kontrolle ginge, ob ich Waffen bei mir führte. Wenn ich meine Mandantin, die nach ihrer Festnahme schon vier Tage vergeblich auf Anwaltsbesuch hatte warten müssen, nicht im Stich lassen wollte, mußte ich die Entwürdigung dieser Kontrollmaßnahme über mich ergehen lassen. Sie war ein Kinderspiel gegen das, was meiner Mandantin zugemutet wurde. Sie wurde, obwohl die Waffenlosigkeit ihres Besuchers festgestellt worden war, gezwungen, sich nach dem Besuch völlig zu entkleiden und nicht nur durch-, sondern auch untersuchen zu lassen. Selbstverständlich blieben Beschwerden, in denen ich die Maßnahmen als beleidigende Verdächtigung beanstandete, ohne Erfolg.

Andere Kollegen und Kolleginnen haben später noch Schlimmeres erlebt. So berichtete Christian Ströbele vor dem 3. Internationalen Russell-Tribunal, das sich von März 1978 bis Januar 1979 mit der Situation der Menschenrechte in der BRD befaßte, daß er sich vor Besuchen bei Andreas Baader in der Justizvollzugsanstalt Schwalmstadt splitternackt ausziehen und sich von zwei Beamten in alle Körperöffnungen sehen lassen mußte. Otto Schily berichtete:

Bei solchen Leibesvisitationen wurde mitunter sogar die vollständige Entkleidung verlangt. Man hat beispielsweise Frau Kollegin Becker bei einem Besuch in der Haftanstalt gezwungen, sämtliche Kleidung abzulegen. In anderen Fällen wurden Verteidiger aufgefordert, vor ihrem Gespräch mit dem Mandanten sich einer rektalen Untersuchung zu unterziehen.

Auch die Gerichtssäle, in denen die Hauptverhandlungen gegen ihre Mandanten stattfanden, durften »Terroristenverteidiger« nicht mehr betreten, ohne entwürdigende Untersuchungen über sich ergehen lassen zu müssen. Dabei konzentrierte sich das Interesse der Staatsgewalt und ihrer Gehilfen auf den Genitalbereich. Vorwand: Dort spreche die Metallsonde wegen des metallenen Reißverschlusses notwendig an, so daß eine Untersuchung des Hoseninneren unerläßlich sei. Ein Ausschuß des Bundesverfassungsgerichts, der aus dem früheren Bundesanwalt Träger und den Herren Wand und Dr. Rottmann bestand, beschloß am 7.April 1978 einstimmig, eine Verfassungsbeschwerde nicht zur Entscheidung anzunehmen, mit der der sogenannte Hosenladen-Erlaß eines Gerichtsvorsitzenden in der Strafsache gegen Irmgard Möller als verfassungswidrig angegriffen worden war. Die Grundrechtsschützer prüften nur unter dem Gesichtspunkt eines Verstoßes gegen das Willkürverbot und fanden einen solchen nicht, weil *in jüngster Zeit in anderen Fällen der konkrete Verdacht entstanden ist, inhaftierten terroristischen Gewalttätern seien mit Hilfe ihrer Verteidiger Waffen und Sprengstoff zugeführt worden.*

Unter welchen entwürdigenden und willkürlichen Bedingungen die Durchsuchungen der Verteidiger auch während der Hauptverhandlung stattfanden, mußte ich selbst erstmalig erfahren, als ich Karl-Heinz Roth beim Landgericht Köln verteidigte. Meine auf Verletzung der Menschenwürde, des Rechts auf körperliche Unversehrtheit, der Freiheit der Berufsausübung und des Gleichheitssatzes gestützte Verfassungsbeschwerde[15] blieb erfolglos. In dieser Situation der Rechtlosigkeit geriet man in einen kaum erträglichen Konflikt zwischen dem Gebot der Selbstachtung, das eine Niederlegung des Verteidigeramts erfordert hätte, und der Treue zum Mandanten, für den es immerhin um Lebenslänglich oder Freispruch ging. Eingedenk dieser Erfahrungen ließ ich mir für den Stammheimer Prozeß gegen Peter-Jürgen Boock eine Hose ohne Metallteile anfertigen, die das Kontrollpersonal um das Vergnügen brachte, mir in die Hose zu schauen. Gleichwohl blieben mir auch hier widerliche Fummeleien nicht erspart.

Endlich, nach jahrelangem Suchen, wurde man fündig, wenngleich nicht auf dem Wege der Taschen- und Hosenschnüffelei, die seit 1972 erfolglos betrieben wird, und auch nicht in dem behaupteten Umfang. Nicht 45 namentlich bekannte Rechtsanwälte, wie es seit Mai 1972 aus den Karlsruher und Wiesbadener Quellen gesprudelt hatte, sondern zwei Anwälte, mit Namen Arndt Müller und Armin Newerla, wurden schließlich als angeblich Schuldige präsentiert. Die corpora delicti – Schußwaffen und Sprengstoff – hatte man in den bis dahin vergeblich durchsuchten Zellen der Stammheimer Gefangenen gefunden, als diese eines Morgens tot in ihren Zellen lagen. Fast gleichzeitig fand man auch die dazugehörigen Kronzeugen, Hans-Joachim Dellwo und Volker Speitel, die bekundeten, diese Sachen in den Akten des Anwalts Müller versteckt zu haben. Dieser wußte, wie dem Urteil des OLG Stuttgart vom 31. Januar 1980 zu entnehmen ist, nicht positiv, was er da in seinen Akten mitschleppte, hielt es aber für möglich, daß es sich um Waffen und Sprengstoff handelte und nahm dies billigend in Kauf. Das Gleiche galt für den zweiten von den Kronzeugen beschuldigten Anwalt, Newerla, der einmal Sprengstoff ins Büro des Kollegen Croissant in Stuttgart gebracht haben soll, von dem angenommen wurde, daß sein Transport in die Zellen beabsichtigt, aber nicht gelungen war.

Die Richter, die Müller und Newerla verurteilten, zweifelten nicht an ihrer Schuld. Und so ist es an uns, zu zweifeln, daß die Kronzeugen, deren Geschäft es war, einem enormen Erfolgsdruck der Anklagebehörde Entlastung zu verschaffen, die Wahrheit gesagt haben. Uns bleibt die Frage, weshalb die corpora delicti erst so spät und nicht schon bei Gepäck- und Zellenkontrollen entdeckt wurden. Und ebenso die Frage, weshalb ausgerechnet diese Gefangenen mit den Waffen nichts anderes anzufangen wußten, als sich selbst umzubringen. Wir fragen auch, wie es kommt, daß im Jahre 1977 getan wurde, was schon 1972 behauptet worden war. Ein merkwürdiger Fall von self-fulfilling prophecy.

Aber wie auch immer. Selbst wenn die mühselige Lektüre des 311 Seiten umfassenden Müller-Newerla-Urteils die Überzeugung vermitteln könnte, daß hier die Wahrheit gefunden wurde, wäre die Behauptung der Medienkampagne nicht abgedeckt. Den 45 Anwälten, die seit 1972 Objekt des von Karlsruhe und Wiesbaden aus angeheizten Hetzfeldzuges waren, konnte sicher nicht angelastet werden, was Müller und Newerla laut Kronzeugenaussagen mit bedingtem Vorsatz fünf Jahre später in ihren Akten transportiert haben sollen. In Bezug auf 43 weitere Anwälte entlarvte diese Einzeltäterschaft – wenn es denn eine war – die von höchsten Repräsentanten des Rechtsstaats unterstützte kollektive Verdächtigung als eine Lüge, deren Ausmaß und Konsequenzen historische Vergleiche nahelegt.

Und wie verhielt es sich mit dem Vorwurf, daß diese pflichtvergessenen Anwälte Nachrichten aus den Gefängnissen transportiert und Kassiber vermittelt hätten? In der Öffentlichkeit sind diese Verdächtigungen – ohne daß aus Karlsruhe oder Wiesbaden Widerspruch erfolgte – so verstanden worden, daß es um die Steuerung von Straftaten der noch in Freiheit befindlichen Gruppenmitglieder durch die Stammheimer Gefangenen ging, die durch deren Verteidiger vermittelt worden sei. In den Bundestagsprotokollen von 1974 bis 1978 kann man nachlesen, wie damals Politiker bürgerlicher Parteien, die zu anderen Zeiten auf ein seriöses Image Wert legen, ihrem Haß gegen »Terroristenverteidiger« die Zügel schießen ließen, obwohl mindestens einige von ihnen wußten, daß sie das Volk belogen. Vor allem kehrte der Vorwurf immer wieder, daß pflichtvergessene Anwälte den Kontakt zwischen den Stammheimer Gefangenen und der draußen agierenden Gruppe aufrechterhalten und damit zur Begehung weiterer Mordtaten beigetragen hätten. Zum Beispiel Herr Dregger (CDU/CSU-Fraktion):

Wir haben festgestellt, daß einige wenige Verteidiger Vermittlungsorgane gewesen sind zwischen den leitenden Terroristen im Gefängnis und den schießenden Terroristen draußen. Wir haben daraus die von uns nicht gern gesehene Konsequenz gezogen, daß es notwendig ist, den Verkehr von Verteidigern, von Rechtsanwälten, die in Wahrheit Terroranwälte gewesen sind, mit ihren Mandanten zu überwachen.[16]

Auch für diese aus Karlsruhe und Wiesbaden abgesegneten Vorwürfe fehlte jeder Beweis. Er wurde auch nie gefunden. Aber um so intensiver wurde danach gesucht.

Ansatzpunkt konnten nur die Korrespondenz und die Telefone der Verteidiger sein. Also Kommunikationsmittel, die in einem traditionellen Rechtsstaat gegen jeden staatlichen Eingriff gesichert sind. Und wenn man den Buchstaben des Grundgesetzes und der Gesetze glauben dürfte, würde dies auch in diesem unseren Land gelten. Aber keine Schwierigkeit für Leute, die dem Schutz der Freiheit höheren Rang einräumen als der Freiheit selbst. Notfalls berief man sich in Ermangelung eines Diktaturparagraphen auf den §34 StGB (Notstand), dem man die Funktion einer Generalklausel zur Aushebelung der gesamten Rechtsordnung auffrachtete.[17]

Noch bevor man sich auf dem Wege über die Aufwiegelung des gesunden Volksempfindens und der gesetzgebenden Volksvertreter per Gesetz ein richterliches Kontrollrecht für Verteidigerkorrespondenz in §129a-Sachen gesichert hatte, verschaffte man sich unter verschiedenen Vorwänden Einblick.[18]

Weiteres Beweismaterial erhoffte man sich aus der Überwachung der Telefonanschlüsse von »Terroristenverteidigern«.

Auch hier kann ich mit einem Beispiel aus dem eigenen Erfahrungsbereich dienen. Im Juli 1982 teilte mir der Bundesminister des Innern mit, daß in der Zeit vom 2. Juni 1972 bis zum 18. Juli 1972 für mich bestimmte Postsendungen und Telegramme an meine Praxis- und Privatadresse geöffnet und eingesehen worden sind; ferner seien in der gleichen Zeit die über meine Praxis- und Privattelefone geführten Gespräche abgehört und auf Tonträger aufgenommen worden. Zur Begründung der Maßnahme hieß es in dem Schreiben, es seien seinerzeit tatsächliche Anhaltspunkte für einen Verdacht vorhanden gewesen, daß ich Gruppen unterstütze, die mit Gewalt die verfassungsmäßige Ordnung der Bundesrepublik Deutschland ändern wollten. Die Maßnahme sei vom Bundesamt für Verfassungsschutz beantragt, vom Bundesminister des Innern angeordnet und von der vom Deutschen Bundestag zur Überprüfung solcher Maßnahmen gebildeten Kommission für zulässig und notwendig erachtet worden.

Die gegen mich gerichtete Post- und Telefonüberwachung, die mir mit zehnjähriger Verspätung mitgeteilt wurde, – und das auch wohl nur, weil ein liberaler Ministerialbeamter die Wende kommen sah – fiel in eine Zeit, in der ich beim Landgericht Hamburg das RAF-Mitglied Werner Hoppe wegen des Vorwurfs versuchten Polizistenmordes verteidigte. In der Begründung der damaligen Überwachungsmaßnahmen hieß es denn auch, daß ich Verteidiger des Angeklagten Hoppe sei, der zum Kreis um die Baader-Meinhof-Bande gehöre und dessen Prozeß in Hamburg stattfinde. Außerdem trete ich als Anwalt von anderen Angehörigen der »Neuen Linken« auf.

Aber nicht diese Verteidigertätigkeit sei der Anlaß für die Anordnung der Überwachung gewesen, versicherte man in einem Schreiben, das ich im November 1982 auf meine Rückfrage erhielt, sondern folgendes:

Durch eine zuverlässige Quelle wurde bekannt, daß sich in den Büroräumen der Anwälte eine Blankovollmacht der Ulrike Meinhof ohne Datum befindet. H. dürfte auch weiteren Kontakt zu Ulrike Meinhof haben. Über ihn erhielt Ulrike Meinhof ein Paket ihres geschiedenen Ehemannes, des Herausgebers der Zeitschrift »Konkret«, Rainer Röhl. Im Laufe der Ermittlungen gegen festgenommene Mitglieder der Baader-Meinhof-Bande wurde festgestellt, daß einige nach ihrer Festnahme H. telefonisch davon unterrichteten, obwohl H. zu keinem Zeitpunkt als deren Verteidiger aufgetreten war noch später auftrat. Es besteht deshalb der dringende Verdacht, daß die Anwälte Hannover und ... als Auskunfts- und Informationsstelle handeln, die Privatwohnungen und das Büro von der Baader-Meinhof-Bande als Anlauf- und Kontaktstelle benutzt werden. H. und ... leisten damit auch in anderer als anwaltschaftlicher Art Hilfe.

Der Bundesminister des Innern und die vom Deutschen Bundestag zur Überprüfung von G 10-Maßnahmen (Eingriffe des »Verfassungsschutzes« in das Brief- und Fernmeldegeheimnis) gebildete Kommission hätten dies als hinreichende »tatsächliche Anhaltspunkte« im Sinne des G 10 für den Verdacht gewertet, daß ich »die Vorbereitung eines von der Baader-Meinhof-Bande geplanten hochverräterischen Unternehmens« unterstützte. Und dann:

Wie Ihnen bereits mit meinem Schreiben vom 16. Juli 1982 mitgeteilt, hat sich dieser Verdacht aber nicht bestätigt.

Wie tröstlich.

Ich erhob Klage beim Verwaltungsgericht Köln und beantragte, die Rechtswidrigkeit der Überwachungsmaßnahmen festzustellen. Zum Tatsächlichen teilte ich mit, daß die von dem V-Mann aufgestellten Behauptungen, bis auf die Tatsache, daß ich im Besitz einer Vollmacht von Ulrike Meinhof war, erstunken und erlogen waren. Ich bezeichnete den Informanten des Verfassungsschutzes als Lügner, Lump und Dreigroschenjungen, ohne jedoch zu erreichen, daß seine Identität preisgegeben wurde. Der Mann wird weiterhin als Informant gebraucht und als zuverlässige Quelle bezeichnet, obwohl ich als Zeuge zur Verfügung gestanden hätte, daß es sich um ein Rinnsal von der Qualität einer Kloake handelte. Alles steckten die Herren vom Bundesinnenministerium und deren Prozeßvertreter ein, um nur ja ihren sauberen V-Mann weiter arbeiten lassen zu können.

Das Verwaltungsgericht Köln wies meine Klage ab, das Oberverwaltungsgericht Münster gab ihr statt. Mit Urteil vom 17.10.1990 wies das Bundesverwaltungsgericht die Revision des BMI zurück und stellte fest, daß die mir gegenüber angeordneten Überwachungsmaßnahmen rechtswidrig waren.

Ein Wort noch zu der Blankovollmacht von Ulrike Meinhof. Zu den Behauptungen, mit denen die Schmutzkampagne gegen die »Terroristenverteidiger« eröffnet wurde, gehörte auch die, sie seien im Besitz von Blankovollmachten aller Bandenmitglieder. Das unwissende Publikum sollte also glauben, da gebe es eine unzulässige Verquickung von geplanten Verbrechen und anwaltlichen Pflichten, vielleicht sogar eine vorherige Mitwisserschaft. In Wahrheit ist, wie die Urheber dieser Fehlinformation durchaus wissen, »die Überreichung von Blanko-Vollmachten von Mandanten, gegen die Haftbefehle erlassen wurden, so üblich wie die Strafverteidigung selbst«.[19] Gleichwohl diente die Behauptung, daß ich im Besitz einer Blankovollmacht von Ulrike Meinhof gewesen sei, zur Begründung dafür, daß ich im Verdacht der Unterstützung eines hochverräterischen Unternehmens stünde und durch Kontrolle meiner Post- und Telefonverbindungen überwacht werden müsse. Und noch im verwaltungsgerichtlichen Verfahren scheute das rechtskundig vertretene Bundesinnenministerium sich nicht, die Sache mit der Blankovollmacht als Indiz für die Zuverlässigkeit seiner Quelle anzuführen. Der Informationswert dieser Mitteilung war so bedeutsam, wie es die Information gewesen wäre, daß ein Anwalt auch über Papier und Bleistift verfügt.

Im übrigen war seit Juni 1970 bekannt, daß Ulrike Meinhof von mir anwaltlich vertreten wurde, weil ich damals bereits eine Vollmacht in anderer Sache vorgelegt hatte. Doch zwei Jahre später reichte der Besitz einer weiteren Vollmacht aus, ein »Organ der Rechtspflege« der Komplizenschaft zu verdächtigen und in den intimen Bereich meiner beruflichen und privaten Geheimsphäre einzudringen.

Während sich bei mir die Überwachungsmaßnahmen auf einen Zeitraum von sechs Wochen beschränkten, der fast deckungsgleich mit der Hauptverhandlung gegen Werner Hoppe war, sind die Telefone des Kollegen Kurt Groenewold vom 27. April 1975 bis zum 25. Mai 1976, also 13 Monate lang, abgehört worden.[20] Rechtsgrundlage war hier §100a StPO, wonach die Überwachung und Aufnahme des Fernmeldeverkehrs auf Tonträger angeordnet werden darf, wenn bestimmte Tatsachen den Verdacht begründen, daß jemand als Täter oder Teilnehmer bestimmte Straftaten, hier: Unterstützung einer kriminellen Vereinigung (§129 StGB), begangen hat. Es ging offenbar um die Ausforschung des sogenannten Info-Systems, mit dem die Anwälte den Stammheimer Angeklagten die gemeinsame Vorbereitung ihrer Verteidigung und einen entsprechenden Informationsaustausch ermöglichen wollten. Antragsteller war der Generalbundesanwalt, der den zuständigen Ermittlungsrichter des BGH durch Inanspruchnahme seiner Ausnahmekompetenz gemäß §100b Abs. 1 Satz 2 StPO, wonach er »bei Gefahr im Verzug« die Anordnung in eigener Zuständigkeit treffen kann, vor vollendete Tatsachen gestellt hatte. Die Begründung lautete zunächst, daß Groenewold – über den Verdacht der Unterstützung der Baader-Meinhof-Gruppe hinaus – verdächtig sei, an den Vorbereitungen für den Überfall auf die Stockholmer Botschaft beteiligt gewesen zu sein. Daß dieser aktuelle Verdacht sich schon bald als unbegründet herausstellte, hinderte den Generalbundesanwalt nicht, mehrmals Verlängerungen der Telefonüberwachung durchzusetzen, obwohl deren Ergebnisse auch für den Unterstützerverdacht dürftig waren. Von insgesamt 11.286 inhaltlich aufgezeichneten Telefongesprächen wurden in der Anklageschrift des Generalbundesanwalts nur 19 als beweiserheblich zitiert. Sie brachten so bedeutsame Erkenntnisse wie die, daß sich für die Räume, in denen die Info-Zentrale betrieben wurde, die Bezeichnung »hinten« eingebürgert habe oder daß eine im Büro Groenewold beschäftigte Anwaltsgehilfin »nur am Rande« mit dem Info-System befaßt gewesen sei. Nicht aber den großen Fund, für den man den großen Einsatz – 13 Monate Verfassungsbruch – gewagt hatte.

Es ist anzunehmen, daß man nach einer Bestätigung für die zentrale Behauptung der Diffamierungskampagne gesucht hat, daß Rechtsanwälte die Verbindung zwischen gefangenen und schießenden Terroristen aufrechterhalten hätten. Einen Beweis für diese Behauptung, auf der heute noch existierende diskriminierende Anti-Verteidiger-Regelungen – wie Kontaktsperre, Trennscheibe, Postkontrolle – beruhen, hat man trotz aller Lausch- und Schnüffelaktionen nie gefunden. Und so blieb der Bundesanwaltschaft nichts anderes übrig, als aus der von Groenewold betriebenen Info-Zentrale eine strafbare Handlung zu konstruieren.

Daß Angeklagte, die wegen organisiert begangener, politisch motivierter Handlungen angeklagt sind, sich auf der Basis eines gemeinsamen Verteidigungskonzepts verteidigen und die hierzu nötige Vorbereitung mithilfe der Anwälte koordinieren, hatte bisher in allen Kulturstaaten der Erde zu den Selbstverständlichkeiten eines fairen Prozesses gehört.[21] Nur so kann Verteidigung bei Organisationsdelikten sich dem real nicht zu verwirklichenden Ideal der Waffengleichheit annähern.

Sind die Mandanten inhaftiert, so muß der Benachteiligung gegenüber der Anklagebehörde, die aus der Unmöglichkeit folgt, alle Angeklagten und Verteidiger außerhalb des Gerichtssaales zu gemeinsamer Beratung zusammenzuführen, durch andere Formen der Kommunikation entgegengewirkt werden. Dies und nichts anderes haben Kurt Groenewold und andere Kollegen versucht, indem sie das sogenannte Info-System schufen, das trotz der Trennung der inhaftierten Mandanten von ihren Verteidigern und untereinander ein Minimum an gemeinsamer Prozeßvorbereitung gewährleisten sollte. Die Kriminalisierung dieser Form der Verteidigertätigkeit wird ein Schandfleck bundesdeutscher Justizgeschichte bleiben.

Das von der Bundesanwaltschaft betriebene Pilotverfahren richtete sich gegen den Kollegen Kurt Groenewold, dem freilich schon in der Anklage nichts von dem vorgeworfen werden konnte, womit man jahrelang die Köpfe der medienabhängigen Bevölkerung heißgemacht hatte. Nicht Kassiber- oder Sprengstoff- und Waffenschmuggel, nicht Präparierung falscher Zeugen, auch nicht die Herstellung einer Verbindung zwischen den Gefangenen und den auf freiem Fuß befindlichen Gruppenmitgliedern, geschweige denn die Vermittlung von Verbrechensaufträgen aus den Zellen an die draußen agierende Gruppe. Gegenstand des Verfahrens war einzig und allein die Frage, ob der Betrieb des sogenannten Info-Systems, das den als Gruppe angeklagten RAF-Gefangenen die für die Vorbereitung der Verteidigung notwendigen Informationen vermitteln sollte, als strafbare Unterstützung einer kriminellen Vereinigung (§129 StGB) disqualifiziert werden könne.

Übrigens wurde die Anklageschrift gegen den »Terroristenverteidiger« Groenewold von höchster Stelle diversen Presseleuten übergeben. Als dieser sich gegen eine Veröffentlichung wehrte, gab ein amtierender Justizminister vor, das geltende Recht nicht zu kennen. Groenewold hatte nicht versäumt, den §353d StGB zu zitieren, wonach mit Freiheitsstrafe bis zu einem Jahr oder mit Geldstrafe bestraft wird, wer »die Anklageschrift oder andere amtliche Schriftstücke eines Strafverfahrens ... ganz oder in wesentlichen Teilen im Wortlaut öffentlich mitteilt, bevor sie in öffentlicher Verhandlung erörtert worden sind oder das Verfahren abgeschlossen ist«. Was antwortete Bundesjustizminister Hans-Jochen Vogel (SPD) auf diesen Vorwurf?

Dann die Sache mit den Anklageschriften: Niemand hat Herrn Groenewold diffamiert. Nach früheren Erfahrungen mußte jedoch auch in diesem Falle mit einer Kampagne gegen Justizorgane gerechnet werden. Sie hat dann auch stattgefunden. Deshalb hat die Pressestelle des Bundesjustizministeriums Journalisten, die regelmäßig zu justizpolitischen Fragen Stellung nehmen, Abdrucke zur Verfügung gestellt, damit sie sich ein vollständiges Bild machen konnten. Was ist daran beanstandenswert? Soll der Staat planmäßigen Angriffen noch nicht einmal auf diese Weise vorbeugen dürfen?[22]

Daß er es nicht darf, stand (und steht immer noch) in §353d StGB. Aber Herr Vogel ist selbstverständlich unbestraft geblieben. Wer hätte ihn anklagen sollen? Er war nur ein Gehilfe der offensiven Informationsstrategie der obersten Anklagebehörde. Bestraft wurde dagegen der Kollege Groenewold.

Das Hamburger OLG konnte in seinem Urteil vom 10.7.1977[23] dem von Groenewold mit einem immensen Einsatz von Arbeitskraft und finanziellen Mitteln betriebenen Info-System zwar weder in objektiver noch in subjektiver Hinsicht die Verteidigungsrelevanz absprechen. Einzelne Papiere allerdings hätten, so meinten die Richter, nicht der Verteidigung gedient. Das gelte z.B. für Ulrike Meinhofs Hungerstreikerklärung vom 13.9.1974, ein Dokument, in dem nicht nur aufgezählt wird, welchen mörderischen Haftbedingungen die politischen Gefangenen in den Gefängnissen der BRD ausgesetzt waren, sondern zugleich zum kämpferischen Widerstand aufgefordert wird. Daß in dem Papier von proletarischer Gegengewalt und Klassenkampf die Rede war, machte seine Verbreitung nach Meinung der Richter zur strafbaren Handlung. Diese Propagierung sei »auf die Zukunft gerichtet«, heißt es im Urteil, und habe nichts mit Verteidigung zu tun. Über die Verteidigungsrelevanz dieses und anderer Papiere habe Groenewold sich in einem vermeidbaren Rechtsirrtum befunden.

Die Frage, was zur Verteidigung gehört, wird in politischen Strafsachen immer kontrovers beantwortet werden. So wurde im Düsseldorfer Friedenskomitee-Prozeß von 1959/1960 eine Fülle von Beweisanträgen der Verteidigung mit der Begründung abgelehnt, daß sie nicht der Verteidigung dienten (vgl. das Kapitel »Die Tradition der beweislosen Wahrheitsfindung im politischen Strafprozeß«). Der BGH bestätigte das Urteil und attestierte unseren Beweisanträgen »mangelnde Sachzugehörigkeit«. Was wäre geschehen, wenn die Angeklagten in Haft gewesen wären und die Vorbereitung dieser »nicht der Verteidigung dienenden«, »nicht sachzugehörigen« Beweisanträge nur über ein Info-System möglich gewesen wäre? Nach den Maßstäben der mit dem Groenewold-Urteil eröffneten Anwaltskriminalisierung hätten wir Verteidiger (Walther Ammann, Heinrich Hannover, Friedrich Karl Kaul, Diether Posser und Denis Nowell Pritt) schon damals für unsere »Rechtsirrtümer« bestraft werden müssen. Aber das Kunstdelikt der 70er Jahre war noch nicht erfunden.

Was also hätte Groenewold tun sollen? Sich als Zensor seiner Mandanten betätigen und sie von revolutionären Gedanken abschirmen? Um sie in der Hauptverhandlung domestiziert und, wie es sich für Todes- und Lebenslänglich-Kandidaten schickt, entleert von in die Zukunft gerichteten Gedanken vorführen zu können? Ein ärgeres Mißverständnis von Verteidigung im politischen Strafprozeß ist kaum denkbar.

Die als Terroristen angeklagten Mitglieder der RAF (und entsprechender Gruppen) hatten die Wahl zwischen zwei prozessualen Rollen. Sie konnten durch Kollaboration mit der Staatsgewalt ihre Situation wesentlich verbessern. Sie konnten aber auch ihre politische Identität bewahren, in der Rolle des Feindes bleiben und dem Gericht wie der Öffentlichkeit das revolutionäre Konzept vortragen, um dessentwillen sie angeklagt wurden.[24] Tatsächlich war es die Regel, daß die angeklagten RAF-Angehörigen sich noch im Gerichtssaal zum Konzept des bewaffneten Widerstandes bekannten und der Justiz damit durchaus erwünschte Schützenhilfe gegen sich selbst lieferten. Es war ihre freie Entscheidung, sich so zu verteidigen, wie es auch ihre freie Entscheidung sein mußte, sich von diesem Konzept zu lösen. Aufgabe des Verteidigers konnte es nur sein, die vom Mandanten gewählte Selbstdarstellung zu ermöglichen. Nicht aber, ihn durch Zensur oder politisches Schulmeisterspiel zu einem der Staatsgewalt gefälligen Rollenwechsel zu animieren. Natürlich hat der Verteidiger die Möglichkeit, ein Mandat niederzulegen, wenn die Verteidigungskonzeption des Mandanten in einen unerträglichen Widerspruch zu dem gerät, was er im Interesse des Mandanten für sinnvoll hält. Das gilt für den normalen Kriminalprozeß wie für den politischen Strafprozeß. Aber es rührt an das Grundverständnis von rechtsstaatlicher Verteidigung, dem Verteidiger einen Vorwurf daraus machen zu wollen, daß er seine Schutzfunktion auch dann ausübt, wenn er das Konzept des Mandanten für falsch und schädlich hält. Was falsch und was schädlich ist, kann aus der Sicht des Verteidigers, der für seinen Mandanten ein günstiges Urteil oder einen Freispruch im Auge hat, durchaus anders zu bewerten sein, als unter politischen Gesichtspunkten, die für den Angeklagten wichtiger sind. Im politischen Strafprozeß hat der Verteidiger, wenn er sich entschließt, im Mandat zu bleiben, die Konzeption, für die sich der Mandant entscheidet, zu respektieren. Es gibt Prozesse, wo man als Verteidiger dem Mandanten nur die Chance bieten kann, mit wehender Fahne unterzugehen und den Freispruch der Geschichte zu überlassen.

Daß das Gericht Groenewold der strafbaren Unterstützung einer kriminellen Vereinigung schuldig sprach, obwohl es ihm die Verteidigungsabsicht bescheinigte, macht die Entscheidung zu einem offensichtlichen Fehlurteil. Der vom Gericht unterstellte Irrtum über die Verteidigungsrelevanz einiger über das Info gelaufener Papiere kann an der Verteidigungsabsicht nichts ändern. Wer aber in Verteidigungsabsicht handelt, kann nicht durch einen Rechtsirrtum zum vorsätzlichen Unterstützer einer kriminellen Vereinigung werden. Niemand käme auf den Gedanken, einen Staatsanwalt, der einen später Freigesprochenen angeklagt hat, wegen Verfolgung Unschuldiger zu belangen. Oder einen Richter, der freispricht und dessen Urteil in der nächsten Instanz aufgehoben wird, wegen Rechtsbeugung anzuklagen. Daß auch der auf Rechtsirrtum beruhende – immerhin denkgesetzlich mögliche – Freispruch eines Terroristen den Richter nicht einer Verfolgung wegen Unterstützung einer terroristischen Vereinigung aussetzen würde, braucht man nicht zu erläutern. Aber der Verteidiger soll für eine von Richtern als »rechtsirrig« definierte Berufstätigkeit haften. Hier wäre der Ort, wo man sich des oft mißbrauchten Begriffs vom »Organ der Rechtspflege« erinnern sollte, der den Verteidiger in vergleichbarer Weise wie den Richter und den Staatsanwalt vor strafrechtlichen Konsequenzen von »vermeidbaren Rechtsirrtümern« bei der Berufsausübung schützen muß.

Ingo Müller hat zum Vorsatz bei Rechtspflegedelikten bedenkenswerte Thesen entwickelt.[25] Ob man den Rechtfertigungsgrund der Verteidigungshandlung so, wie es Ingo Müller vorschlägt, objektiv formuliert, oder das subjektive Element der Verteidigungsabsicht für entscheidend erklärt, die Frage, ob ein Verteidiger für engagierte Wahrnehmung seiner Schutzpflichten bestraft werden kann, hängt letzten Endes immer vom Verurteilungswillen des Richters oder – anders ausgedrückt – von seinem politischen Bewußtsein ab. Wer darüber entscheidet, was Verteidigungshandlung ist und ob ein Anwalt mit Verteidigungsabsicht gehandelt hat, ist der Souverän des politischen Prozesses. In einem mit der Proklamation von Waffengleichheit ausgestatteten Verfahren dürfte diese Entscheidung nur beim Verteidiger selbst liegen. Oder, um den Phantasiespielen von Mißbrauchsfetischisten Genüge zu tun: bei einem Gremium von Anwälten, die über spezifische Erfahrung in politischen Strafsachen verfügen.

So, wie es jetzt steht, ist der Anwalt, der sich noch bereitfindet, im politischen Prozeß die Verteidigerrolle zu übernehmen, einer Rechtsunsicherheit ausgeliefert, die ihn von richterlichem Wohlwollen oder Groll abhängig macht. Und selbst dem Wohlwollen von Richtern, das Groenewold ausnahmsweise genoß, sind Grenzen gesetzt, wenn mit den bewährten Methoden der Volksverhetzung ein anwaltsfeindliches Verurteilungsklima geschaffen wird, dem auch sie sich nicht entziehen können. Am Ende des Groenewold-Prozesses stand die Peinlichkeit eines Urteils, das dem angeklagten Rechtsanwalt Komplimente für engagierte Verteidigung seiner Mandanten machen mußte, andererseits aber die hohen Erwartungen nicht enttäuschen durfte, die eine jahrelange von der Bundesanwaltschaft genährte Medienkampagne in der Öffentlichkeit begründet hatte.

Ein Gericht machte sich Luft im schwülen Dunst der Vorab-Urteile und pauschalen Verdächtigungen.

So hieß es in Hans Schuelers Bericht über die mündliche Urteilsbegründung in der »Zeit« vom 14. Juli 1978. Er sprach von einem »Befreiungsschlag«, der

erkennbar nicht nur auf die systematischen Kampagnen der Rechtspresse zielte, für die in allen Terroristen-Prozessen die Schuld der Angeklagten und die Komplicenschaft ihrer Vertrauensanwälte von vornherein festgestanden hatte, sondern unmittelbar auch auf die Staatsgewalt.

Schueler erinnerte daran, daß die Bundesanwaltschaft den Verdacht genährt hatte, Groenewold habe seinen Mandanten geholfen, noch aus den Haftzellen weitere Terroranschläge vorzubereiten. »Und alles ohne die Spur eines Beweises.«

Auch andere Blätter sparten nicht mit Lobpreisungen des Hamburger Gerichts, das dem Angeklagten Kurt Groenewold ein faires Verfahren habe zuteil werden lassen. Groenewold selbst soll nach Pressemeldungen unmittelbar nach der Urteilsverkündung davon gesprochen haben, daß er »relativ fair« verurteilt worden sei. Ein Aufatmen bei Betroffenen wie bei liberalen Journalisten, daß es nicht schlimmer gekommen ist nach allem, was zuvor an Feindseligkeiten und Verdächtigungen gegen den »Terroristenanwalt« geäußert worden war. Und aus Sorge, daß im Klima des Hasses, der immer wieder mit amtlicher Scheinsachlichkeit geschürt wurde, das Hamburger Urteil in Karlsruhe verschlechtert werden könnte, nahm der mit zwei Jahren zur Bewährung und einer Geldbuße von 75.000 DM bestrafte Jurist die zunächst eingelegte Revision zurück, um dafür einen gleichen Rechtsmittelverzicht der Bundesanwaltschaft einzuhandeln.

Aber dieser Austausch von Rücknahmeerklärungen und Komplimenten kann nicht darüber hinwegtäuschen, daß das Groenewold-Urteil ein trauriger Kompromiß war zwischen dem, was die aufgeheizte Volksmeinung verlangte, und dem, was rechtens gewesen wäre. Mit diesem Urteil war die Bresche geschlagen, die es erlaubte, mit einer alten rechtsstaatlichen Tradition aufzuräumen, die dem Verteidiger von Staatsfeinden eine Art Indemnität gegen eigene Strafverfolgung garantiert hatte.

Der Bundesgerichtshof hatte später in anderen Sachen Gelegenheit, sich zu dem Spannungsverhältnis zwischen dem strafrechtlichen Unterstützungsverbot der §§ 129, 129a StGB und prozessual zulässigem Verteidigerhandeln zu äußern. Im Oktober 1979 bestätigte der BGH den Freispruch des Kollegen Wolf Dieter Reinhard, dem auf der Grundlage von Aussagen des Kronzeugen Jürgen Bodeux die Unterstützung einer kriminellen Vereinigung vorgeworfen worden war. In seiner Entscheidung wies der BGH auf die Gefahr hin, daß eine unerlaubte Verteidigertätigkeit in den Anwendungsbereich dieser Vorschriften fällt:

Denn Strafverteidigung ist ihrer Natur nach auf den Schutz des Beschuldigten vor Anklage, Verhaftung und Verurteilung ausgerichtet. Sie wird sich infolgedessen häufig notwendigerweise günstig auf den Fortbestand einer solchen Organisation oder die Realisierung ihrer Pläne auswirken...[26]

Aber der BGH ließ trotz plakativer Bekenntnisse zum Grundsatz strafloser Verteidigung genügend Spielraum für die Kriminalisierung unbotmäßiger Anwälte, die sich für berechtigt und verpflichtet halten könnten, Angeklagten im politischen Strafprozeß die Darlegung ihrer notwendig »in die Zukunft gerichteten« revolutionären Zielsetzungen zu ermöglichen.

In der Sache des Kollegen Dr. Klaus Croissant bestätigte der BGH mit Urteil vom 14. November 1979 eine Verurteilung zu 2 1/2 Jahren Freiheitsstrafe, obwohl auch diesem Anwalt nur vorgeworfen werden konnte, daß er das Info-System unterstützt habe. Ihm allerdings hatte das LG Stuttgart sogar den Rechtsirrtum bestritten. Es hätten sich keine Anhaltspunkte dafür ergeben, »daß er sich über den Umfang und die Grenzen erlaubter Verteidigertätigkeit geirrt hätte«. So einfach ist die Ausübung richterlichen Ermessens bei einem angeklagten Anwalt, der, anders als Groenewold, sich weigerte, distanzierende Erklärungen abzugeben. Es konnte nicht unberücksichtigt bleiben, heißt es im Urteil, »daß der Angeklagte in keiner Weise Distanz zu seiner Tat oder gar Reue hat erkennen lassen, sondern ausdrücklich erklärt hat, daß er sich künftig nicht anders verhalten würde«. Der Gedanke, daß dieser Anwalt wohl an die Rechtmäßigkeit seines Verteidigerhandelns geglaubt haben muß, kam dem Gericht nicht.

Selbst die Weiterleitung von Schriftstücken, die bei der Vorbereitung von Prozeßerklärungen der Angeklagten Verwendung finden sollten, wurde Croissant als strafbare Unterstützung einer kriminellen Vereinigung angelastet. Ihm sei bekannt gewesen, daß seine Mandanten mit diesen Erklärungen Propaganda für die Fortsetzung des bewaffneten Kampfes machen wollten. Darum hätte er seine Mitarbeit verweigern müssen.

Die Ausnutzung des öffentlichen Forums einer Gerichtsverhandlung zu revolutionären Reden ist so alt und so international wie der politische Strafprozeß.[27] Aber es blieb deutscher Obrigkeitsmentalität vorbehalten, Rechtsantwälte für die propagandistischen Absichten ihrer Mandanten zu bestrafen und ihnen eine Zensur zuzumuten, die sie zu Gehilfen eines Staates gemacht hätte, dem die Ausübung von Zensur in eigener Regie verboten ist. Einem Verteidiger, der sich dieser Rolle verweigert, kann selbstverständlich nicht einmal Rechtsirrtum zugutegehalten werden. Er hat nicht begriffen, was bundesdeutsche Juristen unter Recht und Rechtsstaatlichkeit zu verstehen haben. Der BGH fertigte Croissants Revision gegen das Stuttgarter Urteil mit lapidaren Sätzen ab, die offenbarten, wie wenig die schönen Prinzipien des Reinhard-Urteils in der Praxis wert sind:

Das Landgericht hat beachtet, daß ein der zulässigen Verteidigung dienendes Verhalten eines Rechtsanwalts, das zur Unterstützung einer kriminellen Vereinigung führen kannn, nicht geeignet ist, eine Strafbarkeit nach §129 StGB zu begründen (BGH aaO). *Es hat hierzu zwar festgestellt, daß das vom Angeklagten mitunterhaltene Informationssystem auch Verteidigungszwecken diente (UA S. 273). Die Verurteilung hat es jedoch allein auf die Weiterleitung der im einzelnen genannten Schriftstücke gestützt. Diese dienten nicht der Verteidigung, sondern ausschließlich der Fortdauer der kriminellen Bestrebungen der »RAF« (UA S. 300) Darüber war sich der Angeklagte auch im klaren (UA S. 277 ff).*

In der Strafsache gegen Hans-Christian Ströbele, den dritten mit dem Info-System befaßten Anwalt, korrigierte der BGH die Rechtsauffassung, für die Klaus Croissant im Gefängniß büßen mußte, um Nuancen. Man erkannnte nunmehr auch in Karlsruhe, daß das Recht eines Angeklagten, sich vor Gericht zu verteidigen, auch das Recht umfaßt, »die Gesellschaftsordnung, die aus seiner Sicht Anlaß für seine Tat gegeben hat, in Frage zu stellen«. Die Möglichkeit hierzu sei in der Vergangenheit, worauf die Verteidigung zutreffend hingewiesen habe, »von einer Vielzahl von Angeklagten wahrgenommen worden, ohne daß sie deshalb gesondert strafrechtlich verfolgt worden wären«.

Die Abgabe einer solchen Erklärung kann, wenn ein Angeklager - wie hier - sich zum Selbstverständnis der Mitglieder einer kriminiellen Vereinigung und zu ihrem Bild von den politischen Verhältnissen äußert, werbenden Charakter haben. Die Tatsache, daß erlaubte Verteidigung Propagandawert für die eigenen politischen Ziele und Absichten hat, führt aber nicht zur Strafbarkeit der Prozeßerklärung.

Lesen wir weiter, so erfahren wir, daß auch Erklärungen mit Zukunftsbezug straflos sein können, zum Beispiel dann,

wenn dem Bekenntnis eines Angeklagten zu der Vereinigung die Absicht zu entnehmen ist, auch in Zukunft deren Mitglied bleiben und sich entsprechend verhalten zu wollen.

Die Rechtfertigung der kriminellen Ziele der noch bestehenden Vereinigung werde zwar in solchen Fällen regelmäßig als Propagierung künftiger strafbarer Tätigkeit verstanden werden müssen. Dies sei jedoch als Folge zulässiger Verteidigung hinzunehmen, »wenn es unausgesprochen bleibt«. Immerhin scheinen Ströbeles Mandanten so viel unausgesprochen gelassen zu haben, daß der gegen den Verteidiger erhobene Schuldvorwurf eingeschränkt werden konnte.

Was Ströbeles Verurteilung wegen Beteiligung am Info-System anging, hielt diese allerdings rechtlicher Prüfung stand. Dieses diente, wie der BGH aus dem Urteil des LG Berlin 19.1.1981 entnahm,

der Fortsetzung der kriminellen Bestrebungen der Vereinigung durch ein »gemeinsames Lernprogramm«, an dem die Gefangenen »arbeitsteilig zusammenwirkten«, um sich »gegenseitig intensiv auf die Fortsetzung des bewaffneten Kampfes« vorzubereiten (UA S. 178). Die Prozeßvorbereitung war höchstens eine Nebenzweck (UA S. 181, 182). Das hat der Angeklagte erkannt und gebilligt (UA S. 164).

Der angeklagte Anwalt habe das Informationsystem hinsichtlich der Zielsetzung der Gefangenen mit bedingtem Vorsatz unterstützt. Es genüge,

daß die Hilfe der Vereinigung irgendwie vorteilhaft war und die Mitglieder in ihrem Entschluß stärkte, die von der Vereinigung in Aussicht genommenen Straftaten zu begehen.

Sodann sortierte der BGH die über das Info verteilten Umläufe nach solchen, bei denen der angeklagte Anwalt, und solchen, bei denen das Landgericht sich über die Verteidungsrelevanz gerirrt hatte. Die Prozeßerklärungen von Brigitte Mohnhaupt und Ulrike Meinhof hätten, entgegen der Ansicht des Landgerichts, der Verteidigung gedient, die Hungerstreikerklärung von Ulrike Meinhof, deren Vertrieb man schon Groenewold angelastet hatte, hingegen nicht. Es ist übriges nichts davon bekannt geworden, daß gegen die Berliner Richter wegen ihres Rechtsirrtums ein Verfahren wegen Rechtsbeugung eingeleitet worden sei. Von strafbaren Rechtsirrtümern ist nur bei dem angeklagten Verteidiger die Rede:

Ohne Rechtsfehler hat der Tatrichter festgestellt, daß der Angeklagte, soweit der Aufbau des Informationssystems (UA S. 357) und die Hereingabe des Aktionsprogramms in dieses (UA S. 363) in Frage stehen, sich nicht in einem Verbotsirrtum befunden hat. Der beim Angeklagen hinsichtlich der Frage, ob die Hungerstreikerklärung erlaubterweise in das Informationssystem hineingegeben werden durfte, möglicherweise gegebene Verbotsirrtum war nach Überzeugung des Tatrichters, die dieser sich rechtsfehlerfrei gebildet hat, vermeidbar (UA S. 361).

Nach alledem bleibt die Verteidigerrolle in politischen Strafsachen, die regelmäßig Organisationsdelikte zum Gegenstand haben, ein mit existenziellen Gefahren verbundenes Unternehmen. Das staatliche Mißtrauen gegen den Verteidiger, der das Vertrauen des Angeklagten genießt, ist in Gesetzen institutionalisiert, die ihn entwürdigenden Kontrollen unterwerfen. Durchsuchungen, Postkontrolle, Trennscheibe, Ausschluß von Vertrauensverteidigern, Zwangsverteidiger und Kontaktsperre signalisieren eine Rückentwicklung zu polizeistaatlichem Sicherheitsdenken, das gerade in Deutschland eigentlich ein für alle mal desavouiert sein sollte. Bei Bedarf werden weitergehende Überwachungsmaßnahmen praktiziert, die über das gesetzlich Zulässige noch hinausgehen. Zu erinnern ist, außer den schon erwähnten Lauschaktionen, an die Abhörung von Verteidigergesprächen in Stammheim, die man nach §34 StGB als Notstandshandlung rechtfertigte. Der einzige Buhmann der Nation, der für die engagierte Wahrnehmung seiner Berufspflichten strafrechtlich belangt wird, wenn Richter und Staatsanwälte darin eine bedingt vorsätzliche oder rechtsirrige Überschreitung zulässiger Grenzen erkennen, ist der Verteidiger, der eine prozessuale Schutzfunktion für erklärte Staatsfeinde übernimmt.

Otto Kirchheimer schrieb 1961 in seinem Klassiker »Politische Justiz«:

Der Anwalt mag seine strikt fachmännische Dienstleistung vom politischen Anliegen des Angeklagten noch so sorgsam und umsichtig abgrenzen; das braucht nicht zu hindern, daß in der Öffentlichkeit das eine mit dem anderen gleichgesetzt wird. Bei einer Umfrage der Juristischen Fakultät der Universität Pittsburgh waren 92 Prozent der befragten Studenten der Meinung, daß das Publikum den Anwalt in politischen Strafsachen mit der Schuld des Angeklagten indentifiziere; fast 50 Prozent erklärten, sie würden solche Fälle nicht übernehmen, und vier Fünftel dieser Vorsichtigen führten als Grund die Angst vor einer feindseligen öffentlichen Meinung an.[28]

Nicht viel anders dürfte es hierzulande um Volkes Stimme bestellt sein. Und das wußten die Initiatoren und Manipulateure der anwaltsfeindlichen Medienkampagne. Die Hürde des Hamburger Gerichts, das sich im Groenewold-Urteil immerhin um rationale Nüchternheit und individuelle Gerechtigkeit bemühte, konnte von der Bundesanwaltschaft nur überwunden werden, weil sie öffentliche Vorverurteilungen ins Werk gesetzt hatte, die eine faktische Aufhebung der gesetzlichen Unschuldsvermutung bewirkte. Die Hamburger Richter unter Vorsitz des angesehenen Liberal-Konservativen Plambeck fanden einen Kompromiß zwischen dem, was nötig, und dem, was möglich war, indem sie zwar dem Strafbedürfnis des Volkes und der Bundesanwaltschaft ein Opfer darbrachten, aber doch so viel an juristischer Rationalität ins Urteil schrieben, daß es als Fehlurteil kenntlich ist. Ein Freispruch hätte die von den Monopolisten der Staatsgewalt und der Medien entfachte und jahrelang unterhaltene Hetzkampagne gegen »Terroristenanwälte«, namentlich gegen Groenewold Lügen gestraft. Er hätte die Gründe für einschneidende Gesetzesänderungen, die den Angeklagten des ersten Stammheim-Prozesses kurz vor Beginn der Hauptverhandlung ihre Verteidiger nahmen, als Erfindungen des BKA und der Bundesanwaltschaft entlarvt. Er hätte den Nachfolgeverfahren gegen Croissant und Ströbele die Grundlage entzogen. Und er hätte die Überwachungsmaßnahmen gegen Rechtsanwälte, Kontaktsperre, Telefonabhörungen, Postkontrolle, Durchsuchungen und Trennscheibe, als Mißbrauch der Staatsgewalt kenntlich gemacht. Mit einem Wort: Ein Freispruch für Groenewold war unmöglich, weil er die Krise eines Staates perfekt gemacht hätte, der Volkes Stimme gegen das Recht mobilisiert hatte.

So ist nur das Ansehen von Anwälten auf der Strecke geblieben, die straflos verdächtigt und beschimpft wurden. Und im Schatten dieser nach bewährten Mustern deutscher Geschichte unternommenen Volksverhetzungskampagne konnten die Konservativen sich einen alten Herzenswunsch erfüllen und die Verteidigungsrechte im Strafprozeß auf nahezu polizeistaatliche Maße reduzieren. Die verborgene Geschichte der Entliberalisierung des Strafprozesses aber ist fast unbekannt geblieben, obwohl eine desinformierte, emotionalisierte Bevölkerungsmehrheit an ihr appellierend und akklamierend mitgewirkt hat.

10. Die Tradition der beweislosen Wahrheitsfindung im politischen Strafprozeß

Den politischen Feind als Kriminaltäter zu überführen ist das seit jeher mit hohem Erfolgszwang verbundene Bestreben der politischen Strafjustiz. Die von den Manipulateuren der öffentlichen Meinung vorgegebene Feinderklärung ist in Strafurteile umzusetzen, die eine Bestätigung der öffentlichen Vorverurteilung und Schuldvermutung liefern.

Selbstverständlich muß dabei die gesetzwidrige Schuldvermutung in juristischen Formeln verborgen werden, die den Anschein der Justizförmigkeit wahren. Als unverdächtiger Container der Schuldvermutung hat sich der Begriff der Offenkundigkeit bewährt, der seit einer Gesetzesänderung aus dem Jahre 1935 zu den Gründen zählt, aus denen Beweisanträge abgelehnt werden können.[1] Ein Begriff, der, wenn er die förmliche Beweisführung durch Zeugen, Urkunden und Augenscheinseinnahme ersetzen soll, »der subjektiven Willkür Thür und Thor öffnen« würde, wie das Reichsgericht am 15. November 1887 verkündete. Eben dies ist im politischen Strafprozeß geschehen, und zwar schon zu Zeiten des alten Reichsgerichts, das mit seiner Rechtsprechung zum permanenten Hochverrat der Kommunistischen Partei Deutschlands (KPD) eine Traditionslinie begründete, die sich bis in die Terroristenprozesse unserer Tage fortgesetzt hat.

Offenkundigkeit – oder wie man früher sagte: Notorietät – ist der Oberbegriff zu Allgemeinkundigkeit und Gerichtskundigkeit. Allgemeinkundig sind Tatsachen und Erfahrungssätze, von denen verständige und erfahrene Menschen regelmäßig ohne weiteres Kenntnis haben oder über die sie sich aus allgemein zugänglichen Quellen unschwer unterrichten können. Gerichtskundig sind Tatsachen und Erfahrungssätze, die der Richter im Zusammenhang mit seiner amtlichen Tätigkeit zuverlässig in Erfahrung gebracht hat.[2]

So lautet das begriffliche Arsenal, mit dem die Justiz arbeitet, wenn es um die Entbehrlichkeit von Beweisen geht. Zugrunde liegt dabei ein durchaus plausibler Gedanke, nämlich der, daß es Tatsachen und Erfahrungssätze gibt, über die Beweise zu erheben ein bloßer Formalismus wäre. So wird kein Gericht Hitlers Sterbeurkunde heranziehen, um sich davon zu überzeugen, daß der Mann tot ist. Daß mit ihm auch der Faschismus gestorben sei, wird hingegen des Beweises bedürftig sein. Oder: Niemand wird bezweifeln, daß die Gerichte eine große Anzahl sogenannter Terroristen verurteilt haben, weil sie an Straftaten der Gruppe beteiligt gewesen sein sollen. Ob es auch allgemeiner Überzeugung entspricht, daß in den Urteilen die Wahrheit gefunden worden ist, kann jedoch durchaus bezweifelt werden. Aber damit sind wir schon mitten in der Problematik des Offenkundigkeitsbegriffs. Nur wenn Tatsachen, auf die es bei der gerichtlichen Schuldfeststellung ankommt, auch vom Angeklagten nicht bezweifelt werden, kann ernstlich von Offenkundigkeit gesprochen werden. Ein Gericht, das über den Widerspruch des Angeklagten und seiner Verteidigung hinweggeht, indem es Tatsachen und Erfahrungssätze für offenkundig erklärt, zu deren Widerlegung Beweise angeboten werden, hat Tür und Tor zur Willkür bereits durchschritten.

Politische Strafjustiz ist der verlängerte Arm einer öffentlichen Meinung, die sich Feinderklärungen der Herrschenden zu eigen macht und Strafbedürfnisse formuliert. Auch die Richter haben teil an einem öffentlichen Bewußtsein, das bestimmte Minderheiten als Gefahr für die Allgemeinheit begreift und ihnen die Schuld an gesellschaftlichen Mißständen zuweist. Hexen, Juden, Kommunisten waren die typischen Sündenböcke der Vergangenheit, an denen sich aufgeputschter Volkszorn austobte, wo nicht Strafrichter, Henker und andere Vollzugsbeamte die stellvertretende Befriedigung des kollektiven Strafbedürfnisses übernahmen. Für eheliche Impotenz war die Schuldige in einer benachbarten Hexe schnell gefunden. Die Pest kam von den Juden, die in ihrer biblischen Bosheit die Brunnen vergiftet hatten. Und die Sorge um Großmutters Häuschen konnte nur durch Vernichtung des Kommunismus abgewendet werden.

Strafjustiz als kanalisierter Pogrom stellt einen, wenn auch geringen, zivilisatorischen Fortschritt dar gegenüber kollektiver Selbstbefriedigung von Strafbedürfnissen, muß aber dem, was als allgemeinkundig gilt, Tribut zollen, um wirklich im Namen des Volkes zu sprechen. Und damit beginnen die Probleme. Denn hochemotionale Volksstimmungen bedürfen keines Beweises, um die Schuldigen zu kennen. Strafjustiz aber muß, um gewissen rechtskulturellen Mindestanforderungen zu genügen, einen Schuldbeweis erbringen, der hieb- und stichfest ist. Nichts ist deshalb lästiger als eine Verteidigung des Angeklagten, die Hiebe und Stiche nicht abwehrt, sondern selber führt, die, mit anderen Worten, Beweise fordert oder Gegenbeweise anbietet, die der öffentlichen Vorverurteilung widerstreiten.

Gegen eine solche Verteidigung hilft nur noch das Geschütz der Offenkundigkeit. Besonders in der Form der Gerichtskundigkeit, die gegen den Einwand geschützt ist, daß sie etwas für bekannt und deshalb keines Beweises bedürftig erklärt, was außerhalb des Gerichtssaales durchaus umstritten ist. Die Richter wissen eben mehr als der Rest der Öffentlichkeit, weil sie in amtlicher Eigenschaft Tatsachen kennengelernt haben, die anderen verborgen geblieben sind.

Auch das hat ursprünglich einen plausiblen Kern. Und wer die mit der Gewissenhaftigkeit eines Reichsgerichtsrats von 1887 formulierten Gründe jenes schon erwähnten Grundsatzurteils zur Notorietät liest, kann sich deren Logik nicht entziehen:

Auch im Strafverfahren kommen vielfach Thatsachen zur Sprache, welche entweder, wie die in fernerer Zeit zurückliegenden Thatsachen der Geschichte nicht bewiesen zu werden brauchen, weil sie auf Grund historischer Forschung allgemein als bewiesen gelten, oder wie die Thatsachen des Naturlebens, die allgemein gültigen Ergebnisse der Wissenschaft, von vornherein des Beweises nicht bedürfen, weil sie allbekannt und aus allgemein gültigen Gründen so gewiß sind, daß ihr Gegenteil nicht bewiesen werden kann.

Für diese Kategorie notorischer Thatsachen ist der Begriff der Notorietät und Gerichtskundigkeit auch im Strafverfahren zuzulassen und praktisch verwertbar, weil die Beweisführung im Strafverfahren nichts als die Herstellung der Gewißheit der in Betracht kommenden Thatsachen bezweckt und erübrigt wird, wenn diese Gewißheit aus allgemein gültigen, unumstößlichen Gründen bereits vorhanden ist.[3]

Soweit, so gut. Wie aber verhält es sich mit der Gerichtskundigkeit, wenn Richter ein Wissen als unumstößlich bezeichnen, dessen Richtigkeit von Wertungen, insbesondere politischen Wertungen, abhängig ist? Im Jahre 1887 hielt das Reichsgericht dieses Einfallstor für richterliche Willkür noch fest geschlossen und kanzelte das Landgericht Potsdam in ungewöhnlich scharfer Form ab, weil es das Bestehen einer kriminellen Vereinigung (§129 StGB) innerhalb der sozialdemokratischen Partei als gerichtskundig bezeichnet hatte. Das Landgericht wurde belehrt, daß es sich für das Bestehen einer solchen Verbindung weder auf Revisionsurteile des Reichsgerichts, die als solche überhaupt keine eigenen Tatsachenfeststellungen enthielten, noch auf die bisher geführten Sozialistenprozesse berufen könne. Denn die Vorschriften der Strafprozeßordnung ließen keinen Zweifel darüber aufkommen,

daß jedem Angeklagten der Beweis der That vor seinem Richter durch die zulässigen Beweismittel geführt werden muß, dieser Beweis nicht durch den vor einem anderen Richter geführten Beweis ersetzt werden kann. Wäre dies zugelassen, so würde dem Angeklagten nicht bloß die Verteidigung gegen die Beweismittel abgeschnitten, sondern auch die Prüfung der Beweismittel dem Urteile des erkennenden Richters entzogen, damit aber ein schriftliches Verfahren an die Stelle des vom Gesetze vorgeschriebenen mündlichen Verfahrens gesetzt.[4]

Der permanente Hochverrat der KPD[5]

Was das Reichsgericht im Jahre 1887 noch als unvereinbar mit den Grundsätzen der Strafprozeßordnung bezeichnet hatte, wurde später ständige Praxis desselben Gerichts. Bei der justiziellen Verfolgung der Kommunistischen Partei Deutschlands (KPD) bleiben all die schönen Grundsätze auf der Strecke, denen sich die alten liberalen Juristen selbst zur Zeit des wilhelminischen Sozialistengesetzes noch verpflichtet wußten. Die russische Revolution von 1917 hatte die Abschaffung kapitalistischer Herrschaftsstrukturen als reale Möglichkeit und Gefahr ins öffentliche Bewußtsein gerückt und verlangte den Richtern der Weimarer Republik eine Parteinahme ab, die ihnen nicht schwer wurde, aber auf der Basis eines liberalen Strafprozeßrechts und bei Beachtung des Gleichheitsgrundsatzes nicht zu verwirklichen war. Die aus der Monarchie übernommenen und die in ihrem Geiste nachwachsenden Richter der Republik wußten, wo der Feind – *ihr* Feind – stand, und wo ihre Verbündeten. Die statistisch nachgewiesene Einseitigkeit der Rechtsprechung, die Gewalttäter und Hochverräter von rechts begünstigte, hatte ihr Gegenstück in rigorosen Strafen gegen Linke, zu deren Kriminalisierung das Kunstdelikt des permanenten Hochverrats erfunden wurde.

Daß die KPD eine Partei des Hochverrats sei, durchzieht alle Urteile des Reichsgerichts und des Staatsgerichtshofs zum Schutze der Republik wie ein roter Faden, ohne daß erkennbar wird, wo der Anfang ist. Der rote Faden ist schlicht aus den Köpfen der Richter gezogen und von ihnen dann endlos weitergesponnen worden. Nie hat eine Beweisaufnahme stattgefunden, bei der maßgebliche Funktionäre der KPD Gelegenheit gehabt hätten, die Ziele der Partei und die Mittel zu deren Erreichung darzulegen. Wenn Zeugen, die hierüber hätten Auskunft geben können, von angeklagten Kommunisten benannt wurden, lehnten die Gerichte deren Vernehmung mit der Begründung ab, es handle sich um ungeeignete, völlig wertlose Beweismittel, weil wegen ihrer Parteizugehörigkeit nicht mit wahrheitsgemäßen Aussagen zu rechnen sei. Damit war zugleich auch das Nötige über die Glaubwürdigkeit gesagt, die der Einlassung der Angeklagten beigemessen wurde.

Wenn es um die Verfolgung und Kriminalisierung kommunistischer Staatsfeinde ging, begnügte sich die Justiz der Weimarer Republik von Anfang an mit dürftigen Indizien und Beweismitteln, um eine Schuldfeststellung im Sinne des Gesetzes zu treffen. Und so fiel es ihr auch nicht schwer, die hochverräterische Zielsetzung der KPD zur »gerichtsbekannten« Tatsache zu erklären, ohne daß hierüber jemals konkret Beweis erhoben worden ist.

Die Kommunistische Partei Deutschlands verfolgt, wie dem Gerichtshof aus zahlreichen Strafprozessen bekannt und auch durch die Hauptverhandlung bestätigt worden ist, das Ziel, mit allen Mitteln, auch mit den Waffen in der Hand, einen gewaltsamen Umsturz der deutschen Reichsverfassung herbeizuführen und die Arbeiter- und Bauernräteregierung, die Diktatur des Proletariats, zu errichten (Urteil des StGH v. 3.10.24).[6]

So oder ähnlich lautete die ständig wiederholte Formel, mit der Reichsgericht und Staatsgerichtshof die hochverräterischen Absichten der KPD als gerichtsbekannt ausgaben. Angeklagte Kommunisten und deren Verteidiger hatten keine Chance, mit einem Gegenbeweis auch nur Gehör zu finden.

Aber nicht nur der objektive Tatbestand des Hochverratsparagraphen wurde auf diese bequeme Art festgestellt. Auch die subjektive Einstellung der Angeklagten war bereits »gerichtsbekannt«. Denn was Reichsgerichtsräte über die hochverräterischen Pläne der KPD zu wissen glaubten, mußten Mitglieder dieser Partei erst recht wissen und – im Gegensatz zu den Reichsgerichtsräten – billigen. So kam man ohne irgendwelche Beweisschwierigkeiten zu solchen Feststellungen:

Beide Angeklagten kannten das Ziel der KPD, in noch näher zu bestimmender, jedoch nahe bevorstehender Zeit die bestehende Reichsverfassung mit Waffengewalt umzustürzen, sie billigten dies Ziel auch und handelten mit dem Vorsatz, die Vorbereitung dieser Tat zu unterstützen.[7]

Die Richter ließen sich weder durch den Umstand beirren, daß das hochverräterische Unternehmen, das immer wieder als nahe bevorstehend prognostiziert wurde, nicht stattfand, noch ließen sie den Einwand der Angeklagten gelten, daß sie Waffen nur zur Abwehr faschistischer Gewalt bereitgehalten hätten.

Aus einem Urteil des Reichsgerichts vom 1.4.1925:

Der Vollständigkeit halber ist auf den von der Verteidigung wie meist in ähnlichen Fällen auch hier gebrachten Einwand der wirklichen oder vermeintlichen Notwehr einzugehen. Er scheitert an der Feststellung, daß die Angeklagten sich bewußt waren, daß die KPD, wie die Angeklagten bei ihrem Vorgehen wußten, unter Benutzung der Gesamtlage mit Gewalt die politische Macht erobern wollte. Auf weiteres, insbesondere ob von einem gegenwärtigen Angriff der sogenannten Faschisten auf die Angeklagten oder andere Personen die Rede sein konnte, braucht daher nicht eingegangen zu werden.[8]

Mitunter wurde als wahr unterstellt, daß die KPD – und nicht nur sie – mit einem gewaltsamen Staatsstreich der Hitler-Faschisten gerechnet habe, gleichwohl aber für unglaubwürdig erklärt, daß die Bewaffnung ausschließlich der Bekämpfung der – vom Reichsgericht meist in Anführungsstriche gesetzten – »faschistischen Gefahr« oder der »sogenannten Faschisten« dienen sollte.

Wenn es auch richtig sein mag, daß die KPD sich gegen revolutionäre Ausschreitungen von der anderen Seite mit Waffengewalt zur Wehr setzen wollte, so hätte sie doch mit der Niederschlagung eines solchen Aufstandes ihren Zweck nicht als erreicht betrachtet, vielmehr mit Gewalt sich nun selbst in den Besitz der staatlichen Macht zu setzen gesucht. Jener erste Kampf wäre also nur das Mittel zur Erreichung des zweiten, größeren Zweckes gewesen.[9]

Damit war der Verzicht auf bewaffneten Widerstand gegen faschistische Gewalt höchstrichterlich festgeschrieben. Jedenfalls für die größte, kampfentschlossene antifaschistische Organisation der deutschen Arbeiterschaft. Und alles ohne Beweisaufnahme über die wirklichen Zwecke der Bewaffnung, die man aufgrund der eigenen bürgerlichen Bewußtseinslage besser zu kennen glaubte als die Kommunisten selbst.

In seltenen Fällen wurden auf unterer – amtsgerichtlicher – Ebene Kommunisten freigesprochen, weil der beim Staatsgerichtshof und beim Reichsgericht übliche Schluß von der Mitgliedschaft auf das Wissen um die staatsfeindlichen gewalttätigen Zielsetzungen der KPD nicht gezogen wurde. So sprach ein bayerisches Amtsgericht am 21.6.1927 zwei kommunistische Funktionäre mit folgender Begründung frei:

Die Angeklagten sind ordentliche, friedfertige, Gewalttaten abgeneigte Personen – bei Müller wurde sogar ein Bild des Prinzregenten Luitpold gefunden. Bei dieser Sachlage hegt das Gericht erhebliche Zweifel, ob die Angeklagten bei der KPD noch geblieben wären, wenn sie erkannt hätten, sie gehe gesetzwidrig vor.[10]

Der Hamburger Rechtsprofessor Moritz Liepmann, der 1928 ein Rechtsgutachten zum Thema »Kommunistenprozesse« veröffentlichte, merkte zu diesem Urteil an:

Wie viele Hunderte, auf die gewiß die gleiche Charakteristik zutreffen würde, sind durch Urteile des Staatsgerichtshofs und Reichsgerichts zu Gefängnis verurteilt worden[11]*?*

Allerdings mag die den Richtern der Republik so sympathische Anhänglichkeit an die entthronten Fürsten bei kommunistischen Angeklagten nur ausnahmsweise vorhanden gewesen und durch Bilder dokumentiert worden sein.

In der Regel genügte den Gerichten die Zugehörigkeit zum Funktionärskörper der KPD, um auf die Billigung der angeblich gewalttätigen Absichten dieser Partei durch die Angeklagten zu schließen. Schon damals gab es die Formel von den »wahren Zielen« kommunistischer Organisationen, über die man am Richtertisch Bescheid wußte und sich von den Angeklagten und ihren Verteidigern nichts vormachen ließ:

Wenn demgegenüber die meisten der Angeklagten in der Hauptverhandlung in erster Linie eingewendet haben, ihre Maßnahmen, insbesondere die Waffen- und Munitionsbeschaffung, sowie das Errichten militärischer Verbände hätten sich nur gegen die von den Rechtsparteien befürchteten Putsche gewandt und man habe lediglich die Faschistengefahr bekämpfen wollen, die, wie die Münchener Ereignisse vom 9. November 1923 gezeigt hätten, auch tatsächlich bestanden habe, so hat der Staatsgerichtshof diesen Einwand als unglaubwürdig abgelehnt. Abgesehen davon, daß diese Verteidigung in den Strafverfahren wider Kommunisten regelmäßig wiederkehrt, selbst wenn es sich um weniger bedeutende Verfehlungen kommunistischer Parteiangehöriger, wie z.B. die gelegentliche Verbreitung von Flugblättern aufhetzenden Inhalts handelt, beweisen die ebenfalls weiter unten zu erörternden Richtlinien und Propagandaschriften, sowie die Reden der Parteifunktionäre und die Geständnisse einzelner Angeklagter, daß die behauptete Bekämpfung der Faschisten nur der Deckmantel zur Verschleierung ihrer wahren Ziele gewesen ist: die kommunistischen Führer und Unterführer sahen es nicht ungern, wenn von rechtsradikaler Seite geputscht wurde und spiegelten sogar hie und da ihren Mitläufern vor, es drohe unmittelbar ein Rechtsputsch, weil sie auf diese Weise um so sicherer ihr Endziel vorbereiten konnten.[12]

Arthur Brandt, einer der Verteidiger im sogenannten Tscheka-Prozeß, der vom 10.2. bis 22.4.1925 vor dem Staatsgerichtshof in Leipzig stattfand und den Mord an einem Polizeispitzel zum Gegenstand hatte, hat in einer Denkschrift geschildert, wie jeder Versuch, einen Entlastungsbeweis zu führen, vom Gericht verhindert wurde:

Die Verteidigung hatte zur Entlastung der Angeklagten, insbesondere zur Entkräftung der Behauptung, daß die KPD die gewaltsame Veränderung der Verfassung vorbereitet habe, die Ladung einer Reihe von Zeugen beantragt, die der Kommunistischen Partei selbst angehören. Das Gericht hat diese Anträge nach dem Vorschlage der Reichsanwaltschaft abgelehnt, und zwar mit der Begründung, die Zeugen seien ungeeignete und wertlose Beweismittel.[13]

Arthur Brandt merkte dazu an, daß dieses Verfahren die Angeklagten verteidigungsunfähig machte. Man spürt seine persönliche Betroffenheit, die Betroffenheit eines rechtsstaatlich denkenden Juristen, der nicht hatte verhindern können, daß in diesem der Strafprozeßordnung spottenden Verfahren drei Todesurteile und hohe Freiheitsstrafen verhängt wurden:

Mit welchem Gefühl der Erbitterung müssen die Angeklagten den Saal verlassen haben, nachdem die ihrer Partei angehörenden Zeugen nur deshalb für völlig unglaubwürdig erklärt worden sind, weil sie der Partei angehören! Es hätte nur wenig Zeit gekostet, die paar Zeugen mehr ebenfalls zu vernehmen, sie einmal von ihrem Standpunkt aus die Absichten und die Tätigkeit der K.P.D. schildern zu lassen. Das Gericht hätte nicht einmal nötig gehabt, ihnen zu glauben. Nur daß man es nicht einmal der Mühe für wert hielt, sie sich nur anzusehen, sie nur anzuhören, daß das Gericht ohne Kenntnis ihrer Persönlichkeit sie in öffentlicher Verhandlung zu wertlosen, völlig unglaubwürdigen, meineidigen Individuen degradierte, hat mich am meisten an diesem Prozeß geschmerzt. Man hat Zeugen vernommen, die früher Kommunisten waren und Spitzel geworden sind. Man hat dem Angeklagten Neumann Gelegenheit gegeben, lange Tage hindurch ununterbrochen alle die Partei und die Mitangeklagten belastenden Momente hervorzuheben. Man hat all dies geglaubt und den Wert dieser Aussagen nicht angezweifelt. Man hat sich aber geweigert, auch nur einen Vormittag zu opfern, um auch einmal die andere Seite zu Worte kommen zu lassen. Alle Beteiligten waren sich bewußt, daß mit diesem Prozeß auch der Prozeß gegen die Zentrale der K.P.D. entschieden werden würde. So, wie die Feststellungen früherer Prozesse dazu geführt haben, schon zu Beginn dieses Prozesses die Schuld der Angeklagten als gerichtsnotorisch anzusehen, so werden vermutlich auch in dem späteren Hauptprozeß gegen die Führer der KPD, die im Tschekaprozeß getroffenen »Feststellungen« als unumstößliche Grundlage, wenn nicht gar als gerichtsnotorische Tatsache, benutzt werden.[14]

Ein Gegenbeispiel: Der Ulmer Reichswehrprozeß[15]

Die Schuld der Angeklagten als gerichtsnotorische Tatsache, das hat es also schon zur Zeit der Weimarer Republik gegeben, wenn Menschen auf der Anklagebank saßen, die nach dem politischen Verständnis der Richter den Feind schlechthin verkörperten. Kam die Reichsanwaltschaft nicht umhin, auch einmal Faschisten anzuklagen, dann kehrte sich alles um, dann wurde der Gerichtssaal zum Tummelplatz für politische Freundschaftsdienste. Berühmtes Beispiel: der vom 23.9. bis 4.10.1930 vor dem Reichsgericht durchgeführte Prozeß gegen die Ulmer Reichswehroffiziere Ludin, Scheringer und Wendt, denen vorgeworfen wurde, sich eines hochverräterischen Unternehmens dadurch schuldig gemacht zu haben, daß sie versuchten, in der Reichswehr nationalsozialistische Zellen zu bilden und die Reichswehr dahin zu beeinflussen, daß sie bei einem Putsch der Nationalsozialisten nicht auf diese schieße, sondern Gewehr bei Fuß stehe.[16]

In diesem Verfahren gab es keine gerichtsbekannten hochverräterischen Absichten der Hitler-Faschisten, vielmehr mußte über diese Frage Beweis erhoben werden. Es gab auch keine wegen Parteizuhörigkeit ungeeigneten und wertlosen Zeugen, vielmehr wurden mehrere Funktionäre der Nazi-Partei und, auf Antrag des Verteidigers Frank (in Nürnberg als Kriegsverbrecher gerichtet), sogar ihr oberster Führer, Adolf Hitler, als Zeugen gehört. Über seinen Auftritt, eine zweistündige Propagandarede, der die Reichsgerichtsräte widerspruchslos lauschten, heißt es im Urteil:

Den Angeklagten ist zur Last gelegt, daß es ihr Bestreben gewesen sei, in der Reichswehr einen günstigen Boden für eine nationalsozialistische Umsturzbewegung zu schaffen. Dem Senat erschien es deshalb von Bedeutung aufzuklären, welche Stellung der Führer der NSDAP zu der Frage einnahm, ob von der Partei ein solcher Umsturz beabsichtigt war. Adolf Hitler hat die Frage unter Eid auf das entschiedenste verneint; er hat mit unzweideutigen Worten erklärt, daß er seine Ziele nur noch auf streng legalem Wege verfolge, daß er den Weg in München im November 1923 nur »aus Zwang« gegangen sei und diesen Weg schon deshalb nicht mehr beschreite, weil er bei dem wachsenden Verständnis, das Deutschland der völkischen Freiheitsbewegung entgegenbringe, ein illegales Vorgehen gar nicht nötig habe; die Gewalt falle ihm mit der Zeit auf legalem Wege von selbst zu; das Wort

»Revolution«, das auch von Hitler öfter gebraucht werde, bedeute die geistige Revolutionierung Deutschlands, *die zur Gesamterhebung des deutschen Volkes führen solle; wenn vom »Kampf« die Rede sei, so meine er damit den Selbstschutz seiner Partei gegen den Terror der Straße und gegen die Störung von Versammlungen; wenn er sogar gesprochen habe, daß bei der Revolution* Köpfe in den Sand rollen werden und daß die Nationalsozialisten dafür sorgen sollten, daß es nicht die ihren seien, *so habe er dabei den nationalsozialistischen Staatsgerichtshof im Auge gehabt, der nach Erringung der Gewalt auf legalem Wege seines Amtes walten werde...*[17]

Ein kritischer Beobachter der Leipziger Gerichtsverhandlung, der spätere stellvertretende amerikanische Ankläger im Nürnberger Hauptkriegsverbrecherprozeß, Dr. Robert M.W. Kemper, hat Hitlers Ausspruch wörtlich überliefert:

Wenn unsere Bewegung siegt, dann wird ein neuer Staatsgerichtshof zusammentreten, und vor diesem soll dann das Novemberverbrechen von 1918 seine Sühne finden, dann allerdings werden auch Köpfe in den Sand rollen.[18]

Das hörten sich Reichsgerichtsräte und Reichsanwalt schweigend an und fanden darin Hitlers legale Absichten bestätigt, für deren Durchführung sie sich wohl bestens empfohlen hielten. Dazu Emil Julius Gumbel, der große Kritiker der Rechts-Links-Ungleichheit der Weimarer Justiz:

Die Groteske dieses vom Reichsgericht zugelassenen mittelalterlichen Reinigungseides, mit dem der moralisch Verantwortliche sich frei schwört und die Angeklagten frei zu schwören versucht, sieht man am besten, wenn man sich vorstellt, daß bei einer Anklage gegen Kommunisten das eidliche Zeugnis ihres Zentralkomitees herangezogen werden sollte.[19]

Was Gumbel für nicht vorstellbar hielt, wäre allerdings eine unabdingbare Forderung konsequenter Anwendung der Strafprozeßordnung gewesen, wie denn auch weniger die zeugenschaftliche Vernehmung Hitlers als vielmehr deren vom Gericht geduldeter Inhalt und die Würdigung dieses Beweismittels zu beanstanden ist.

Daß die Faschisten ein System staatlichen Terrors zu errichten gedachten, war allgemeinkundig, nämlich eine Tatsache, von der verständige und erfahrene Menschen schon damals – 1930 – sich aus allgemein zugänglichen zuverlässigen Quellen unschwer unterrichten konnten. Beim Leipziger Reichsgericht hatte es diese Tatsache allerdings noch nicht einmal zur Gerichtskundigkeit gebracht. Und das Urteil im Ulmer Reichswehrprozeß – es lautete auf 1 Jahr 6 Monate Festungshaft für jeden Angeklagten – macht hinreichend deutlich, daß das Gericht auch durch Hitlers Anhörung nicht kundiger geworden ist. Ebensowenig hätte eine Vernehmung kommunistischer Zeugen in Prozessen gegen Linke etwas an der aus unkontrollierbarer Bewußtseinsgenese stammenden antikommunistischen Glaubenshaltung der Richter geändert. Die von Arthur Brandt mit Empörung registrierte Mißachtung der Strafprozeßordnung enthielt insofern ein Stück Ehrlichkeit; oder sagen wir lieber: ein Stück Verzicht auf Rechtsheuchelei. Wer die öffentliche Feinderklärung und die damit verbundene Schuldvermutung teilt, kann, wenn er ehrlich ist, auf jeden Beweis verzichten, um zum Urteil zu kommen. Die Legitimation durch Verfahren reduziert sich im politischen Prozeß auf einen deklaratorischen Akt, der durch Anträge der Verteidigung nur eine lästige Verzögerung erleidet.

Selbstverständlich setzte sich nach der Machtergreifung der Hitler-Faschisten im Jahre 1933 die bequeme Beweisführungspraxis in politischen Prozessen fort, die mit dem beliebig verfügbaren Instrument der Offenkundigkeit betrieben werden konnte. Mit der gerichtskundigen Verfassungsfeindlichkeit der KPD hatte man, wie sich jetzt auszahlte, schon immer richtig gelegen. Nun war das bewährte Rezept nur auf andere Organisationen auszudehnen, die den republikfeindlichen Richtern schon lange ein Dorn im Auge waren. So wurden die Ziele der SPD und der 1931 von ausgeschiedenen SPD-Mitgliedern gegründeteten Sozialistischen Arbeiterpartei (SAP) für »offenkundig« hochverräterisch erklärt.[20] In einem Urteil vom 20.6.1934 formulierte das Reichsgericht:

Daß dieses Treiben der ins Ausland geflüchteten Sozialdemokraten das hochverräterische Unternehmen, die von der neuen, vom Vertrauen des ganzen Volkes gestützten Regierung gewährleistete Verfassung des Reichs gewaltsam zu ändern, vorbereiten sollte, ist für jeden unverkennbar, der mit den Dingen in Berührung kommt.[21]

Die neue Regierung – Hitler und seine Mannschaft – hatte den Feind bezeichnet, die Justiz beeeilte sich, die neue Feinderklärung zu vollstrecken. Über sieben Millionen Wähler hatten der als verfassungsfeindlich gebrandmarkten SPD noch am 5. März 1933 ihre Stimmen gegeben. Die Offenkundigkeit des sozialdemokratischen Hochverrats hatte sie offenkundig noch nicht erreicht.

Die neue Kriminalisierung der Kommunisten

Das politische Bewußtsein der deutschen Bevölkerungsmehrheit ist geschichtslos. Nur so war es möglich, daß sie sich nach der Niederschlagung des Faschismus noch einmal die gleiche Justiz gefallen ließ, die schon am Aufkommen des Hitler-Terrors ein gerüttelt Maß Schuld trug. Konservative, großenteils als Diener des Nazi-Staates diskreditierte Richter und Staatsanwälte übernahmen erneut die Macht im Bereich der dritten Gewalt und nutzten die erste sich bietende Gelegenheit, an alte Traditionen anzuknüpfen. Schon Anfang der 50er Jahre, im Zeichen des Kalten Krieges, war erneut Kommunistenverfolgung angesagt, ein Auftrag, der keine Trauer aufkommen ließ. Und obwohl angesichts der Gräber von 55 Millionen Kriegstoten und Ermordeten und angesichts der Trümmerfelder zerbombter Städte inzwischen hätte allgemeinkundig sein können, wo der wirkliche Feind einer humanen Gesellschaft gestanden hatte, machten sie weiter, als ob nichts geschehen wäre.

Noch immer waren die Kommunisten nicht nur potentielle, sondern aktuelle Hochverräter. Das sogenannte Fünf-Broschüren-Urteil des BGH vom 8.4.1952 legte den Grund für spätere Bezugnahmen, wenn es den Beweis zu führen galt,

daß die SED und jeder, der mit ihr zusammenarbeitet oder in politischer oder finanzieller Abhängigkeit von ihr steht, »ein bestimmtes hochverräterisches Unternehmen vorbereitet«.[22]

Bezeichnenderweise handelte es sich um ein Einziehungsverfahren, ein sogenanntes objektives Verfahren ohne Angeklagte, bei dem also weder einem Angeklagten noch einem Verteidiger noch einem Zeugen rechtliches Gehör gewährt wurde. Die Bundesrichter konnten ihr antikommunistisches Credo niederlegen, ohne im Elfenbeinturm ihres Dienstzimmers von irgend jemandem authentisch belehrt oder gestört zu werden. Ein aseptisches Verfahren, das jede Irritation, aber auch das rechtsstaatliche Minimum an Legitimation ausschloß. Das Ergebnis entbehrte denn auch außerhalb der Justizhierarchie jeder Überzeugungskraft, wurde nie veröffentlicht, sondern nur im Dienstwege bekanntgemacht und schließlich, als man bessere Gründe zur Abstrafung von Kommunisten zu haben glaubte, wohltätigem Vergessen anheim gegeben – nachdem es lange genug den Zweck erfüllt hatte, die Tatsache, »daß die kommunistischen Führer der SED ein hochverräterisches Unternehmen gegen die Bundesrepublik vorbereiteten«, als »gerichtsbekannt« zu behandeln und jeden Gegenbeweis abwehren zu können.[23]

Ab 1954 wurde die Hochverratskonstruktion durch andere gerichtsbekannte Weisheiten ersetzt, die eine Bezugnahme auf das schon ob seiner klandestinen Entstehungsgeschichte umstrittene Fünf-Broschüren-Urteil entbehrlich machte. Stattdessen wurde nunmehr aber eine Offenkundigkeit aus der Taufe gehoben, deren Abstammung ganz in Nebel gehüllt wurde. Diether Posser, vor seiner in Ministerämtern gipfelnden Karriere lange Jahre engagierter Verteidiger in politischen Strafsachen, beschrieb die nach der Offenkundigkeitsmethode vereinfachte Beweisführung so:

In zahlreichen politischen Strafprozessen wird vom Gericht eine Liste von gerichtsbekannten und allgemeinkundigen Tatsachen verlesen, z.B., daß in der DDR eine Gewalt- und Willkürherrschaft bestehe; daß die KPD, die SED, der FDGB und viele andere sog. kommunistische Tarnorganisationen die in der DDR herrschenden Verhältnisse auf die Bundesrepublik Deutschland übertragen wollen; daß die KPD usw. eine kriminelle Organisation sei; daß die Vereinigung X usw. ein Geheimbund sei und ähnliche Tatsachen mehr.

Ein Angeklagter, der einer solchen Vereinigung angehört hat, ist praktisch nach einem derartigen Allgemeinkundigkeitsbeschluß bereits verurteilt. Denn warum sollte ausgerechnet er das nicht wissen, was allgemein bekannt ist?[24]

Der Düsseldorfer Friedenskomitee-Prozeß[25]

Ein solches alptraumhaftes Verfahren erlebte ich erstmalig in der seinerzeit als »Düsseldorfer Prozeß« bekanntgewordenen Hauptverhandlung gegen führende Persönlichkeiten des Friedenskomitees der Bundesrepublik Deutschland, die vom 10. November 1959 bis zum 8. April 1960 in 56 Verhandlungstagen durchgeführt wurde. Auf der Anklagebank: Johannes Oberhof (geb. 1905, wegen dieses Verfahrens suspendierter Pastor), Erwin Eckert (geb. 1893, ehemaliger Pfarrer, 1911 – 1931 Mitglied der SPD, dann Mitglied der KPD, während der NS-Zeit wegen Vorbereitung zum Hochverrat mehrere Jahre im Zuchthaus, nach dem Krieg Staatsrat und Mitglied im ersten südbadischen Kabinett, bis 1956 Landtagsabgeordneter), Walter Diehl (geb. 1927, Diplomdolmetscher, 1948 – 1950 SPD-Mitglied, danach parteilos), Gerhard Wohlrath (geb. 1907, Schreiner, Gewerkschaftssekretär, 1933 Emigration in die Schweiz, Teilnahme am spanischen Bürgerkrieg, seit 1928 Mitglied der KPD), Gustav Thiefes (geb. 1921, Arbeiter, KPD-Mitglied), Erich Kompalla (geb. 1921, Angestellter, Mitglied der KPD von 1948 – 1954). Auf der Verteidigerbank Walther Ammann (Heidelberg), Heinrich Hannover (Bremen), Friedrich Karl Kaul (Berlin/DDR), Diether Posser (Essen) und Denis Nowell Pritt (London).

Das Friedenskomitee (FK) sollte nach der Anklageschrift eine verfassungsfeindliche Organisation im Sinne des damaligen §90 a StGB und zugleich eine kriminelle Vereinigung (§129 StGB) sowie ein Geheimbund (damaliger §128 StGB) sein. Die Angeklagten sollten in dieser Organisation als »Rädelsführer« fungiert und in verfassungsfeindlicher Absicht (damaliger §94 StGB) gehandelt haben.

Nach den im politischen Bewußtsein der Richter vorhandenen und durch die Rechtsprechung des BGH verfestigten Vorurteilsstrukturen kam es nur darauf an, ob die Organisation als sogenannte Tarnorganisation der SED tätig geworden sei, wofür die bekannten antikommunistischen Diffamierungsmuster der Kontaktschuld, der Konsensschuld und des Vorwurfs der Einseitigkeit herangezogen wurden. Nicht dagegen interessierte, ob es sachliche Gründe für die vom Friedenskomitee geleistete politische Aufklärungsarbeit gab und ob die vom Friedenskomitee vertretenen Auffassungen sich mit denen anderer Organisationen und Einzelpersonen deckten, die außerhalb jeglichen Verdachts standen. Schon der Umstand, daß vier der sechs Angeklagten ehemalige Mitglieder der Kommunistischen Partei waren und daß die beiden Nichtkommunisten sich nicht scheuten, in Sachen Frieden mit Kommunisten zusammenzuarbeiten, begründete von vornherein eine unumstößliche Schuldvermutung. Der britische Kollege, Kronanwalt Denis Nowell Pritt, dessen internationaler Ruf durch seine Rolle als Vorsitzender des Reichstagsbrand-Gegenprozesses 1933 in London begründet wurde, äußerte gegen Ende der fünfmonatigen Hauptverhandlung auf die Frage eines Journalisten, welches Urteil er erwarte: »Ich denke, das Urteil vom 10. November 1959«. Das war der Tag, an dem die Hauptverhandlung begonnen hatte.

Die Urkundenbeweise

Die wegen Offenkundigkeit überflüssigen Beweise

Die Beweisaufnahme hatte mit der Verlesung einer Fülle von Urkunden begonnen, die von der Staatsanwaltschaft eingeführt worden waren und zumeist beweisen sollten, daß einzelne Angeklagte und das Friedenskomitee (FK) mit der seinerzeit legalen KPD Verbindung gehabt hätten. Einwände der Verteidigung wurden mit dem Hinweis erledigt, daß es sich um präsente Beweismittel handle, deren Verlesung nach §245 StPO zwingend vorgeschrieben sei.[26]

Diese Grundsätze waren vergessen, als die Verteidigung ihrerseits begann,

Urkunden als präsente Beweismittel vorzulegen. Zwar wurde dem ersten Beweisantrag, der die Ursachen für die Entstehung der Weltfriedensbewegung und für die Gründung des FK in den geschichtlichen Tatsachen der Nachkriegsentwicklung aufzeigte, mit Zustimmung der Staatsanwaltschaft noch entsprochen. Aber als das Gericht merkte, daß dies nur der erste von insgesamt zwanzig sorgfältig vorbereiteten Beweisanträgen war, revidierte es seinen Beschluß und erklärte, nur noch solche Urkunden verlesen zu wollen, die entweder vom FK oder von den Angeklagten stammten, eine mit dem Gesetz (§245 StPO) unvereinbare Einschränkung von Verteidigungsrechten. Zugleich hob das Gericht seinen Beschluß bezüglich des ersten Beweisantrages wieder auf und erklärte die Verlesung eines Teils der Urkunden – darunter solcher, die schon verlesen waren – für unzulässig. In der Begründung hieß es, daß die beanstandeten Urkunden nicht der Verteidigung der Angeklagten dienten, sondern lediglich »die Beweisführung über politische Thesen« bezweckten.

Genau diese »politischen Thesen« aber, zu deren Beweis die Verteidigung die entsprechenden Urkunden beibringen wollte, waren Gegenstand der Anklage, die als Beleg für die verfassungsfeindliche Betätigung und Gesinnung der Angeklagten verschiedene regierungskritische Veröffentlichungen des FK heranzog. Um über den Vorwurf der Verfassungsfeindlichkeit entscheiden zu können, hätte man also prüfen müssen, ob die vom FK geleistete Kritik an der Regierungspolitik auf frei erfundenen Vorwürfen basierte oder ob die behaupteten Fakten der historischen Wahrheit entsprachen. Hatte die von Dr. Konrad Adenauer geführte Bundesregierung wirklich die Wiederaufrüstung unter Mißachtung des mehrheitlichen Volkswillens betrieben? Hatte sie Anhänger der Friedensbewegung verfolgt? Hatte sie das Parlament und die Bevölkerung über Verhandlungsangebote der Sowjetunion zur friedlichen Lösung der deutschen Frage getäuscht? Gab es in den USA – besonders in den Jahren 1949 bis 1955 – starke Kräfte, die einen Präventivkrieg forderten? Verfolgten maßgebliche Kreise der Bundesrepublik mit der Remilitarisierung und der geplanten atomaren Rüstung das Ziel, die DDR und die früheren deutschen Ostgebiete in den Machtbereich der BRD einzubeziehen und die politischen Veränderungen im Osten Europas nach dem Zweiten Weltkrieg wieder rückgängig zu machen?

Waren diese und andere als »politische Thesen« abqualifizierten Behauptungen des FK, die den Angeklagten als Beweis verfassungsfeindlicher Betätigung und Gesinnung vorgeworfen wurden, Phantasieprodukte oder historische Tatsachen?

Eine Beweiserhebung darüber zu verweigern, hieß den Angeklagten ein Recht auf Verteidigung, das dem Anspruch auf Waffengleichheit genügte, zu bestreiten. Die Richter hatten die lange Reihe der von der Staatsanwaltschaft zur Verlesung gestellten Urkunden angehört und deren Inhalt auf der Grundlage ihres bornierten politischen Bewußtseins nur als politische Lästerung verstehen können. Doch als die Verteidigung den Beweis für die dort aufgestellten Tatsachenbehauptungen antreten wollte, wurde ihr dies untersagt. Die Wahrheitsfindung hätte geschmerzt und mußte vermieden werden.

Von diesem Grundsatz gab es eine bemerkenswerte Ausnahme. Einer der Richter war der Strafkammer erst kurz vor Beginn der Hauptverhandlung zugeteilt worden; er hatte bisher noch nicht in politischen Strafsachen mitgewirkt. Als der Angeklagte Walter Diehl an einem der ersten Verhandlungstage über die geschichtlichen Hintergründe einer von der Staatsanwaltschaft eingeführten Veröffentlichung des Friedenskomitees gesprochen hatte, ergab sich folgender Dialog:[27]

Diehl: Aber niemand, der sich um die Feststellung der Wahrheit bemüht, kann an den historischen Tatsachen, wie sie damals lagen, vorbeigehen; und ich glaube, daß es auch Aufgabe des Gerichts ist, diese historischen Tatsachen zu prüfen.

Richter Köhler: Sie sprechen von geschichtlichen Tatsachen. Das waren Ihre Ansichten über die historische Entwicklung. Ich wollte nur darauf hinweisen: Für historische Tatsachen brauchen wir natürlich Beweise.

Auch diesem Richter sind von seinen einschlägig erfahrenen Kollegen sehr bald die Scheuklappen aufgesetzt worden, mit denen die politische Strafjustiz sich gegen eine Wahrnehmung der historischen Tatsachen schützt.

Die Überzeugung der Richter, selbst im Besitz unumstößlicher Wahrheiten zu sein, manifestierte sich schließlich in einem Beschluß, der das Gegenteil dessen, was mit einem Beweisantrag der Verteidigung behauptet war, als offenkundig bezeichnete. Der Beweisantrag richtete sich auf Verlesung authentischer Urkunden und zeugenschaftliche Vernehmung Dr. Adenauers, der bekunden sollte, daß die damalige Bundesregierung die Grundsätze der friedlichen Koexistenz ablehnte. Es sei offenkundig, so hieß es im Gerichtsbeschluß, daß die Bundesregierung die im Beweisantrag angegebenen Grundsätze der friedlichen Koexistenz nicht ablehne. Das war – wenn ich so sagen darf – nun wirklich starker Tobak. Sowohl im Blick auf die historische Wahrheit als auch im Blick auf die Strafprozeßordnung.

Die Verteidigung nutzte die Gelegenheit, dem Gericht Nachhilfeunterricht in Geschichte und Prozeßrecht zu erteilen. Der Kollege Dr. Diether Posser hielt den Richtern und Schöffen einen Vortrag, in dem er aus den Aussagen von Zeugen zitieren konnte, deren Anhörung die Verteidigung durch Präsentstellung gemäß §245 StPO erzwungen hatte. Der Zeuge Elfes hatte, wie Posser betonte, »unter Anrufung Gottes beschworen«, daß der Bundeskanzler (Adenauer) ihn am 2.1.1948 gefragte habe, wie er sich dazu stelle, »wenn man einen Krieg mit Rußland mache, um die Russen zurückzutreiben«. Der frühere Bundesinnenminister der Regierung Adenauer und spätere Bundespräsident Dr. Gustav Heinemann hatte als Zeuge bekundet, daß die amerikanische Politik des sogenannten Rollback in den Jahren nach 1951 darauf abzielte, 17 zur Sowjet-Union gehörende Länder zu »befreien«, daß in der Bundesrepublik entsprechende Stimmen laut geworden seien und sogar der Bundeskanzler von der »Neuordnung ganz Osteuropas« gesprochen habe.

Posser, an das Gericht gewendet:

Wie können Sie dann aber sagen: es ist offenkundig, daß die Bundesregierung die Integrität der Sowjetunion anerkennen und respektieren will?

Weiter ging Posser auf den skandalösen Fakt ein, daß eine deutsche Bundesregierung sich jahrelang geweigert hatte, mit den Regierungen der Tschechoslowakei und Polens diplomatische Beziehungen aufzunehmen.

Wer die Aufnahme diplomatischer Beziehungen ausgerechnet zu einem Land, das wir überfallen haben, ablehnt, obwohl dies ohne Vorbehalt angeboten worden ist, der ist nicht für friedliche Koexistenz... Sie aber, meine Herren, sagen dennoch: Es ist offenkundig, es steht außerhalb jeden Zweifels, daß die Bundesregierung die friedliche Koexistenz will.

Zum Rechtlichen führte der Verteidiger aus:

Hier handelt es sich nicht um datenmäßig feststellbare oder festgelegte Vorgänge. Hier handelt es sich vielmehr um Inhalt und Ziel einer politischen Auffassung. Politische Auffassungen aber, hier die Regierungspolitik, können schon logisch nicht allgemeinkundig im Sinne dieser Rechtsprechung und dieser Vorschriften sein. Hier handelt es sich um ein Spiel entgegengesetzter Kräfte, die sich unversöhnlich gegenüberstehen, wie es leider heute in der Politik ist. Politische Auffassungen können also nur einseitige Standpunkte sein, und sie werden regelmäßig auch unterschiedlich eingeschätzt, je nachdem, ob man Anhänger dieser Politik oder Gegner dieser Politik ist.[28]

Unter Bezugnahme auf die juristische Literatur bestritt Posser dem Gericht das Recht, Vorgänge im politischen Leben der jüngsten Vergangenheit im Wege der Offenkundigkeitserklärung festzustellen.

Selbst der Bundesgerichtshof als Revisionsinstanz vermochte die vom Düsseldorfer Landgericht vertretene Offenkundigkeit »nicht zu billigen«. Aber er ersetzte diese Peinlichkeit nur durch eine andere. Bei der »friedlichen Koexistenz« handle es sich um einen »schillernden Begriff«,

den die Kommunisten geprägt haben und der in ihrem Sprachgebrauch auf »Klassenkampf« zur Ausbreitung der kommunistischen Herrschaft unter Verzicht auf kriegerische Mittel (hinauslaufe), der aber in der Zukunft, kommunistischer Parteipraxis entsprechend, auch vor ausdehnender Einbeziehung sogenannter »gerechter Kriege« gegen »imperialistische Kräfte« nicht gesichert (sei).

Das alles wußte das Revisionsgericht, ohne sich auf entsprechende Feststellungen des Landgerichts stützen zu können, die es auch für entbehrlich hielt, denn:

Durch Beweiserhebung über die Geltung solcher »Prinzipien« beim »Friedenskomitee« konnte für die Wahrheitsermittlung nichts gewonnen werden; jedenfalls konnte auf diese Weise der Anklagevorwurf kommunistischer Steuerung nicht entkräftet, sondern höchstens gestützt werden.[29]

Deutlicher konnte man nicht dokumentieren, daß die für eine Verurteilung notwendige antikommunistische Interpretation des Begriffs Koexistenz jedem Gegenbeweis entzogen war. Nur die Begründung, die das Landgericht gewählt hatte, war »nicht zu billigen«.

Die wegen »verfassungsfeindlicher Absicht« der Angeklagten abzulehnenden Beweise

Insgesamt hatte die Strafkammer die Verlesung von 476 präsenten Urkunden der Verteidigung abgelehnt und sich in den Begründungen dieser Mißachtung des

Prozeßrechts immer mehr gesteigert. Die angebliche Offenkundigkeit Adenauerscher Koexistenzpolitik war nur die plumpeste, nicht aber die infamste Unterstellung, mit der Beweisanträge der Verteidigung zurückgewiesen wurden.

Einmal hieß es:

Die beanstandeten Urkunden stammen weder von den Angeklagten noch von der Friedensbewegung noch von solchen Vereinigungen, die nach dem Anklagevorwurf verfassungsfeindliche Bestrebungen gehabt haben. Es handelt sich um Veröffentlichungen über politische Ereignisse, die in ihrem Inhalt sich weder mit den Angeklagten noch mit der sogenannten Friedensbewegung befassen. Soweit die Angeklagten sich darauf berufen, daß die politischen Einschätzungen teilweise denjenigen ähnlich seien, die das Westdeutsche FK oder einzelne Angeklagte vertreten hatten, liegt dies völlig neben der Sache. In verfassungstreuer Absicht geäußerte politische Werturteile sind strafrechtlich wertneutral. Das Recht auf freie ungehinderte Äußerung einer jeden politischen Meinung ist wesentlicher Bestandteil der Grundordnung. Die vorliegenden Anklage gilt gerade der Wahrung dieser Verfassungsgarantie.

Auch die Staatsanwaltschaft hatte Urkunden vorgelegt, die weder von den Angeklagten noch vom FK stammten; sie waren, wie es der zwingenden Vorschrift des §245 StPO entsprach, vom Gericht verlesen worden. Die zur Verhinderung von Entlastungsbeweisen nunmehr erfundene Einschränkung hatte im Gesetz keine Stütze und war ein Akt richterlicher Willkür. Noch empörender aber war die Belehrung, daß in verfassungstreuer Absicht geäußerte politische Werturteile strafrechtlich wertneutral seien, ein Satz dessen Umkehrung besagte, daß den Angeklagten und ihrer Organisation schon vor dem Ende der Beweisaufnahme unterstellt wurde, daß sie, wenn sie das Gleiche sagten, dies in verfassungsfeindlicher Absicht getan hätten. Was durch die Beweisaufnahme überhaupt erst ermittelt werden sollte, wurde hier bereits vorausgesetzt. Deutlicher konnte das Gericht sich nicht dazu bekennen, daß es von einer Schuldvermutung ausging und die Angeklagten bereits verurteilt hatte. Die Behauptung, daß dies alles auch noch der Wahrung des Rechts auf freie ungehinderte Äußerung einer jeden politischen Meinung diene, paßte zu dem Zynismus, mit dem dieses Gericht der Strafprozeßordnung spottete.

Die »verfahrensfremden« Beweise

Schließlich ging die Strafkammer sogar dazu über, auch solche präsenten Beweismittel zurückzuweisen, die vom FK oder den Angeklagten selbst stammten oder deren Unterschrift trugen. Begründung:

Das Gericht ist der Überzeugung, daß die Antragsteller mit ihren Beweisanträgen lediglich den Zweck verfolgen, den politischen Kampf in den Gerichtssaal zu übertragen. In den Beweisanträgen werden die Politik der Bundesregierung und die Verhältnisse in der Bundesrepublik unter Anklage gestellt.

Daß es die Angeklagten und ihre Verteidiger gewesen seien, die den politischen Kampf in den Gerichtssaal übertragen hätten, war angesichts des Charakters der Anklage und der Methoden, mit denen das Gericht die Verteidigung rechtlos gestellt hatte, eine provokante Umkehrung der Wahrheit. Der Kollege Dr. Diether

Posser antwortete, auf einen der zahlreichen Beschlüsse, mit denen das Gericht sich gegen eine Erörterung des historischen Hintergrunds der Friedensarbeit der Angeklagten sträubte, in spontaner Empörung.

Wenn Sie alle Beweisanträge der Verteidigung ablehnen, dann würde ich es ehrlicher finden, unsere Mandanten durch Verwaltungsakt ins Konzentrationslager einzuweisen, statt uns Verteidiger als rechtsstaatliches Dekor zu mißbrauchen.

Aus dem Munde dieses gemäßigten und stets kontrolliert sprechenden Mannes ein ungewöhnlich kämpferisches Wort, das die aufgeheizte Prozeßatmosphäre spüren läßt, die sich infolge der permanenten Niederwalzung aller Verteidigungsbemühungen hergestellt hatte.

Dieser letzte und aggressivste Gerichtsbeschluß aber traf die Verteidigung schon in einem Zustand resignativer Gelassenheit. Nach einer Pause übergab die Verteidigung eine schriftliche Erklärung, in der sie noch einmal zusammenfaßte, wie die Wahrheitsfindung in diesem Verfahren ausgesehen hatte, und auf eine Fortsetzung der Beweisaufnahme unter diesen Bedingungen verzichtete:

Die durch den soeben verkündeten Beschluß des Gerichts erfolgte Ablehnung der von der Verteidigung gestellten Beweisanträge zeigt, daß das Gericht das Vorbringen der Anklage mit anderen Maßstäben mißt als das der Verteidigung, indem es

1. *entlastende Umstände von der Beweiserhebung ausschließt, während es auf der anderen Seite belastende Umstände als gerichtsnotorisch dem Gegenbeweis entzieht;*
2. *Beschuldigungen der Anklage als beweiserhebliche Tatsachen behandelt, während es Entlastungen mit im Gesetz gar nicht vorgesehenen Begründungen, durch die die Verteidigung wie die Angeklagten diskriminiert werden, von der Beweisaufnahme ausschließt;*
3. *ein und dieselben Vorgänge, wenn sie die Anklage vorträgt, als Tatsachen, teilweise sogar als offenkundig behandelt, wenn dieselben aber von der Verteidigung vorgetragen werden, sie als Werturteile abtut;*
4. *Dokumente der Anklage ohne Beweisthesen, selbst wenn sie nichts mit dem Friedenskomitee oder den Angeklagten zu tun haben, ohne weiteres zum Gegenstand der Beweisaufnahme macht, während es von der Verteidigung vorgelegte Urkunden des Friedenskomitees, die teilweise sogar von den Angeklagten unterzeichnet sind, von der Beweisaufnahme ausschließt, obwohl nach den gesetzlichen Bestimmungen bei präsenten Urkunden die Formulierung einer Beweisthese überhaupt nicht vorgeschrieben ist.*

Aus diesen Gründen sieht die Verteidigung keinen Sinn mehr in einer weiteren Beweisaufnahme. Sie zieht demnach alle von ihr gestellten Beweisanträge, soweit die Beweiserhebung noch nicht durchgeführt ist, zurück...

Die »nicht sachzugehörigen« Beweise

Der für politische Strafsachen zuständige 3. Strafsenat des Bundesgerichtshofs unter seinem damaligen Vorsitzenden Dr. Heinrich Jagusch bestätigte die Beweisverhinderungspraxis der Strafkammer als rechtens, vereinheitlichte aber die Vielfalt der Begründungen, mit denen man in Düsseldorf Anträge der Verteidigung abgewiesen hatte. Die Vorschrift des §245 StPO – die einen Beweiserhebungszwang für präsente Beweismittel begründet und in rechtsstaatlicheren Zeiten als die Magna Charta der Verteidigung galt – sei nicht verletzt, weil die Beweisbehauptungen – auf die es nach der damaligen, inzwischen im Zeichen der Terroristenbekämpfung verschlechterten Fassung überhaupt nicht ankam – »außer Zusammenhang mit dem Gegenstand des Verfahrens standen«.

Diese Beweisantritte konnten zur Wahrheitsfindung nichts beitragen und waren daher nicht sachzugehörig, sondern unzulässig.[30]

In diesem Verfahren gehe der Tatvorwurf dahin, die Angeklagten hätten sich im FK als führende Personen betätigt; das FK sei eine von der SED/KPD gesteuerte kommunistische Tarnorganisation gewesen, deren Zwecke und Tätigkeit sich gegen die verfassungsmäßige Ordnung der Bundesrepublik gerichtet hätten. Die Behauptungen und Beweismittel der Verteidigung hätten sich überhaupt nicht auf diesen Tatvorwurf bezogen. Daraus, daß die Weltfriedensbewegung und das FK die in den abgelehnten Beweisanträgen behaupteten Bestrebungen verfolgt oder nicht verfolgt hätten, werde gegen die Angeklagten kein Vorwurf hergeleitet. Diese Behauptungen stünden mit dem Anklagevorwurf in keinem noch so entfernten Zusammenhang, denn es liege auf der Hand und sei überdies allgemeinkundig, daß eine Organisation aus taktischen Gründen öffentlich so tun könne, als ob sie nur für Frieden und Wiedervereinigung und gegen Remilitarisierung und Atombewaffnung einträte, und daß sie dennoch eine gegen die verfassungsmäßige Ordnung gerichtete kommunistische Tarnorganisation sein könne.

Im Klartext heißt das: Eine Organisation, in der Kommunisten mitarbeiten und die Verbindung zu anderen kommunistischen Organisationen hält, hat keine Chance, sich gegen den Vorwurf, eine kommunistische Tarnorganisation zu sein, erfolgreich zu verteidigen. Ihre in Beweisanträgen dargelegten Ziele werden als Schutzbehauptungen abgetan, die dem Beweis nicht zugänglich sind; denn weil das Gericht die wahren Ziele der Organisation aufgrund seiner unter den Begriff der Allgemeinkundigkeit gebrachten Allwissenheit schon kennt, bedarf es keines Beweises.

Die Zeugenbeweise

Ein Gericht, das von der Schuld der Angeklagten überzeugt ist, bevor es überhaupt in die Beweisaufnahme eingetreten ist, braucht selbstverständlich auch keine Zeugen. Jedenfalls keine, die für die Angeklagten Entlastendes vorbringen könnten. Auch auf Zeugen bezieht sich jedoch die Vorschrift des §245 StPO, die das Gericht zwingt, von der Verteidigung direkt beigebrachte Beweismittel auch dann zur Kenntnis zu nehmen, wenn es die Beweiserhebung wegen Offenkundigkeit für überflüssig hält oder einer der anderen Ablehnungsgründe des §244 StPO vorliegt.[31]

Im Tscheka-Prozeß von 1925 hatte der Staatsgerichtshof sich eine willkürliche Interpretation des §245 StPO einfallen lassen und als in erster und letzter Instanz entscheidendes Gericht für geltendes Recht erklärt. Rechtsanwalt Dr. Arthur Brandt berichtet:

Die größte Überraschung für die Verteidigung in diesem Prozeß war die Ablehnung der unmittelbar geladenen Zeugen. Wir hatten zwar so zahlreiche Rechtsverstöße erlebt, daß wir uns über nichts mehr wunderten. Daß das Gericht indessen uns auch dasjenige Recht versagte, das bisher von keinem deutschen Gericht jemals angetastet worden ist, das Recht auf Vernehmung der unmittelbar geladenen Entlastungszeugen, das war selbst uns unfaßbar. Die Verteidigung hatte nach vorheriger Ankündigung an einem vorher bezeichneten Tage 18 Zeugen unmittelbar und ordnungsgemäß durch Gerichtsvollzieher geladen. Die Zeugen waren zur Stelle. Das Gericht hat die Vernehmung dieser Zeugen mit der Begründung abgelehnt, die Vorschrift des §245 StPO beziehe sich nur auf solche Zeugen, die von den Angeklagten bis zum Beginn der Hauptverhandlung unmittelbar geladen sind.[32]

Brandt legte die Unhaltbarkeit des vom Staatsgerichtshof aufgestellten Grundsatzes mit wissenschaftlicher Akribie dar und widerlegte auch das Argument, daß nur auf diese Weise eine Prozeßverschleppung zu verhindern sei, um sodann fortzufahren:

Die von mir erwähnten Entscheidungen des Reichsgerichts zeigen klar den Weg, den ein Richter gehen kann, wenn er die Überzeugung gewinnt, daß nur zu Verschleppungszwecken von einem gesetzlichen Recht Gebrauch gemacht wird. Es dürfte indessen in der deutschen Strafjustiz einzig dastehen, daß ein Gericht die Vernehmung von Entlastungszeugen, auf die der Angeklagte nach der klaren gesetzlichen Vorschrift ein Recht hatte, deswegen ablehnt, weil der Angeklagte möglicherweise die Absicht haben könne, von seinem Recht zu Verschleppungszwecken Gebrauch zu machen. Der Fall beweist, wie der Staatsgerichtshof der Verteidigung innerlich gegenüberstand, welche Tendenzen er den als Verteidigern fungierenden Rechtsanwälten unterstellte. Dieser Beschluß bildet kein Ruhmesblatt in der Geschichte des Staatsgerichtshofes.[33]

Die einhellige Kritik an dieser Praxis des Staatsgerichtshofes setzte das durch richterliche Willkür ausgehebelte Recht auf jederzeitige unmittelbare Ladung von Zeugen und Sachverständigen – »eines der wenigen Kardinalrechte, welches die Strafprozeßordnung dem Angeklagten überhaupt gibt« (Arthur Brandt) – für die Folgezeit wieder in Kraft. Aber die Reaktionäre – heute nennen sie sich Konservative – ruhten nicht. Eine Notverordnung der Regierung Papen vom 14.6.1932 führte für alle Strafsachen vor dem Amtsrichter, dem Schöffengericht und dem Landgericht in der Berufungsinstanz den Grundsatz ein, daß der Umfang der Beweisaufnahme vom Gericht nach freiem Ermessen bestimmt werde, ohne daß es an Anträge gebunden sei. Max Hirschberg schrieb in einem der letzten Hefte der Zeitschrift des Republikanischen Richterbundes, das vor dem Machtantritt der Nazis noch erscheinen konnte:

Damit ist der ohnehin mangelhaften Rechtsstellung des Angeklagten und des Verteidigers, deren Rückschrittlichkeit schon bisher dem modernen Ausland kaum verständlich war, das letzte und wichtigste Bollwerk gegen richterliche Willkür entzogen. (...) Das Recht des Angeklagten, das richterliche Vorurteil durch Erzwingung des Gegenbeweises zu bekämpfen und dadurch das richterliche Urteil vor Übereilungen und unzulässigen Einengungen des Gesichtskreises zu bewahren, ist mit einem Schlag beseitigt.[34]

Als der Prozeß gegen Pastor Oberhof und Andere vor dem Düsseldorfer Landgericht stattfand, galt §245 StPO wieder in seinem klassischen Umfang. Die Verteidigung konnte daher das Gericht zwingen, annähernd 50 Zeugen anzuhören, die aus aller Welt anreisten, um dem Gericht über Ziele und praktische Arbeit der Weltfriedensbewegung und deren bundesdeutscher Sektion Auskunft zu geben. Aber alle Bemühungen der Verteidigung, diesem unserem Land die internationale Blamage einer Kriminalisierung der Friedensbewegung zu ersparen, scheiterten an dem bornierten politischen Bewußtsein des Gerichts. Bezeichnend, daß die einzige Frage, die man an die aus Sidney angereiste Zeugin Jessy Street hatte, darauf zielte, wer die Kosten ihrer weiten Reise bezahlt hätte. Mit verächtlichem Stolz ließ die als Journalistin und Gattin des höchsten Richters eines australischen Bundesstaats finanziell unabhängige Frau das Gericht wissen, daß sie selber die Kosten trage.

Die Zeugen der Verteidigung, deren Vernehmung einen erheblichen Teil der 56 Verhandlungstage eingenommen hatte, wurden im Urteil nur beiläufig erwähnt. Sie interessierten das Gericht nicht, weil es dem FK offenkundig gelungen war, seine wahren Absichten vor allen diesen Zeugen zu verbergen. Nur das Gericht blickte dank seiner Vorurteile durch, ohne irgendwelcher Beweise zu bedürfen.

Nein, das stimmt nicht ganz. Zeugen der Anklage, die über Verbindungen zwischen dem FK und der DDR zu berichten wußten und diese als Abhängigkeitsverhältnis zur SED interpretierten, interessierten durchaus. An der Behandlung eines Zeugen namens Flintzer, der sich im Laufe der Hauptverhandlung vom Belastungszeugen in einen Entlastungszeugen zu verwandeln drohte, offenbarte sich die Rechtsungleichheit des Beweises für und wider die Angeklagten in denkbar anschaulicher Weise.

Der von der Staatsanwaltschaft benannte Zeuge Flintzer war kurze Zeit Mitglied des FK gewesen und wegen persönlicher Differenzen wieder ausgeschieden. Seine im Ermittlungsverfahren protokollierte Aussage ließ ein starkes Ressentiment gegen einen der Angeklagten erkennen. Als sich herausstellte, daß der Zeuge in die DDR übergesiedelt war, beantragte die Staatsanwaltschaft, die frühere Aussage dieses Zeugen gemäß §251 Abs. 1 Satz 2 StPO zu verlesen, da er »unerreichbar« sei. Die Verteidigung widersprach und erbot sich, die Anschrift des Zeugen zu ermitteln. Nachdem bald darauf dem Gericht die Anschrift des Zeugen und seine Bereitschaft, vor diesem Gericht auszusagen, mitgeteilt worden war, verkündete die Strafkammer den Beschluß, gleichwohl die Niederschrift über die frühere richterliche Vernehmung des Zeugen zu verlesen,

da der Zeuge in absehbarer Zeit nicht gerichtlich vernommen werden kann, ohne für ihn bei seiner Rückkehr die Gefahr zu begründen, in willkürlicher, nicht rechtsstaatlicher Weise verfolgt zu werden. Der Zeuge ist in die sowjetisch besetzte Zone übergesiedelt. Vorher hat er im Ermittlungsverfahren zu diesem Verfahren vor dem Untersuchungsrichter im Sinne der Anklage belastende Aussagen gemacht. Damit stehen im Sinne des §251 Abs. 1 Satz 2 StPO seinem Erscheinen nicht zu beseitigende Hindernisse entgegen, da zum Erscheinen auch die gefahrlose Heimkehr gehört.

Auf diesen mit satten antikommunistischen Vorurteilen gefütterten Beschluß antwortete die Verteidigung mit der Ankündigung, den Zeugen präsent stellen zu wollen. So geschah es denn auch fünf Tage später. Der Zeuge stand vor der Tür des Gerichtssaales, seine ordnungsgemäße Ladung wurde nachgewiesen. Gleichwohl lehnte das Gericht seine Vernehmung als unzulässig ab.

Der Zeuge ist verpflichtet, vor dem Gericht die Wahrheit zu sagen. Wenn er vor dem Untersuchungsrichter die Wahrheit gesagt hat, ist er nach einer nochmaligen Vernehmung bei seiner Rückkehr in seinem gegenwärtigen Wohnort persönlich gefährdet.

Noch während der Zeuge Flintzer vor der Tür des Gerichtssaales stand, setzte das Gericht ungerührt um die soeben beweinte Sicherheit des Zeugen vor willkürlicher Verfolgung bei seiner Rückkehr die Verlesung seiner früheren Aussage fort. Durch dieses Verfahren setzte sich das Gericht dem Verdacht aus, daß seine Sorge um das Wohlergehen des Zeugen nach seiner Rückkehr in die DDR geringer gewesen sein könnte als die Sorge, daß dessen erneute Aussage einige Korrekturen der früheren Aussage zu Gunsten der Angeklagten hätte ergeben können. Wenn wirklich das Schicksal des Zeugen für die Entschließungen des Gerichts im Vordergrund gestanden hätte, hätte es die persönliche Vernehmung durchführen und dadurch dem Zeugen Gelegenheit geben müssen, die zahlreichen Unrichtigkeiten und Widersprüche in dem Vernehmungsprotokoll zu klären. So aber wurde der Verteidigung, obwohl sie ihn Zeugen der Staatsanwaltschaft präsent gestellt hatte, die gesetzlich verbürgte Möglichkeit genommen, dem Zeugen Fragen zu stellen und auf Ergänzungen und Berichtigungen seiner Aussage hinzuwirken.

Der Bundesgerichtshof als Revisionsinstanz mochte sich zwar nicht die Auffassung des Landgerichts zu eigen machen, daß der vor der Tür des Gerichtssaals stehende Zeuge »unerreichbar« im Sinne des Gesetzes gewesen sei (§244 Abs. 3 StPO). Aber er fand eine andere Lösung, um das Verfahren zu rechtfertigen, eine Lösung, die den Antikommunismen des Landgerichts noch einige hinzufügte. Die Vernehmung des Zeugen sei unzulässig gewesen, weil aus seiner Präsentstellung durch Rechtsanwalt Dr. Kaul folge, daß dies nur im Interesse der SED geschehen sein könne; es bestehe deshalb kein Zweifel, daß der Zeuge mit einer Weisung der SED erschienen sein müsse, seine früheren belastenden Aussagen zurückzunehmen oder einzuschränken und ohne Rücksicht auf die Wahrheit das zu bekunden, was ins Konzept der SED passe. Folge er dieser Weisung, so habe er in der Bundesrepublik Strafverfolgung wegen Meineids oder uneidlicher Falschaussage zu gewärtigen. Folge er ihr nicht, so setze er sich politischer Verfolgung nach Rückkehr in die Sowjetzone aus. Diese – vom BGH unterstellte – Konfliktlage führe zur Unzulässigkeit seiner Vernehmung; ein rechtliches Ergebnis, das in Ermangelung einer einschlägigen gesetzlichen Bestimmung offenbar dem gesunden Volksempfinden entnommen wurde.

Die Verlesung der früheren Aussage des Zeugen Flintzer hingegen hielt der BGH für zulässig. Mit dem Einwand der Revision, das Landgericht hätte, wenn es seine eigenen Argumente ernstgenommen hätte, die Aussage Flintzer auch nicht durch Verlesung veröffentlichen dürfen, wurde der BGH wie folgt fertig:

Diese Aussage aus dem Jahre 1956 war im Zeitpunkt der Verlesung den maßgeblichen Stellen der SED ohne jeden Zweifel schon allein deshalb bekannt, weil der Verteidiger Rechtsanwalt Dr. Kaul, der dieser Partei aus Überzeugung angehört und nach ihren

Weisungen verteidigt, die Anklageschrift erhalten und Akteneinsicht gehabt hatte. Die Tatsache, daß Flintzer mit Zustimmung der SED und der Zonenbehörden zur Hauptverhandlung gestellt worden ist, beweist, daß er wegen seiner früheren belastenden Aussage nichts mehr zu befürchten hatte, sofern er nur in der Hauptverhandlung auftragsgemäß aussagte oder mindestens dazu bereit war. Eine Konfliktlage konnte für ihn durch die Verlesung allein nicht entstehen.

Um allen antikommunistischen Haß loszuwerden, bedurfte es aber noch folgender Verteidigerbeschimpfung:

Das Verfahren des Landgerichts ist nach allem auch im Falle Flintzer rechtlich in keiner Hinsicht zu beanstanden. Es war nur denkbar auf dem Hintergrund skrupelloser Ausnutzung von Menschen und von Verfahrensvorschriften der Bundesrepublik für politische Zwecke der SED durch den Verteidiger, der Flintzer unter Mißachtung des Konflikts, in den dieser notwendigerweise geraten mußte, mit Hilfe der SED-abhängigen Zonenbehörden als Zeugen zur Hauptverhandlung gestellt hat.

Der Vorwurf skrupelloser Ausnutzung von Verfahrensvorschriften traf nicht nur den Kollegen Kaul, sondern alle Verteidiger, die den Irrtum teilten, daß die Strafprozeßordnung auch für Kommunisten gelte.

Wozu also haben sich fünf Verteidiger fünf Monate lang abgestrampelt und Beweismittel dafür beigebracht, daß ihre Mandanten Friedensarbeit aus Sorge um einen gefährdeten Frieden, nicht aber in der Absicht, dem Kommunismus zum Siege zu verhelfen, geleistet haben? Doch wohl nur mit dem Erfolg, daß dem offensichtlichen antikommunistischen Rechtsmißbrauch dieses Verfahrens ein Schein von Rechtsstaatlichkeit verschafft wurde.

Diether Possers drastischer Ausspruch, daß es dann schon ehrlicher sei, oppositionelle Kritiker der Regierungspolitik – denn um solche handelte es sich bei den Angeklagten – durch Verwaltungsakt ins Konzentrationslager einzuweisen, enthielt eine deutliche Anspielung auf die politische Gesinnung, die ein solcher Verzicht auf ein rechtsstaatliches Verfahren anzeigt.

Eine Justiz, die öffentliche Feinderklärungen nachvollzieht, indem sie die Fakten, die diesem politischen Verdikt zugrundeliegen sollen, als offenkundig unterstellt, statt über sie Beweis zu erheben, ist nichts anderes als »die Hure der Politik«, wie es der Kollege Dr. Ammann in einer Prozeßerklärung drastisch ausgedrückt hat. Je länger das Verfahren, je pedantischer die Beweisaufnahme über nebensächliche Details, desto verlogener wird der Anspruch, daß es um die sukzessive Überprüfung einer ursprünglich vorhandenen Unschuldsvermutung gehe. Das Urteil über mißliebige Minderheiten wird im Prozeß der öffentlichen Meinungsbildung gesprochen. Verteidigung im politischen Strafprozeß ist ein in der Regel aussichtsloser Kampf gegen die Übermacht der öffentlichen Vorverurteilung. Offenkundigkeit ist im politischen Prozeß regelmäßig das Schlüsselwort dafür, daß die öffentliche Schuldvermutung auch in den Köpfen der Richter zur unumstößlichen Gewißheit geworden ist und jede Verteidigung zum Ärgernis werden läßt.

11. Die gerichtsbekannte Kollektivität der RAF

Gerichtskundigkeit im Prozeß gegen Peter-Jürgen Boock

Die Ersetzung der Beweisaufnahme durch Gerichtskundigkeit ist in den Terroristenprozessen der 70er und 80er Jahre zu einer Perfektion entwickelt worden, die für eine effektive Verteidigung kaum noch Raum läßt. Als gerichtsbekannt wird insbesondere ein in der RAF angeblich herrschendes Planungs- und Handlungsprinzip ausgegeben, das als »Kollektivität« bezeichnet wird und sich vorzüglich zur Überbrückung von Lücken in der Beweiskette eignet. Nach dieser Kollektivitätsthese sollen alle Aktionen der RAF von den daran beteiligten Gruppenmitgliedern gemeinsam geplant, einstimmig beschlossen und mit Billigung aller Beteiligten durchgeführt werden. Eine solche These bietet für ein verurteilungswilliges Gericht den unschätzbaren Vorteil, daß es keine Mühe auf den Nachweis des subjektiven Tatbestandes zu verschwenden braucht, sogar den läppischen Satz vermeiden kann, der Angeklagte habe die Tat »als eigene« oder »als fremde« gewollt, eine Formel, mit der seit den Tagen des kaiserlichen Reichsgerichts Täter von Gehilfen unterschieden werden. Wo es am Verurteilungswillen fehlt, wie bei Naziverbrechern, leistet das alte Gehilfenmodell noch immer gute Dienste. Für die neuen Terroristen der RAF aber erfand man die Kollektivitätsthese, mit der man aus jedem noch so geringfügigen nachweisbaren Beteiligungsakt eine Täterschaft konstruieren kann, die man für die erwünschte lebenslängliche Inhaftierung dieser Sorte von Terroristen braucht. Ein Gruppenmitglied, das eine Fingerspur an einem Gegenstand hinterlassen hat, der mit einer RAF-Aktion in Verbindung gebracht werden kann, ist mithilfe der Kollektivitätsthese bereits überführt, an dieser Tat täterschaftlich – und nicht nur als Gehilfe – mitgewirkt zu haben. Denn wenn es richtig ist, daß alle Aktionen von den Mitgliedern des Kommandos auf Grund einstimmigen Beschlusses durchgeführt werden, dann weist auch die Fingerspur auf einen Mitwirkenden hin, der die Tat als eigene gewollt und das Ob der Tat und deren Durchführung beherrscht hat.

Bei dem RAF-Aussteiger Peter-Jürgen Boock, der für mangelnde Kollaborationsbereitschaft mit der Staatsgewalt bestraft werden mußte, bot das von ihm hinterlassene Spurenmaterial, wie bereits erwähnt, alle Möglichkeiten der Interpretation. Da gab es Fingerspuren an einem Fahrzeug, das für die geplante Ponto-Entführung präpariert war, Fingerspuren an einem Wagen, der zur Schleyer-Entführung benutzt worden ist, Fingerspuren an Briefen und einem Videoband, die von den Schleyer-Entführern abgesandt worden sind, und schließlich ein Tonband, das ein Gespräch zwischen Schleyer und Boock wiedergeben soll.

Beweismittel, die für sich genommen nichts darüber aussagten, ob Boock als Mittäter oder als Gehilfe an den fraglichen Aktionen beteiligt war, eine Frage, die über Lebenslänglich oder zeitige Freiheitsstrafe entschied. Beweismittel darunter, die sogar die Möglichkeit offen ließen, daß Boock an der fraglichen Aktion überhaupt nicht beteiligt war, weil Fingerspuren an Tatwerkzeugen auch zu anderen Zeiten und in Unkenntnis ihres bösen Zwecks gesetzt worden sein können. Ein Gericht, das bei der hier gegebenen Beweislage einen Angeklagten, der sich als Kollaborateur verdient gemacht hätte, glimpflich davonkommen lassen wollte, brauchte nur von der jeweils günstigsten Interpretationsmöglichkeit auszugehen, also den Grundsatz in dubio pro reo zu befolgen. Aber für Boock war ein anderes Justizschicksal programmiert, das mit Gerichtskundigkeit leichthin zu besiegeln war.

Schon in der Anklageschrift des Generalbundesanwalts waren die Weichen gestellt, um den Zug in Richtung lebenslänglich abfahren zu lassen. Das verantwortliche Mitwirken des Angeschuldigten ergebe sich, so die Anklage, zwingend aus der Willensbildung und Aufgabenbeteiligung innerhalb der RAF. Die RAF sei straff organisiert. Aus konspirativen Wohnungen heraus würden die Anschläge, die zumindest von allen Angehörigen des betreffenden Kommandos in solidarischer Mitverantwortung getragen würden, vorbereitet und gesteuert.

Ziele und Aktionen der Bande werden nach eingehender Diskussion einstimmig und damit für alle verbindlich festgelegt. Innerhalb der RAF wird nicht spontan gehandelt. Die einzelnen Meinungen der Mitglieder werden diskutiert, jede Aktion genauestens durchgesprochen und abgeklärt, bis auch der Letzte überzeugt und Einstimmigkeit erzielt ist.

Zum Beweise für die Richtigkeit dieser unter der Bezeichnung »Kollektivität« bekanntgewordenen Grundsätze bezog sich die Anklageschrift auf die Urteile gegen Siegfried Haag/Roland Mayer und Angelika Speitel. Damit war das Beweisvereinfachungskonzept programmiert: Das Gericht brauchte nur ausgesuchte Teile dieser Urteile zu verlesen und seine Absicht, diese als gerichtsbekannt zu verwerten, mitzuteilen. Und jeder Versuch der Verteidigung, Gegenbeweise zu führen, war von vornherein zum Scheitern verurteilt.

Aber nicht nur die allgemeinen Prinzipien des Planens und Handelns innerhalb der RAF, sondern auch die konkrete Mittäterschaft des Angeklagten wurde schon in der Anklage durch angeblich gerichtsbekannte Tatsachen lückenlos eingekreist:

Entsprechend ist auch das Handeln der einzelnen Kommandomitglieder nach den kollektiv gefaßten Entschließungen ausgerichtet.

Auch dafür Bezugnahme auf frühere Urteile zur gefälligen Bedienung. Und schließlich:

Die Ausführungen zur Entscheidungsfindung, Planung und Durchführung von Aktionen treffen auf den Angeschuldigten im besonderen Maße zu, weil er seit langem Mitglied des »harten Kerns der RAF« war.

Anführungszeichen, die auf pauschale Wertungen von Kronzeugen Bezug nehmen.

Die von der Anklage als gerichtsbekannt vorausgesetzte RAF-Struktur beschrieb ein basisdemokratisches Planungs- und Handlungsmodell, dessen praktische Durchführbarkeit innerhalb einer »Armee«, noch dazu einer unter den erschwerten Bedingungen des Untergrundkampfes operierenden, kritische Fragen aufwerfen mußte. Kritische Fragen lagen auch deshalb nahe, weil diese basisdemokratische Struktur der RAF von derselben Bundesanwaltschaft angerühmt wurde, die ehedem, als es um die Aburteilung der Führungskader der ersten RAF-Generation gegangen war, eine hierarchische Befehlsstruktur behauptet hatte. Eine kritische Überprüfung der Kollektivitätsthese, deren Übernahme als »gerichtskundig« die Bundesanwaltschaft schon in ihrer Anklageschrift gegen Boock empfahl, wäre aber vor allem deshalb geboten gewesen, weil die Justizgeschichte kaum ein blamableres Beispiel für die Trübheit der Quellen bietet, aus denen Gerichtskundigkeit in politischen Strafsachen gespeist wird. Davon wird in diesem Kapitel noch die Rede sein.

Die Anklage gegen Boock wurde jedoch bei einem Gericht erhoben, von dem keine kritischen Fragen zu den als »gerichtskundig« eingeführten Sachverhalten zu erwarten waren. Im Stammheimer Mehrzweckgebäude waren Berufsrichter versammelt, die sich langjähriger Befassung mit Verfahren gegen RAF-Angehörige rühmen konnten, aus der sie »umfassende Tatsachenkenntnisse zu diesem Bereich erlangt« hätten,

und zwar auch durch dienstliche Kenntnisnahme von vor anderen Gerichten entstandenen Vernehmungsprotokollen über Angaben (ehemaliger) »RAF«-Angehöriger, von Zellenzirkularen solcher Personen, von Urteilen anderer Gerichte über Taten von »RAF«- Angehörigen und von sozialwissenschaftlichen Veröffentlichungen.

So beschrieb der 2. Strafsenat des OLG Stuttgart in seinem auf dreimal Lebenslänglich und 15 Jahre lautenden Urteil vom 7. Mai 1984 den Fundus an Vorwissen, der ihm gestattet hatte, alle Anträge der Verteidigung zurückzuweisen, die auf Widerlegung der »gerichtsbekannten« Tatsachen abzielten. Ein Vorwissen, das ohne Bindung an die strengen Regeln der Beweisaufnahme im Strafprozeß zustandegekommen war und von der Verteidigung weder kontrolliert noch angefochten werden konnte. Ein Vorwegurteil, das die Richter sogar mit einem gewissen Stolz vor sich hertrugen, weil es auf einer »langjährigen Befassung« beruhte, mit der die gesetzlich gesicherte einmalige Befassung des Verteidigers nicht konkurrieren konnte. Selbst das Lesen von Protokollen und Urteilen wird durch die Wortwahl »dienstliche Kenntnisnahme« auf eine höhere Ebene gehoben, die das schlichte Lesen des Verteidigers nie erreichen kann. Besonders stolz war der Senat wahrscheinlich auf das dienstliche Wissen des Richters Dr. Berroth, dessen langjährige Befassung mit Terroristenprozessen sich auch auf das Verfahren gegen Andreas Baader und Andere bezog. Er war dabei, als dieses durch ad-hoc-Gesetz manipulierte Verfahren ablief, er war dabei, als der Beschluß gefaßt wurde, die Verhandlung nach dem neugeschaffenen § 231a StPO in Abwesenheit der durch die Haftbedingungen verhandlungsunfähig gewordenen Angeklagten weiterzuführen.[1] Er hat das niemals rechtskräftig gewordene Urteil gegen Baader und Andere nicht nur »dienstlich zur Kenntnis genommen«, sondern er hat es mit verfaßt.

Nicht nur Vorwissen, sondern Vortun (um nicht Vortat zu sagen), das ihn nach Meinung des Senats mit einer Sachkunde ausstattete, die eine Beweisaufnahme über die Kollektivitätsthese entbehrlich machte.

Und so begann am 25. Januar 1983 vor dem in der Stammheimer Justizfestung tagenden 2. Strafsenat des OLG Stuttgart dieses furchtbare Juristenspiel, bei dem der Verlierer schon feststeht, aber die Akteure so tun, als ob noch alles offen sei. Rückschauend ist es mir kaum begreiflich, daß wir Verteidiger dieses Stück mitgespielt haben, obwohl die gezinkte Karte Gerichtskundigkeit oft genug vorgezeigt worden ist. Ich dokumentiere:

Am 15.9.1983 stellte die Verteidigung einen Beweisantrag, der die These von der angeblichen Einstimmigkeit aller Entscheidungen widerlegen sollte. Wir benannten einen Zeugen Salewski, der als Psychologe die Bundesregierung und den Krisenstab im Entführungsfall Schleyer beraten hatte. Wir hatten Informationen, wonach Salewski hätte bestätigen können, daß die Mitglieder des Krisenstabs Anhaltspunkte dafür hatten, daß es im Laufe der Entführungszeit innerhalb der RAF zwei Fraktionen gab, die die Erfolgsaussichten der Verhandlungen zwischen der Bundesregierung und den Entführern gegensätzlich einschätzten. In dem Beweisantrag hieß es:

Im Fall Schleyer hat es keine von allen Mitgliedern der RAF mitgetragene Kollektiventscheidung gegeben, den Tod Dr. Schleyers für den Fall eines Mißlingens der Aktion in Kauf zu nehmen. Der Angeklagte hat für seine Person schon früher (Spiegel-Gespräch) ausdrücklich erklärt, daß, wenn es nach ihm gegangen wäre, Dr. Schleyer noch leben würde.

Der Beweisantrag enthielt weiter die Erklärung des Angeklagten, daß er zu einer Gruppe innerhalb der RAF gehört habe, die selbst für den Fall, daß die Forderung der Entführer nicht erfüllt würde, für eine Freilassung Schleyers eingetreten ist.

Der Beweisantrag wurde in der Sitzung vom 29. November 1983 abgelehnt. In der Begründung finden sich folgende Sätze:

Im übrigen zweifelt der Senat an der Kollektivität der Tätergruppe und an der Wahrung dieses Grundsatzes auch bei der Tötung Dr. Schleyers auch dann nicht, wenn er von der oben ...aufgeführten Beweisbehauptung ausgeht. Auch wenn es im Laufe der Entführungszeit Dr. Schleyers in der »RAF« zwei Gruppen mit einander widerstreitenden Ansichten hinsichtlich der Frage der Erfolgsaussichten der mit der Entführung verbundenen Aktionen gab, ist dies für den Senat kein Grund, daran zu zweifeln, daß entsprechend dem Grundsatz der Kollektivität die Tötung Dr. Schleyers für den Fall des Scheiterns der Freipressungsaktion schon vor dem Überfall vom 5. September 1977 durch einstimmigen Beschluß der Mitglieder der Tätergruppe festgelegt war.

Dieser Beschluß führte zu einem Ablehnungsantrag, zu dessen Begründung ich u.a. vortrug:

Mit dieser Begründung dieses Beschlusses geben die abgelehnten Richter zu erkennen, daß sie sich in einem für den Anklagevorwurf wesentlichen Punkt bereits festgelegt haben. Sie haben die Ausführungen des Angeklagten zu diesem Punkt offensichtlich vor Beendigung der Beweisaufnahme verworfen und weigern sich, einem ausdrücklichen Beweisantrag der Verteidigung nachzugehen. In der Begründung ihres Beschlusses verstoßen sie nicht nur gegen das Verbot der Beweisantizipation, sondern bekennen sich ausdrücklich dazu, daß sie an der Kollektivität der Tätergruppe und an der Wahrung dieses Grundsatzes auch bei der Tötung Dr. Schleyers nicht zweifeln, und daß sie ferner nicht daran zweifeln, daß entsprechend dem Grundsatz der Kollektivität die Tötung Dr. Schleyers für den Fall des Scheiterns der Freipressungsaktion schon vor dem Überfall vom 5. September 1977 durch einstimmigen Beschluß der Mitglieder der Tätergruppe festgelegt war.

Weiter wurde ausgeführt, daß dem Angeklagten nicht eine Verteidigung abgeschnitten werden dürfe, die das Prinzip der Kollektivität als unrichtig widerlegen wolle. Aber eben darum ging es. Die gerichtsbekannte Kollektivität mußte um jeden Preis gehalten werden. Denn ohne Kollektivität kein Lebenslänglich.

Selbstverständlich wurde der Befangenheitsantrag zurückgewiesen. Dem Beschluß der abgelehnten Richter sei nicht zu entnehmen, daß sie sich in einem für den Anklagevorwurf wesentlichen Punkt bereits festgelegt hätten. Ihre Formulierungen stünden »ersichtlich unter dem Vorbehalt der Vorläufigkeit«, eine unzulässige Vorwegnahme des Beweisergebnisses sei »nicht zu besorgen«.

Eine Gerichtskundigkeit unter dem »Vorbehalt der Vorläufigkeit«? Es ist nichts zu absurd, um nicht im Munde von Juristen zu einem Argument zu werden. Daß die Richter des 2. Strafsenats sich in ihrer Gerichtskundigkeit durch nichts irremachen lassen wollten, insbesondere nicht durch Anträge der Verteidigung, hatten sie durch die Begründung ihres Salewski-Beschlusses hinreichend deutlich gemacht.

Man gab vor, zu wissen, daß es einen einstimmigen Beschluß der Mitglieder der Tätergruppe gegeben hatte, ohne dafür auch nur die Spur eines Beweises zu haben. Kein Zeuge hatte Derartiges gesagt. Für diesen Glaubenssatz des Gerichts stand nur die Droge Gerichtskundigkeit. Unser Antrag zielte gerade darauf ab, diese Gerichtskundigkeit zu widerlegen, den Beweis dafür zu führen, daß es zu bestimmten Aktionen durchaus gegensätzliche Meinungen innerhalb der RAF gegeben hat, um die Glaubwürdigkeit der Einlassung unseres Mandanten zu unterstreichen (»Wenn es nach mir gegangen wäre, würde Schleyer noch leben«). Aber das Gericht unterlief diese Beweisbehauptung mit der kaum verhüllten Unterstellung, daß der von uns verteidigte Angeklagte zu diesem – und nicht nur zu diesem – Kommando gehört habe. Und so konnte es alle Anträge der Verteidigung ins Leere laufen lassen. Der Angeklagte bestritt ja, außer im Fall des nicht ausgeführten Anschlags auf die Bundesanwaltschaft in Karlsruhe, zum Kommando gehört zu haben. Und außerhalb des Kommandos waren natürlich auch Meinungsverschiedenheiten möglich. Aber was innerhalb eines RAF-Kommandos los war, das wußte nur das Gericht. Nicht, daß es dabei gewesen wäre. Nein, aber ihm war Gerichtskunde zuteil geworden, eine Informationsquelle, deren Unüberprüfbarkeit sie den Geisterbeschwörungen und Heiligenerscheinungen an die Seite stellt. Daran reichten auch nicht die Informationen heran, über die Bundesregierung und Krisenstab – und der zu diesem Umkreis gehörende Zeuge der Verteidigung – verfügen konnten. Ich zitiere, nicht nur wegen des komplizierten Satzbaus, wörtlich:

Die Annahme, daß die Bundesregierung, die Mitglieder des Krisenstabs und/oder der Zeuge

S. trotz ihrer »Entfernung« von »RAF« und Tätergruppe Kenntnisse von Tatsachen haben könnten, die mit der Kollektivität der »RAF«, d.h. deren Verhaltensgrundsatz, Aktionen in der Tätergruppe kollektiv bis ins einzelne zu erörtern, durch einstimmigen Beschluß der Mitglieder der Tätergruppe festzulegen und dementsprechend auszuführen, unvereinbar sind, drängt sich nicht auf, sondern liegt, im Gegenteil, sehr fern.

Wenn schon die Tatsachenkenntnisse von Krisenstab und Bundesregierung nicht in Konkurrenz zu dem auf dem Wege der Gerichtskundigkeit gewonnenen Wissen treten können, dann gilt das natürlich erst recht für Wissenschaftler, die sich mit gesellschaftswissenschaftlichem Rüstzeug an die Erforschung der Terrorismus-Szene gemacht haben. Und so mußte die Boock-Verteidigung auch mit dem Versuch scheitern, die Kollektivitätsthese der Anklage mit Hilfe eines Sachverständigen zu widerlegen.

Die Verteidigung hatte die Einholung eines sozialwissenschaftlichen Gutachtens beantragt, zum Beweise dafür, daß sowohl die Annahme eines für die RAF geltenden Verhaltensgrundsatzes kollektiven Planens und Handelns als auch die daraus abgeleiteten Konsequenzen für die strafrechtliche Verantwortlichkeit einzelner RAF-Mitglieder falsch sind. Das Gericht lehnte den Antrag ab, denn:

Der Senat besitzt selbst die für die Beurteilung der Beweisbehauptung erforderliche Sachkunde (§ 244 Abs. S.1 StPO). Besonderen Fachwissens bedarf es hierfür nicht.

Weshalb wohl hatte der Bundesinnenminister der sozial-liberalen Koalition eine Gruppe namhafter Wissenschaftler damit beauftragt, »die individuellen, gruppenspezifischen, gesellschaftlichen und ideologischen Bedingungen für Terrorismus zu untersuchen«[2] und dabei auch den Organisationsformen, der Rolle des Gruppenzwangs, Rollenverteilung und Gruppenstrukturen und anderen Aspekten von Gruppenprozessen nachzugehen, wenn es keines besonderen Fachwissens bedurfte, um die Möglichkeit oder Unmöglichkeit basisdemokratischer Strukturen (Kollektivität) in einer unter Bedingungen der Illegalität existierenden Gruppe zu beurteilen? Ein Projekt, das fünf Bände mit wissenschaftlichen Forschungsergebnissen füllte, hätte man sich ersparen können, wenn das Stuttgarter Gericht doch mit seiner allein auf Gerichtskundigkeit gegründeten Sachkunde alle Probleme im Handumdrehen lösen konnte.

Daß die Richter schon alles wußten, was ihnen sozialwissenschaftliche Sachverständige hätten vermitteln können, daß es nichts gab, was durch sozialwissenschaftlichen Sachverstand hätte in Frage gestellt werden können, formulierten sie so:

Der Senat weiß darum, daß die »Annahme eines ... Verhaltensgrundsatzes kollektiven Planens und Handelns« der »RAF« nicht zwingenden Erfahrungsgrundsätzen zuwiderläuft, daß sie insbesondere nicht durch sozialwissenschaftliche Kenntnis ausgeschlossen wird, die Ausnahmen nicht zuläßt und eine an Sicherheit grenzende Wahrscheinlichkeit zum Inhalt hat.

Hier enthielt das Wort »Ausnahmen« den Schlüssel zum Verständnis dessen, was diese Richter vorhatten. Wenn sozialwissenschaftliche Forschung erbracht haben sollte, daß es den Verhaltensgrundsatz kollektiven Planens und Handelns in der

RAF nicht gibt, dann könnte er ausnahmsweise doch für diesen Angeklagten, der eine Kollaboration mit der Staatsgewalt verweigert hat, gelten. Eine absurde Logik, mit Formeln der Juristensprache mit an Sicherheit grenzender Wahrscheinlichkeit so undurchschaubar vernebelt, daß die Empörung auf den kleinen Kreis der auf Waffen und Wurfgeschosse durchsuchten Öffentlichkeit beschränkt bleibt.

Der Beschluß ist von Richtern formuliert, die diesen Angeklagten – Logik hin, Logik her, Recht hin und her – verurteilen wollten. Nur so wird der folgende Satz der Begründung – wenn überhaupt – verständlich:

Der Senat weiß andererseits auch darum, daß gerade bei solchen Organisationen wie der »RAF«, deren Mitglieder strafrechtlich streng verfolgt werden und großenteils im Untergrund leben, den unterschiedlichen Eigenschaften der einzelnen Mitglieder, insbesondere ihren unterschiedlichen Fähigkeiten, die anderen Gruppenmitglieder zu überzeugen und so für eigene Vorstellungen zu gewinnen, bei der Willensbildung der Gruppe beträchtliche Bedeutung zukommt, und daß dies bei der besonderen Lage, in der sich die Mitglieder einer solchen Vereinigung befinden, leicht dazu führen kann, zunächst geübtes kollektives Planen und Handeln zeitweilig oder sogar auf Dauer aufzugeben und durch hierarchische Strukturen zu ersetzen. Der Senat wird dies bei seiner Beweiswürdigung bedenken.

So war der angebliche Verhaltensgrundsatz kollektiven Planens und Handelns hinreichend zerredet, um eine Beweisaufnahme darüber als überflüssig hinstellen zu können. Egal was bei einer Beweisaufnahme herauskommen konnte, diesem Angeklagten war das Lebenslänglich sicher. Denn ihm war aus Kronzeugenmund nachgesagt, daß er im Kreis der »Illegalen« »persönliches Gewicht« gehabt habe, daß er »ein wichtiges Mitglied« gewesen sei, daß er »immer wieder gemeinsam mit Brigitte Mohnhaupt aufgetreten« sei und eine »harte Sprache« geführt habe. Sollte also die RAF zur Zeit der zur Debatte stehenden Aktionen nicht kollektiv, sondern hierarchisch strukturiert gewesen sein, so stand aufgrund dieser vagen Kronzeugenaussagen für das Gericht außer Frage, daß der Angeklagte Boock zur Spitze der Hierarchie gehörte – und damit an allen drei Kommandounternehmen mitgewirkt hatte.

Ein letzter Versuch der Verteidigung, das beschlossene Justizschicksal von ihrem Mandanten abzuwenden, bestand in folgendem Beweisantrag:

Zum Beweise dafür, daß nach den Ergebnissen empirischer Forschung
1. ausgeschlossen werden kann, daß in einer konspirativen Gruppe wie der RAF ein Gruppenmitglied gleichzeitig in die Vorbereitung und Durchführung von mehr als einem Kommandounternehmen einbezogen worden ist;
2. ein hoher Grad von Wahrscheinlichkeit dafür besteht, daß ein Gruppenmitglied, das an einem Kommandounternehmen beteiligt war (Raketenschußanlage), über andere, gleichzeitig vorbereitete Kommandounternehmen keine Informationen hatte, die über das Wissen, es stehe irgendeine Aktion bevor, hinausgehen;
3. ein Gruppenmitglied nur die Informationen hatte, die es für eine ihm zugeteilte Arbeit unbedingt brauchte;
möge ein Sachverständigengutachten eingeholt werden. In Betracht kommt einer der Sachverständigen, die im Auftrage des Bundesministers des Innern Forschungen zum Terrorismus betrieben haben.

Begründung:
Die Bundesanwaltschaft behauptet, Peter-Jürgen Boock sei an drei Kommandounternehmen der RAF des Jahres 1977 beteiligt gewesen. Das widerspricht nicht nur seiner Einlassung, sondern ist auch im höchsten Grade unwahrscheinlich.

Die konspirative Gruppe achtete aus Gründen der Eigensicherung streng darauf, daß kein Gruppenmitglied mehr Informationen hatte, als es für die von ihm zu machende Arbeit unbedingt benötigte.

> *Vgl. Brigitte Mohnhaupt in Texte der RAF, S. 224: Genausowenig wie jeder alle Informationen hatte oder jeder an allen Arbeitsprozessen beteiligt war – natürlich nicht; oder jeder alles wissen mußte – selbstverständlich nicht. Jeder hatte die Informationen, die notwendig waren für ihn, um das, was er gemacht hat, machen zu können.*
> *Oder Helmut Pohl in Texte der RAF, S. 234: Wenn eine Gruppe Aktionen plant, dann wissen das natürlich nur die, die unmittelbar daran beteiligt sind, die sie auch machen. Das ist selbstverständlich für ne Gruppe, die illegal kämpft.*

Wäre ein Gruppenmitglied in mehreren Kommandounternehmen gleichzeitig in die Vorbereitung und Durchführung einbezogen worden, so hätte dies die Gefahr des Scheiterns der Aktion und die des Verrats erheblich erhöht.

> *Vgl. Brigitte Mohnhaupt, a.a.O.: Es ist richtig, wenn ich konkret nur das weiß, was mich unmittelbar betrifft, weil man natürlich damit rechnen muß, wenn man gefangengenommen wird, daß es Verräter geben kann, daß sie erpreßt werden, gefoltert werden. Wir wußten das, und es ist einfach ne Bedingung für ne illegale militärische Organisation, sich so zu verhalten, wies nötig ist, wie die Bedingungen sind. Sonst wärs ein Haufen Idioten.*

Es dürfte sogar wahrscheinlich sein, daß einzelne Gruppenmitglieder, die als unzuverlässig galten, über den eigentlichen Zweck ihrer Arbeit desinformiert worden sind.

Der Schlußsatz dieses Beweisantrages zielte auf die von Boock behauptete und durch Urkunden- und Zeugenbeweise unseres Erachtens hinreichend glaubhaft gemachte Tatsache ab, daß wegen seines Drogenkonsums und seines »Versagens« beim Anschlag auf das Gebäude der Bundesanwaltschaft in Karlsruhe Zweifel an seiner Zuverlässigkeit geäußert wurden. Man sollte meinen, daß diese und die anderen Beweisbehauptungen des Antrags so viel Plausibilität für sich haben, daß gesunder Menschenverstand genügt hätte, sich von ihrer Richtigkeit zu überzeugen, ohne daß es überhaupt eines Beweises bedurfte. Aber wir hatten zur Kenntnis zu nehmen, daß das Gericht das Gegenteil für gerichtskundig hielt und sich dabei in Übereinstimmung mit anderen Gerichten befand, die ihre gerichtskundigen Absurditäten von einem Urteil zum nächsten weiterreichten.

Um zu bekräftigen, daß es nicht nur der möglicherweise Zweifeln ausgesetzte gesunde Menschenverstand der Verteidiger war, der es für unmöglich hielt, daß die RAF ausgerechnet bei einem Drogenkonsumenten und »Versager« alle konspirativen Regeln vergißt und ihn in drei parallel vorbereitete Aktionen nicht nur einweiht, sondern auch als Kommandomitglied einbezieht, beriefen wir uns auf einen sozialwissenschaftlichen Sachverständigen als Beweismittel. Wir wollten die Auswahl des Gutachters dem Gericht überlassen, weil wir sicher waren, daß es keinen Wissenschaftler von einiger Seriosität geben würde, der die zur Gerichtskundigkeit erhobene These der Oberlandesgerichte bestätigen würde. Aber darüberhinaus boten wir dem Gericht auch einen Sachverständigen an, der in unserem Auftrag die Frage der sogenannten Kollektivität untersucht hatte, Professor Dr.

Wolf-Dieter Narr, Freie Universität Berlin. Selbstverständlich wollte das Gericht diesen Sachverständigen nicht hören. Und so mußten wir seine Anhörung über das Recht der direkten Ladung erzwingen. Wie überflüssig diese Bemühungen der Verteidigung und des Sachverständigen waren, zeigte sich schon bei der aggressiv-ironischen Vernehmung des Sachverständigen durch Bundesanwaltschaft und Gericht. Prof. Narr hat später seine eigenen Stammheim-Erfahrungen laut dpa so beschrieben:

Bei der Befragung von Gutachtern der Verteidigerseite habe manchmal ein Hauch von Freislerscher Befragung in dem Stammheimer Gerichtssaal gelegen.

Was Herrn Bundesanwalt Zeis in seinem Plädoyer gegen Boock Anlaß zu der Bemerkung gab:

Wäre diese Aussage nicht so niederträchtig und bösartig, dann könnte man zur Tagesordnung übergehen oder behaupten, nur ein »Narr« kann so etwas behaupten.

Nicht genug, daß dieser Vertreter des Generalbundesanwalts sich mit Wortspielen über den Namen des von der Verteidigung gestellten Sachverständigen belustigte, er konstruierte auch einen Vorwurf gegen den Angeklagten und dessen Verteidiger daraus, daß sie sich nicht von dem Bericht ihres Gutachters distanziert hätten:

Wenn nun jemand hergeht und behauptet, in diesem Gerichtssaal habe manchmal ein Hauch von »Freislerscher Befragung« gelegen, und damit bewußt die Mitglieder dieses Gerichts mit dem Unmenschen Freisler vergleicht – wohlgemerkt auf einer Pressekonferenz, die im Interesse des Angeklagten in Anwesenheit seiner Vertrauensverteidiger abgehalten worden ist – dann stellt dies eine solche Ungeheuerlichkeit, eine solche Infamie dar, daß dies nicht genug gebrandmarkt und gegeißelt werden kann. Daß die Vertrauensverteidiger oder gar der Angeklagte sich von dieser infamen und gemeinen Behauptung distanziert haben, ist uns nicht bekannt geworden. Das Gegenteil ist eher zu befürchten; denn spätestens seit der Vernehmung dieses Herrn als Sachverständiger – der Angeklagte besaß ja die Geschmacklosigkeit, diesen Herrn auch noch als Sachverständigen hier zu präsentieren – und den im Anschluß hierzu abgegebenen Erklärungen muß man davon ausgehen, daß er und seine Vertrauensverteidiger sich mit dieser Behauptung identifizieren.

Dieser Originalton aus dem Plädoyer eines Bundesanwalts dürfte einen Hauch der Stammheimer Prozeßatmosphäre vermitteln, in der Lebenslänglich-Urteile gegen linke »Terroristen« produziert werden. So kann man nur vor einem Gericht reden, das sich in voller Übereinstimmung mit dem Ankläger befindet, daß ein in Wahrnehmung prozessualer Verteidigerrechte dem Gericht aufgezwungener Sachverständiger als Beweismittel nicht ernstzunehmen ist. Zumal dann, wenn dieser über seine Erfahrungen mit dem Stammheimer Landrecht öffentlich berichtet. Daß hier einmal die Empörung eines Betroffenen über die Mauern der kontrollierten Öffentlichkeit hinausschwappte, war Anlaß genug, den verbalen Gehässigkeiten, die solche Werturteile über Terroristenjusitz auslösen, neue hinzuzufügen.

Das Urteil des Stuttgarter Gerichts vom 7. Mai 1984 breitet denn auch seine Gerichtskundigkeit unberührt von jedem Zweifel aus, den das Gutachten des Sachverständigen Prof. Dr. Narr vielleicht hätte begründen können, wenn hier wirklich unabhängige Köpfe zu entscheiden gehabt hätten. Immerhin endete das

33seitige, alle verfügbaren Quellen nach kritischen Maßstäben auswertende Gutachten Narrs in dem provokanten Satz:

Das demokratisch interpretierte »Prinzip der Kollektivität« i.S. der RAF dient nicht dem Zweck der Wahrheitsfindung, sondern dem Zweck der Wahrheitsverdunkelung aufgrund heterogenen Interesses.[3]

Das Gericht wird den Angriff auf seine wahrheitsverdunkelnde Methodik interessengebundener Gerichtskundigkeit nicht überhört haben. Einen einzigen Satz gönnt es der gründlichen Untersuchung dieses Wissenschaftlers:

So bedurfte es nicht des Gutachtens des von der Verteidigung präsent gestellten Sachverständigen Professor Dr. Narr, das sachlich freilich zu Recht zu dem Ergebnis kommt, daß nicht alle »RAF«-Mitglieder gleichermaßen informiert und an allen Entscheidungen der Vereinigung gleichrangig beteiligt waren.

Denn aus seiner Gerichtskundigkeit und einer noch zu erörternden Auswertung von Äußerungen der Angelika Speitel und des Stefan Wisniewski wußte es hinreichend Bescheid darüber, daß der Grundsatz der Kollektivität überall dort galt, wo dies Argumente für Boocks Täterschaft hergab, und überall dort nicht galt, wo man die Absurdität der These zugeben konnte, ohne das Lebenslänglich gegen Boock zu gefährden. So gab man zu, daß nicht *»sämtliche«* Mitglieder (Hervorhebung im Original) der RAF über jeden Anschlag vorher eingeweiht oder daran in irgendeiner Form beteiligt gewesen wären (UA 155). Das schloß nicht aus, daß Boock qua Kollektivität eingeweiht und beteiligt war. Denn:

Nicht alle »RAF«-Mitglieder (hatten) in der Vereinigung gleiche Stellung, gleichen Rang und gleiches persönliches Gewicht.

Boock aber hatte »persönliches Gewicht« – wie die Kronzeugen bekundet hatten –, und darum galt für ihn das basisdemokratische Modell kollektiven Planens und Handelns, ungeachtet der Tatsache, daß namhafte Sozialwissenschaftler die Unmöglichkeit eines solchen Verhaltensprinzips in einer unter Bedingungen der Illegalität lebenden Gruppe nachgewiesen haben.

Das Gericht war nicht auf den Sachverständigen Prof. Dr. Narr angewiesen, wenn dessen Gutachten dem Einwand ausgesetzt war, daß der Gutachter sich öffentlich über seine Behandlung durch die Stammheimer Justiz beschwert hatte, und daß sein Name nicht gefiel. Es gab auch andere Sachverständige zu diesem Thema. Die Verteidigung konnte darauf verweisen, daß sich in der Wochenzeitschrift »Die Zeit« vom 23.3.1984 der Direktor des Forschungsinstituts für Soziologie der Universität Köln, Prof. Dr. Friedhelm Neidhardt, in einem Leserbrief zu Wort gemeldet hatte, der auf einen Bericht von Michael Schwelien über den Stammheimer Boock-Prozeß (»Ein Abgrund von Informationslücken«) Bezug nahm. Weder gegen die »Zeit« noch gegen Prof. Neidhardt ließen sich grundsätzliche Einwände erheben, wie die Bundesanwaltschaft flink ermittelte. Neidhardt wird sogar dem eher konservativen Spektrum zugerechnet. Also durften wir hoffen, daß wenigstens dessen Kritik am Stammheimer Gerichtskundigheitskonzept ernstgenommen werden würde:

Bei der Würdigung des Satzes von Angelika Speitel, die Aktionen der RAF seien »von uns zusammen geplant und ausgeführt« worden, sind Staatsanwälte, Verteidiger und Richter im Prozeß gegen Peter-Jürgen Boock nicht auf bloße Mutmaßungen angewiesen. Auslegungshilfen bieten empirische Analysen, die im Auftrag des Bundesministers des Innern erstellt und inzwischen im Westdeutschen Verlag in der Reihe »Analysen zum Terrorismus« veröffentlicht wurden.

Aus meinem eigenen Gutachten über die RAF ergibt sich, daß deren Mitglieder gegenüber Außenseitern zwar durchweg behauptet haben, Gruppenentscheidungen seien im Geiste umfassender Solidaritätsbeziehungen im Innern völlig einmütig getroffen worden; es läßt sich aber belegen, daß es sich bei solchen Äußerungen um Konsensusfiktionen handelt, die vor allem einer gefälligen Außendarstellung dienlich waren. In Wirklichkeit zeigt sich an der Baader-Meinhof-Gruppe sowie an ihren Nachfolgegruppen, daß sich unter den Kampfbedingungen terroristischer Gruppenführung in der RAF deutliche Führungsstrukturen ausbildeten und Untergruppen entstanden, deren Mitglieder in bezug auf »gemeinsame« Aktionen in sehr ungleichem Maße eingeweiht und beteiligt waren. Die These der Bundesanwaltschaft von der »Kollektivität aller RAF-Entscheidungen« wiederholt eine unhaltbare Konsensusfiktion. Allein aus Aussagen wie der von Angelika Speitel läßt sich weder die Mitwisserschaft noch die Mittäterschaft Boocks an der Schleyer-Ermordung ableiten.

Wir formulierten einen weiteren Beweisantrag:

Zum Beweise dafür, daß sich aus empirischen Analysen, die im Auftrag des Bundesministeriums des Innern erstellt und im Westdeutschen Verlag in der Reihe »Analysen zum Terrorismus« veröffentlicht worden sind, ergibt, daß der von der Bundesanwaltschaft behauptete und vom Senat bereits in einem Beschluß als richtig unterstellte angeblich in der RAF herrschende Verhaltensgrundsatz kollektiven Handelns und Planens tatsächlich im Jahre 1977 nicht bestanden hat, möge ein sozialwissenschaftliches Sachverständigengutachten des Direktors des Forschungsinstitutes für Soziologie der Universität Köln, Professor Dr. Friedhelm Neidhardt, eingeholt werden.

Begründung:
Dieser Beweisantrag kann nicht mit der Begründung zurückgewiesen werden, daß das Gericht über ausreichende eigene Sachkunde verfüge. Der Sachverständige Professor Dr. Neidhardt hat, wie sich aus seinem in Anlage 1 beigefügten Leserbrief an die ZEIT und seinem in Anlage 2 beigefügten Aufsatz ergibt, umfassende empirische Forschungen zu dieser Frage betrieben, die bei weitem über die schmale Quellenbasis hinausgehen, die von den bisher zur Entscheidung über den angeblichen Kollektivitätsanspruch der RAF berufenen Gerichten ausgewertet worden ist.

Das Gericht dürfte bei der Auswahl des Sachverständigen im vorliegenden Fall ausnahmsweise auch auf den von der Verteidigung vorgeschlagenen angewiesen sein. Soweit der Verteidigung bekannt ist, gibt es nur wenige Sachverständige, die zu diesem Thema empirische Forschungen durchgeführt haben, möglicherweise nur zwei (Narr und Neidhardt). Die Beauftragung eines Sachverständigen, der sich erst durch Nachholung der von dem Sachverständigen Professor Neidhardt bereits durchgeführten empirischen Untersuchungen sachkundig machen müßte, würde den Prozeß in unvertretbarer Weise verzögern.

Die Verteidigung hat mit Professor Neidhardt keine Verbindung aufgenommen.

Weiter überreichten wir dem Gericht eine Kopie des Gutachtens, das Prof. Neidhardt im Rahmen der vom Bundesinnenministerium veranlaßten »Analysen zum Terrorismus« erarbeitet hat.[4]

Die Bundesanwaltschaft bestärkte die Richter sofort in ihrer Selbsteinschätzung, daß sie selbst die erforderliche Sachkunde besäßen. Und in der Tat lehnte das Gericht die Einholung eines Gutachtens von Prof. Dr. Neidhardt unter Berufung auf seine Gerichtskundigkeit ab und wiederholte seine bewährten Formeln (»wie der Senat aus eigener Sachkunde weiß«, »aus eigener Sachkunde weiß der Senat freilich auch darum«, »so weiß der Senat aus eigener Sachkunde auch darum«, »der Senat weiß aus eigener Sachkunde auch darum«). Zugleich aber versicherte das Gericht, daß es einen Bereich gebe, auf dem, wie es »aus eigener Sachkunde« wisse, noch keine Gerichtskundigkeit herrsche. Wörtlich (Beschluß vom 4.4.84):

Ob und inwieweit beim Anschlag auf Jürgen Ponto, beim versuchten Raketenanschlag auf die Bundesanwaltschaft und bei der Gesamtaktion Dr. Schleyer das Prinzip der Kollektivität beachtet und gewahrt wurde, ist nicht gerichtskundig und auch durch sozialwissenschaftliche Erkenntnisse nicht geklärt, wie der Senat aus eigener Sachkunde auf Grund der wissenschaftlichen Veröffentlichungen weiß.

Es ist Sache des Senats, auf Grund des Hauptverhandlungsergebnisses zu prüfen, wie es sich insoweit verhielt. Er hat hierfür die erforderliche Sachkunde insbesondere auch insoweit, als es um die Bewertung von Äußerungen einzelner »RAF«-Mitglieder über Planung, Vorbereitung und Durchführung von Aktionen dieser Vereinigung geht.

Formulierungen, die den Anschein erwecken könnten, es gebe doch noch ein Stück Wahrheit zu finden, das auch Angeklagter und Verteidiger mitsuchen dürften. Formulierungen, die zugleich in einem bemerkenswerten Widerspruch zu dem standen, was der Senat bei Ablehnung des Salewski-Antrages gesagt hatte.

Noch einmal: Ob in den Fällen Ponto, Raketenanschlag und Schleyer das Prinzip der Kollektivität beachtet und gewahrt wurde, *ist nicht gerichtskundig*! Ein paar Monate früher hatten wir von den selben Richtern das Gegenteil gehört:

Im übrigen zweifelt der Senat an der Kollektivität der Tätergruppe und an der Wahrung dieses Grundsatzes auch bei der Tötung Dr. Schleyers ... nicht; kein Grund, daran zu zweifeln, daß entsprechend dem Grundsatz der Kollektivität die Tötung Dr. Schleyers für den Fall des Scheiterns der Freipressungsaktion schon vor dem Überfall vom 5. September 1977 durch einstimmigen Beschluß der Mitglieder der Tätergruppe festgelegt war.

Um es mit den Worten zu sagen, deren sich die Bundesanwaltschaft in bezug auf den Angeklagten und seine Verteidiger ungerügt bedienen durfte: Dieses Gericht hatte ein taktisches Verhältnis zur Wahrheit. Wenn es um die Ablehnung von Beweisanträgen der Verteidigung zur Kollektivitätsthese ging, die das bequeme Gerichtskundigkeitskonzept des Gerichts kaputtgemacht hätten, war jede Begründung recht; einmal: wir wissen schon alles, und einmal: wir wissen noch nicht. Und wir wußten, daß wir angelogen wurden.

Die mit dem Knüppel der eigenen Sachkunde (Gerichtskundigkeit) durchgesetzte Beweisverhinderungsstrategie des Stuttgarter Gerichts mündete, wie nicht anders zu erwarten, in ein Urteil, das den Eiertanz um die nicht zur Kenntnis genommene Wahrheit noch einmal in Kurzform wiederholte:

In seinem Beschluß vom 4. April 1984 hat der Senat darauf hingewiesen, daß insbesondere auch gerichtskundig ist, daß die »RAF« straff organisiert ist, ihr innerer Zusammenhalt sich auf unbedingte Unterordnung des einzelnen Mitglieds unter die allgemeinen Ziele der Vereinigung und den Gruppenwillen gründet, sowie Entscheidungen der Gruppe, die ihren

Willen nach dem Prinzip grundsätzlicher Gleichberechtigung der Mitglieder in Form von Kollektiventscheidungen bildet, ihren Angehörigen als verbindlich gelten.

Die Äußerungen, die die am 24. September 1978 festgenommene »RAF«-Angehörige Angelika Speitel *gegenüber den Polizeibeamten Polizeihauptmeister Drewlo, Polizeihauptmeister Bley und Polizeihauptmeister Oldenburg nach den glaubhaften Aussagen dieser Zeugen machte, als sie sich am Abend des 29. September 1978 mit ihnen unterhielt, bestätigten die gerichtskundige grundsätzliche Kollektivität der »RAF« und veranschaulichen, was dieser Grundsatz für die Art des Vorgehens der Mittäter eines »RAF«Anschlags bedeutet.*

Die gerichtskundige grundsätzliche Kollektivität der »RAF« wird ferner durch die Angaben bestätigt, die der wegen Beteiligung an der Gesamtaktion Dr. Schleyer zu lebenslanger Freiheitsstrafe verurteilte Stefan Wisniewski *als Angeklagter in der Hauptverhandlung des Oberlandesgerichts Düsseldorf in den Jahren 1980, 1981 machte. Wie Bundesanwalt Bieger, der hierbei zugegen war, als Zeuge bekundet hat, sprach Stefan Wisniewski, der sich rückhaltlos und leidenschaftlich als »RAF«-Mitglied bekannte, wiederholt vom »Kollektiv RAF« und gab hierzu an, Kollektivität sei die »innere Struktur« der »RAF«, in ihr habe es keine »Herrschaftsverhältnisse« gegeben.*

Die dunklen Quellen gerichtlicher Weisheit

Das Gericht hatte sich also die Mühe gemacht, die Zeugen, auf deren Aussagen die schon von anderen Gerichten erworbene Gerichtskundigkeit zur Kollektivitätsthese beruhte, noch einmal zu vernehmen. Diese Karikatur einer Beweisaufnahme soll im folgenden etwas ausführlicher dokumentiert werden, nicht nur, weil sie die dürftige Substanz »gerichtsbekannter« Tatsachen enthüllt, sondern weil sie ein typisches Beispiel für die Bereitschaft voreingenommener Richter ist, das erwünschte Ergebnis auch dort zu finden, wo jeder auch nur halbwegs quellenkritische Hörer abwinken würde. Wer die Protokolle und Mitschriften über die Aussagen zur Kenntnis nimmt, auf denen die Gerichtskundigkeit der »Kollektivität« beruht, wer gar die Zeugen selbst erlebt hat, kann gut begreifen, weshalb das Stuttgarter Gericht sich so erbittert gegen eine kritische Überprüfung der Quellenlage nach wissenschaftlichen Maßstäben gewehrt hat.

Das »Zitierkartell« (Cobler), auf das sich Gerichtskundigkeit stützt, geht im Fall der Kollektivitätsthese zurück auf das Urteil gegen Angelika Speitel (OLG Düsseldorf v. 30. 11. 1979), wo durch Zeugen vom Hörensagen eingeführte Äußerungen der Angeklagten so wiedergegeben wurden:

Innerhalb der Gruppe, in der sie sich geborgen gefühlt habe, werde nicht spontan gehandelt. Zwar bilde sich jeder seine eigene Meinung. Dann werde aber alles bis ins einzelne durchdiskutiert, und jede Aktion genauestens durchgesprochen und abgeklärt, bis auch der letzte überzeugt und Einstimmigkeit erzielt sei.

Im Urteil gegen Sieglinde Hofmann (OLG Frankfurt v. 16.6.1982) ist das Gerichtskundigkeitskonstrukt schon fertig:

Die Feststellungen zu dem für die »RAF« typischen Verhaltensgrundsatz des kollektiven Planens und Handelns beruhen ebenfalls auf gerichtskundigen Erkenntnissen, wie sie durch das auszugsweise Verlesen eines Teils der aufgeführten Urteile in die Hauptverhandlung eingeführt worden sind. Dazu hat auch der Zeuge PHW Drewlo vor dem Senat Angaben gemacht, die von der »RAF«-Angehörigen Angelika Speitel nach ihrer Festnahme im November 1978 anläßlich ihres Krankenhausaufenthaltes stammen. Auf die Frage, die in einem zwanglosen Gespräch gestellt war, ob der »große Guru« die Gruppe bestimme, erklärte sie dem Zeugen, daß es dort demokratisch zugehe, sich jeder seine eigene Meinung bilde und Einwände vorbringen könnte. Es würde dann alles bis ins einzelne durchdiskutiert und jede Aktion genauestens durchgesprochen und abgeklärt, bis auch der letzte überzeugt und Einstimmigkeit erzielt sei.

Nach diesem noch in weiteren Urteilen benutzten Muster ging auch der 2. Strafsenat des OLG Stuttgart vor. In seinem Urteil vom 7. Mai 1984 zählt der Senat auf, welche Beweismittel ihm die gerichtskundige grundsätzliche Kollektivität der RAF bestätigt hätten. Es waren die Zeugen Drewlo, Bley, Oldenburg, Brack und Bieger. Die ersten vier Polizeibeamte, der fünfte Bundesanwalt. Reputierliche Zeugen also, die schon aufgrund ihres Berufs einen hohen Rang in der Hierarchie der Glaubwürdigkeit einnehmen. Und was wußten die Zeugen?

Die Polizeibeamten Drewlo, Bley und Oldenburg hatten die am 24. September 1978 festgenommene Angelika Speitel im Krankenhaus Bergmannsheil in Bochum bewacht, wo diese sich wegen einer Schußverletzung befand. Dabei sei es am Abend des 29. September 1978 zu einer zwanglosen Unterhaltung gekommen, deren Extrakt das Boock-Urteil wie folgt wiedergibt:

Angelika Speitel äußerte hierbei, in der »RAF«, in der sich jedes Mitglied seine eigene Meinung bilde, werde alles bis ins einzelne diskutiert und jede Aktion genauestens durchgesprochen und abgeklärt, bis jedes einzelne Gruppenmitglied überzeugt und Einstimmigkeit erzielt sei; es gebe in der »RAF« keine Befehlsgewalt einer Person oder einiger weniger über die anderen Gruppenmitglieder; so werde im Rahmen einer Aktion keinem eine Aufgabe aufgezwungen, sondern die Übertragung einer Aufgabe setze voraus, daß sich das betreffende Gruppenmitglied nach eigener Einschätzung und der aller weiteren Gruppenmitglieder hierfür eigne und mit der Übernahme der Aufgabe in Übereinstimmung mit dem Willen aller weiteren Gruppenangehörigen einverstanden sei.

Das hört sich seriös an. Frau Speitel scheint den Herren Polizeibeamten ein kleines Grundsatzreferat über Struktur- und Aktionsprinzipien der RAF gehalten zu haben. Schade nur, daß sie es nicht selbst vor Gericht wiederholt hat. Dazu mußten vielmehr die Polizeibeamten als Zeugen vom Hörensagen anreisen, eine Rolle, die sie schon in mehreren Terroristenprozessen geübt hatten. Trotzdem war ihr Stammheimer Debüt nicht sehr überzeugend. Aber den Richtern reichte es dank ihrer bereits vorhandenen Gerichtskundigkeit. Einer Gerichtskundigkeit, die ihrerseits auf dem Umweg über andere Gerichte, bei denen die Polizistenriege ebenfalls ihren Auftritt gehabt hatte, auf eben diese Zeugen zurückgeht.

Aus den Akten ergab sich, daß diese Polizeizeugen bei ihren ersten Vernehmungen, die Ende September/Anfang Oktober 1978 stattgefunden hatten, noch mit keinem Wort von derartigen Grundsatzdiskussionen gesprochen hatten. Von Diskussionen ist erstmalig die Rede in einem Protokoll vom 9. Oktober 1978 über eine Vernehmung des Polizeihauptmeisters Friedrich Bley. Aber nicht etwa von einer Diskussion, die irgend etwas für die Kollektivitätsthese hergegeben hätte, sondern von einer Diskussion zwischen Angelika Speitel und Michael Knoll, ob man in dem Waldstück, in dem die beiden kurz darauf von Polizeibeamten gestellt wurden, Schießübungen veranstalten könne. Der Zeuge Bley am 9. Oktober 1978 wörtlich:

Von sich aus gab Frau Speitel noch an, daß man 1/4 Stunde darüber diskutiert habe, ob man an der vorgesehenen Örtlichkeit schießen könne oder nicht. Gründe, die diskutiert wurden, hat sie nicht genannt.

Ein schlechteres Beispiel für die Kollektivitätsthese und deren Einstimmigkeitsdogma kann es kaum geben. Bei zwei Diskussionsteilnehmern gibt es freilich nur die Alternative Einstimmigkeit oder Beschlußunfähigkeit. Und das gilt nicht nur für die RAF. Um eine »Aktion« ging es auch nicht, sondern um eine Schießübung. Bis ins einzelne vorausgeplant war die Sache auch nicht, sondern ausgesprochen schlecht recherchiert. Man glaubte, ein Waldstück gefunden zu haben, in dem die Schießübung unauffällig stattfinden könne, und stand plötzlich Polizeibeamten gegenüber, die von Anwohnern alarmiert worden waren. Daß die RAF bei dieser Gelegenheit zwei Kämpfer verlieren würde (Michael Knoll wurde getötet, Angelika Speitel verletzt und festgenommen), war ebensowenig vorgeplant wie die Schießerei, bei der auch einer der Polizeibeamten tödlich getroffen wurde. Das Ganze ist also ein Beweis dafür, daß auch bei der RAF nicht alles wie geplant klappte, daß es spontane Entscheidungen und sogar folgenschwere Fehler gegeben hat.

Die Aussage des Polizeibeamten Bley vom 9. 10. 1978 enthielt also noch nicht den von den Ermittlungsbehörden benötigten Beweis für das Kollektivitätsprinzip. Aber ihre Bemühungen gingen weiter. In den Prozeßakten gegen Angelika Speitel, deren Heranziehung das Stuttgarter Gericht abgelehnt hatte, fanden die Verteidiger einen Vermerk des Kriminalobermeisters Bartsch vom 19. Oktober 1978, in welchem es heißt:

Dort (nämlich im Krankenhaus Bergmannsheil in Bochum) wurde auch mit den diensthabenden Beamten des MEK Dortmund gesprochen. Sie gaben auf Befragen an, daß man zu Frau Speitel keine Kontakte mehr unterhalte, da nunmehr die Betreuung durch das weibliche Personal der Justizvollzugsanstalt vorgenommen werden würde. Hinweise zur Sache seien von den Beamten durch unmittelbaren Kontakt mit Frau Speitel daher nicht mehr zu erwarten.

Wie schade! Da mußte etwas geschehen. Und es geschah etwas. Eine Woche nach Niederlegung dieses Vermerks, nämlich am 26. 10. 1978, brachte der Polizeiobermeister Drewlo eine Aussage zu Protokoll. Sie bezog sich auf ein damals schon vier Wochen zurückliegendes Gespräch mit Angelika Speitel. Es handelte sich um ein am 29. September 1978 geführtes Gespräch im Krankenhaus Bergmannsheil in Bochum, an dem auch die Polizeibeamten Oldenburg und Bley teilgenommen hatten, deren wenige Tage nach dem Gespräch niedergelegten Aussagen hinsichtlich des Kollektivitätsprinzips so wenig ergiebig gewesen waren. Der Polizeiobermeister Drewlo hingegen erinnerte sich nunmehr Wochen später mit einem Mal an die Dinge, auf die es den Ermittlern eigentlich ankam. Und so heißt es denn in der Drewlo-Vernehmung vom 26. 10. 1978:

Auf konkrete Fragen, wie Aktionen der Gruppe geplant würden, äußerte sie, daß alle Aktionen gemeinsam besprochen und diskutiert würden. Unterschiedliche Meinungen würden ausgeräumt. Jeder würde seine Fähigkeiten in den Dienst der gemeinsamen Sache stellen.

Da endlich war das formuliert, was von nun an mittels der Herren Drewlo, Brack, Bley, Oldenburg und Kesting von Gericht zu Gericht als authentische Aussage der Angelika Speitel über das Prinzip kollektiven Planens und Handelns der RAF herumgereicht wurde. Inzwischen erinnerten sich nämlich auch einige der anderen Polizeibeamten an diese Grundsatzerklärung der von ihnen wenige Tage nach ihrer Schußverletzung in ein zwangloses Gespräch verwickelten Angelika Speitel.

Auch im Stuttgarter Prozeß gegen Peter-Jürgen Boock wurden sie vernommen (mit Ausnahme des Polizeibeamten Kesting). Aber obwohl diese Zeugen vorher schon in mehreren Verfahren ihre Rolle üben konnten, bedurften sie des Souffleurs, um auf das Wesentliche zu kommen. So sprach der Zeuge Bley bei seiner Vernehmung am 14. April 1983 von Kollektiventscheidungen nur in bezug auf die Frage, ob die Schießübungen, die schließlich zur Festnahme von Angelika Speitel und zum Tode zweier Menschen führten, an der vorgesehenen Stelle durchgeführt werden könnten – genau so, wie er es auch bei seiner ersten polizeilichen Vernehmung am 9.10.1978 getan hatte. Herr Bundesanwalt Zeis half mit der Frage nach:

Hat es Sie interessiert, wie die Gruppe strukturiert war?

Das Stichwort genügte nicht, um den Zeugen auf seinen Text zu bringen. Und so bot Herr Zeis durch Aufzählung mehrerer Strukturprinzipien dem Zeugen eine Auswahl von Antworten an – ein in rechtsstaatlichen Verfahren als Suggestivfrage verpöntes Hilfsmittel. Aber beim Zeugen Bley klingelte es immer noch nicht. Er sagte schlicht:

Fragen dieser Art wurden von Frau Speitel abgeblockt. Sie hat auch mal sowas gesagt wie: Nachtigall, ick hör dir trapsen.

Das klang ehrlich und war plausibel. Peinlich war nur, daß das Urteil des OLG Frankfurt in Sachen Sieglinde Hofman gerade auch auf die Aussage dieses Zeugen seine Feststellungen zum Kollektivitätsprinzip gestützt hatte:

So erklärte der Zeuge Bley, daß es nach seiner Einschätzung aufgrund des Gesprächs mit Angelika Speitel in der Gruppe demokratisch zuging; daß es aber auch Mitglieder gab, die aufgrund ihrer größeren Intelligenz Führungsaufgaben wahrnahmen und andere Gruppenmitglieder überzeugen konnten. Die Aktionen seien in Gemeinschaftsarbeit vorbereitet und durchgeführt worden, nachdem alle damit einverstanden gewesen seien. Aus dieser Grundhaltung sei nach Angelika Speitels Worten auch die Verantwortlichkeit jedes einzelnen Gruppenmitgliedes deutlich gewesen.

Nachtigall, ick hör dir trapsen!

Wie sich die schlichten Worte des Zeugen, in die funktionale Juristensprache übertragen, doch so viel bedeutender anhören und – was er selbst offenbar immer noch nicht begriffen hatte – genau das missing link lieferten, das der Justiz zum Kollektivitätskonstrukt noch fehlte. Wäre natürlich schön gewesen, wenn man den Zeugen hätte veranlassen könne, noch einmal mit seinen Worten zu formulieren, was er aus dem Munde der Angelika Speitel gehört haben will, damit man nicht nur auf die Gerichtskundigkeit angewiesen war, die auf ihn zurückgeht. Und so hielt Herr Bundesanwalt Zeis dem Zeugen vor, ob es sein könne, daß er im Verfahren gegen Frau Hofmann gesagt habe, daß die Gruppe nach den Äußerungen von Frau Speitel in kollektiver Verantwortung gehandelt habe. Der Zeuge Bley antwortete darauf mit einem schlichten »Ja«, was angesichts der suggestiven Fragestellung nahelag. Ein »Ja«, das unverbunden und unvereinbar neben dem Nein stehenblieb, das der Zeuge auf die offen formulierte Frage nach der Gruppenstruktur gegeben hatte. Noch einmal:

Fragen dieser Art wurden von Frau Speitel abgeblockt. Sie hat auch einmal sowas gesagt wie: Nachtigall, ick hör dir trapsen.

Auf Fragen der Verteidigung konnte der Zeuge das angeblich von Frau Speitel verkündete Prinzip der Kollektiventscheidung wiederum ausschließlich an dem Beispiel der Diskussion zwischen ihr und einem anderen Gruppenmitglied über den richtigen Platz für die Schießübung erläutern. Diese Gerichtskunde war wohl nicht sehr überzeugend.

Aber da waren ja noch mehr Gerichtskünder. Und, fürwahr, der Polizist Oldenburg hatte seine Lektion besser gelernt. Auf eine Frage des Vorsitzenden Dr. Eitel, ob darüber gesprochen worden sei, ob gemeinschaftlich beschlossen werde, antwortete er wörtlich:

Ja. Sie sagte, das wird von uns zusammen geplant und ausgeführt. Es gibt also keinen, der sagte, das und das wird gemacht.

Na also. Ins gehobene Juristendeutsch übertragen hatte sie ihren zwanglosen Gesprächspartnern also genau das gesagt, was die Bundesanwaltschaft (und verurteilungswillige Richter) jetzt hören wollten: Nicht Befehlsstruktur, sondern Kollektivität. Im Baader-Meinhof-Raspe-Ensslin-Prozeß, wo es um die Aburteilung der Führungskader ging, hätte ihnen das noch nicht so gut in den Kram gepaßt. Aber auch die Aussage des Polizisten Oldenburg hatte einen kleinen Schönheitsfehler. Bei seiner ersten polizeilichen Vernehmung am 5. Oktober 1978 hatte er nämlich die von ihm am 29. und 30. September 1978 mit Angelika Speitel geführten Gespräche detailliert geschildert, dabei aber mit keinem Wort angebliche Äußerungen der Gefangenen zum Kollektivitätsprinzip erwähnt. Und diese erste Aussage Oldenburgs hatte sein Kollege Bley, der im gleichen Zeitraum wie Oldenburg zu Frau Speitels Bewachung eingeteilt war, nur vier Tage später als richtig – und das heißt doch wohl auch: vollständig – bestätigt:

Mit Ausnahme der Komplexe Ponto und US-Hauptquartier Heidelberg kann ich die Angaben des Kollegen Oldenburg voll und ganz bestätigen.

Also schon zwei Polizistenaussagen, die wenige Tage nach der zwanglosen Unterhaltung mit Angelika Speitel zu Protokoll genommen wurden, und noch kein

Wort von den später so wesentlich gewordenen Planungs- und Handlungsprinzipien der RAF enthielten.

Dann bringt es vielleicht der Zeuge Drewlo, der ebenfalls zu dem Polizistenkollektiv gehörte, auf dessen Aussagen das Kollektivitätskonstrukt aufgebaut ist. Im Sieglinde-Hofmann-Urteil des OLG Frankfurt vom 16. Juni 1982, das auch zur Gerichtskundigkeit des Stuttgarter Gerichts beigetragen hat, findet man seine Gesprächsfrüchte wie folgt zitiert:

Auf die Frage, die in einem zwanglosen Gespräch gestellt war, ob der »große Guru« die Gruppe bestimme, erklärte sie dem Zeugen, daß es dort demokratisch zugehe, sich jeder seine eigene Meinung bilde und Einwände vorbringen könne. Es würde dann alles bis ins einzelne durchdiskutiert und jede Aktion genauestens durchgesprochen und abgeklärt, bis auch der letzte überzeugt und Einstimmigkeit erzielt sei.

Der Frankfurter OLG-Senat gab seiner Überzeugung Ausdruck, daß diese Angaben richtig seien, »zumal sie von den Zeugen Bley und Oldenburg ... bestätigt werden«. Wir kennen diese Zeugen und die Genese ihrer Aussagen bereits. Uns interessiert jetzt, wann dem Polizeibeamten Drewlo die Erinnerung an die angeblichen Äußerungen der Angelika Speitel gekommen ist. Vielleicht hat er, anders als seine Kollegen, schon wenige Tage nach den fraglichen Gesprächen eine frische Erinnerung niedergelegt? Aber mitnichten. Gerade der Zeuge Drewlo ist, wenn man den Akten und deren Vollständigkeit glauben darf, erst mit vier Wochen Verspätung vernommen worden. Seine protokollierte Aussage vom 26.10.1978 ist von planvoll ordnender Hand an den Anfang der aktenmäßigen Dokumentation von Grundsatzerklärungen der Angelika Speitel zum Kollektivitätsprinzip geheftet worden.

Seiner erneuten Vernehmung in Stammheim durfte mit großen Erwartungen entgegengesehen werden, nachdem schon das Sieglinde-Hofmann-Urteil seiner Aussage einen von Gerichtskundigen gern zitierten Ausdruck verliehen hatte. Aber auch dieser Zeuge enttäuschte, mußte enttäuschen, weil die Überinterpretation seiner Aussagen in den amtlich formulierten und amtlich zur Kenntnis genommenen Urteilsgründen bei weitem ergiebiger waren als das Original. Herr Drewlo jedenfalls, dieser kollektive Geburtshelfer der Kollektivität, wußte wenig Handgreifliches zum Thema zu sagen, solange man ihn frei sprechen ließ. Erst Herr Bundesanwalt Zeis lockerte das Gedächtnis des Zeugen mit der Suggestivfrage, ob darüber gesprochen worden sei, ob in der RAF spontan gehandelt werde:

Ja, wir haben darüber gesprochen. Sie sagte: Nein. Das trifft bei uns nicht zu. Bei uns wird jede Frage durchgesprochen.

Auch diesem Zeugen konnte Bundesanwalt Zeis mit Zitaten auf die Sprünge helfen, die er Aufzeichnungen seiner Kollegen aus früheren Verfahren entnahm, die für die Verteidigung unzugänglich und damit unkontrollierbar waren. Dort sollte der Zeuge so tiefschürfende Aussprüche der Frau Speitel wiedergegeben haben wie: Einigkeit sei das Ziel, und: jeder übernimmt die Aufgabe, zu der er meint, am besten geeignet zu sein. Der Zeuge bediente die Fragen mit der durch die suggestive Formulierung nahegelegten Sparsamkeit an eigener Gedankenleistung:

Das ist richtig.

Diesem Gericht genügte das.

Um auch noch den Zeugen Brack zu erwähnen: Er wiederholte bei seiner Vernehmung in Stammheim ziemlich getreulich das, was er auch schon bei seiner ersten polizeilichen Vernehmung am 29.9.1978 zu Protokoll gegeben hatte. Jetzt wie damals kein Wort über angebliche Ausführungen der Frau Speitel zu Planungs- und Handlungsprinzipien der RAF.

Das also ist der nachprüfbare Befund: 4 oder in anderen Verfahren 5 Polizeibeamte, die als mittelbare Zeugen bekundet haben, was ihnen Angelika Speitel kurz nach ihrer Festnahme erzählt haben soll. Ein Befund, der schon als solcher höchst kritisch aufgenommen werden muß, wenn man des Satzes »Nachtigall, ick hör' dir trapsen« gedenkt und anderer unmißverständlicher Hinweise darauf, daß Angelika Speitel auch in ihrem damaligen Zustand keinesfalls die Absicht hatte, sich von Polizeibeamten zu Prinzipien des Planens und Handelns der RAF ausfragen zu lassen. So ist etwa in einem Protokoll vom 5.10.1978 über die Aussage des im Boock-Verfahren nicht vernommenen Polizeikommissars Reiner Kesting folgender Dialog nachzulesen:

Ich betrat gegen 9.00 Uhr das Zimmer von Frau Speitel und sagte: »Guten Morgen, wie geht es denn heute so?« Sie sagte daraufhin, daß wir doch mit unserer Schleimscheißerei aufhören sollten. Wir sollten lieber »dreckige Sau« zu ihr sagen, dann wären wenigstens die Fronten geklärt.

Über ähnliche Erfahrungen berichtete der in Stammheim als Zeuge vernommene Oberstaatsanwalt Kubel, der sich bei Frau Speitel als deren Staatsanwalt vorgestellt hatte. Kubel:

Das Wort Staatsanwalt war kaum gefallen, da ertönte das energische: Raus! Raus!

Auch ein nicht gerade polizeifreundlicher Brief der Frau Speitel (vom 24.10.1978) wurde in der Hauptverhandlung verlesen.

Nach alledem konnte eigentlich niemand in der Stammheimer Mehrzweckhalle, der an Aufklärung der historischen Wahrheit interessiert war, daran zweifeln, daß Angelika Speitel gegenüber Personen, die sie als Figuren des verhaßten Staatsapparats erkannte, niemals, auch nicht im »zwanglosen Gespräch« (gibt es auch »erzwungene Gespräche«? wie verräterisch ist die Sprache der Herrschenden!) Planungs- und Handlungsprinzipien der RAF ausgeplaudert hätte. Wer das dürftige Material der 4 oder 5 Polizistenaussagen kritisch würdigt, kann, wenn er ernst genommen werden will, eine Bestätigung des Kollektivitätsprinzips im Sinne eines Synonyms für Mittäterschaft nicht herauslesen. Aber die politische Strafjustiz brauchte Lächerlichkeit noch nie zu scheuen, da ihre Schlagkraft sich nicht in gründlicher Recherche, sondern in existenzbedrohender Lebensverkürzung manifestiert. Und da erstirbt das Lachen.

Bleiben wir noch einen Augenblick bei Angelika Speitel. Unterstellen wir einmal, die Gerichtskunde, wonach sie ihre RAF-Genossen verraten habe, sei zutreffend. Denn es wäre Verrat im Sinne der RAF, wenn sie gegenüber Polizeibeamten Angaben über Strukturprinzipien der RAF, über kollektive Planungs- und Handlungsprinzipien gemacht hätte, die eine täterschaftliche Verantwortung aller Beteiligten begründeten.

Welche Erklärung könnte es für einen solchen Verrat geben?

Die Justiz problematisiert diese Frage überhaupt nicht. Für bundesdeutsche Richter scheint es normal zu sein, daß jemand heute Terrorist, morgen Verräter und übermorgen wieder Terrorist ist. Denn diese gesinnungsmäßige Beliebigkeit müßte bei Frau Speitel unterstellt werden, die sich jedenfalls in der hier relevanten Zeit nicht von der RAF losgesagt hatte und weder nach ihrem Selbstverständnis noch in den Augen ihrer Genossen als Verräterin galt. Daß solche spurlosen Gesinnungswechsel von bundesdeutschen Juristen für selbstverständlich gehalten werden, mag in ihrer eigenen Unberührtheit von politischen Szenenwechseln begründet sein. Für Menschen jedoch, die sich einmal einem revolutionären Konzept verschrieben haben, bedeutet ein wie auch immer zustandegekommener Frontwechsel einen Identitätsbruch, der nicht so leicht rückgängig zu machen ist. Frau Speitel würde, nach allem, was wir über sie wissen, der Unterstellung, sie hätte gegenüber Polizeibeamten verräterische Reden geführt, glaubwürdig widersprechen. Wir haben uns im Boock-Prozeß leider vergeblich bemüht, sie zu einer zeugenschaftlichen Aussage vor Gericht zu veranlassen.

Die Unterstellung, Frau Speitel habe den sie bewachenden Polizeibeamten RAF-Interna verraten, weil sie vorübergehend den Grundsatz »mit Bullen spricht man nicht« vergessen habe, scheidet also aus. Das Gericht aber hätte, von seinem Standpunkt aus, Anlaß gehabt, das »Aussageverhalten« der Frau Speitel gegenüber Polizeibeamten einer kritischen Würdigung zu unterziehen. Das ist unterblieben.

Oder war sie in einem Gesundheitszustand, der ihre bewußte Kontrolle über sich selbst reduzierte? Das Stuttgarter Urteil will dies ausschließen. Als der Ermittlungsrichter des BGH ihr am 25.9.1978 den Haftbefehl eröffnete, habe nach dessen Aussage Frau Speitel verstanden, was er ihr eröffnete. Sie habe auch keine Schwierigkeiten gehabt, sich verständlich zu machen. Zuvor habe der Zeuge den behandelnden Arzt befragt, der die Vernehmungsfähigkeit bejaht habe. Auch andere Zeugen hätten Frau Speitel damals für vernehmungsfähig gehalten. So habe der Polizeioberkommissar Brack glaubhaft von gymnastischen Übungen berichtet, die Frau Speitel an einer über ihrem Bett angebrachten Haltevorrichtung immer wieder vorgenommen habe. Alles untrügliche Beweise für ihre Vernehmungsfähigkeit. Wir wollen das nicht weiter problematisieren, weil wir nicht glauben, daß Frau Speitel gerichtsverwertbare Kollektivitätsthesen geliefert hat. Aber wer das glaubt, sollte über ihre Gerichtsverwertbarkeit schon etwas gründlicher nachdenken, als dies bei den Oberlandesgerichten in Düsseldorf, Frankfurt und Stuttgart geschehen ist.

Bleibt noch die Frage, ob Frau Speitel die Herren, die sich mit ihr zwanglos unterhielten, als Polizeibeamte erkannt hat. Die Oberlandesgerichte gehen davon aus, um die von den Herren kolportierten Gesprächsfrüchte vor dem Einwand der unzulässigen Täuschung zu schützen.

Die Zeugen Brack, Bley, Oldenburg und Drewlo sind, wie sie in der Stuttgarter Hauptverhandlung einräumten, Frau Speitel im weißen Pflegerkittel gegenübergetreten. Als Begründung gab der Zeuge Brack in der Sitzung vom 14.4.1983 an:

Wir haben weiße Pflegerkittel getragen, um nicht mit geballter grüner Gewalt zu erscheinen. So unauffällig wie möglich. Wir haben uns weiße Pflegerkittel geben lassen, um nicht so aufzufallen.

Diese interessante Aussage gab Anlaß, den nächsten Zeugen, Herrn Drewlo, zu fragen, woran denn Frau Speitel erkannt habe, daß sie es mit Polizeibeamten zu tun hatte. Drewlo:

Wie waren ja in Uniform. Im Kampfanzug.

Der Vorsitzende ließ durchblicken, daß man es von Herrn Brack inzwischen anders gehört hatte und fragte, ob es sein könne, daß sie im Krankenhaus weiße Kittel bekommen hätten. Drewlo wendig:

Doch, Sie haben recht.

Blieb die Frage im Raum, woran Frau Speitel die Weißbekittelten dennoch als Polizisten erkannte. Der Vorsitzende half weiter:

Waren Sie bewaffnet? Drewlo: Ja. Vorsitzender: War das sichtbar? Drewlo: Ich meine ja.

Der arme Drewlo. Der Pfad der Wahrheit, auf dem selbst polizeifreundliche Richter dem Zeugen nur mühsam folgen konnten, wurde immer schmaler.

Der Angeklagte Boock selbst stellte die Frage: Haben Sie die Pistole über den weißen Kittel geschnallt?

Was blieb jetzt noch als Ausweg?

Drewlo: Nein. Wir hatten keine Kittel, die so groß waren, daß man die Kittel schließen konnte und die Waffe verdeckt war. Der Kittel wurde hauptsächlich offen getragen.

Also von allem ein bißchen. Ein bißchen unauffällig durch Anlegen des weißen Pflegerkittels, ein bißchen sichtbare Polizeigewalt durch Öffnen des Kittels. Ein bißchen weißer Kittel auf »Wunsch des ärztlichen Pflegepersonals, damit die Patienten nicht beunruhigt würden« (Drewlo), und ein bißchen Waffen, damit Frau Speitel die Polizisteneigenschaft ihrer Gesprächspartner erkannte. Seltsam nur, daß Frau Speitel nach der Aussage des Polizisten Bley auf Uniformierte, die sich kein weißes Mäntelchen umhängten, ausgesprochen allergisch reagiert haben soll:

Das war das Erstaunliche. Obwohl sie wußte, daß wir Polizeibeamte waren, hat sie gesprochen. Als mal Justizbeamte ins Zimmer kamen, hat sie sofort abgebrochen. So als ob sie zu den Justizbeamten kein Vertrauen haben konnte.

Erstaunlich, fürwahr, daß diese Frau, die angesichts uniformierter Justizbeamter verstummte, Staatsanwälte rauswarf, einen Polizeibeamten, der »guten Morgen« wünschte, der Schleimscheißerei bezichtigte und ihm die Anrede »dreckige Sau« vorschlug, die auf Polizisten geschossen hatte und sich nach wie vor zur RAF bekannte, zu Polizeibeamten ein Vertrauen gefaßt haben sollte, das bis zur Denunziation justizrelevanter Aktionsgrundsätze der RAF gegangen sein soll. Aber die »freie Beweiswürdigung« in Terroristenprozessen kommt ohne eine Quellenkritik aus, die den außerhalb des Tempelbezirks der Justiz gültigen Maßstäben standhalten würde. Was Angelika Speitel zu den Herren im weißen Kittel in ihrem Krankenzimmer gesagt haben soll, ist durch einen zweifachen Filter gegangen, bevor es zur gerichtskundigen Kollektivität gerann. Nämlich durch den Filter des Verständnishorizonts von Polizeibeamten und von Richtern, die eine Wahrheit finden wollten, die sie schon kannten.

Die Polizisten im Pflegerkittel hätten, wenn die aus ihren zwanglosen Gesprächen abgeleiteten Justizwahrheiten ernst zu nehmen wären, ein Zugangsproblem im direkten Zugriff gelöst, dem die seriöse Forschung bisher nur auf komplizierten Umwegen beikommen konnte. Friedhelm Neidhardt schreibt:

Das Geheimnis über sich selber zu wahren, gehört zu den Kampfmethoden terroristischer Gruppen. Sie lassen sich deshalb auch nicht einfach besuchen und besichtigen; teilnehmende Beobachtung als eine der Techniken empirischer Sozialforschung fällt also aus.[5]

Irrtum, Herr Neidhardt, Sie hätten nur ein paar Polizeibeamte in weiße Kittel zu stecken brauchen, und selbst hartgesottene Terroristen hätten sich offenbart. Neidhardt, der das nicht wissen konnte, fährt fort:

Auch Interviews gelingen normalerweise nicht. Wer aussagt, verliert schon deshalb seine Mitgliedschaft, gilt als abtrünnig.

Alles nicht wahr. Die Ermittlungsbehörden, die ja bei Terroristen als besonders vertrauenswürdig gelten, brauchten nur Hilfsbeamte der Staatsanwaltschaft vorzuschicken und schon erfuhren sie alles, was man zur Verurteilung von »Terroristen« brauchte.

Soviel zu der durch beamtete Zwischenträger aufgewerteten Quelle Angelika Speitel.[6]

Und was hatte der ebenfalls vom Gericht als Quelle bemühte Stefan Wisniewski zur Gerichtkundigkeit der Kollektivität beigetragen?

Stefan Wisniewski hatte es abgelehnt, im Boock-Verfahren auszusagen. So wurden Aussagen eingeführt, die er in seiner eigenen Sache gemacht hatte. Die zweckdienliche Zusammenfassung, die Herr Bundesanwalt Bieger, als Zeuge vernommen, bot, soll auch hier auf die Quelle zurückgeführt werden, um dem Leser ein eigenes Urteil zu ermöglichen.

Wisniewski hatte in Düsseldorf mit dem elitären Anspruch eines Avantgardisten verkündet,

daß so Sachen wie Banken überfallen und vielleicht Kapitalgrößen wie Schleyer entführen, um Gefangene zu befreien, nicht von gewöhnlichen proletarischen Seelen gemacht werden (können).

Aber trotzdem werde niemand ernsthaft bestreiten können, daß gerade die Entführung

dieses Kapitalisten und Ex-Nazis in Reinkultur Elemente von Klassenbewußtsein transpor-

tiert (habe), die auch hier eine Resonanz hatten, die dem Staat gefährlich ist. Selbiges ist auch zur inneren Struktur der RAF zu sagen: Kollektivität! In ihr steckt die Möglichkeit zu kämpfen, Widerstand auszubilden, solidarisch zu handeln. Hier ist ein Stück vorweggenommener kommunistischer Gesellschaftsordnung. In ihr brennt der mobilisierende Kern, der ansteckende Wille zur revolutionären Veränderung.[7]

Dazu habe ich in meinem Boock-Plädoyer gesagt:

Wollen Sie, meine Herren Bundesanwälte, ernstlich behaupten, dies sei eine konkrete Umschreibung eines Planungs- und Handlungsgrundsatzes, aus dem sich ableiten lasse, daß jedes RAF-Mitglied für jede Kommandoaktion im Sinne einer Mittäterschaft strafrechtlich verantwortlich gemacht werden könne? Oder sollten Sie Ihren Ehrgeiz nicht in diesem Punkte ein paar Löcher zurückstecken und zugeben, daß hier mit verbalradikalem Schwulst ein idealistisches Bild von dem, wie die RAF gern gesehen werden möchte, abgeleiert worden ist?...

Daß dieser allgemeine Schwulst über Kollektivität, über ein Stück vorweggenommener kommunistischer Gesellschaftsordnung, über einen brennenden mobilisierenden Kern und über den ansteckenden Willen zur revolutionären Veränderung etwas anderes ist als die Verabredung einer konkreten Aktion, das sollte doch eigentlich auch Ihnen einleuchten.

Daß der Bundesanwaltschaft etwas einleuchten könnte, das ihrer Anklage den Boden entzogen hätte, haben wir natürlich nicht erwartet. Aber wir hielten es für möglich, das Urteil der Richter zu beeinflussen, wenngleich wir auch diese Chance angesichts der vielen Signale ihrer Voreingenommenheit minimal einschätzten. So habe ich den die Kollektivität betreffenden Teil meines Plädoyers wie folgt abgeschlossen:

Nach alledem wird dieses Gericht sich nicht mit wirklichen oder angeblichen Zitaten von Angelika Speitel und Stefan Wisniewski, auch nicht mit der Bezugnahme auf frühere Gerichtsurteile begnügen können, wenn es einen Verhaltensgrundsatz kollektiven Planens und Handelns innerhalb der RAF für den Zeitraum 1977 feststellen will. Dieses Gericht verfügt über Erkenntnisquellen, die den Gerichten, die früher glaubten diese RAF-Maxime feststellen zu können, nicht zur Verfügung gestanden haben. Dieses Gericht kann sich insbesondere nicht, wie das OLG Düsseldorf und das OLG Frankfurt, durch kollektivistische Phrasen der damaligen Angeklagten Stefan Wisniewski und Sieglinde Hofmann bestätigt fühlen, sondern wird sich mit den entgegenstehenden Darlegungen des Angeklagten auseinandersetzen müssen, der sehr konkret beschrieben hat, daß eine auf Diskussionen beruhende Konsensbildung innerhalb der Gruppe schon aufgrund der unter den Bedingungen des Jahres 1977 gegebenen räumlichen Zersplitterung überhaupt nicht möglich war. So hat Boock in seiner Prozeßerklärung vom 20.9.83 ausgeführt:

> *Es gab zu der Zeit nicht koordinierte kontrovers geführte Diskussionen darüber, ob eine weitere Aktion, nachdem Ponto schiefgegangen war, überhaupt sinnvoll bzw. erfolgversprechend sein könne.*
>
> *Hätte zu dieser Zeit eine gemeinsame Auseinandersetzung stattgefunden, wie dies leider erst später in Bagdad möglich war, hätte die Schleyer-Aktion nach meiner Meinung nie stattgefunden.*

Das ist eine ganz konkrete Zustandsbeschreibung der RAF im Zeitraum unmittelbar vor der Schleyer-Aktion, die doch nicht ernstlich widerlegt werden kann durch idealistisch überhöhte Selbstdarstellungen, die, wenn überhaupt, doch bestenfalls für die Kommandos gegolten haben können, an denen die Betreffenden, die das Hohe Lied der Kollektivität gesungen haben, möglicherweise beteiligt waren.

Ich habe den Eindruck, die Justiz ist im Begriff, sich gegenüber Wissenschaftlern anderer Disziplinen unsterblich lächerlich zu machen, wenn sie trotz der inzwischen gegebenen reichhaltigen Quellenlage, die sich gerade in diesem Verfahren noch erweitert hat, an den beiden fragwürdigsten Quellen festhält, die durch Forschungen auf empirischer Grundlage widerlegt sind.

Das angebliche Prinzip der Kollektivität der RAF ist tot. Auch der Bundesanwaltschaft konnte es mit ihren bis zum Überdruß wiederholten Stereotypen nicht gelingen, sie wieder zum Leben zu erwecken.

Wirklich? Es ist zu erwarten, daß der Kollektivitätslegende, ohne die der eingefahrene Verurteilungsmechanismus nun mal nicht funktioniert, durch Kronzeugenmund neues Leben eingehaucht werden wird.

Jenseits des Zauns, den die Juristen mit gerichtskundigen Begriffsbildungen um ihre Scheinwirklichkeit errichtet haben, sind Wissenschaftler anderer Disziplinen dem Phänomen terroristischer Gruppenaktivitäten längst auf den Grund gegangen. Dort weiß man schon heute, daß die Kollektivitätsthese der Terroristenjustiz unhaltbar ist. Aber die Terroristenrichter weigern sich, aus diesen Erkenntnissen empirischer Forschung zu lernen.

Vergeblich hat die Verteidigung im Boock-Prozeß versucht, die Richter zu zwingen, ihre gerichtskundige Scheinwirklichkeit an dem messen zu lassen, was gründlichere Quellenstudien von Fachleuten, die mehr gelernt haben als die Anwendung von Paragraphen auf vorgegebene Fakten, über Kollektivität zutage gefördert haben. Daß Juristen ihre Examina bestehen können, ohne den Schimmer einer Ahnung von der Kunst der Tatsachenermittlung zu haben, ist ein offenes Geheimnis. Umso eifersüchtiger wachen sie als ausgewachsene Richter darüber, daß ihnen niemand in ihr ungelerntes Handwerk pfuscht. Sie beherrschen auf jeden Fall die Kunst, im Wege selektiver Wahrnehmung diejenigen Fakten auszuwählen, die sich zur Begründung des erwünschten Ergebnisses eignen, und alles auszuscheiden, was Anlaß zu Zweifeln geben könnte. Und da können Sachverständige, die es gelernt haben, Tatsachen nach den Methoden wissenschaftlicher Quellenkritik zu ermitteln und zu analysieren, nur hinderlich sein.

Mir fällt dazu Ernst Bloch ein:

Nicht alle sind im selben Jetzt da. Sie sind es nur äußerlich, dadurch, daß sie heute zu sehen sind. Damit aber leben sie noch nicht mit den anderen zugleich.[8]

Die Stuttgarter Richter haben sich gegen jeden Versuch der Verteidigung gewehrt, ihrer Ungleichzeitigkeit abzuhelfen. Wir können nicht untätig warten, bis sich eines Tages vielleicht das bornierte Bewußtsein der Juristen von selbst aufhellt. Denn sie haben Menschen zu Unrecht ins Gefängnis gebracht, für die jeder Tag, den wir versäumen, verlorene Lebenszeit ist.

12. Keine Gnade für Terroristen?[1]

Eine unerwartete Aktualität erhielt die Kronzeugenregelung, als sich bei der Vereinnahmung der DDR ein ganzer Pulk ehemaliger »Terroristen« im Netz fand, die seit Jahren ein bürgerliches Leben geführt hatten. Die gesellschaftliche Reaktion auf diesen späten Fund gestriger Kriminalität hätte gelassen sein können, da man es offensichtlich mit Menschen zu tun hatte, die für niemand eine Gefahr mehr bildeten, weder für den Kreis potentieller Attentatsopfer aus dem militärisch-industriellen Komplex oder aus dem politischen Establishment, noch etwa für die Allgemeinheit. Er hätte Anlaß zum Nachdenken sein können, ob nicht auch in den Gefängnissen der alten Bundesländer Menschen für Taten aus einem Lebensabschnitt büßen, von dessen Irrtümern sie sich längst getrennt haben. Man hätte über Amnestie und Gnade nachdenken können und sollen, wenn man das oft beschworene und ebenso so oft gebrochene Versprechen einlösen wollte, die freiwillige Abkehr vom Konzept des gewaltsamen Widerstands honorieren zu wollen.

Stattdessen erspähte man eine Gelegenheit, mithilfe der doch wohl als Beitrag zur Verhinderung künftiger Straftaten gedachten Kronzeugenregelung eine Art von Vergangenheitsbewältigung zu betreiben, bei der die neuen Gefangenen als Kronzeugen gegen die alten Gefangenen mißbraucht werden. Für alle, die es noch nicht begriffen hatten, wird überdeutlich demonstriert, daß Wohlwollen oder Haß, dieser gern geleugnete subjektive Faktor von Justizausübung, nicht nach dem Maß der Tatschuld, sondern nach dem Maß der Kollaboration mit der Staatsgewalt verteilt wird.

So profitierte Susanne Albrecht von der Möglichkeit, den Kronzeugnisverweigerer Peter-Jürgen Boock im Fall Ponto – für den er bereits als Mittäter zu lebenslänglich verurteilt ist – weiter zu belasten (er sei der Fahrer des Wagens gewesen, der sie zu ihrer Mordtat gebracht hatte). Aus dem Prozeßbericht von Gisela Dachs in der »Zeit« vom 31.5.1991:

> *Die Chancen stehen dennoch nicht schlecht für Susanne Albrecht. Bisher wurde die Aussagebereitschaft der reuigen Terroristin, die auf die Anwendung der Kronzeugenregelung hoffen kann, honoriert. Im Prozeß herrscht ein ausgesprochen sanfter, liebenswürdiger Umgangston. Ankläger und der Vorsitzende Richter Kurt Breucker schlagen freilich einen ganz anderen Ton an, wenn sie zu Jürgen Peter (richtig: Peter-Jürgen; H.H.) Boock sprechen, der als Aussteiger der RAF seinen ehemaligen Komplizen zwar die politische Solidarität aufgekündigt hat, nicht aber die menschliche: So hat er sich stets geweigert, Namen von Mittätern preiszugeben. Susanne Albrecht kann sich im Gerichtssaal frei bewegen, während Boock in Handschellen hereingeführt wird.*

Eine Demonstration von Härte und Feindseligkeit gegen alle, die es etwa Boock nachmachen könnten, nämlich aus der RAF auszusteigen, ohne zum Kronzeugen der Bundesanwaltschaft zu werden. Das ist der sicherste Weg, die Gruppen, von denen neue Gewalttaten ausgehen könnten, zusammenzuhalten und die zu ihrer Bekämpfung eingeteilten Beamten nicht arbeitslos werden zu lassen. Die geschichtliche Chance, den Teufelskreis des Terrors zu durchbrechen und nach rationalen Problemlösungen zu suchen, die nicht mit, sondern nur gegen diese Justiz durchzusetzen sind, ist wieder einmal verpaßt worden.

Letztlich wird die materielle Gerechtigkeit und die Ratio eines Schlußpunktes unter das Phänomen »Terrorismus« wohl bei den Instanzen aufgehoben sein, die über Amnestie oder Gnade zu entscheiden haben. Anknüpfungspunkt sowohl für ein Amnestiegesetz wie für Entscheidungen des Gnadenträgers könnte die individuelle Beendigung der Teilnahme am bewaffneten Kampf sein. Wollte man die Beendigung des bewaffneten Kampfes durch die als »terroristische Vereinigungen« definierten Gruppen zur Bedingung machen, würde man das Schicksal derer, die Schluß gemacht haben, in die Hände ihrer früheren Genossen legen. Ganz abgesehen davon, daß selbst Erklärungen der Gruppen, den von ihnen als »bewaffneten Widerstand«, von den Inhabern staatlicher Definitionsmacht als »Terrorismus« bezeichneten Aktionismus aufgeben zu wollen, keine Sicherheit bieten würden, daß sie wirklich von allen gegenwärtigen und künftigen Aktionisten als verbindlich betrachtet würden. Amnestie oder Gnade für ausgestiegene »Terroristen« ist also die Frage, die angesichts der neuen Verhaftungen auf der Tagesordnung steht und auch für diejenigen, die schon verurteilt sind, zur nachträglichen Korrektur früherer Fehlurteile oder mindestens zum Verzicht auf eine unter dem Aspekt der »Resozialisierung« sinnlosen Strafvollstreckung führen sollte.

Der Strafvollzug darf die Person keines Täters aufgeben. Wichtiger als die Lehre vom Tätertyp ist die Einmaligkeit jeder Person. Jede, auch die, deren Taten die Gesellschaft besonders zu fürchten gelernt hat, hat die Chance auf neue Einsicht und den Anspruch auf unsere Aufmerksamkeit und unsere Hilfe. Das gilt im übrigen auch für terroristische Straftäter.

So Bundespräsident Richard von Weizsäcker in seiner Rede auf dem Deutschen Juristentag 1986. Ein Bekenntnis zu Rechtsgrundsätzen, die vom Bundesverfassungsgericht aus dem Gebot zur Achtung der Menschenwürde (Art. 1 Abs. 1 GG) entwickelt worden sind:

Der Täter darf nicht zum bloßen Objekt der Verbrechensbekämpfung unter Verletzung seines verfassungsrechtlich geschützten sozialen Wert- und Achtungsanspruchs gemacht werden (BVerfGE 28, 389/391). Die grundlegenden Voraussetzungen individueller und sozialer Existenz des Menschen müssen erhalten bleiben. Aus Art.1 Abs. 1 GG in Verbindung mit dem Sozialstaatsprinzip ist daher – und das gilt insbesondere für den Strafvollzug – die Verpflichtung des Staates herzuleiten, jenes Existenzminimum zu gewähren, das ein menschenwürdiges Dasein überhaupt erst ausmacht. Mit einer so verstandenen Menschenwürde wäre es unvereinbar, wenn der Staat für sich in Anspruch nehmen würde, den Menschen zwangsweise seiner Freiheit zu entkleiden, ohne daß zumindest die Chance für ihn besteht, je wieder der Freiheit teilhaftig werden zu können.[2]

Hochherzige Worte, die ihren Verfassern ein schönes Zeugnis humaner Gesinnung ausstellen. Aber dringen sie auch bis zu dem Volk, in dessen Namen sie gesprochen worden sind? Sind alle Mitinhaber der Staatsgewalt, vor allem die Strafvollstrekker, denen sie ja in erster Linie gelten, bereit, sie in die Tat umzusetzen?

Als von Weizsäcker im Sommer 1988 anfing darüber nachzudenken, ob er gegenüber den ehemaligen RAF-Angehörigen Angelika Speitel und Peter-Jürgen Boock von seinem Begnadigungsrecht Gebrauch machen sollte, ging ein Aufschrei der Empörung durch die Republik. Und Generalbundesanwalt Rebmann, geübt im Umgang mit Medien, mischte sich lautstark ein, um den Bundespräsidenten und das Volk auf diesem Wege wissen zu lassen, was er von der Gnadenwürdigkeit eines der beiden, der seine Kronzeugenwerbung so schnöde mißachtet hatte, hielt.

Springers Bild für Alphabeten, »Die Welt«, veröffentlichte am 20.9.1988 zwei an das Bundesministerium der Justiz gerichtete Briefe Rebmanns, in denen Boock für »gnadenunwürdig« und ein Besuch des Bundespräsidenten bei dem Verurteilten für »unangebracht« erklärt wurde.

In dem einen Brief trug der Generalbundesanwalt »Erkenntnisse« des Bundeskriminalamtes vor, die nach Rechtskraft des Schuldspruchs gegen Boock »angefallen« sein sollen. So will das Bundeskriminalamt erst am 7. Februar 1986 einige Handflächenabdrücke, die in dem zur Entführung Schleyers benutzten VW-Bus gefunden worden waren, dem Angeklagten Boock »zugeordnet« haben. Weitere Fingerspuren von Boock seien nach Eintritt der Rechtskraft in der Wohnung Stevinstraat 266 in den Haag gefunden worden. Und schließlich hätten die Ermittlungen des Bundeskriminalamtes erst jetzt ergeben, daß echte Visa-Stempel in einem von Boock benutzten falschen Paß belegten, daß er noch vor der Ermordung Schleyers wieder in Europa aufgetaucht sei. Kein Kompliment für schnelle Arbeit des Bundeskriminalamtes, das acht oder neun Jahre brauchte, um an den zur Verfügung stehenden Beweismitteln Täterspuren zu entdecken, zu einem Zeitpunkt, wo wegen der bereits eingetretenen Rechtskraft sich kein Gericht kritisch mit diesen angeblichen Spuren auseinandersetzen konnte. Im übrigen verschwieg der Generalbundesanwalt, daß er mit denselben verspäteten Beweismitteln schon einmal abgeblitzt war, als seine Gehilfen versucht hatten, damit Einfluß auf die Revisionsentscheidung des 5. Strafsenats des OLG Stuttgart zu nehmen, der nur noch über das Strafmaß neu zu entscheiden hatte. Boock hatte zu allen Beweisen, wenn es denn welche waren, plausible Erklärungen abgegeben. Daß es in dem VW-Bus Fingerspuren von ihm gab, war nicht neu, er war der Techniker der Gruppe. Auch daß er in der Wohnung in den Haag war, hatte er nicht bestritten. Strittig blieb nur die Beweiskraft der Visa-Stempel, und sie konnte, wie auch Rechtskundige in Karlsruhe wissen, wegen der Rechtskraft des Schuldspruchs nicht mehr gerichtlich geprüft werden. Kein Hindernis für Herrn Rebmann, Bundespräsident und Öffentlichkeit mit diesen Ladenhütern überzeugen zu wollen, daß Boock »nicht gnadenwürdig« sei.

Daß Boock nicht einmal besuchswürdig sei, stand in dem zweiten Brief, der offenbar von der Besorgnis diktiert war, Boock könne im persönlichen Gespräch ein anderes Bild bieten, als es der Stuttgarter Schuldspruch von ihm gezeichnet hatte.

Da heißt es, ein Besuch würde den Verurteilten »aufwerten« und »in der Öffentlichkeit als eine Vorentscheidung für eine Begnadigung verstanden werden«. Boock habe es verstanden, »sich in der Öffentlichkeit als das Opfer der Justiz darzustellen«. In Wirklichkeit handle es sich bei ihm um einen Menschen, der, außerordentlich geschickt auf seinen Vorteil bedacht, »zur Wahrheit ein taktisches Verhältnis unterhält«. Der Bundespräsident laufe daher Gefahr, »der Taktik eines Gnadenunwürdigen zu erliegen«. Es sei zu befürchten, »daß er damit die Würde seines Amtes, aber auch sein persönliches Ansehen aufs Spiel setzt«. Der Bundespräsident müsse auch die Auswirkungen berücksichtigen, die ein solcher Besuch bei den Hinterbliebenen der Opfer hervorrufen würde. Schon jetzt stoße in Kreisen der Polizei die bevorzugte Behandlung des Verurteilten auf völliges Unverständnis. Es sei zu befürchten, »daß die Hinterbliebenen der Opfer einen Besuch des Bundespräsidenten bei einem der Mörder ihrer Angehörigen als Verhöhnung empfinden würden«. Darüberhinaus würde der Bundespräsident durch einen Besuch bei Peter-Jürgen Boock einen Präzedenzfall schaffen (die »Welt« schrieb: Präsidenzfall), der ihn aus Gründen der Gleichbehandlung zwingen könnte, in der Zukunft in gleich gelagerten Fällen - auch bei Rechtsterroristen - andere Strafgefangene in der Haft zu besuchen.[3] Der Bundespräsident müsse ferner berücksichtigen, wie sein Besuch von anderen Strafgefangenen aufgefaßt werde, die in den meisten Fällen weit weniger auf dem Gewissen hätten als Peter-Jürgen Boock. Bereits jetzt habe die bevorzugte Stellung des Verurteilten in der Strafanstalt Fuhlsbüttel unter den anderen Strafgefangenen Unmut erregt.[4] Diese ungleiche Behandlung würde durch den Besuch des Bundespräsidenten noch erheblich gesteigert werden.

Abschließend (die »Welt« schrieb: Anschließend; H.H.) möchte ich noch auf folgendes hinweisen: Peter-Jürgen Boock gilt in den Reihen der »RAF« als Verräter. Schon deswegen kann ausgeschlossen werden, daß von einem Besuch des Bundespräsidenten bei dem Verurteilten ein positives Signal auf Angehörige der »RAF« ausgeht.

Der Bundespräsident reagierte verärgert auf Rebmanns Briefe. Im Präsidialamt sei man erstaunt über den »belehrenden Ton«, den Rebmann angeschlagen habe. »Unangemessen« und »unpassend« sei auch die Veröffentlichung der Schreiben. Der Sprecher des Bundesjustizministers sprach von einem »außerordentlichen Vertrauensbruch« und davon, daß »amtsinterne Vorgänge pflichtwidrig an die Öffentlichkeit gebracht« worden seien und ließ, da Rebmann nicht zu wissen vorgab, wie seine Briefe zur Redaktion des Springer-Blattes gelangt seien, vergeblich nach der »undichten Stelle« suchen. Der Bundespräsident bestellte Rebmann »zum Bericht« ins Präsidialamt. Viel Wind also um die unpassende Form. In der Sache aber hatte Rebmann mit seiner bewährten Methode, an das »gesunde Volksempfinden« zu appellieren, schon Fakten geschaffen, die das Vorhaben des Bundespräsidenten wesentlich erschwerten.

Mit einem Anschlag auf den Bonner Staatssekretär Tietmeyer leistete die RAF ihrem Karlsruher Antipoden zu rechter Zeit Schützenhilfe. Wie sie auch sonst Gelegenheit nahm, sich als Bundesgenosse des Generalbundesanwalts zu betätigen, indem sie weiteres Belastungsmaterial gegen Boock ankündigte, falls man ihn etwa begnadigen wolle.[5]

Da gab es einige wenige Journalisten, die von dem skandalösen Verfahren des Stuttgarter Eitel-Senats und von Rebmanns Rachedurst und dessen Gründen genug wußten, um ein kritisches Urteil zu haben. So Peter Henkel in einem Kommentar in der »Frankfurter Rundschau« vom 21.9.1988:

Bisher hätte man glauben können, es handele sich bei der Bundesanwaltschaft in Karlsruhe um nicht mehr und nicht weniger als eine Strafverfolgungsbehörde. Aber Politik machen will sie auch. Kurt Rebmann interveniert nicht nur mit zwei Briefen an das Bundesjustizministerium in der Gnadensache Peter-Jürgen Boock, sondern muß zusehen (oder sorgt selbst dafür?), daß die Briefe in den Besitz der WELT gelangen.

Auf diese Weise wird dem Bundespräsidenten vor versammeltem Publikum von den Wissenden in Karlsruhe bedeutet, er sei drauf und dran, auf einen »Gnaden-Unwürdigen« hereinzufallen. Richard von Weizsäcker darf wählen: ob ihm kraft bundesanwaltschaftlichen Amtes Mangel an eigener Urteilsfähigkeit bescheinigt oder auf dem möglichen Weg zu einem positiven Gnadenbescheid ein besonders großer Felsbrocken vor die Füße gerollt werden sollte. Zu vermuten steht: Gewollt ist beides.

Das kann niemanden überraschen, der über Jahre das Auftreten der Bundesanwaltschaft in den beiden Stammheimer Prozessen beobachtet hat. So wenig Grund es seinerzeit gab, Boock zum Helden und geläuterten Engel zu stilisieren, so wenig war zu übersehen, daß hier eine Anklagebehörde einen Angeklagten mit ihrem Haß verfolgte. Diese Linie soll offenbar fortgesetzt werden. Vielleicht kann der Bundespräsident, wenn er am Freitag Rebmann gegenüber sitzt, diesem klarmachen, daß es sich da um eine ziemlich abschüssige Bahn für die »objektivste Behörde der Welt« (Rebmann über die Bundesanwaltschaft) handelt.

Und Hans-Günther Thiele im »Weser-Kurier« vom 21.9.1988:

Richard von Weizsäcker soll unter Druck gesetzt werden. Das war die Absicht von Franz Josef Strauß, als er einen Gnadenakt für ehemalige Terroristen schlankweg verwarf, und mit diesem Ziel sind jetzt die haarsträubenden Briefe des Generalbundesanwalts Kurt Rebmann in der »Welt« veröffentlicht worden. Von Strauß ist man einiges gewohnt. Als beispiellos aber muß das Verhalten des bundesdeutschen Chefanklägers gewertet werden. Es ist mehr als eine Stilfrage, wie dieser Beamte mit dem Staatsoberhaupt umspringt. Das ist ein Politikum.

Gerade im Fall Boock, auf den sich Rebmann fast ausschließlich bezieht, hat die Generalbundesanwaltschaft jedes Augenmaß vermissen lassen. Daß in diesem Verfahren gegen den Aussteiger, der kein Verräter und kein Kronzeuge sein wollte, ein Stück Rechtskultur begraben wurde, geht nicht zuletzt auf ihr Konto. Nun aber scheut Rebmann nicht einmal davor zurück, den Präsidenten, der das Gnadenrecht nach eigenem Ermessen ausübt, öffentlich vorzuführen. Schon der belehrende Tonfall der Briefe ist anmaßend; erst recht aber muß die Veröffentlichung als schamloser Heckenschuß verurteilt werden.

Sollte Rebmann selbst für die Publizierung gesorgt haben, müßte er spätestens heute um seine Entlassung bitten: Untragbar in Karlsruher Position aber ist er auch dann, wenn er von dem Vorgang lediglich gewußt hat. Für seine Behörde wäre eine Ablösung ohnehin kein herber Verlust, im Gegenteil. Denn der blinde Eifer dieses Generals schadet mehr als er nutzt.

Man weiß, wie Rebmanns Karriere weiterging. Nicht Entlassung, sondern Verlängerung der Dienstzeit war sein Lohn. Er hatte genau den Ton getroffen, den das

»gesunde Volksempfinden«, diese jederzeit mobilisierbare Instanz der verhinderten Terroristen, für Recht hält, indem er über Fernsehen und Regenbogenpresse das Volk wissen ließ, daß über die Begnadigung entscheiden müsse, »wer in den ersten Jahrzehnten des nächsten Jahrtausends Bundespräsident ist.«[6]

Und so wehte wieder einmal der von Karlsruhe aus angefachte Volkssturm und ließ das Banner der Empörung flattern, als da einer, der sich vom Terrorismus getrennt hatte, ohne dem Generalbundesanwalt zu Füßen zu kriechen, begnadigt werden sollte.

Eine besonders giftige Stellungnahme kam von der bayerischen Justizministerin Mathilde Berghofer-Weichner, die für die Begnadigung von Terroristen vor Ablauf der bei lebenslanger Freiheitsstrafe üblichen 15 Jahre nicht den geringsten Anlaß sah.

Welchen Eindruck müßte ein derart pervertierter Gnadenakt auf unsere heutige Jugend machen? Würde er nicht das Vertrauen in unser Staatswesen weiter untergraben?[7]

Wußte die bayerische Justizministerin nicht, wie in diesem Land, nicht zuletzt in Bayern, die Gnadenbefugnis gegenüber Terroristen von rechts ausgeübt worden ist? Zum Vollzug der lebenslangen Freiheitsstrafe bei NS-Gewaltverbrechern gibt es eine aus dem Jahre 1977 stammende, also inzwischen sicher auch in Bayern bekannt gewordene Untersuchung von Ulrich-Dieter Oppitz,[8] die mit konkreten Zahlen aufwartet und daraus den Schluß zieht, daß zu Lebenslänglich verurteilte Nazi-Gewaltverbrecher, »soweit Vollstreckungsdauer und Begnadigungshäufigkeit betroffen sind, eine bevorzugende Sonderbehandlung genießen«. Die von Oppitz mitgeteilten Zahlen ergeben, daß von 57 zu Lebenslänglich verurteilten Nazi-Gewaltverbrechern – in der Regel also vielfachen Mördern – 20 Verurteilte, also mehr als ein Drittel, bereits im Laufe der ersten zehn Jahre begnadigt worden sind. Von den acht bayerischen Lebenslänglichen waren sogar schon vier, also die Hälfte, nach einer Strafzeit von sechs bis zehn Jahren im Gnadenweg entlassen worden.

Über die »bevorzugte Sonderbehandlung« von Nazi-Gewaltverbrechern in der Gnadenpraxis der Länder herrscht bisher weithin Unkenntnis, weil die Gnadenträger ihre Entscheidungen ohne jede Publizität getroffen haben. Nicht verborgen geblieben ist aber die von der damaligen Bundesregierung Adenauer nachdrücklich geförderte Begnadigung der von alliierten Militärgerichten verurteilten Kriegsverbrecher. Ihre vorzeitige Entlassung Anfang bis Mitte der 50er Jahre war der von den Generälen und Admiralen der Hitler-Wehrmacht erzwungene Preis für ihr erneutes Mitmachen bei der antikommunistischen Aufrüstung des Westens unter der Beteiligung deutscher Soldaten. Zu denen, die von dem neuen antikommunistischen Militärbündnis profitierten, gehörte auch der ehemalige SS-Hauptscharführer Wolfgang Otto, der Mitte der 80er Jahre als Angeklagter im Thälmann-Mord-Verfahren noch einmal ins Blickfeld der Öffentlichkeit geriet. Wegen seiner Mitwirkung an Tötungsverbrechen im KZ Buchenwald war er von den Amerikanern zu 20 Jahren Haft verurteilt worden. Sieben Jahren später wurde er begnadigt.[9]

Alles vergessen, Frau Berghofer-Weichner? Wenn von pervertierten Gnadenakten die Rede ist, die auf unsere heutige Jugend einen fatalen Eindruck machen müssen und das Vertrauen in unser Staatswesen untergraben, dann sollte dieser schamlosen Massenbegnadigungen faschistischer Massenmörder gedacht werden. Daß für sie »nicht der geringste Anlaß« bestanden habe, kann man allerdings nicht behaupten. Abgesehen von der stillschweigenden Sympathie mit gestandenen Antikommunisten gab es ein handfestes politisches Interesse, die Massenmörder von gestern und deren Sympathisanten für neue Taten zu gewinnen.

Auch heute noch lassen politische Interessen der herrschenden Klasse moralische Grundsätze schnell in Vergessenheit geraten. Die härtesten Gegner eines Gnadenaktes für ausgestiegene Terroristen sind gleichzeitig die eifrigsten Befürworter der Straflosigkeit oder Strafmilderung für Terroristen, die das Handwerk des Mörders mit dem des Verräters und Kronzeugen vertauschen. Da gibt es plötzlich Gründe, auf die angemessene Bestrafung für Mord zu verzichten, ohne das »helles Entsetzen« ausbricht und »ein schwerer Schlag für das Rechtsbewußtsein der Bevölkerung« befürchtet wird. Da wird mit größter Selbstverständlichkeit die moralisch minderwertige und hinsichtlich seiner kriminalpolitischen Effektivität höchst fragwürdige Figur des Verräters zu einem Gehilfen der Justiz ernannt, der an dem Privileg der Staatsgewalt, straflos töten zu dürfen, Anteil hat.

Der Rückkehrer aus dem Terrorismus aber, der ohne Verratsbereitschaft kommt, ist aus der Sicht dieser moralisch doppelbödigen Staatsräson wertlos, ihn erwartet, wenn er nach bewährtem Stammheimer Muster über ein Konstrukt kollektiver Verantwortung zum Mörder erklärt werden kann, das gnadenlose Lebenslänglich.

Das galt für Angelika Speitel, die in langen Haftjahren die innere Abkehr vom terroristischen Konzept der RAF vollzogen hat, nicht im gleichen Maße wie für Boock, weil sich an ihr die Bundesanwaltschaft nicht mit vergeblichen Versuchen, sie zur Kronzeugin zu machen, abgearbeitet hatte. Der Protest aus Karlsruhe gegen eine Begnadigung konzentrierte sich auf Peter-Jürgen Boock, weil hier die Scharte einer öffentlichen Blamage der Kronzeugenproduzenten aus dem Hause Rebmann auszuwetzen war.

Ein Gnadenträger, der Gesinnungswandel und Resozialisierung eines Straftäters honorieren will und mit seiner Entscheidung bestimmte politische Absichten verbindet – und was ist in all den Fällen anderes geschehen, in denen im Gnadenwege aus NS-Gewaltverbrechern brave Bürger des freiheitlich-demokratischen Staates wurden? – wird für die glaubwürdige Abkehr vom Terrorismus durchaus das Signal eines Gnadenaktes setzen dürfen, ohne sich den Vorwurf der Ungleichbehandlung gefallen lassen zu müssen. Peter-Jürgen Boock, der schon ein Jahr vor seiner Festnahme aus der RAF ausgestiegen und sich später in öffentlichen Erklärungen zu den Gründen seiner Wandlung geäußert hat, hätte nicht erst für die Gnadeninstanz, sondern schon für eine mit anderen politischen Zielvorstellungen amtierende Justiz ein Paradebeispiel für die Wahrhaftigkeit der oft genug verkündeten Versöhnungsbereitschaft des Staates werden können. Mit einem zu dreimal Lebenslänglich und 15 Jahren verurteilten, überdies aus dem Munde von Bundesanwälten – die es ja wissen müssen – als »Verräter« gebrandmarkten Aussteiger aus der RAF ließ sich allerdings keine Reklame für Abschied vom Terrorismus machen. Das Konzept der Minister Baum und Schmude war kaputt, ein befriedigendes Ergebnis wohl nur für die konservative Fraktion der Rebmann und Berghofer-Weichner. Wird es ihnen gelingen, nun auch das Konzept des Gnadenherrn kaputtzumachen?

Wenn Abkehr vom Terrorismus auch in der Gnadeninstanz kein Umstand sein soll, der eine vorzeitige Rückkehr in die Freiheit rechtfertigt, dann möchte ich wissen, warum die konservative Fraktion ihre Gnadenlosigkeit nicht auch an den Massenmördern des NS-Regimes praktiziert hat. Bei ihnen wurde die Rückkehr in ein unauffälliges, angepaßtes bürgerliches Dasein zum Argument für Gnade und Versöhnlichkeit, obwohl keiner von ihnen den Mut gehabt hat, sich zu einer Zeit, wo dies noch gefährlich gewesen wäre, von terroristischen Organisationen zu distanzieren. Man stelle sich vor, einer von denen, die wegen Teilnahme an faschistischen Massenmorden vor Gericht gestanden haben, hätte sich darauf berufen können, daß er eines Tages das Unrecht begriffen habe und zum Widerstand übergegangen sei. Ein Fall, der erfunden werden muß, weil es ihn nicht gegeben hat. Und auch der Staatsanwalt, der in einem solchen Fall die »Gnadenwürdigkeit« verneint hätte, muß erfunden werden.

Im Thälmann-Prozeß konnte man das für angeklagte NS-Gewaltverbrecher typische Verhalten noch einmal studieren. Sie glauben noch heute an die Rechtmäßigkeit der von ihnen begangenen Tötungshandlungen und haben nichts hinzugelernt. Für sie gilt, was eine von der »Bunten« befragte 75jährige Rentnerin zum Thema Gnade für Terroristen sagte: »Terrorist bleibt Terrorist«. Sie meinte damit aber nicht etwa jene unbelehrbaren Nazi-Terroristen, die nur durch die veränderten Verhältnisse daran gehindert sind, ihr Henkeramt an Unschuldigen fortzusetzen, sondern ausgerechnet diese beiden, Angelika Speitel und Peter-Jürgen Boock, die etwas aus den Fehlern ihrer Vergangenheit gelernt haben.

Der durch solche und andere ehrenwerte Interviewpartner repräsentierte Volksmund gibt nur wieder, was raffinierte und bösartige Meinungsmacher, die es besser wissen oder besser wissen könnten, durch irreführende Informationen und Gefühlsprovokationen in den Köpfen angerichtet haben.

Da gibt es die immer wiederholte Anschuldigung, wer für vorzeitige Entlassung reumütiger Terroristen eintrete, habe das Leid der Opfer vergessen. Da werden Bilder von trauernden Hinterbliebenen am Grabe ihrer ermordeten Angehörigen gezeigt und mit bösen Worten gegen alle, die für Dialog und Versöhnung eintreten, verknüpft. Appelle an Gefühle, denen sich keiner, der ein Herz in der Brust hat, entziehen kann.

Nicht an die Opfer eines Mordes gedacht, ihr Leid vergessen zu haben, ihre Trauer zu verhöhnen, sind für den, der aus humanitärer Gesinnung und rationaler Einsicht in die Verderblichkeit allen Strafens gegen Todesstrafe, gegen Lebenslänglich, gegen Strafrecht und Gnadenlosigkeit überhaupt und im Einzelfall zu Felde zieht, schwer erträgliche Vorwürfe. Denn gerade das Mitgefühl mit den

Opfern von Verbrechen und deren Angehörigen, die im groben Raster veröffentlichter Massenemotionen generell vermißte Fähigkeit zu trauern, erzeugt ja den Antrieb, nach neuen Lösungen zur Bewältigung des Phänomens Kriminalität zu suchen, nachdem die traditionellen so offensichtlich versagt haben.

Gerhard Mauz hat einem Buch, dessen Autorinnen und Autoren die Abschaffung der lebenslangen Freiheitsstrafe fordern, ein Vorwort vorangestellt, das die unendliche Not und Trauer der von Verbrechen Betroffenen thematisiert:

Lebenslang wird auch über die Angehörigen verhängt, denen ein Mensch getötet wird. Ihr Verlust begleitet sie bis zu ihrem Tod. Bis zu ihrem Tod entrinnen sie dem Haß oder dem Schmerz oder dem Entsetzen nicht mehr. Die Wunde ist unheilbar. Reden wir nicht herum. Auch jene, die vergeben können, gewinnen nur die Stille der Trauer. Und wer eine Gewalttat überlebt,... muß mit dem Schock weiterleben, wozu der Mensch dem Menschen gegenüber fähig ist.[10]

Was Gerhard Mauz hier formuliert hat, gibt die Anteilnahme vieler wieder, die dennoch für eine rationale Auseinandersetzung mit dem Phänomen Terrorismus, mit dem Phänomen Kriminalität überhaupt, eintreten. Denn so, wie die Gesellschaft und deren Wortführer bisher damit umgegangen sind, kommen wir nicht aus dem Teufelskreis der Gewalt heraus.

Wirklich an die Opfer denken kann nur heißen, Terroristen nicht den Rückweg aus der Gruppe abzuschneiden. Vielleicht würde manches Opfer noch leben, wenn nicht die Gnadenlosigkeit unserer Gesellschaft die Beteiligten in die Zwänge der Gruppensituation zurückgestoßen hätte. Denn wer heute aussteigen möchte, hat nur die Wahl, entweder sich dem Generalbundesanwalt als Kronzeuge anzudienen oder wie Peter-Jürgen Boock behandelt zu werden. Weder das eine noch das andere kann Gruppenmitglieder motivieren, den Absprung zu wagen, den die Gruppe durch Einbindung in Aktionen, die das juristische Schuldkonto erhöhen, beliebig erschweren oder auch gewaltsam verhindern kann. Nur die Hoffnung, daß notfalls die Gnade, also die Bereitschaft zu verzeihen, die Unerbittlichkeit des Rechts durchbrechen kann, läßt noch einen Ausweg aus dieser Verstrickung.

Gnadenlosigkeit gegen rückkehrwillige oder längst ausgestiegene Terroristen ist alles andere als Rücksichtnahme auf die Opfer. Wir sollten uns daran erinnern, daß Strafrecht in erster Linie dem Schutz der Gesellschaft und der Resozialisierung des Täters zu dienen hat, Gesichtspunkte, die plötzlich im Gespräch waren, als es um die Verjährung von Naziverbrechen ging. Damals meldeten sich die gleichen Kreise, die Härte und Gnadenlosigkeit gegen Linksterroristen fordern, mit versöhnlerischen Argumenten zu Wort, weil sie fanden, daß Nazi-Mörder, die nun keine Gelegenheit mehr haben, Juden, Kommunisten oder Kriegsgefangene umzubringen, Gnade verdient hätten, obwohl ihre Rückkehr in zivilisierte Bürgerlichkeit nicht eigener Initiative, sondern einer Veränderung der Umweltbedingungen zu verdanken war.

Heute reden sie vom Sühnebedürfnis der Opfer und Hinterbliebenen und vom Rechtsbewußtsein der Bevölkerung. Wer hat eigentlich an die Millionen von Opfern und Hinterbliebenen des Holocaust gedacht, als die Justiz der Bundesrepublik Deutschland die Täter zu Tausenden laufen ließ, und die wenigen, die wirklich verurteilt wurden, von den Inhabern der Gnadengewalt begünstigt wurden? Eine Generation von Mitschuldigen hat von den Tätern, nicht von den Opfern her gedacht, solange es um die juristische Abrechnung mit diesem Makrokosmos des Terrors ging. Erst der Mikro-Terrorismus kleiner Gruppen, die den bewaffneten Widerstand als politisches Kampfmittel gegen den kapitalistischen Staat erproben wollten, hat das Leid einer sehr viel kleineren Zahl von Opfern des Terrors ins öffentliche Bewußtsein gerückt.

Aus der Sicht des Opfers ist die Straflosigkeit des Täters, seine problemlose Wiedereingliederung in die Gesellschaft, so wünschbar sie für den Täter und die Gesellschaft sein mag, kaum erträglich. Und eben dies ist im Falle der Beteiligten an Massenmorden der Hitler-Zeit vieltausendfach geschehen. Viele Buchseiten wären zu füllen, wenn die unbestraften Massenmordgehilfen von gestern aufgezählt werden sollten, die im freiheitlich-demokratisch verfaßten Staat Bundesrepublik Deutschland in berufliche und politische Machtpositionen zurückkehrten, ohne daß die Gesellschaft mehrheitlich Anstoß nahm. Dieser unbußfertigen Gesellschaft steht es schlecht an, das Leid von Terror-Opfern zu instrumentalisieren, um Gnadenlosigkeit gegenüber Terroristen zu fordern, die neben Tätern und Gehilfen des großen staatlichen Terrorismus eine winzige Quantität bilden und sich von vielen, die Kriege und Gefängnisse noch immer für ein geeignetes Mittel zur Lösung gesellschaftlicher Probleme halten, immerhin durch Lernfähigkeit unterscheiden.

Anmerkungen

Anmerkungen zur Einleitung

[1] Vgl. Rolf Gössner u. Paul Klein: Justizkritik bei Strafe verboten. Vorgänge 5 (1978), S. 33 ff.; Ulrich K. Preuß: Verteidiger vor Gericht. In: Werner Holtfort (Hg.): Strafverteidiger als Interessenvertreter. Neuwied/Darmstadt 1979, S. 48ff. Jan Philip Reemtsma: »Zufügung körperlicher Schmerzen zur ...« Konkret 2/1991, S. 20ff.

[2] Vgl. Christian Pross: Wiedergutmachung. Der Kleinkrieg gegen die Opfer. Frankfurt/M. 1988.

[3] Vgl. Christopher Simpson: Der amerikanische Bumerang. NS-Kriegsverbrecher im Sold der USA. Wien 1988

[4] Vgl. Ralph Giordano: Die zweite Schuld. Von der Last Deutscher zu sein. Hamburg 1987, insbes. S. 86ff.; Ingo Müller: Furchtbare Juristen. Die unbewältigte Vergangenheit unserer Justiz. München 1987, S. 204ff. Bernt Engelmann: Rechtsverfall, Justizterror und das schwere Erbe. Ein Beitrag zur Geschichte der deutschen Strafjustiz von 1919 bis heute. Die unsichtbare Tradition, Band 2. Köln 1989, S. 291ff.

[5] Vgl. Der Spiegel v. 9.7.1990, S. 57ff.

Anmerkungen zu Kapitel 1

[1] Herbert Jäger: Versuch über Makrokriminalität; StrV 1988, S. 172ff.

[2] Sigmund Freud: Zeitgemäßes über Krieg und Tod (1915). Studienausgabe. Frankfurt/M. 1974, Bd.IX, S. 39

[3] Fritz Bauer: Das Verbrechen und die Gesellschaft. München/Basel 1957, S. 10

[4] Zit. nach Richard Quinney in: Klaus Lüderssen/Fritz Sack: Abweichendes Verhalten II, Frankfurt/M 1975 Bd. 1, S. 45f.

[5] Zit. nach Hans Magnus Enzensberger: Politik und Verbrechen. Frankfurt/M. 1964, S. 9

[6] Ebda.

[7] Zit. nach Michael Schubert, Vorgänge 80, S. 89

[8] Verfassungsschutzbericht 1987, S. 72

[9] Blätter für deutsche und internationale Politik 1964, S. 554. Zur Person Fritz Bauers vgl. Ilse Staff in: Kritische Justiz (Hg.): Streitbare Juristen. Baden-Baden 1988, S. 440ff.

[10] BGHSt 8, 293

[11] Vgl. Ingo Müller. Furchtbare Juristen. Die unbewältigte Vergangenheit unserer Justiz. München 1987, S. 252

[12] BGHSt 18, 87

[13] Zit. nach Falko Kruse: Zweierlei Maß für NS-Täter? in: Redaktion Kritische Justiz (Hg.): Der Unrechts-Staat. Recht und Justiz im Nationalsozialismus. Frankfurt/M. 1979, S. 204f.=KJ 1978, S. 250f.

[14] Vgl. Jörg Friedrich. Die kalte Amnestie. NS-Täter in der Bundesrepublik. Frankfurt/M. 1984, S. 410

[15] BGHSt 22, 375

[16] Zur Einstellung des Verfahrens gegen leitende Beamte des Reichssicherheitshauptamtes vgl. Peter Przybylski: Zwischen Galgen und Amnestie. Berlin/DDR 1983, S. 79ff.; Ingo Müller (Anm. 11) S. 248f.; Adalbert Rückerl: NS-Verbrechen vor Gericht. Heidelberg 1982, S. 191

[17] Vgl. Jörg Friederich, a.a.O.

[18] Zit. nach Ingo Müller, (Anm. 11), S. 247

[19] Helmut Kramer in: Martin Bennhold: Spuren des Unrechts, Köln 1989, S. 106; ähnlich Ingo Müller (Anm. 11), S. 247f.

[20] Vgl. Simon Wiesenthal: Recht, nicht Rache. Frankfurt/M./Berlin 1988, S. 313

[21] OLG Hamm, Beschluß v. 5.Mai 1970; dokumentiert bei Peter Przyblski, a.a.O., S. 117f.

[22] vgl. Heinrich Hannover/Elisabeth Hannover-Drück: Der Mord an Rosa Luxemburg und Karl Liebknecht. Dokumentation eines politischen Verbrechens. Göttingen 1989

[23] Zit. nach Jörg Friedrich: Freispruch für die Nazi-Justiz. Die Urteile gegen NS-Richter seit 1948. Eine Dokumentation. Reinbek 1983, S. 257

[24] Zit. nach ebda., S. 386

[25] Zit. nach ebda., S. 317

[26] Vgl. Heinrich Hannover: Politische Diffamierung der Opposition im freiheitlich-demokratischen Rechtsstaat. Dortmund 1962

Anmerkungen zu Kapitel 2

[1] Vgl. hierzu Heinrich Hannover: Der Mord an Ernst Thälmann. Eine Anklage. Köln 1989 und Ders. in: Rainer Eisfeld/Ingo Müller: Gegen Barbarei. Essays Robert M.W.Kempner zu Ehren, S. 303ff.

[2] Vgl. hierzu Ingo Müller: Furchtbare Juristen. Die unbewältigte Vergangenheit unserer Justiz. München 1987, S. 250ff. (m.w.N.); Barbara Just-Dahlmann und Helmut Just: Die Gehilfen. NS-Verbrechen und die Justiz nach 1945. Frankfurt/M. 1988, S. 206ff.

[3] Ralph Giordano: Die zweite Schuld oder Von der Last Deutscher zu sein. Hamburg/Zürich 1987, S. 79

[4] Jörg Friedrich: Die kalte Amnestie. NS-Täter in der Bundesrepublik. Frankfurt/M. 1984; Ingo Müller a.a.O. (Anm. 2)

[5] Z.B. BGH-Urteil v. 25.5.1956 i.S. Huppenkothen und Thorbeck, zit. bei Jörg Friedrich: Freispruch für die Nazi-Justiz. Die Urteile gegen NS-Richter seit 1948. Reinbek 1983, S. 218 f.; Ralph Giordano, a.a.O., S. 81

[6] JZ 1967, 625

[7] NJW 1969, 2056

[8] Wolf-Dieter Narr: War die RAF kollektiv organisiert? in: Komitee für Grundrechte und Demokratie (Hg.): Der Prozeß. Justiz in der Bundesrepublik Deutschland am Beispiel Peter-Jürgen Boock 1983/1984 zu Stuttgart-Stammheim. Sensbachtal 1985, S. 189ff.; Friedhelm Neidhardt: Soziale Bedingungen terroristischen Handelns in: Bundesministerium des Innern (Hg.): Analysen zum Terrorismus, Bd.3, Opladen 1982, S. 318ff.

[9] Neue Justiz (NJ) 1982, 38

[10] NJ 1966, 193

[11] NJ 1983, 396

[12] NJ 1988, 117(120)

Anmerkungen zu Kapitel 3

[1] Zit. nach Heinrich Hannover/Elisabeth Hannover Drück: Politische Justiz 1918-1933. Bornheim-Merten 1987, S. 77 (m.w.N.)

[2] Vgl. dazu ebda., S. 145ff.

[3] Zit. nach: Der Hitler-Prozeß vor dem Volksgericht in München, München 1924, S. 7ff.

[4] Arthur Rosenberg: Geschichte der Weimarer Republik. Frankfurt/M. 1961, S. 150f.

[5] Emil Julius Gumbel: Verschwörer. Zur Geschichte und Soziologie der deutschen nationalistischen Geheimbünde 1918-1924. Heidelberg 1979 (Reprint der Originalausgabe Wien 1924), S. 204ff.

[6] Rosenberg, a.a.O., S. 152
[7] Zit. nach Der Hitler-Prozeß, a.a.O., S. 40
[8] Zit. nach Hannover, a.a.O., S. 151
[9] Gumbel, a.a.O., S. 207
[10] Ebda., S. 206
[11] Kurt Tucholsky: Prozeß Harden. Die Weltbühne v. 14.12.1922, Bd.18, S. 638ff.=Gesammelte Werke. Reinbek 1975, Bd.3, S. 296ff.=Ausgewählte Werke. Reinbek 1965, S. 425ff.
[12] Zit. nach Hannover, a.a.O., S. 130ff.
[13] ebda., S. 135ff.
[14] Zitiert nach Hannover, a.a.O., S. 143
[15] Vgl. dazu Hannover, a.a.O., S. 132ff.
[16] Ernst von Salomon: Die Geächteten, Reinbek 1962, S. 324

Anmerkungen zu Kapitel 4

[1] Zit. nach Dietrich Strothmann, »Die Zeit« v.22.1.1982
[2] Zit. nach »Die Neue« v.9.7.1982 und »tageszeitung« v.22.6.1982
[3] Günther Schwarberg im »stern« v.20.1.1983
[4] Zitate aus »Die Neue« v.9.7.1982
[5] Zit. nach »Weser-Kurier« v.29.6.1982

Anmerkungen zu Kapitel 5

[1] Max Hirschberg: Das Fehlurteil im Strafprozeß. Stuttgart 1960, S. 169ff. Zur Person Hirschbergs vgl. Heinrich Hannover in: Kritische Justiz (Hg.): Streitbare Juristen. Eine andere Tradition. Baden-Baden 1988. S. 165ff.
[2] Emil Julius Gumbel: Vom Fememord zur Reichskanzlei. Heidelberg 1962, S. 46. Zur Person Gumbels vgl. Christian Jansen: Emil Julius Gumbel. Porträt eines Zivilisten. Heidelberg 1991
[3] Emil Julius Gumbel: Vier Jahre politischer Mord und Denkschrift des Reichsjustizministers zu »Vier Jahre politischer Mord«. Heidelberg 1980 (Reprint der Originalausgaben von 1922 und 1924). S. 148f.
[4] Heinrich Hannover/Elisabeth Hannover Drück: Der Mord an Rosa Luxemburg und Karl Liebknecht. Dokumentation eines politischen Verbrechens. Göttingen 1989 (Neuauflage des 1967 in der edition suhrkamp erschienenen Buches)
[5] Vgl. ebda., S. 183
[6] Alexander von Brünneck: Politische Justiz gegen Kommunisten in der Bundesrepublik Deutschland 1949-1968. Frankfurt/Main 1978, S. 345
[7] Ebda., S. 339
[8] Ströbele-Urteil vom 17.3.82 (Az 3 StR 28/82 [S])
[9] Untertitel zu Heinrich Bölls »Die verlorene Ehre der Katharina Blum«
[10] Peter Brückner: Springerpresse und Volksverhetzung. KJ 1969, 339ff.
[11] Liga-Dokumentation. Herausgegeben im Auftrage der Internationalen Liga für Menschenrechte Berlin von Manfred Rexin: Berliner Bekundungen. Zeugenaussagen über den Verlauf der Kundgebungen am 18. und 21. Februar 1968 in Berlin. Berlin 1968
[12] Eine der unerwünschten Analysen zum Terrorismus lieferte Fritz Sack (Bd. 4/2, S. 208): *Nach dem Attentat auf R. Dutschke am 11.4.1968, das breite nationale und internationale Empörung – mit Ausnahme bei der CSU – auslöst, kommt es zu den sogen. Osterunruhen in vielen Städten und Teilen der Bundesrepublik, die sich gegen den Springer-Konzern richten und gewaltsam die Verhinderung der Auslieferung seiner Presseorgane zum Ziel haben, im Ausland in vielen europäischen und außereuropäischen Hauptstädten zu Solidaritätsdemonstrationen vor*

deutschen Botschaften und Springer-Büros. Die Einzelheiten dieser »schwersten Straßenschlachten in Deutschland seit der Weimarer Republik« (W. Kraushaar 1977, S. 278) sollen hier nicht dargestellt werden, da sie vielfältig dokumentiert sind. Indessen interessiert unter der hier vertretenen Perspektive, daß die gewaltsame Eskalation der Studentenbewegung in den Terrorismus und in sein in den Jahren danach erreichtes »staatserschütterndes« Ausmaß nur unter Berücksichtigung der eskalierenden Verstrickung staatlichen Handelns in Richtung und Gewaltniveau des Konflikts »erklärt« werden kann, ein Detail der Berliner Osterunruhen, das erst Jahre später an das Licht der Öffentlichkeit kommt.

Zur Vorgeschichte (und zur Geschichte) der RAF vgl. Sebastian Scheerer: Deutschland: Die ausgebürgerte Linke. In: Angriff auf das Herz des Staates. 1. Band, Frankfurt/M. 1988.

[13] Zitiert nach Hermann Vinke: Mit zweierlei Maß. Die deutsche Reaktion auf den Terror von rechts. Eine Dokumentation. Reinbek 1981, S. 30

[14] Zit. nach ebda., S. 76

[15] Zit. nach ebda., S. 21

[16] Zit. nach ebda., S. 55; vgl. Der Spiegel v. 6.10.1980

[17] Vinke (Anm. 4), S. 45

[18] Ebda., S. 61

[19] Ebda., S. 7f.

[20] Ebda., S. 16

[21] Zit. nach Ulrich Chaussy: Oktoberfest. Ein Attentat. Darmstadt/Neuwied 1985, S. 98

[22] Zit. nach ebda., S. 99

[23] Ebda., S. 102

[24] Max Hirschberg: Das amerikanische und deutsche Strafverfahren in rechtsvergleichender Sicht. Neuwied/Berlin 1963, S. 64

[25] Ebda., S. 65

[25]a Vgl. Pieter Bakker Schut: Stammheim. Der Prozeß gegen die Rote Armee Fraktion. Kiel 1986, S. 211ff.; Ulf G. Stuberger (Hg.): »In der Strafsache gegen Andreas Baader, Ulrike Meinhof, Jan-Carl Raspe, Gudrun Ensslin wegen Mordes u.a.« Dokumente aus dem Prozeß. Frankfurt/M. 1977, S. 11ff., 40ff., 54ff., 61ff.

[26] AöR 86, 237

[27] Adolf Hitler: Mein Kampf. München 1927, S. 196ff.

[28] Theodor W. Adorno: Studien zum autoritären Charakter. Frankfurt/M. 1973

[29] Vgl. Joachim Wagner: Strafprozeßführung über Medien. Baden-Baden 1987, insbesondere das Kapitel »NS- und Terroristenprozesse«, S. 23ff.

[30] Ebda., S. 26f.

[31] Vgl. Terroristen & Richter 3, Margot Overath: »Drachenzähne«, Kapitel 10: »Gert Schneider/ Christof Wackernagel«.

[32] Vgl. hierzu Udo Reifner: Gemeinschaft und Feindschaft im Ausnahmezustand. Faschistisches Rechtsdenken im Nationalsozialismus. In: Martin Bennhold (Hg.): Spuren des Unrechts. Recht und Nationalsozialismus. Beiträge zur historischen Kontinuität. Köln 1989; Diemut Majer: »Fremdvölkische« im Dritten Reich. Boppard 1981, insbes. S. 107ff. Dies.: Grundlagen des nationalsozialistischen Rechtssystems, Stuttgart 1987, S. 156ff.

[33] Carl Schmitt: Der Begriff des Politischen. Berlin 1979, S. 33.

[34] Ebda., S. 45

[35] Ebda., S. 46

[36] Ebda., S. 46f.

[37] Richard Schmid: Brauchen wir einen Feind? In: Ulrich Sonnemann (Hg.): Der mißhandelte Rechtsstaat. Köln 1977, S. 131ff. Zur Person Richard Schmids vgl. Hans-Ernst Böttcher in: Kritische Justiz (Hg.): Streitbare Juristen. Baden-Baden 1988, S. 487ff. u. Böttcher (Hg.): Recht Justiz Kritik. Festschrift für Richard Schmid. Baden-Baden 1985

[38] Vgl. Terroristen & Richter 2, Rolf Gössner: »Das Anti-Terror-System«, Teil 5

[39] Reifner (Anm. 32), S. 43

[40] Zit. nach Ernst Fraenkel: Der Doppelstaat. Recht und Justiz im »Dritten Reich«. Frankfurt/ Main 1984 (amerikanische Originalausgabe: New York 1941/1949), S. 80. Dahms Originaltext findet sich in JW 1934, 904.
[41] Ebda., S. 26
[42] Carl Schmitt: Politische Theologie. Berlin 1979, S. 19f.
[43] Ebda., S. 11
[44] Otto Kirchheimer: Von der Weimarer Republik zum Faschismus : Die Auflösung der demokratischen Rechtsordnung, Frankfurt/Main 1981, S. 189
[45] Vgl. Ingo Müller: Furchtbare Juristen: Die unbewältigte Vergangenheit unserer Justiz. München 1987, S. 204ff.
[46] Der Spiegel v. 31.8. 1987; vgl. Wolfgang Kraushaar in: Georg M. Hafner/Edmund Jacoby (Hg.): Die Skandale der Republik, Hamburg 1990, S. 158
[47] Der Spiegel v. 31.8. 1987
[48] Gegen Rechtsanwälte, die die Selbstmordthese öffentlich bezweifelten, sind Ehrengerichtsverfahren eingeleitet worden.
[49] Der Spiegel v. 31. 8.1987

Anmerkungen zu Kapitel 6

[1] Dieses Kapitel wurde (in gekürzter Fassung) als Vortrag gehalten am 6.12.1989 an der Universität Bremen und am 12.12.1989 im Hamburger Institut für Sozialforschung.
[2] Zu den Begriffen »Bürgerstrafrecht« und »Feindstrafrecht« vgl. Friedrich Denker: Gefährlichkeitsvermutung statt Tatschuld? Tendenzen der neueren Strafrechtsentwicklung; in: Artikelgesetz; Schriftenreihe der Strafverteidigervereinigungen. Köln 1988, S. 46ff. Günther Jakobs: Kriminalisierung im Vorfeld einer Rechtsgutverletzung in: ZStW 97 (1985), S. 751ff.
[3] Max Hirschberg: Das amerikanische und deutsche Strafverfahren in rechtsvergleichender Sicht. Neuwied und Berlin 1963, S. 32
[4] Vgl. Terroristen & Richter 2, Rolf Gössner: »Das Anti-Terror-System», Teil 1, »Ein Stück Staatskunde-Unterricht«
[5] Zit. nach clockwork 129 a, Nr. 15 vom 12.6.1989
[6] Vgl. Klaus Dethloff, Armin Golzem, Heinrich Hannover, Wolfgang Heiermann, Frank Niepel, Roland Otto, Karl Heinz Roth: Ein ganz gewöhnlicher Mordprozeß. Das politische Umfeld des Prozesses gegen Roland Otto, Karl Heinz Roth und Werner Sauber. Berlin 1978
[7] Mündliche Mitteilung Leo Waltermanns an den Verfasser.
[8] Vgl. Die Dokumentation von Ablehnungsanträgen bei Ulf G. Stuberger (Hg.): »In der Strafsache gegen Andreas Baader, Ulrike Meinhof, Jan-Carl Raspe, Gudrun Ensslin wegen Mordes u.a.« Dokumente aus dem Prozeß. Frankfurt/M. 1977, S. 154ff., 181ff., 209ff., 231f.; Pieter Bakker Schut: Stammheim. Der Prozeß gegen die Rote Armee Fraktion. Kiel 1986, S. 232ff., 413ff.
[9] Gerhard Mauz in: Claus Croisssant, Kurt Groenewold, Ulrich K. Preuß, Otto Schily, Christian Stroebele: Politische Prozesse ohne Verteidigung? Berlin 1976, S. 8
[10] Ebda., S. 11
[11] Vgl. Terroristen & Richter 3, Margot Overath: »Drachenzähne«, Kapitel 6.: »Werner Hoppe«.
[12] Vgl. Terroristen & Richter 2, Rolf Gössner: »Das Anti-Terror-System«, Teil 3 »›Auserlesen und zuverlässig‹ – Politische Sondergerichtsbarkeit«.

Anmerkungen zu Kapitel 7

[1] Ein Vorabdruck dieses – hier aktualisierten – Kapitels erschien in KJ 1985, s. 396ff.
[2] Eine ausführliche Dokumentation des Prozesses findet sich in dem vom Komitee für Grund-

rechte und Demokratie herausgegebenen Band: Der Prozeß. Justiz in der Bundesrepublik Deutschland am Beispiel Peter-Jürgen Boock 1983/1984 zu Stuttgart-Stammheim. Sensbachtal 1985

[3] Nach § 220 StPO hat der Angeklagte das Recht, Zeugen und Sachverständige unmittelbar laden zu lassen. Sie gelten dann als »präsente Beweismittel« und müssen gemäß §245 StPO unter bestimmten Voraussetzungen gehört werden.

[4] Lloyd de Mause: Reagans Amerika. Frankfurt/M.. 1984, S. 66

[5] Ebda., S. 70

[6] Ursprünglich sollte die zweite Hauptverhandlung unter Vorsitz des Richters Dr. Berroth stattfinden, der nach dem neuen Geschäftsverteilungsplan Vorsitzender des nunmehr zuständigen 5. Strafsenats geworden war. Gegen ihn wurde jedoch im Hinblick auf seine Mitwirkung an der ersten Hauptverhandlung ein erfolgreicher Ablehnungsantrag gestellt.

Anmerkungen zu Kapitel 8

[1] Ein gekürzter Vorabdruck dieses Kapitels erschien in KJ 1989, S. 394ff.; als Vortrag (ebenfalls in gekürzter Fassung) wurde es gehalten am 6.7.1989 an der Universität Hamburg, am 29.11.1989 an der Universität Bremen, am 5.12.1989 am Hamburger Institut für Sozialforschung, am 5.2. 1990 an der Universität Oldenburg und am 29.3.1990 an der Humboldt-Universität Berlin.

[2] Vgl. Christopher Simpson: Der amerikanische Bumerang: NS-Kriegsverbrecher im Sold der USA. Wien 1988; Leo A. Müller: Gladio – das Erbe des Kalten Krieges. Der Nato-Geheimbund und sein deutscher Vorläufer. Reinbek bei Hamburg 1991

[3] Fritz Bauer: Auf der Suche nach dem Recht. Stuttgart 1966, S. 146

[4] Henry Charles Lea: Die Inquisition. Nördlingen 1985, S. 218

[5] Ebda., S. 242

[6] Bauer (Anm. 3), S. 148

[7] Amnesty International: Bericht über die Folter. Frankfurt/M. 1975, S. 45

[8] Karl Heinz Roth: Im Innern des Wals: Kursbuch 51 (1978), S. 116ff.

[9] Amnesty International/Gustav Keller: Die Psychologie der Folter: Frankfurt/M. 1981, S. 45f.

[10] Soldan-Heppe: Geschichte der Hexenprozesse. Hanau o.J. (Nachdruck der Ausgabe von 1911), Bd. 1, S. 356ff.

[11] Das Material für die Darstellung des Roth-Verfahrens entstammt meinen Handakten.

[12] Zit. nach Fritz Bauer: Das Verbrechen und die Gesellschaft. München 1957, S. 87

[13] Vgl. hierzu OLG Stuttgart, Urteil gegen Siegfried Haag vom 19.12.1979, S. 81, und Beschluß in Sachen Adzersen vom 25.5.1981, S. 13

[14] Horst Mahler: Die Verstrickungen des meineidigen Kronzeugen Ruhland und der Berliner Justiz. Berlin 1977, S. 8

[15] Zitiert nach Stefan Aust: Der Baader Meinhof Komplex. Hamburg 1985, S. 185

[16] Ich verdanke Klaus Jünschke, der die Ereignisse in der konspirativen Wohnung in Hamburg miterlebt hat, eine detaillierte Darstellung. Vgl. auch Jünschke in taz v. 22.6. 1990

[17] Vgl. Bernd Häusler: Der unendliche Kronzeuge. Berlin 1987, S. 48

[18] Über einen weiteren Berliner Kronzeugen, den von Verfassungsschutz und Staatsanwaltschaft aufgebauten Reiner Hochstein, berichtet in Terroristen & Richter 3 Margot Overath in ihrer Chronik über den »Lorenz/Drenkmann-Prozeß« (»Drachenzähne«, Kapitel 9: »Der Prozeß gegen ›Reinders u.a‹«.

[19] Gesetz vom 9.6.1989 (BGBl I, 1059), Art. 4:
Kronzeugenregelung bei terroristischen Straftaten
§1
Offenbart der Täter oder Teilnehmer einer Straftat nach §129 a des Strafgesetzbuches oder einer mit dieser Tat zusammenhängenden Straftat selbst oder durch Vermittlung eines Dritten gegenüber einer Strafverfolgungsbehörde sein Wissen über Tatsachen, deren Kenntnis geeignet ist,

1. die Begehung einer solchen Straftat zu verhindern,
2. die Aufklärung einer solchen Straftat, falls er daran beteiligt war, über seinen eigenen Tatbeitrag hinaus zu fördern oder
3. zur Ergreifung eines Täters oder Teilnehmers einer solchen Straftat zu führen,
so kann der Generalbundesanwalt mit Zustimmung eines Strafsenats des Bundesgerichtshofes von der Verfolgung absehen, wenn die Bedeutung dessen, was der Täter oder Teilnehmer offenbart hat, insbesondere im Hinblick auf die Verhinderung künftiger Straftaten, dies im Verhältnis zu der eigenen Tat rechtfertigt.
§2
In den Fällen des §1 kann das Gericht im Urteil von Strafe absehen oder die Strafe nach seinem Ermessen mildern; dabei kann es bis zum gesetzlichen Mindestmaß der angedrohten Strafe herabgehen oder statt auf Freiheitsstrafe auf Geldstrafe erkennen. Beabsichtigt das Gericht, das Verfahren nach §153b Abs. 2 der Strafprozeßordnung einzustellen, so ist die nach dieser Vorschrift erforderliche Zustimmung der Staatsanwaltschaft vom Generalbundesanwalt zu erteilen.
§3
Die §§1 und 2 sind auf Straftaten nach §220a des Strafgesetzbuches nicht anzuwenden. Bei Straftaten nach den §§211, 212 des Strafgesetzbuches ist ein Absehen von Verfolgung und Strafe nicht und eine Strafmilderung nach §2 Absatz 1 nur bis zu einer Mindeststrafe von drei Jahren zulässig; die Möglichkeit, von Verfolgung und Strafe wegen anderer, mit einer solchen Tat zusammenhängender Straftaten nach §§1 und 2 abzusehen oder die Strafe nach §2 zu mildern, bleibt unberührt. Satz 2 findet in den Fällen des Versuchs, der Anstiftung oder der Beihilfe keine Anwendung.
§4
Ein Dritter im Sinne des §1 ist nicht verpflichtet anzuzeigen, was ihm in seiner Eigenschaft als Vermittler anvertraut worden ist.
§5
Die §§1 bis 3 sind nur anzuwenden, wenn das Wissen über die Tatsachen bis zum 31. Dezember 1992 offenbart worden ist.

Anmerkungen zu Kapitel 9

[1] Ein (gekürzter) Vorabdruck dieses Kapitels erschien in Strafverteidiger 1990. S. 126ff.; als Vortrag (ebenfalls in gekürzter Fassung) wurde es gehalten am 15.11.1989 an der Universität Bremen und am 28.11.1989 im Hamburger Institut für Sozialforschung.

[2] Zitiert nach Gert Buchheit: Richter in roter Robe. Freisler, Präsident des Volksgerichtshofs. München 1968, S. 216f.

[3] Vgl. Stefan König: Vom Dienst am Recht. Rechtsanwälte als Strafverteidiger im Nationalsozialismus. Berlin/New York 1987, S. 16ff. m.w.N.

[4] Zit. nach ebda., S. 50

[5] Die folgenden Zitate nach ebda., S. 50f.

[6] BGHSt 9, 20

[7] BGH NJW 1961, 614

[8] KJ 1972, 308

[9] Ebda., 307

[10] BVerfGE 15, 226; 22, 114; 34, 293

[11] Zur Medienkampagne vgl. Frank Rühmann: Anwaltsverfolgung in der Bundesrepublik 1971 – 1976. Hamburg 1977; Heinrich Hannover, KJ 1972, 278; Kurt Groenewold: Angeklagt als Verteidiger, Hamburg 1978, S. 140ff.; Uwe Berlit und Horst Dreier in BMI (Hg.): Analysen zum Terrorismus 4/2, Opladen 1984, S. 249ff.

[12] Das vollständige Schreiben ist abgedruckt in KJ 1972, 431

[13] Die Strafanzeige ist abgedruckt in KJ 1972, 278, über die Einstellung des Verfahrens ist berichtet in KJ 1974, 140f.

[14] Zu Anwaltsdurchsuchungen vgl. z.B. Christian Ströbele in: 3. Internationales Russell-Tribunal: Zur Situation der Menschenrechte in der Bundesrepublik Deutschland, Band 4. 1979, S. 63; Otto Schily in: Croissant u.a.: Politische Prozesse ohne Verteidigung? Berlin 1976, S. 72; Jungfer in: Dethloff u.a.: Ein ganz gewöhnlicher Mordprozeß. 1978, S. 121; Werner Holtfort: Strafverteidiger als Interessenvertreter. Neuwied/Darmstadt 1979, S. 215f.

[15] Die Verfassungsbeschwerde ist abgedruckt in KJ 1977, 183ff., der Beschluß des BVerfG in KJ 1977, 191f.

[16] Zit. nach einem am 25.10.1978 vom italienischen Fernsehen ausgestrahlten Interview

[17] Vgl. Pieter Bakker Schut: Stammheim. Kiel 1986, S. 428ff.; Jürgen Seifert, KJ 1977, 112 ff.; Ulf G. Stuberger (Hg.): »In der Strafsache gegen Andreas Baader, Ulrike Meinhof, Jan-Carl Raspe, Gudrun Ensslin wegen Mordes u.a.«. Dokumente aus em Prozeß. Frankfurt/M. 1977, S. 233ff., S. 238

[18] Vgl. Heinrich Hannover, KJ 1974, 143ff. m.w.N.

[19] Anwaltskollektiv Frankfurt; KJ 1972, 275

[20] Vgl. Petra Rogge, KJ 1977, 58ff.; Bakker Schut (Anm. 18), S. 519f.; Rechtsgutachten Winfried Hassemer und Jürgen Welp (Groenwold-Akten)

[21] Zur kollektiven Verteidigung vgl. Heribert Ostendorf, JZ 1979, 254

[22] Zit. nach stern v. 10.2.1977

[23] Auszugsweise abgedruckt in: KJ 1979, 72ff. mit Anm. von Jürgen Seifert; vgl. auch Ostendorf (Anm. 22), S. 252ff.

[24] Vgl. Jaques M. Vergès: Konfrontation oder Anpassung. Verteidigungsstrategien in politischen Prozessen. Frankfurt/M. 1979

[25] Ingo Müller, Strafverteidiger 1981, S. 90ff.

[26] BGHSt 29, 99

[27] Vgl. Hans Magnus Enzensberger (Hg.): Freisprüche. Revolutionäre vor Gericht. Frankfurt/M. 1970; Christoph Schminck: Rechtsstaat und Arbeiterbewegung. Zum politischen Strafrecht Italiens in der 2. Hälfte des 19. Jahrhunderts, in: Quellen und Forschungen. Aus italienischen Archiven und Bibliotheken, Band 50, S. 284.ff.

[28] Otto Kirchheimer: Politische Justiz. Neuwied/Berlin 1965, S. 371

Anmerkungen zu Kapitel 10

[1] Vgl. hierzu Terroristen & Richter 2, Rolf Gössner: »Das Anti-Terror-System«, Teil 3: »Die Offenkundigkeit von Vor-Urteilen«.

[2] Kleinknecht/Meyer: Strafprozeßordnung. München 1987, §244 Rdnr. 51

[3] RGSt 16, 331

[4] RGSt 16, 328

[5] Vgl. hierzu: Heinrich Hannover/Elisabeth Hannover-Drück: Politische Justiz 1918-1933. Bornheim Merten 1987, S. 228ff.

[6] Die Kommunistische Partei in der Rechtsprechung des Staaatsgerichtshofs zum Schutze der Republik und des Reichsgerichts. Nur für den amtlichen Gebrauch. Herausgegeben vom Polizeipräsidium Stuttgart. o.O., o.J.(1925), S. 78

[7] Ebda., S. 80

[8] Ebda., S. 329

[9] Ebda., S. 266

[10] Zit. nach Moritz Liepmann: Kommunistenprozesse. Ein Rechtsgutachten. München 1928, S. 51

[11] Ebda., S. 51

[12] Die Kommunistische Partei...(Anm. 6), S. 203

[13] Arthur Brandt: Der Tscheka Prozeß. Denkschrift der Verteidigung. Hamburg 1979 (Nachdruck der Originalausgabe von 1925), S. 58f.

[14] Ebda., S. 64
[15] Vgl. hierzu: Hannover (Anm. 5), S. 277ff.
[16] Das Urteil ist abgedruckt in der Zeitschrift des Republikanischen Richterbundes »Die Justiz«, Band VI (1930/31), S. 187ff.
[17] Ebda., S. 212f.
[18] Ebda., S. 64
[19] Emil Julius Gumbel: »Laßt Köpfe rollen«. Faschistische Morde 1924-1931. Flugschrift der Deutschen Liga für Menschenrechte e.V. Berlin 1932, S. 4
[20] Vgl. Friedrich Karl Kaul: Geschichte des Reichsgerichts Band IV. 1933-1945. Glashütten i. Taunus 1971, S. 83f.
[21] Zit nach ebda., S. 84
[22] Alexander von Brünneck: Politische Justiz gegen Kommunisten in der Bundesrepublik Deutschland 1949-1968, Frankfurt/M. 1978, S. 91; vgl. auch Rolf Gössner (Anm. 1)
[23] von Brünneck(Anm. 22), S. 257
[24] Diether Posser: Politische Strafjustiz aus der Sicht des Verteidigers. Karlsruhe 1961, S. 29
[25] Zum Düsseldorfer Friedenskomitee-Prozeß: Heinz Kraschutzki (Hg.): Staatsgefährdung? Ein dokumentarischer Bericht über den Düsseldorfer Prozeß gegen Angehörige des Friedenskomitees der Bundesrepublik Deutschland. Hannover 1961; Rüdiger Lang (Diether Posser): Der Düsseldorfer Prozeß. Sonderdruck aus Heft 10 bis 13 der Halbmonatsschrift »Stimme der Gemeinde« 1960; Heinrich Hannover. DuR 1985, 290ff.
[26] Heutiger Wortlaut des §245 StPO:
Die Beweisaufnahme ist auf alle vom Gericht vorgeladenen und erschienenen Zeugen und Sachverständigen sowie auf die sonstigen nach §214 Abs.4 vom Gericht oder der Staatsanwaltschaft herbeigeschafften Beweismittel zu erstrecken, es sei denn, daß die Beweiserhebung unzulässig ist. Von der Erhebung einzelner Beweise kann abgesehen werden, wenn die Staatsanwaltschaft, der Verteidiger und der Angeklagte damit einverstanden sind.

Zu einer Erstreckung der Beweisaufnahme auf die vom Angeklagten oder der Staatsanwaltschaft vorgeladenen und auch erschienenen Zeugen und Sachverständigen sowie auf die sonstigen herbeigeschafften Beweismittel ist das Gericht nur verpflichtet, wenn ein Beweisantrag gestellt wird. Der Antrag ist abzulehnen, wenn die Beweiserhebung unzulässig ist. Im übrigen darf er nur abgelehnt werden, wenn die Tatsache, die bewiesen werden soll, schon erwiesen oder offenkundig ist, wenn zwischen ihr und dem Gegenstand der Urteilsfindung kein Zusammenhang besteht, wenn das Beweismittel völlig ungeeignet ist oder wenn der Antrag zum Zwecke der Prozeßverschleppung gestellt ist.

Daß von der Verteidigung präsentierte Beweise nur dann erhoben werden müssen, wenn ein bestimmter Beweisantrag mit Angabe des Beweisthemas gestellt wird, ist eine Rechtsverschlechterung aus dem Jahre 1978. Zur Zeit des Friedenskomitee-Prozesses (1959/60) galt noch die klassische rechtsstaatliche Fassung, die das Gericht der Pflicht zur Erhebung der herbeigeschafften Beweise nur dann enthob, wenn sie »unzulässig« waren.
[27] Zit. nach Kraschutzki (Anm. 25), S. 91; Walther Ammann (Hg.): Zur Wahrheitsfindung in politischen Strafverfahren. Dokumentarischer Bericht über die Vorkommnisse in dem Strafverfahren gegen Persönlichkeiten des Friedenskomitees der Bundesrepublik Deutschland (Aktz. 8 KLs 10/59) vor der IV. großen Strafkammer des Landgerichts Düsseldorf, o.O.; o.J. (1960), S. 18
[28] Alle vorstehenden Zitate aus: Ammann (Anm. 27), S. 34f.
[29] Das Revisionsurteil des BGH ist auszugsweise abgedruckt in BGHSt 17, 337ff.
[30] BGHSt 17, 343
[31] §244 Abs.2 bis 4 StPO:
Ein Beweisantrag ist abzulehnen, wenn die Erhebung des Beweises unzulässig ist. Im übrigen darf ein Beweisantrag nur abgelehnt werden, wenn eine Beweiserhebung wegen Offenkundigkeit überflüssig ist, wenn die Tatsache, die bewiesen werden soll, für die Entscheidung ohne Bedeutung oder schon erwiesen ist, wenn das Beweismittel völlig ungeeignet oder wenn es unerreichbar ist, wenn der Antrag zum Zweck der Prozeßverschleppung gestellt ist oder wenn eine erhebliche

Behauptung, die zur Entlastung des Angeklagten bewiesen werden soll, so behandelt werden kann, als wäre die behauptete Tatsache war.

Ein Beweisantrag auf Vernehmung eines Sachverständigen kann, soweit nichts anderes bestimmt ist, auch abgelehnt werden, wenn das Gericht selbst die erforderliche Sachkunde besitzt. Die Anhörung eines weiteren Sachverständigen kann auch dann abgelehnt werden, wenn durch das frühere Gutachten das Gegenteil der behaupteten Tatsache bereits erwiesen ist; dies gilt nicht, wenn die Sachkunde des früheren Gutachters zweifelhaft ist, wenn sein Gutachten von unzutreffenden tatsächlichen Voraussetzungen ausgeht, wenn das Gutachten Widersprüche enthält oder wenn der neue Sachverständige über Forschungsmittel verfügt, die denen eines früheren Gutachters überlegen erscheinen.

Ein Beweisantrag auf Einnahme eines Augenscheins kann abgelehnt werden, wenn der Augenschein nach dem pflichtgemäßen Ermessen des Gerichts zur Erforschung der Wahrheit nicht erforderlich ist.

[32] Brandt (Anm. 13), S. 38

[33] Ebda., S. 44

[34] DJ VIII, 127

Anmerkungen zu Kapitel 11

[1] Vgl. Gerald Grünwald: Anmerkungen zu den Entscheidungen des BGH vom 22.10.1975 und des BVerfG vom 21.1.1976 in JZ 1976, 767ff.

[2] Bundesministerium des Innern (Hg.): Analysen zum Terrorismus. Band I, S. 5f.

[3] Das Gutachten ist abgedruckt in: Komitee für Grundrechte und Demokratie: Der Prozeß. Justiz in der Bundesrepublik Deutschland am Beispiel Peter-Jürgen Boock 1983/1984 zu Stuttgart-Stammheim. Sensbachtal 1985, S. 189ff.

[4] Friedhelm Neidhardt: Soziale Bedingungen terroristischen Handelns. Das Beispiel der »Baader-Meinhof-Gruppe« (RAF). In: Bundesministerium des Innern: Analysen zum Terrorismus. Band 3, S. 318ff.

[5] Ebda., S. 322

[6] Zur Genese der Kollektivitätsthese s. Terroristen & Richter 3, Margot Overath: »Drachenzähne«, Kapitel 10: »Angelika Speitel«.

[7] Stefan Wisniewski erklärte später seine grundsätzliche Bereitschaft, mit uns über seine Verteidigungsstrategie zu sprechen. Die Leitung der Kölner Justizvollzugsanstalt, in der Wisniewski seine lebenslange Haftstrafe verbüßt, und die nordrhein-westfälischen Justizbehörden bis hinauf zum Justizminister verhinderten jedoch das zwischen Wisniewski und Margot Overath verabredete Gespräch. Siehe dazu Terroristen & Richter 3, Margot Overath: »Drachenzähne«, Kapitel 1: »Recherche«.

[8] Ernst Bloch: Erbschaft dieser Zeit. Frankfurt/M. 1962, S. 104

Anmerkungen zu Kapitel 12

[1] Ein Vorabdruck dieses – hier aktualisierten – Kapitels erschien in »Demokratie und Recht« 3/1990, S. 277ff.

[2] BVerfGE 45, 228f.

[3] Dem Generalbundesanwalt konnte kaum unbekannt sein, daß Richard von Weizsäcker nicht zum ersten Mal Gefangenenbesuche macht. Schon in seiner Rede auf dem Deutschen Juristentag am 9. September 1986 hatte der Bundespräsident gesagt: »Meine Besuche in Haftanstalten überzeugen mich davon, daß sich im Strafvollzug in besonderer Weise das Bild zeigt, das wir von der Person in der Rechtsordnung besitzen und bei der Anwendung des Rechts zugrunde legen.«

[4] Dazu die Hamburger Justizsprecherin Sybille Umlauf nach Pressemeldungen vom 22.9.88: Boock bekomme keine Sonderbehandlung und werde auch nicht gegenüber anderen Häftlingen bevorzugt. Er erhalte allerdings auf Grund seines Bekanntheitsgrades mehr Anfragen als andere Gefangene, gebe rege Presseinterviews und habe außerhalb der Anstalt öffentlich aus seinem Roman »Abgang« lesen dürfen.

[5] Konkret 10/1988 veröffentlichte unter der Überschrift »Boocks Lügen« eine Erklärung der Gefangenen aus der RAF, in der es u.a. heißt: »ein genauerer Bericht kommt, wenn es notwendig wird.« Der Bericht kam inzwischen von Henning Beer, der sich als Kronzeuge dafür andiente, daß Boock 1979 bei einem Banküberfall in Zürich dabei gewesen sei und einen Polizisten in den Arm geschossen habe (»Der Spiegel«, 28.1.1991).

[6] Bunte, 22.9.1988

[7] Bayernkurier, 24.9.1988

[8] Der Vollzug der lebenslangen Freiheitsstrafe bei NS-Gewaltverbrechern. Monatsschrift für Kriminologie und Strafrechtsreform 1977, S. 152ff.

[9] Vgl. hierzu: Heinrich Hannover, KJ 1987, S. 68 und Der Mord an Ernst Thälmann, Köln 1989

[10] Gerhard Mauz, in: Hartmut Weber/Sebastian Scheerer (Hg.): Leben ohne Lebenslänglich. Gegen die lebenslange Freiheitsstrafe. Bielefeld 1988, S. 3

Abkürzungen

a.a.O.	am angegebenen Ort
AöR	Archiv des öffentlichen Rechts
BGH	Bundesgerichtshof
BGHSt	Entscheidungen des Bundesgerichtshofs in Strafsachen
BMI	Bundesminister des Innern
BVerfG	Bundesverfassungsgericht
BVerfGE	Entscheidungen des Bundesverfassungsgerichts
DJ	Die Justiz
DuR	Demokratie und Recht
JW	Juristische Wochenschrift
JZ	Juristenzeitung
KJ	Kritische Justiz
LG	Landgericht
m.w.N.	mit weiteren Nachweisen
NJW	Neue Juristische Wochenschrift
NJ	Neue Justiz
OLG	Oberlandesgericht
RG	Reichsgericht
RGSt	Entscheidungen des Reichsgerichts in Strafsachen
StGB	Strafgesetzbuch
StPO	Strafprozeßordnung
ZStW	Zeitschrift für die gesamte Strafrechtswissenschaft

»Terroristen & Richter« 2
Rolf Gössner, Das Anti-Terror-System

»Terroristen & Richter« 3
Margot Overath, Drachenzähne
Gespräche, Dokumente und Recherchen aus der Wirklichkeit der Hochsicherheitsjustiz